복지언어론

복지정책학의 과학철학과 인문학주의의 융합

이 광 석

도서출판 대영문화사

머리말

20세기에 학문이 이룩한 공헌 중에 하나는 토마스 쿤(Thomas Kuhn)이 제창한 패러다임 이론이다. 패러다임 이론이란 언어학습에서 사용되는 표준사례라는 뜻으로, 과학활동에서도 언어의 중요성을 지적하고 있다. 어떤 학문이 성립하기 위해서는 그 학문에게 고유한 개념들을 가지고 있어야 하는데 이 개념들은 언어에 의존하기 마련이다. 이를 복지정책학(Social Policy)에 적용하면, 복지정책학이 발전하기 위해서는 복지정책학에 고유한 개념들이 풍요로워야 하며, 이는 복지언어에 의존한다는 말이다. 따라서 언어의 한계는 개념들의 한계라고 표현할 수 있고, 학문의 한계라고도 할 수 있다.

더 나아가 어떤 학문과 그 학문이 연구의 주제로 삼는 것 사이의 일정한 관계가 있다. 이를 대응성(correspondence)이라고 한다. 한편, 대응성 외에도 그 학문 내에서 일정한 체계를 갖추고 있어야 하는데 이를 정합성(coherence)이라고 한다. 지금의 복지정책학은 지식의 응용이라는 차원에서 이슈가 되는 문제를 해결하는 측면, 즉 대응성에서는 상당한 성과를 올렸다고 볼 수 있다. 그러나 그 학문 내에서 일정한 체계를 갖추는 정합성의 측면에서는 대응성만큼 성과를 올렸다고 볼 수는 없다. 즉, 복지정책학의 학문체계에 대한 논의는 부족하였다. 그 결과 복지정책학에서 대응성을 위주로 과학주의 방법으로 연구가 진행되어 온 반면, 정합성이나 인문학주의는 거의 활성화되지 않았다. 그리하여 그 둘 사이에 통약가능 여부의 이슈는커녕 이들 용어 자체가 성립하지 않게끔 진행되어 왔다.

평균인(平均人)을 전제로 하고 보편적 접근을 추구하는 과학주의는 과학적 방법 및 경험주의에 기초하고 있다. 따라서 과학주의는 자연과학의 지식을 올바른 지식으로 간주하고 자연과학적 방법론을 지향한다. 이에 대해, 인문학주의는 과학으로 환원될 수 없는 인간의 의미를 전제로 하고, 인간의 활동 및 그 결과물에 대한 인문학적 지식의 고유한 가치를 주장하므로, 사회과학과 자연과학의 차이를 인정한다. 그러므로 복지현상을 거시적으로 조망하는 데에는 인문학주의가 나름의 유용성이 있다.

왜 대응성이나 정합성을 이야기하며, 과학주의와 인문학주의를 이야기하는가? 복지정책학은 압도적으로 과학주의와 대응성에 경도되어 있다. 이제는 복지정책학이 현상학과 같은 인문학주의에 좀 더 관심을 두어야 하며, 이를 복지과학의 철학과 결합시켜야 한다.

이 책은 복지정책학이라는 학문을 보다 정합성을 갖추고, 복지과학의 철학과 인문학주의를 융합시켜 보다 체계화하려는 이러한 연구 분야를 '복지언어'라고 하였는데, 종래에 복지의 방법론이라는 이름 아래에 이루어진 연구에서 논의되지 않았던 것을 좀 더 보태려 하였고, 이에 따라 필자가 지금까지 관심을 두어 발표한 논문들을 정리하였다. 다만, 이 책에서 논의하는 복지정책학이라는 학문은 영어권에서 사용하는 Social Policy의 번역으로 그 속에는 이른바 복지학(Social Welfare)도 당연히 포함한다. 따라서 이들 용어들은 따로 정의하지 않고, 섞여서 사용되고 있다.

이 책에서 주장하는 바가 이루어지기 위해서 해야 할 일도 많고 갈 길도 아직도 멀다. 그럼에도 완벽하지 않지만 이 정도의 연구를 책으로 내어 놓아서 이 분야에 관심을 촉구하고자 한다. 이 책의 내용은 9장으로 이루어져 있다. 제1장은 복지언어의 개념과 필요성을 논의하였고, 제2장은 복지에서의 실제 현상은 그 이론적 근거를 갖고 있어야 한다는 주장으로 연금의 패러다임을 중심으로 살펴보았다. 제3장은 복지와 일상언어를 살펴보았는데, 언어복지와 아울러 복지관료제의 언어를 다루었다. 제4장은 복지언어의 연구방법론을 다루었다. 여기서 강조하고자 하는 바는 사람이 살아가는 세계는 과학세계(객관세계)와 생활세계로 나뉘고, 이들 세계에서의 언어는 서로 다르다는 점이다. 제5장은 복지언어의 모델을 제시해 보았다. 물론 복지언어 모델은 아직은 완전하다고 할 수는 없으나 변용가능하고 적용가능하리라 본다. 우리가 경험할 수 있는 복지현상은 표층(surface structure)에 나타난 모습으로, 그 기저(underlying)에는 심층구조(deep structure)가 있다. 심층구조란 시간이 지나도 변함없이 장기적으로 지속되는 것으로, 의미를 창출하는 층위이다. 표층에 나타난 모습은 그 의미의 근원인 심층에서 변형과정을 통해 표층으로 옮아간 것이라는 시각이다. 이 책은 심층에 있는 복지의 핵심가치를 인간, 생활세계와 행복, 사회적 행복, 정의(正義)로 보았다. 제6장은 매개변인으로서의 복지원리를 다루었는데, 매개변인이란 제5장에서 논의한 핵심가치가 표층으로 나타나는 과정을 설명하는 것이다. 이 매개변인에 속하는 것들은 복지주의와 시장주의, 평등과 자유, 사회통합, 공적복지(公的福祉), 통치기술로서의 실용을 제시하였다. 자유와 평등을 매개변인으로 본 것은 덜 중요하다는 뜻이 아니라 민주주의 생활방식을 전제하기 위해서는 생활 속에 깊숙이 자리 잡고 있으므로 다시 핵심가치로 논의할 필요성이 적다는 뜻이다. 제7장은 사회복지 분야에서의 용어 혼용에 대한 연구로 복지정책학이라는 학문에서도 용어가 엄밀하게 정의되지 않는 현상을 지적하였다. 제8장은 사회복지 전달체계에 관한 논의로 영국과 한국의 사회복지 전달체계를 비교해서 다루었고, 제9장은 이 책의 결론으로 현재의 복지모습으로서의 복지언어를 살펴보고, 복지학이나 복지정책학의 목표를 사람의 행복한 삶에 두었으며, 여기에 발맞추어 패러다임을 전환하기 위해 나아갈 바를 제언하였다.

이 책이 나오기까지는 많은 분들의 도움이 있었다. 특히, 뉴카슬대학(Univ. of Newcastle upon Tyne)에서 이런 분야에 관심을 갖도록 이끌어 준 John Veit-Wilson 교수, Colin Clark 교수, Peter Selman 교수와, 그곳에서 공부할 수 있도록 인도해 준 최영출 교수(충북대)에게 감사드린다. 또 행정언어연구회에서 함께 현상학을 공부하였던 분들에게도 감사드리며, 책의 출간에 온갖 정성을 다해 준 대영문화사에게도 감사드린다. 또 우리 곁을 떠난 권해수 교수(전 한성대)를 기리는 마음 가득하다.

아무쪼록 복지정책학의 정합성과 인문학주의에 기초한 복지언어 연구에도 관심을 두도록 하는 뜻을 인사말에 담는다.

2017년 1월
저자 이광석

차 례

제 7 장 사회복지 분야에서의 용어 혼용에 대한 연구 260

제 8 장 사회복지 전달체계 287

제 1 장 복지언어의 개념과 필요성

이 책은 복지라는 세계를 어떻게 보는가? 또 복지와 관련된 사고(思考)에서 언어가 어떤 역할을 하는가?를 탐구한 책이다. 일반적으로 복지를 연구하는 이들은 직접 복지를 접한다고 생각하지만 실제로는 복지에 관한 언어를 통해서 복지라는 세계를 본다. 후술하듯이 중간세계를 통해 복지를 본다는 의미이다. 그렇다면 흔히 이야기하는 언어는 "개념 형성이나 사상이 이루어지고 다음 세대에 흐르게 해 준다"는 것은 물론이고, 이를 넘어 "개념들이 어떻게 서로 짜여서 복지나 복지학을 이루고 있는가"에 관한 훨씬 더 중요한 기능을 수행한다. 그럼에도 이에 대한 중요성을 망각하고 그와 관련된 주장이나 논의(또는 혼란이나 문제)는 일반인이나 학자들 모두 다루지를 않아서 물에 물탄 듯이 아무렇지도 않게 생각하게 되었다. 이 책에서의 주장은 "그렇지 않다"이다. 복지나 복지학이 성립하기 위해서는 뜬구름 잡는 것들이 아닌 구체적인 몇몇 개념들을 주춧돌(定礎: foundation)로 삼아야 한다. 복지나 복지학이 정초(定礎)하는 개념에 관한 논의는 당연히 복지언어의 영역 속으로 들어온다. 이 책의 내용에서 선보이는 사유언어, 생활세계와 체계, 복지권과 복지의무, 복지의 모순성, 복지와 사회적 연대성, 복지전달체계 등은 복지학이 정초하는 개념들이다.

세상은 두 가지 유형으로 이루어지고 우리는 그 속에서 살아가게 된다. 첫째는 소통을 통해 저절로 이루어지는 세계이다. 이 속에는 가족이나 이웃이라는 소통망

(network)이 대표적이다. 이런 것이 생활세계라고 한다.[1] 또 의식적으로 만드는 커뮤니티가 있다. 이 속에는 타산에 기초하여 이룩되는 세계도 있는데, 이를 체제라고 한다. 체제를 통해 복지를 이룩하려는 제도가 복지국가라는 현상이다. 이 책은 복지국가의 대안으로 복지사회나 복지다원주의나 시민이 참여하는 공적복지뿐만 아니라, 생활세계에서의 복지와 함께하는 사회적 행복이 복지가 추구하는 올바른 길이라고 주장한다.

제 1 절 복지언어의 개념

언어가 중요한 이유는 대화를 통한 설득의 과정을 거쳐 강제되지 않는 합의(unforced consensus)를 지향할 수 있다는 점이다. 이것이 이루어지지 않으면 언어외적(言語外的) 존재를 넘어서 폭력으로 나아갈 수도 있다(김동식, 1992). 언어는 어디에나 나타나는 현상으로 언어외적 존재도 언어적 해석을 거친 후에야 실재(reality)로 인정받고 소통이 가능해진다. 인식도 개념형성(concept formation)을 전제하므로 반드시 언어적 행위가 있어야 한다(김동식, 1992). 이렇게 인식이나 소통 모두 언어에 의존한다. 복지의 영역에서 이루어지는 사회적 관행(social practice)의 기초도 언어에 있고, 로티(R. Rorty)라는 철학자는 이것이 바로 지식이라고 일컫는다(김동식, 1992). 즉, 로티에 따르면 복지에 대한 사회적 관행(social practice) 및 복지에 관한 지식의 체계를 복지학이라고 한다. 그런데 복지의 사회적 관행(social practice)으로부터 복지에 관한 지식의 체계로의 진행을 알기 위해서는 대상언어와 메타언어의 구별이 유용하다. 이후 자세히 논의하겠지만 타르스키(Alfred Tarski)의 T-동치(同値)공식은 ['p' is true if and only if p('p'는 p일 경우, 그리고 오직 그럴 경우에만 참이다)]로 정의된다(Gupta, 1996: 151-163). 이에 따르면, 이 공식의 왼쪽 'p'는 판단의 대상이 되는 진술을 가리키고 오른쪽의 p는 진술 'p'가 올바른가를

1) 이 개념은 후설(E. Husserl)에서 강조되었다. 그러나 Husserl(1970)에서 명확하게 정의되지 않았다. 稻垣(2010)은 생활세계를 사(私)의 연합체[또는 시민사회]라 할 수 있다고 본다. 필자는 생활세계를 전통이 작용하고 대면(face to face) 관계가 작용하는 '작은 공동체'로 본다(이광석, 2014b). 이에 대한 자세한 설명은 제5장을 참조하라.

그림 1-1 복지학의 대상과 범위 및 복지언어

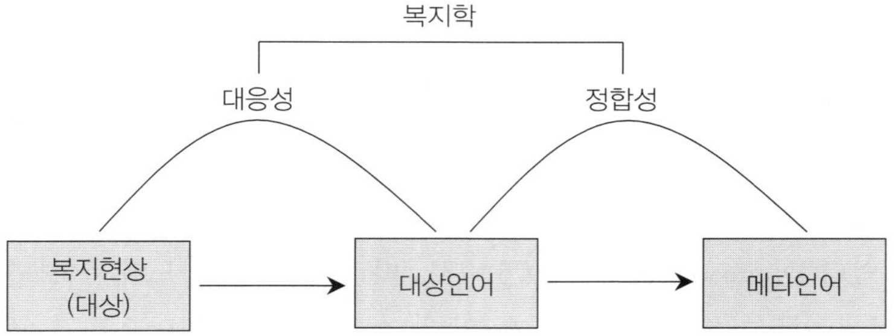

점검할 수 있음을 나타낸다. 전자를 메타언어(meta-language)라고 하고, 후자를 대상언어(objet language)라고 한다. 여기서 대상언어는 실제로서의 복지인 복지현상을 학문상의 복지논의인 복지학으로 상승시킨 것이고, 메타언어는 대상언어의 논의가 적절한지에 대한 학문적 판단이라는 점이다. 이 공식의 함축성은 대상언어는 대응성에 관한 것이고, 메타언어는 주로 정합성에 관한 학문적 판단이라는 점이다. 따라서 복지학의 대상은 실제의 복지를 학문상의 복지로 상승시키는 대상언어가 복지현상과 대응하느냐[대응성]와 이 대상언어가 적절한가를 다루는 메타언어[정합성]가 된다. 이를 그림으로 나타낸 것이 [그림 1-1]이다. 간단히 말해, 복지를 다루는 학문이 복지학이고, 복지학의 기초를 다루는 분야를 복지언어라고 할 수 있으며, 지금까지 복지학이 대응성을 중심으로 연구해 온데 비해 정합성과 후술하는 인문학주의에 강조점을 두는 시각이다. 따라서 복지학은 복지언어로 이루어져 있다고 할 수 있다. 그렇다고 해서 복지와 관련 있는 전통적 윤리 개념들이 모두 복지언어가 될 수는 없다. 이는 복지철학에서 다루어야 할 것으로[2] 이 점에서 복지언어와 복지철학이나 복지윤리와의 구별을 알 수 있다. 이와는 반대로 지난 시절에는 복지언어라고 하면 법률용어나 복지관료들의 용어를 순화하는 것을 지칭하였다. 물론 이 접근도 유용한 복지언어의 하나이지만[3] 이러한 접근은 언어학적 접근으로, 복지학의 고유영역이라고 보기는 어려웠다.

2) 예컨대, White(2010)는 복지국가의 윤리라는 제목 아래 '욕구(needs)', '평등(equality)', '자유(liberty)'를 그 핵심 개념으로 제시하고 있다. 그러나 이들을 복지언어라고 하기에는 너무 범위가 넓은 보편적 가치 개념이라고 할 수 있고 따라서 이 책은 이들은 여기서 다루지 아니한다.

3) 이는 제3장에서 다루어진다.

이를 논의하기 전에 우선 그러면 복지학이란 무엇인가를 간단히 살펴보자. 복지학의 성립은 영국에서 1912년 런던 정경대(London School of Economics and Political Sciences)에서 강좌(university courses)를 설치한 것에서부터이며, 그 목적은 다양한 형태의 자선사업에 종사하는 이들을 위해서였다. 그 발전방향은 다양한 경로를 거쳤으나 여전히 그 핵심은 사회서비스이며 사람들의 삶의 상태에 관심을 두고 있다는 의미이다. 이는 복지학에 고유한 것이 아니라 다른 학문에서도 접근할 수 있다(Donnison et al., 1975: 13). 따라서 다른 각도에서 보면 복지학의 근거는 어디에 있는가를 다시 물을 수 있다. 여기에 대한 정답으로 welfare를 거쳐 요즘은 well-being을 제시하고 있다. 전자와 관련된 것이 인적 서비스(human service)라든가 돌봄(care)이라든가 등등의 핵심어(keyword)를 제시한다면 후자는 행복(happiness)과 연관을 지을 수 있다. 그런데 복지학을 국가정책의 관점에서 바라보는 학문이 탄생하였다. 즉, 복지가 정부나 국가와의 관련 속에서 조망하는 관점에서 바라보는 학문이 전형적으로 복지정책학이라 한다.4) 그러나 이들 사이에 차이를 논의하기보다는 이들 학문이 지향하는 바를 탐구하는 것이 중요하다. 그렇다면 이들의 탐구는 무엇을 지향하는가? 또 그 의미는 무엇인가? 복지정책학의 학문체계는 어떻게 이루어져 있는가? 이런 이슈를 다루는 것이 복지언어이다. 즉, 복지정책학의 성립기반이 어디에 있는가, 또는 어떤 개념들에 기초하는가를 탐구하는 것이 복지언어라고 우선 정의할 수 있다.

좀 더 심층적으로 살펴볼 때 지금까지 제시된 여러 개념들로 복지학이나 복지정책학이 지향하는 바가 충분한가에 대해서는 그렇지 않다고 대답할 것이다. 따라서 '복지언어가 무엇인지'를 탐색하는 이유가 된다. 지금까지의 복지는(이를 이 책에서는 주류의 연구방법이라고 한다) 체제를 중심으로, 과학주의적이고 집합주의

4) 영어권에서는 이를 social administration이라는 용어를 선호하다가 social policy라는 용어로 정착하였다(Donnison et al., 1975; Gardiner & Judd, 1954). 따라서 사회정책(학)이라는 용어로 번역되는 용어이다. 다만, 그 포괄범위가 어디인가를 두고 두 가지 견해로 나뉜다. 그 하나는 넓게 보아 경제정책을 제외한 영역(예를 들면, 교육정책이나 범죄, 고용정책, 도시정책이나 환경정책 등)을 포괄한다(Ellison & Pierson, 2003). 그 둘째는 복지정책을 일컫는 데, 대체적으로는 후자의 개념이 널리 쓰인다(Dean, 2006). 여기서는 후자의 개념에 기초하며, 학문을 지칭할 때는 복지정책학이란 용어로 통일한다. 이는 한국에서 사용되는 사회복지학에 대응한다. 이 책에서는 사회복지학을 복지학으로 일컫고, 복지정책학이나 사회정책학과의 구별을 자세히 논의하지는 않고 서로 통용 가능한 것으로 본다.

적인 관점에서 탐구하였다.[5] 그러나 복지언어의 견지에서는 '이런 방법으로 연구하는 것이 개인이나 사회에 어떤 의미가 있는지'를 묻고 있다. 따라서 복지언어는 이런 주류의 연구경향과는 달리, 복지의 원초적 형태라고 할 수 있는 생활세계와 그 속에서의 인간을 중심으로 탐구하는 것이다. 이와 관련하여 유용한 틀이 후술하는 바처럼 후설(E. Husserl)과 하버마스(J. Habermas)에 의해 제시되었다.

복지언어에 관한 논의는 복지언어에 관한 철학, 이론 및 방법론으로 구성된다. 복지언어의 방법론은 복지정책학에서의 질적 연구방법과 같은 것으로 생각할 수 있지만 질적 연구방법과의 차이점은 의식에 비친 경험을 위주로 하고, 생활세계의 관점에서 살펴본다는 점이다.[6] 복지언어의 철학에 관한 논의는 대체로 과학주의, 인문학주의 및 변증법으로 나눌 수 있다(Benton, 1977; Marcuse, 1960).

과학주의와 인문학주의를 비교해서 설명해본다(제9장에서도 논의하게 된다). 인간은 이성을 지니고 태어나는 데, 이 이성은 언어로 드러난다. 이 언어는 행위로 이어지고[7] 행위가 얽혀져 사회를 구성한다. 여기서 중요한 것은 사회생활에서 필수적인 요소가 언어이고 따라서 사회과학에서 언어의 연구 또한 필수적이다. 자연에서는 법칙이 있고 이는 수리로 나타낼 수 있으므로 자연과학에서는 수리 연구가 필수적임과 대조된다. 이러한 관점에 기초하여 전개되는 이론이 복지언어의 이론이다.

5) 이와 관련하여 흥미있는 기술은 쉬몰러의 역사경제학과 칼 멩거의 이론경제학 사이의 논쟁이다. 둘 다 인간을 지향하고 있으나 전자가 집합주의적 인간인 데 비해 후자는 개별적 인간이다(김덕영, 2003: 91). 이는 뒤르켕과 베버 사이의 견해차와 유사하며(Bhaskar, 1978), 이는 주류 복지학과 여기서 논의하는 복지언어의 견해 차이와 비슷하다.

6) 이에 대한 안내서는 Smith et al.(2009)를 이용할 수 있다. 현재 복지정책학이라는 학문은 Glocksman(1983: 26)에 따르면 인식론, 철학, 이론, 방법론, 기술로 이루어진다고 한다. 인식론이란 지식론과 지식 습득의 방법에 관한 것으로 우리가 획득하고자 하는 사회세계에 대한 지식이 어떤 종류의 것인가에 관점이다. 철학이란 본질적이고 일반화된 세계관으로 일정한 가치를 통합하며 체계의 부분을 구성하는 실질에 대해 이론적인 가설에 한계를 설정하는 역할을 한다. 이론이란 관찰된 사실과 현상 및 사건 등을 설명하는 실질적 가설이다. 방법론이란 연구조사에 사용될 방법—예컨대, 가설・연역적 방법이나 주관주의에 대한 하위수준적 규정을 일컫는다. 기술이란 연구영역이나 관찰을 기술하는 실제적인 방법을 말한다. 한편, 과학주의가 긍정철학(positive philosophy)인 데 비해, 인문학주의 철학은 부정철학(negative philosophy)으로 계몽과 맞닿아 있다. 즉, 계몽주의 철학은 주어진 사회질서를 극복한 진리의 표준(즉, 사실로서가 아니라 목표로 존재하는 사회적 질서로의 표준)을 향해 인간적 실천을 이행했다는 점에서 부정적이었다(Benton, 1977: 44).

7) 하버마스(Habermas)는 이성을 도구적 이성과 의사소통적 이성으로 나누며, 행위는 의사소통적 행위와 목적합리적 행위로 또 나눈다.

복지언어의 개념은 하버마스(J. Habermas)의 이론에 힘입고 있다. 그는 인문학의 대상이라 생각되었던 언어를 사회과학의 관점으로 재구성하여, 두 유형의 세계를 제시하였다. 즉, 사회의 형태는 생활세계와 사회체계로 유형화할 수 있다(제5장과 제6장에서 자세히 논의한다). 인간에게는 타산적(calculating)인 측면과 함께, 타산적인 측면을 넘어서는 측면이 있다. 후자는 생활세계이고 전자는 사회체계로, 우리는 두 유형의 세계에 살고 있다(Swingewood, 1994: 289-295; Habermas, 1992; 전태국, 1996: 519; Heath, 2011). 생활세계 개념은 후설(E. Husserl)의 현상학에서 유래하고 체계 개념은 파슨즈(T. Parsons)에서 끌어 왔다(전태국, 1996: 519). 사회체계는 권력과 화폐의 매개에 의해서 조종되는 목적합리적 행동으로 개념화되는 데 비해(Fultner, 2011: 54-73), 생활세계(lifeworld)는 '상징적 공간(symbolic space)으로서 문화전통, 가치, 윤리규범 등이 재생산되는 터전'(김문조, 1990)으로 '언어적으로 달성된 합의'에 의해 조정되는 의사소통행위에 기초한다. 즉, 생활세계는 의사소통적 행동을 발전시키고 정치적·경제적 체계는 언어적 상호이해를 전혀 필요로 하지 않는 권력과 화폐의 매개를 통한 도구적 행동을 발전시켰다(전태국, 1996: 521). 체계와 생활세계의 관련성을 살펴보면, 생활세계는 개인 및 가정으로 대표되는 사적 생활세계와 지역사회 및 매스컴으로 대표되는 공적 생활세계로 나눠지며, 생활세계와 사회체계는 화폐나 권력이라는 체계의 매체에 연계되어 있다(김문조, 1990).

위 이론을 참고하면 복지정책학에서의 접근을 체제의 관점에서의 접근과 생활세계의 관점에서의 접근으로 크게 둘로 나눌 수 있다. 현재 복지정책학의 흐름에서 주류의 자리를 점유하고 있는 연구방법은 체계의 관점이며, 그 접근은 법칙적 접근(nomothetic approach)으로 일반화하기 위한 방법에 초점을 둔다. 이에 비해, 복지언어는 생활세계의 관점에서 개체에 대한 지식(acquaintance with particulars)을 지식의 시작으로 보아서 전체의 윤곽을 추구한다(Smith et al., 2009). 예컨대, 다윈(C. R. Darwin)의 진화론의 기초는 관찰에서 오는 다양한 개체의 차이에 유래한다. 개체의 중요성과 의미는 여기에 있다. 이런 특징을 개성기술(idiography)이라 하고 개인의 주관적 경험에 주목하며 그들의 설명에 특권을 주는 방법이다. 개성기술은 살아있는 경험이나 현상을 점검함으로써 얻어지는 개인의 실체, 구성, 통찰력에 초점을 둔다(Smith et al., 2009).

Bryman(1988)에 따르면, 법칙정립적-개성기술적의 차이는 서로 반대되는 인식론적 차이에 기인한다. '법칙정립적'의 성격은 실험적이고 가설연역적이며 실증적인 데 비해, '개성기술적'의 성격은 근본적으로 맥락의존적이고 해석적 접근이다. 좀 더 좁게 정의하여 법칙정립적 연구방법과 개성기술적 연구방법과의 차이는 다음 <표 1-1>처럼 요약된다.

표 1-1 법칙정립적 연구방법과 개성기술적 연구방법의 비교

구 분	법칙정립적 연구방법	개성기술적 연구방법
현실 인식	단일한 객관적 인식	주관적으로 도출된 다양한 현실이 공존
연구자의 역할	연구되는 변수에서 분리·독립되어 활동	연구대상 현상과 상호작용
연구자의 가치	가치와 관계없이 중립적	가치에 연관되어 가치편향성을 공개적으로 표명
추구 가치	보편성 추구	대표성 추구
특징	법칙정립적(nomothetic)	개성기술적(ideographic)
사용방법	객관성(objectivity)	인간관계(rapport)
연구언어스타일	비인격적이고 공식적이며 규칙에 바탕을 둔 문장을 사용	개인적이고 비공식적이며 상황종속적인 언어를 사용
연구접근방법론	상황에 관계없이 귀납법, 제한된 인과관계를 적용	상황에 적합한 연역법, 다변수, 다층적 상호작용(multi-process interaction) 등을 적용

출처: 권선필(2008), 이광석(2013), Dilthey(2011), Lidz(1989).

이 법칙정립적 접근은 엄밀성의 추구에는 상당한 기여를 하고 있지만 과감한 가설의 정립이나 패러다임의 전환에는 제약이 가해진다(Chalmers, 1982). 더욱이 대상을 중화(neutralization)시키므로 대상 전체의 평균을 보는 데에는 유익하지만, 그 대상 하나하나의 특성을 살펴보는, 이른바 대표성이라는 점에서는 한계를 갖는다(조용환, 1999). 여기에 개성기술적 연구방법의 필요성이 제기된다.

그러면 복지언어를 연구하는 것이 어떤 의미가 있는가? 체제의 관점에서의 접근은 복지정책학에서 사용되는 개념들이 어떻게 짜여 있으며, 그 핵심가치나 원리들은 무엇이고 이들이 어떤 과정을 거쳐 현재 여기(now and here) 우리 눈에 비춰지는 복지로 나타나는가에 대해 비교적 무관심하였다. 그 대신에 지금 어떤 문제나

이슈가 제기되었는데, 어떻게 이를 해결할 것인가에 초점을 두어 왔다. 이는 제5장에서 논의하는 효율성 패러다임에 기초하여 개별성을 중시하지 아니하고, 균분성(均分性)에 기반하여 연구하기 때문이다. 이에 비해, 복지언어는 지금 어떤 문제나 이슈가 제기되었으며 어떻게 해결할 것인가에 그 핵심을 두기보다는, 복지정책학에서의 핵심가치나 원리들은 무엇이고 이들이 어떤 과정을 거쳐 현재 여기(now and here) 우리 눈에 비춰지는 복지로 나타나는가를 탐구한다. 이뿐만이 아니라 그 현상이 어떻게 학문의 영역으로 진입하는가를 논의하는데 여기서는 명제의 형태를 띤다. 이에 대한 보다 자세한 논쟁이 복지정책학에서 인문학주의와 과학주의이다.

복지학이나 복지정책학에서 우수하다고 할 수 있는 이론이나 주장들은 옳다고 여겨지는 것들이다. 옳다고 여겨지는 것들은 검증이나 반증에서 견디어낼 수 있어야 하는데, 검증이니 반증이니 하는 용어 자체가 과학주의를 대표하는 용어이다.

과학주의의 핵심(central tenets)이 무엇인지에 대해 학자들마다 약간씩 다르다. 주요한 학자들의 주장을 나타낸 것이 다음 <표 1-2>이다.

<표 1-2>에서 보듯이 과학주의의 핵심은 과학적 방법 및 경험주의에 기초하고 있다. 과학주의에서의 가치와 사실의 분리는 실제생활에서는 정치와 정책의 분리라는 모습으로 응용된다(이덕복, 1993: 55-74). 이는 기술관료적 모델(technocratic model)로 나타나 자유민주주의적 공공정책 형성에 이바지하였다. 이는 "인간

표 1-2 과학주의의 핵심

핵심영역 \ 학자	Kolakowski	von Wright	Abbagano	Giedymin	Halfpenny
통일과학의 추구와 과학적 방법	√	√	√	√	√
경험주의	√	√	√	√	√
과학이 유일한 타당한 지식이다.	√		√	√	
철학이란 과학의 논리이다.			√	√	
과학은 인간을 위해 사용되어야 한다.			√	√	
과학의 이상으로서 수리물리학		√			
과학의 성격은 인과적 설명이다.		√			
규범에 대한 사회학적 상대주의				√	

출처: Stockman(1983: 7).
주: 원문에는 실증주의로 되어 있으나 원문의 설명에 따르면 과학주의로 이해되므로 과학주의로 표기하였다.

에 대한 통치는 사물에 대한 관리로 대체되어야 한다."(Iggers, 1958; 이덕복, 1993에서 재인용)는 관리과학의 명제가 도출된다. 이 관리과학의 명제가 'Σ개인'에게 input/output의 관계로 재단하는 효율성 패러다임으로 전환되어 현대에서 국가작동의 원리 중 하나로 자리 잡았다(이덕복, 1993). 복지주의 관점에서는 관료제는 보편적이지만 복지국가 체제에서는 이를 보충할 전문가(expertise)가 행정에 참여하는 전문가주의 행정(professionalism)이 필요하다고 한다(Clarke & Newman, 1997: 6).

과학주의가 연구주제를 대상화·객관화하는 맥락에서 사회과학의 자연과학화를 주장한다(Polkinghorne, 1983; 오용득, 2013). 이에 대해, 인문학주의는 과학으로 환원될 수 없는 인간과 인간의 활동 및 그 결과물에 대한 인문학적 지식의 고유한 가치를 주장하므로, 사회과학과 자연과학의 차이를 인정한다. 뿐만 아니라 연구주체의 정신이나 창조성을 지닌 자아의 활동은 실증의 대상이 될 수 없다고 주장한다(오용득, 2013). 이를 알기 쉽도록 그림으로 나타낸 것이 다음 [그림 1-2]이다.

그림 1-2 과학주의와 인문학주의

과학주의의 결정은 20세기의 논리실증주의로, 논리실증주의 방법론은 과학이 가지고 있는 절차주의(procedualism)와 설명(연역적 설명, 인과적 설명, 통계적 설명 등을 포함)으로 요약할 수 있다(Polkinghorne, 1983: 60; 정대연, 1997: 82; Brown, 1977: 87; Feigl, 1969; 오용득, 2013; Pawar, 2009).[8] 과학주의를 대표할 만한 모델은 이미 고전이 된 연역·법칙적 모델(deductive-nomological model: D-N model)이다(Hempel, 1965/1966; Salmon, 1990; Itokonen, 1975: 382; 오용득, 2013).[9] 이 모델

8) 이에 대해 자세한 설명은 Chalmers(1982)와 Halfpenny(1982)를 참조하라.

9) 헴펠의 모델, 헴펠-오펜하임 모델(Hempel-Oppenheim model), 포퍼-헴펠 모델(Popper-Hempel model), 또는 포괄법칙 모델(Covering Law Model)로 불리기도 하는 이 모델은 너무나 알려진 모델이라 상세한 설명은 피한다. 헴펠과 오펜하임은 과학적 설명이 갖추어야 할 조건들을 다음과

에 따르면, 설명되는 현상(explanandum phenomenon)은 설명되는 문장(explanandum sentence: E)으로 나타난다. 즉, 복지현상은 복지의 문장이나 명제로 나타나야만 한다. 다시 말해, 복지현상은 복지언어로 표현되어야 한다는 뜻으로 여기서 복지언어의 중요성이 있다. 설명되는 문장은 그 전제들인 설명하는 것들에서 유래하는데, 이는 일반법칙들(L_1, L_2, L_3, ……, L_r)과 특수한 사실들에 관해서 주장하는 문장들(C_1, C_2, C_3, ……, C_k)로 구성된다. 이상의 설명을 그림으로 나타내면 다음 [그림 1-3]이 되며, 이를 연역·법칙적 모델이라고 한다.

그림 1-3 과학주의에서의 설명방식

$$\frac{L_1,\ L_2,\ L_3,\ \cdots\cdots,\ L_r \qquad C_1,\ C_2,\ C_3,\ \cdots\cdots,\ C_k}{E}$$

예를 들어서, 구체적으로 살펴보면 다음 [그림 1-4]와 같다.

그림 1-4 과학주의에서의 설명방식의 보기

(L_1) 어느 시점(t)에서 유리창이 돌에 세차게 맞으면 t 시점에서 그 유리는 깨진다.
(C_1) t_1 시점에서 그 유리창이 돌에 세차게 맞았다.
―――――――――――――――――――
(E_1) t_1 시점에서 그 유리창이 깨졌다.

출처: 강신택(1981).

과학주의의 영향권 안에서 복지정책학에 큰 영향을 미친 것은 논리실증주의와 후기실증주의 및 행태주의이다.

인문학주의를 대표할 만한 것은 현상학, 해석학, 비판이론, 포스트모더니즘(탈

같이 제시한다. 첫째, 설명항은 피설명항을 논리적으로 함축하여야 한다. 둘째, 설명항은 피설명항을 연역해 내기 위하여 필수적인 일반법칙을 포함하고 있어야 한다. 셋째, 설명항은 경험적 내용을 가져야 한다(Brown, 1977; Hempel, 1965; Halfpenny, 1982; 강신택, 1981). 논리실증주의의 영향력이 후퇴한 이후 D-N 모델이 흠결이 있다고 판정이 났지만 과학적 설명의 이상형으로 간주되고 있다(Brown, 1977; https://en.wikipedia.org/wiki/Deductive-nomological_model).

근대주의)과 포스트구조주의 등을 들고 있다(Lynch & Cruise, 2006). 이들은 사회과학이라는 이름 아래에 묶이는 영역 속에서 의미 있는 행동(meaningful behavior)이나 현상을 탐구하고 설명하려고 했다. 현상학이란 의식에 비치는 경험을 기술하려는 것으로 생활세계라는 개념이 중요시된다. 생활세계 속으로 들어간 인간은 더 이상 세계를 인식의 대상으로 바라보지 않고 그 결과 주관을 갖지 않는다. 따라서 한 개인의 세계 안에 존재하는 모든 것들은 의식의 지향적 지평(즉, 생활세계) 안에 존재한다(송석랑, 2003: 14-15). 그 의미는 우리의 삶은 몰인격적 세계에서 객관적으로 관찰되는 것이 아니라 남들과 공유하는 삶으로서의 세계를 통해 살아간다는 점이다.

사회과학에서 이해나 의미의 해석을 추구하는 해석학도 있다. 이는 과학주의에서 취하는 '유일하게 옳은 해석'을 지향하는 법칙적(nomothetic)이고 개념화에 반대하고, 개별화된 경험을 존중하는 흐름이다. 여기서는 과학주의와는 정반대로 '늘 여지가 남는 어떤 것으로, 참일 수도 거짓일 수도 있다'는 태도이다. 문제는 해석이란 해석(n)에 대한 해석(n+1)이 되고, 재해석(n+2)을 불러오는 무한 소급의 가능성이다. 물론 '납득할 만한'이라는 근거는 설정해 두지만, 이것 또한 해석되어야 할 근거로 작용한다. 또 진리를 방법을 통해서가 아니라 예술에서의 직관처럼 이른바 '방법적 거리두기'를 통해 얻을 수 있다고 주장한다(이규호, 2005). 그러나 사회과학은 예술과는 달리, 방법을 통해서 학문적 진리를 찾는 경우인 데, 지나치게 직관에 의존하므로 인해 이것은 그 학문 내부의 통약불가능을 제기한다. 그러므로 만약에 이를 복지정책학이나 복지학에 알맞게 수정한다면 유익한 방법론으로 발전할 가능성이 높은 인문학주의라 할 수 있겠다. 최근에 선보인 해석 현상학적 분석(IPA: Interpretative Phenomenological Analysis)은 그런 의미에서 유용한 방법론으로 보인다(Smith et al., 2009).

비판이론은 합리성의 강조로 인해 이성의 도구화를 초래하고 이 때문에 전체주의화로 치닫는 지배관계에 대해 무력해진다는 데에 관심이 있다. 합리성의 강조로 인한 이성의 도구화는 시장지배적 이성에서 잘 나타나는데, 시장지배적 이성은 타인의 욕망과 행동을 어떻게 하면 자기의 욕망대로 지배할 수 있을까 하는 원리로 이어진다. 즉, 종래의 이성이 인간정신이나 사회나 자연의 질서를 규율하는 객관적인 힘으로 이해된 반면에, 오늘날의 이성은 이해(利害)관심에 따라 사물을 분류·

추리 · 연역하는 주관적 능력, 즉 도구적 이성으로 수단화되고 있다(심윤종, 1983: 22). 변증법에 기초하는 비판이론은 이를 비판하고 자본주의 속에 숨어 있는 지배관계를 바람직한 방향으로 해방하려는 목적을 지니고 있다.[10] 어느 흐름에 속하든지 이와 같은 논의는 인간을 어떻게 볼 것인가 하는 문제에 직면하고(신오현, 1996), 이러한 논의는 복지언어와 관련이 깊다. 복지 영역에서도 이러한 논의가 활성화되어야겠다.

위에서 논의한 바를 정리하면, 복지언어 이론은 언어의 본질을 주체적인 인간과의 관계에서 이해하고 일상적인 언어현상을 삶의 현상의 핵심으로 해석한다[11](이규호, 2007). 복지이론도 하나의 언어이고,[12] 언어에 의하여 대상의 의미와 사회가 구성되며 의미란 공공의 언어를 통하여 인간이 만들어 준 것으로 본다. 주체는 일정한 개념구조[렌즈로서의 언어]로서만 세상을 볼 수 있다. 즉, 사고(思考)의 형식들이 시각을 결정한다. 이러한 사고의 형식들은 사회적이며 간주관적이다. 이 책은 복지정책학이나 복지학에서 과학주의와 인문학주의의 융합을 목적으로 논의하며, 이를 통해 다음 절에서 논의하듯이 대응성을 넘어 정합성의 추구를 복지언어라고 한다.

제 2 절 복지언어 논의의 중요성

복지언어란 지금까지의 연구 지향에서 언어의 중요성을 배제한 것과 달리, 이

10) 이와 관련하여 '전체는 비진리이다'라는 아도르노의 명제는 실증주의자들과는 다른 세계관이라 할 수 있다(Adorno et al., 1976; 신오현, 1996: 221).

11) Heidegger(2005)는 일상적인 언어와 근원적인 언어를 구별하였다. 그의 철학의 근본 문제 중에 하나가 은폐성과 비은폐성, 탈은폐성의 구별에 있는 만큼 개방된 장(Offenbares)에서의 언어가 중요하다. 또 '실존 이해나 존재 이해는 모두 언어 안에서 표현된다'(Ricoeur, 2000: 15; 김한식, 2008: 147에서 재인용)라는 명제에서 보듯이 언어를 주체적이고 생동적인 힘으로 바라본다.

12) Heidegger(2005)에 따르면, 언어를 나타내는 logos의 원뜻은 '-을 개방시킨다'이며 tongue의 '맛보다'의 의미이다. 이는 모든 존재자와의 교섭을 의미하고 존재(음악이 있어야 노래할 마이크니 가수니 등등이 존재하듯이 이때 음악이 존재다)는 모든 것을 개방시키는 장(場)을 의미한다. 언어는 개방시키는 장 속에 있다. 그 복지정책학적 의미는 현재 주류인 효율성 패러다임을 개방시킴이다.

론체계 그 자체가 복지연구의 한 부분임을 인정하는 학문적 관점을 말한다. 즉, 복지정책학에서 쓰이는 언어를 분석하여 복지정책학의 체계와 그 성립근거를 탐구하는 영역이라고 할 수 있다. 따라서 복지를 언어의 체계로 보고, 표층(보이는 부분)에 있는 언어를 통해 심층에 있는 복지현상이나 복지정책학을 체계화하려는 노력으로 정의할 수 있다.

복지정책학이 다루는 내용이 다양하고 풍요롭기도 하지만, 지금까지는 복지정책학이 무엇이며 어떻게 성립하는가, 달리 말한다면 복지의 핵심가치가 무엇인가 하는 문제와 어떻게 복지현상이 복지정책학으로 옮아가는가에 대한 논의를 제시하지 못했다. 이러한 흐름에 대한 반성으로 복지정책학에서의 핵심가치를 논의하고 어떻게 복지현상이 복지정책학으로 옮아가는가에 대한 논의를 복지언어라는 이름으로 모색해 보고자 한다. 즉, 복지언어는 복지정책학의 근거를 탐구하는 영역으로, 복지정책학에서의 개념과 명제를 분석하고 그들이 얽혀 있는 구조를 밝혀내고 개념과 명제 및 구조를 해석하는 일을 한다. 익히 알려졌다시피 학문이 성립하기 위해서는 그 학문을 통해 이슈가 되는 문제를 해결하는 측면이 있다. 즉, 그 학문과 그 학문이 연구의 대상으로 삼는 것 사이의 일정한 관계가 있는데 이를 대응성이라고 한다. 한편, 대응성 외에도 그 학문 내에서 일정한 체계를 갖추고 있어야 하는데 이를 정합성이라고 한다.[13] 물론 이 두 측면을 칼로 무 베듯이 재단(裁斷)할 수는 없지만 이들을 명확히 하라는 요구에 부응함으로써 학문의 기초가 이루어진다. 지금까지 복지정책학은 이슈가 되는 문제를 해결하는 측면[즉, 대응성]에서는 상당한 성과를 올렸다고 볼 수 있다. 그러나 그 학문 내에서 일정한 체계를 갖추는 정합성의 측면에서는 대응성만큼 성과를 올렸다고 볼 수는 없다. 복지언어가 하는 역할 중에 하나는 바로 정합성을 높이는 데에 있다.

언어는 인간을 인간답게 만드는 가장 중요한 특질이다. 그리스 사람들이 로고스(logos)라고 하는 것은 이를 가리킨다. 인간은 인간 이외의 영장류, 예를 들어 침

---

13) 언어학의 예를 들면 언어학이 대상으로 삼는 인간 언어에 관한 문제를 탐구하려는 측면이 대응성이다. 또 언어학 그 자체가 학문으로 성립하기 위해서는 언어학 내부의 체계성(통사론, 형태론, 음운론 등)이 이룩되어야 한다. 이 내부의 체계성을 정합성이라 한다. 철학에서의 대응론(correspondence theory)과 정합론(coherence theory)은 본문에서와 달리 진리와 관련하여 설명한다(김여수, 1997; 이승권, 2000에서 재인용). 이 책에서는 복지언어의 관점이므로 본문과 같이 서술한다.

팬지의 경우를 예로 들어 학습을 통한 언어능력을 꾸준히 실험해왔다. 이에 따라 이 동물이 언어를 창조적으로 사용하는 데 필요한 생리학적 특성과 일반적 지능을 가질 수도 있다는 부분적인 가설을 제기했지만 인간이 갖고 있는 언어능력과는 비교할 수 없는 결여 현상을 보인다는 결론에 도달했다(임기대, 2012). 따라서 아무리 저급하고 어리석은 사람이라도, 심지어 바보조차도 자신의 생각을 표현하기 위한 수단으로 여러 개의 단어를 연결시켜 하나의 문장을 만들어낸다. 반면, 아무리 완벽하고 유리한 환경에 있는 동물일지라도 결코 이런 일을 할 수 없다고 한다 (Chomsky, 1966). 즉, 언어는 인간이 인간다움의 가장 중요한 징표라는 것이다.

복지를 비롯한 사회현상은 대부분 언어현상으로 환원된다. 즉, 언어를 통해 실제적 기능이 이루어지고, 개념화된다. 학문적 관점에서 이를 논의하면, 복지는 후술하는 중간세계(Zwischenwelt)를 통해 언어화되고 체계화되며, 그 과정에서 언어에 의해 변형되고 생성된다. 언어화되고 체계화되어 변형되고 생성된 새로운 실체는 그 학문 분야의 성립을 가능하게 하는 언어체계에 있다. 구조주의에서 말하듯이 용어는 개념의 틀이며, 의미의 감옥이다. 따라서 개념의 논의는 필연적으로 언어와 연결되며 이를 복지언어라 하고 그 범주는 개념 논의는 물론이고, 어떤 주장의 옳고 그름을 논의한다고 하는 것은 먼저 명제가 제시되어야 한다. 이 명제가 어떤 근거로 그 타당함을 인정받고 유용한 주장으로 성립되는가를 연구하는 영역이다.

복지언어라는 용어는 복지정책학이나 인접학문에서 관련 학문을 전공하는 이들에게 새롭게 다가오는 낱말이다. 지금까지는 복지학에서 그 기본 개념이나 개념체계가 무엇인가에 대한 논의도 없이 이론 전개나 학문의 성격 정립에 정진하였다. 복지언어는 그 복지정책학의 원현상이 언어라는 견해를 가지고 있다. 즉, 복지정책학이 무엇인가에 대한 물음의 답변으로 인간언어를 통한 대인서비스에 기초한다고 본다. 달리 말해, 복지정책학에서도 언어에 대한 중요성을 인식하고 이를 기초로 학문의 성격을 재구축하려는 노력이 복지언어라는 개념의 도입으로 나타난다. 여기서 어떤 인간상을 전제로 하며 이를 어떤 관점으로 바라보며, 또 어떻게 구성되는지에 대한 논의로, 지금까지 이에 대해 논의하지 않아 왔다. 이 책은 이에 대한 문제 제기로 어떤 인간상을 전제로 하며 이를 어떤 관점으로 바라보며, 또 어떻게 구성되는지에 대한 논의이다. 이 논의를 위해 꼭 필요한 몇 가지 기본 개념을 다음 절에서 살펴보기로 한다.

제 3 절 사유언어 이론

베버(M. Weber)가 관료제를 논의할 때 문서에 의한 작용을 그 특징으로 들었다는 것은 그가 사회현상에서 언어의 중요성을 인식하고 있었음을 의미한다. 전달체계를 기본으로 하는 복지정책에는 이와 함께하는 언어가 현실적으로 존재한다. 그 언어는 좀 더 넓은 공공언어로 통합되는데 이 공공언어 속에 포함되는 언어는 다른 공공언어에서는 볼 수 없는 특징이 있다(남영신, 2010, 민현식 외, 2010). 간단히 말해, 복지언어라는 학문 분야는 실제에서 추론하거나 연역에서 나오는 논리와 형이상학으로 구성된다(이승종, 2002).

그러나 여기에서도 논의되지 않은 영역이 바로 사유언어 이론이다.[14] 인간의 지식에 관해 두 가지 불가사의한 문제가 있다고 한다. 그 하나는 플라톤(Plato)의 문제(Plato's problem)로서 '어떻게 해서 그처럼 적은 경험으로 그렇게 많이 알 수 있는가' 하는 것과, 또 하나는 오웰(Orwell)의 문제(Orwell's problem)로서 '어떻게 해서 아주 많은 증빙자료를 가지고 있으면서도 아는 것이 그렇게도 적은가' 하는 것이다(Chomsky, 1986; 김동석, 1991: 41). 이를 해결하고자 하는 노력이 인근 학문에서 많이 이루어져 왔다. 이에 관한 연구가 마음의 과학과 심리철학에 기초한 사유언어이다(Pinker, 1995; Brockman, 2011).

언어는 소리를 만들거나 종이 위에 걸터앉아 있어서 누구나 듣고 볼 수 있지만, 생각은 생각하는 사람의 머릿속에 갇혀 있다. 다른 사람이 생각하는 바를 알기 위해서나 생각의 본질에 관해 이야기하기 위해서는 말을 사용해야 한다(Pinker, 2004: 95). 예를 들어, A라는 사람의 머릿속에 있는 개념이 B라는 사람의 머릿속으로 이

---

14) 지금까지의 뇌과학 연구에 따르면(Greenfield, 2000), "역사상 가장 위대한 천재(A. Einstein)의 뇌도 다른 사람의 뇌와 전혀 달라보이지 않으므로 뇌에서 일어나는 어떤 과정이 분명 결정적일 것이다. 언어보다 더 인간적인 과정은 없다. 그렇기 때문에 언어로 달려가야 한다"라고 한다. 따라서 사유언어의 존재는 인간과 다른 동물과의 구별을 위한 핵심적 개념이다. 그 의미는 사유가 체계적으로 이루어지려면 언어체계가 필수적임을 의미한다. 사유언어는 실제 행정의 영역이나 복지정책학이라는 학문상의 영역에서 논의될 수 있으나 이 책은 학문상의 영역에 중점을 둔다. 사유언어의 어휘구성은 mental+ −ese로 분석되는데, 접미사(suffix) −ese는 언어를 지칭한다. 이를 '사유언어'나 '사고언어'로 번역하기도 하고(김희숙, 2011), '정신어' 또는 '두뇌어'로 번역하기도 한다.

전하는 과정은 (A의 머릿속) 개념 → (A의) 청각영상 → (A의) 소리내기···· → (B의) 듣기 → (B의) 청각영상 → (B의 머릿속) 개념이라는 과정의 연속으로 진행된다(허웅, 1981: 31). 여기서 바로 사람의 머릿속에 있는 개념에 관한 연구가 사유언어이다.

사유언어 이론은 보편적 사고(思考)에서 필요로 하는, 사유체계에 관한 언어로서 심리철학이나 심리학, 언어학, 뇌과학 등 다른 학문의 영역에서 논의된 바 있다. 음성형태를 지닌 말을 우리의 말이라고 전제하는 언어학 이론과는 달리, 사유언어 이론은 사유체계를 다루는 것으로 마음속의 말도 나름의 문법과 이론체계를 갖고 있다는 주장이다. 더욱이 프레임 구성이 정책에 선행한다(Lakoff, 2008: 111)는 명제를 받아들이면 복지정책학에 앞서 프레임 구성이 가능한 사유체계를 이해하여야 진정한 의미에서의 복지정책학의 연구가 가능할 것이다.

복지정책학의 영역에서는 이와 관련 있는 논의가 이루어지지 않았고, 사유언어의 외형적 실현 형태인 복지언어의 논의마저도 활발하지 못하였다.[15] 한국에서 그동안의 경과를 보면 실무에서는 단순한 언어의 순화와 치환으로(남영신, 2010), 예컨대, '정신병자 → 정신질환자', '맹인 → 시각장애인', '간질장애인 → 뇌전증장애인', '농아자 → 청각 및 언어 장애인'으로 바뀌는 사례에서 보는 것이다(연합뉴스, 2014.6.24). 학문 영역에서는 프레임처럼 언어체계와 관련하여 이용할 수 있는 부분의 연구에 머물렀고(김대건 외, 2012), 그 이상의 근원 탐구는 수행되지 않았다. 이는 복지정책학이 그 특유의 활용가능성에 중점을 두었기 때문이라고 할 수 있다.

복지정책학 사유체계를 살펴보기 위해서는, 사유언어의 개념을 복지정책학 영역에 도입하여 적용하는 것이 필요하며, 이를 통해 복지정책학이 더 풍요롭게 될 수 있다. Ogden & Richards(1923: 9－11)가 지적한 바처럼 사상(thought)과 상징과의 사이에는 인과관계가 있다. 우리가 담화할 때 사용하는 상징체계는 지시(reference)나 사회・심리적 요인에 의해 발생한다. 사상과 지시물(referent) 사이에도 직접적이든 간접적이든 어떤 관계가 있다. 나폴레옹을 예를 들어 보자. 그 단어(나폴레옹)— 역사가의 당시의 기록 — 지시물(나폴레옹이라는 사람)의 관계이다.

15) 따라서 "이렇게 말할 수 있을 것이다. 복지정책학에서 언어적 접근방법을 조롱하는 자들은 그들 자신이 깊은 개념적 혼란 속에 빠져 있음을 깨닫지 못한다"(Edmonds & Eidinow, 2012: 376)라고 할 수 있다(원문에서는 '복지정책학' 대신 '철학'이 자리하고 있으며 필자가 복지정책학으로 대체하였다).

이 관계를 나타낸 것이 다음 [그림 1-5]의 왼쪽 그림이고(Ogden & Richards, 1923: 11), 이 지시의 관계에서 의미(시니피에)는 개념(또는 thought or reference)으로, 소리(시니피앙)는 용어 또는 상징으로 바꾸어 표현할 수 있으며(허웅, 1986: 41), 이들을 통해 지시대상(referent)을 대표할(stand for) 수 있다. 이 관계를 그림으로 나타낸 것이 [그림 1-5]의 오른쪽 그림이다(강신택, 1981: 26).

그림 1-5 지시의 관계

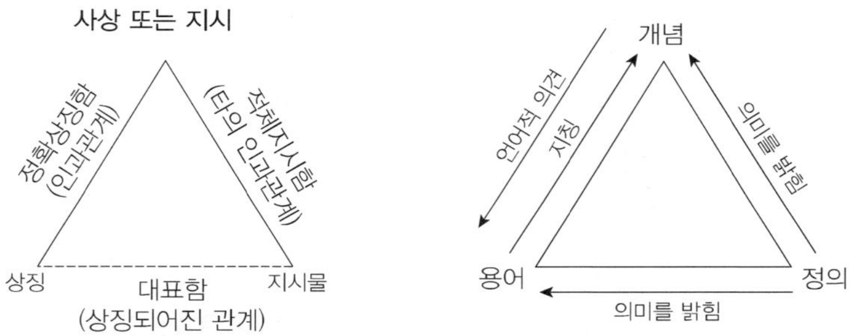

즉, 개념은 어떤 생각이고 이것을 언어적으로 표현한 것이 용어이며, 용어의 뜻을 밝히는 것이 정의(定義)인데, 정의는 용어의 뜻을 밝히면서 동시에 개념의 뜻을 밝히는 것이 된다. 개념이나 용어가 무엇을 지칭하고 있는지도 정의를 통해 밝혀진다(강신택, 1981: 37).

말의 사용이 의미하는 바는 중간세계에서 언어화하여 논리의 세계로 진입하는데[16](이광석 · 문유석, 2011) 이때 여러 가지 논의가 진행되어 왔다. 예컨대, 총체적 덩어리로서의 언어에 의해 규율되느냐, 아니면 규칙과 연산의 법칙에 의존하는가, 언어 모듈에 기초하는가, 아니면 일반인지 과정처럼 이해되느냐 등의 이슈로 전개

16) 물론 Putnam(1992), Pinker(1995), Whorf(1956), Wittgenstein(1953) 등의 의견이 서로 어긋난다. 퍼트남(H. Putnam)은 자신의 철학이 시대에 따라 다르므로 규정하기에 어려움이 있으나 사피어-워프(Sapir-Whorf) 가설에 가까운 의견을 피력한다. "필자는 어렸을 때 금발의 곱슬인 머리카락을 갖고 있었다. 필자는 영어를 말하지 않았고 오로지 프랑스어만을 말했다. 필자는 필자의 이름을 '힐라리 퍼트남'으로 생각하지 않았고 '일레르 푸농(Hilaire Pootnomm)'으로 생각하였다. 이제 필자는 곱슬머리가 전혀 아닌 성긴 회색머리를 가지고 있으며, 프랑스어보다는 영어를 말하고, 스스로를 '힐라리 퍼트남'으로 부르고 있다. 그렇지만 필자는 동일한 사람이다"(Putnam, 1992: 43). 이 점에서는 Wittgenstein(1953: §5.6)의 이론과도 유사하다.

되어 왔다. 여기서 언어가 사고나 세계관을 형성한다(language as the formative organ of thought)는 사피어-워프(Sapir-Whorf) 가설에 대한 찬성과 반대가 뚜렷이 나타난다(Gentner & Goldin-Meadow, 2003). 이와 관련하여 제시된 이론이 사유언어이다(Pinker, 1995). 이 이론에 따르면, 그 기호의 의미는 정신적인 것이어야 하며, 동시에 세계와 관계를 맺고 있어야 하므로(Putnam, 1992: 67), 자연언어로 사고하는 것이 아니라는 주장을 편다. 즉, 언어가 실재(reality)를 개념화하는 방법을 결정한다는 것은 잘못이라는 주장이다(Pinker, 1989: 360). 그러나 언어의 심층 문법구조가 우리가 세계를 바라보는 방법에 영향을 미친다는 이 이론은 사피어-워프(Sapir-Whorf) 가설의 새로운 버전이라고 한다(Gentner & Goldin-Meadow, 2003: 9). 이 사피어-워프 가설에 따르면, 우리의 말은 사고와 세계에 접근하는 렌즈(lens)라고 간주되어 왔다[17](Gentner & Goldin-Meadow, 2003: 8; Edmonds & Eidinow, 2012: 294). 이보다 더 근원적인 물음이 사유언어 가설이다.

사유언어 가설(LOT: language of thought)은 지식의 축적과정과 밀접한 관련이 있다. 이에 관한 가장 기초적 개념은 사유는 언어의 규칙과 똑같은 과정을 밟으며[18] 사유과정은 사유의 언어 속에서 일어나고, 사용되는 모든 어휘는 화자의 정신 속에 있는 어떤 정신적 표상과 연계되어 있다는 주장이다(Putnam, 1992: 58). 이 논의의 핵심은 생각이 언어와의 관계이다. 생각이 언어와 함께한다는 촘스키(N. Chomsky)나 포더(J. Fodor)의 사유체계나(Fodor, 1975/1981; Putnam, 1992) 비트겐슈타인(L. Wittgenstein)의 사유체계(Wittgenstein, 1953: §384)와는 달리, 생각이 언어와 다르다는 견해에 이르기까지 다양하다(Pinker, 1995: 95; Gentner & Goldin-Meadow, 2003). 여기서 생각은 어떻게 갈무리되는가 하는 것이 이슈로 제기된다. 이에 관한 연구는 미국의 철학자 포더(J. Fodor)가 발전시킨 마음의 철학과 인지심리학자 핑커(S. Pinker)의 연구에 힘입은 마음의 과학(Pinker, 1995/1997)으로, 사고

17) 철학자 러셀(B. Russell) 이후의 논의에서는 '인식론은 언어철학에 밀려나게 된다'고 한다(Edmonds & Eidinow, 2012: 294).

18) http://www.iep.utm.edu/prop-log(2012.11.18). 사유언어가 Chomsky 문법에서의 Universal Grammar(UG)와 상관관계를 맺고 있다고 보는 견해도 있다(Pinker, 1995: 29; 김희숙, 2011: 63-64). 이와 관련하여 Pinker(1995: 29)는 "유한한 단어들의 목록으로부터 무한한 문장을 만들어낼 수 있는 비책이나 프로그램이 담겨 있다. 그 프로그램을 '정신문법'이라 부를 수 있다"고 한다. 사유언어를 Chomsky의 보편문법이나 Pinker의 정신문법 개념처럼 생득가설에 기초하는 흐름도 있지만 Putnam(1992)은 이와 다른 논의를 전개한다.

(思考)를 체계적으로 정리하여 나타내게 해주는 작용을 언어가 수행하는 데 이를 사유의 언어 가설[LOTH: language of thought hypothesis]이라고 한다(Fodor, 1975; Pinker, 1995). 이 언어로 인해 단순한 생각들이 다양한 방식으로 결합하여 복잡한 사고로 체계화할 수 있다. 이는 두 가지 규칙(precepts)을 따르는 데 그 첫째는 고도의 인식과정이나 사유가 일어나려면 심리적 표상(mental representation)에 의존하고 이는 인식 표상체계(a representational system)에 기반한다는 점이다. 그 둘째는 의도와 행동 사이에는 인과관계(causal relationship)가 성립한다는 점이다.19)

이 사유언어의 사유체계에서의 첫째 구성요소는 어휘체계 또는 개념체계이며(Fodor, 1981: 89), 또 다른 구성요소는 통사체계(a combinatorial syntax)와 의미체계(a compositional semantics)이다(Moravcsik, 1990: 94). 이들 체계는 전체 명제나 진술 또는 문장을 수정하고 결합시켜 좀 더 복잡한 명제나 진술 또는 문장을 형성하고, 그들의 논리적 관계와 속성을 파악하는 연구로 논리학의 일부이다. 이 체계에 의지하여 "그 사고(思考)들은 그 지방에서 사용되는 자연언어로 암호화하고, 그리고 그것들을 듣는 사람에게 전달한다. 듣는 사람도 물론 그의 머릿속에 암호 사용자를 가지고 있어 그 '전달된 내용'의 암호를 푼다. 이러한 그림에서는 자연언어는 단순한 의사소통을 위한 도구이다"(Putnam, 1992: 35). 그러므로 머릿속의 암호가 가능하기 위해서는 먼저 정신의 내부에서 정신언어(an internal mental language)가 형성되어 있어야 하는데, 이는 인류라는 종(種)에 공통된 것으로서의 사유언어의 존재를 함축한다.20) 사유언어의 존재는 자연언어와의 양립가능성(兩立可能性)을 의미하고, 전자는 "18세기 학자들이 믿었듯이 계몽과 자유, 평등, 동포애 등의 정치적 이상들과 관계가 있다"고 주장한다21)(Putnam, 1992: 36). 그렇다고 하여 후

---

19) 보다 자세한 것은 http://en.wikipedia.org/wiki/Language_of_thought와 http://www.iep.utm.edu/lot-hypo/를 참조하라(2012.11.17).

20) 사유언어가 생득적인지 아닌지에 대해 의견이 나뉜다. 사유언어 개념을 도입한 포더(J. Fodor)는 생득 가설을 지지한다. 그는 "카뷰레터(또는 관료주의자)와 같은 개념들은 내연 엔진을 알지 못했던 원시 사람들도 그러한 개념들을 획득하는 데 어려움을 보이지 않는다. 이것은 그들이 그 개념을 가지는 단어를 획득하기 전에 그들의 '사고언어' 속에 카뷰레터라는 개념이 포함되어 있음을 의미한다"(Putnam, 1988: 52)고 주장한다. 이러한 견해에 대해 퍼트남(H. Putnam)이 이전에 취했던 기능주의는 이에 반대한다. 그는 "우리의 생각이 궁극적으로 생득적인 것은 아니지만 사고의 내적 언어 속에서 행해진다면 외부 세계에 대한 체계적인 표상상태"로 본다(Putnam, 1988: 52; http://www.aistudy.com/cognitive/phil_kim.htm, 2012.11.24).

21) Greenfield(2000: 265)는 회고나 사색, 심지어 환상 속으로의 도피도 언어에 의한 것이라고 주장

자가 그 의미나 중요성이 훼손되는 것은 아니다. 예컨대, 후자는 논리적 비단조성(非單調性: nonmonotonicity)에 따라 개별적 진술들이 갖는 경험의 의미들은 하나하나 개별적으로서가 아니라 하나의 총체적 덩어리로서 존재한다[22](Putnam, 1992: 40).

이 가설은 인식의 기초가 생득적(innate)이라는 철학적 합리론(rationalist model of cognition)에 뿌리를 두고 있었으나, 최근 뇌과학의 발전에 따라 많이 알려져 이론화하고 있다. 개인의 심리는 예컨대, 행위를 지켜볼 때에도 거울뉴런(mirror neuron)이 작용하므로(Brockman, 2011: 41), 언제든 누군가가 무엇을 하는가를 하는 것을 심지어 무엇을 하려고 하는 것을 지켜볼 때면, 해당하는 거울뉴런이 뇌에서 발화하고 이로써 남의 의도를 읽고 이해할 수 있다. 따라서 공감, 모방학습 등은 마음이론에 기초한다고 할 수 있다. 더욱이 "우리 인식이 대상에 조응하기보다는 오히려 대상이 인식에 조응하므로, 우리가 보는 것은 대상이 아니라 감각뿐이다. 마찬가지로 우리가 아는 것은 사물이 아니라 사실(언명 혹은 명제)뿐이고, 우리는 우리 감각을 이리저리 관계를 지워 지식체계를 만들어내는데 비트겐슈타인은 이 지식체계를 언어라고 말한다"(조중걸, 2009: 167-168). 이러한 체계를 통해 지각, 사고, 감성, 사회성을 알 수 있고(Pinker, 1998: 13), 이 기초 위에서 사회과학의 원리들이나 그 응용이 가능해진다.

위에서 언급한 바를 요약하면, 뇌과학과 포더(J. Fodor)이론에서 유래하는 사유체계를 가능하게 하는 것은 사유언어이고 이를 사회적 상호작용과 그 영향에로의 적용이 가능하다는 것이다. 다만, 현 상태는 이제 시작이라고 한다(Gazzaniga, 2011: 220). 그 사회적 상호작용과 적용을 복지정책학이라는 논리적 세계에서 수행함으로써, 성립가능한 이론을 현실세계에서 발전시키고자 한다. 이를 복지정책학에 적용하는 것은 이제 시작이라 할 수 있으나, 그럼에도 이 작용의 기제를 이해하면 복지정책학에 큰 발전의 디딤돌이 될 수 있다.

한다.

22) "만일 어떤 사람이 '모든 새들은 난다', 그리고 '타조들은 새들이다'라고 말한다면 우리는 '타조들은 난다'고 연역할 수 있다. 그러나 일상언어(자연언어)는 그렇지 않다"(Putnam, 1992: 40). 여기서 전자는 논리적 단조성(monotonicity)에 기초하며 이와 같은 사유체계가 복지정책학의 사유언어이며, 후자는 논리적 비단조성(nonmonotonicity)에 기초한다. 이는 의미총체론과 관련이 있는 흐름이다.

인간의 주요한 관심사 중에 하나는 언어와 사고, 세계와의 관계인 바, 이들의 발전과정을 정리하면 언어는 세계의 그림이라는 사상이 나타났다.[23] 이는 논리적 원자론의 세계로서 여기서 세계는 불변의 대상 위에 세워져 있다. 그 이후 단일한 구조가 언어의 기층에 놓여 있다는 전제를 포기하고 언어가 대상의 세계에 묶여 있지 않으며, 단지 여러 가지 언어 사용들 사이에 가족유사성밖에 없다는 견해로 바뀌어 간다(이명현, 1982: 47). 이를 더 고찰하면 ① 언어는 게임과 마찬가지로 규칙에 의해 규정되는 하나의 존재양식 또는 생활양식이다. ② 기호체계로서의 언어가 어떻게 적용되느냐를 결정하는 것은 언어사용자이지 그 기호체계 자체는 아니다. ③ 말의 의미는 언어공동체에 의해서 결정된다. 여기서 언어를 말놀이로 보고 생활양식을 뜻하는 것이라는 주목할 만한 사상이 싹텄다. 이에 비해, 자연언어를 대상으로 하는 흐름에서는 문법이란 (인간이 언어 규칙을 만들고 준수한다는 의미에서) 자율적이라는 관점이 나타났다. 이는 언어가 규칙에 지배된다는 점에서 본질적으로 공적(公的)인 것으로, 데카르트(R. Descartes)의 '나는 생각한다. 고로 존재한다'는 명제의 철학적 전통이 뒤집혔다고 할 수 있다. 이에 대해, 사적 언어가 마음이나 두뇌 속에 있을 가능성을 제기한 것이 사유언어이다. 이는 언어와 사유체계의 관계를 새로운 각도로 고찰할 수 있게 해 주었다. 이에 기초하여 복지정책학의 사유언어를 살펴보기로 한다.

복지정책학의 목적 중의 하나는 정책을 결정하거나 학문 활동을 할 때, 그 판단작용이 순기능하도록 도와주는 데 있다. 그 판단작용의 원천은 어디인가? 즉, 판단작용을 알기 위해서는 뇌의 판단작용이 일어나는 구조를 알 필요가 있다. 지금까지의 인접학문이나 뇌과학에 따르면, 인간의 마음은 사유언어로 사고하는데 내면의 상징재현체계를 갖고 있다[24](Pinker, 2004: 103). 구체적으로 대뇌피질에서 각종 정보의 처리와 통합기능을 담당하는 부위인 뇌의 연합령(association area)에서 판단작용을 하므로 그 원천은 내재성(internality), 즉 관념(idea)에 있다는 점이다. 이 점

23) 이를 러셀(B. Russell)은 'Wittgenstein I'이라 하고 이후의 사상체계를 'Wittgenstein II'라고 이름 붙였다. 철학사상 하나의 학파를 창시한 사람은 극소수에 지나지 않는다. 그런데 비트겐슈타인(L. Wittgenstein)은 학파를 둘이나 만들었다고 할 수 있다(Edmonds & Eidinow, 2012: 301). 이 부분의 기술은 Edmonds & Eidinow(2012: 304－305)를 요약하였다.

24) 이 가상의 기계장치가 설계한 이(Alan Turing)의 이름을 따서 튜링(turing) 머신이라고 한다(Putnam, 1988: 15; Pinker, 1995: 103－107).

에서 인간 행동에 중점을 두어서 S－R(이른바 behaviorism)이나 S－O－R(S: stimulus, O: organism, R: response)로 표시할 수 있는 행태론과 다르고, I－T－O[I: input, T: transformation process, O: output]로 표현하여 전체적인 체계에 중점을 두는 체제론과도 다르다. 이들 이론들은 국민의 요구가 없음에도 미래를 예견하거나 방향을 설정하거나 계획을 하는 경우를 설명하는 데 어려움이 있다. 사유언어 이론에서는 인간(여기서는 정책결정자)에게 사유언어 능력(faculty)이 있어서 자극(S)이나 투입(I)이 없어도 그 고유한 능력으로 인해 미래 예견, 방향설정, 계획이 가능하다고 설명할 수 있다.[25)]

흔히, 판단작용(judgement)이라고 하는 것은 진술형태(sentence－like)로 인식하는 단위(cognitive units)이다(Moravcsik, 1990: 106). 한편으로는 이런 판단작용은 표현된 정보나 메시지(message), 그 의미해독에 기초하는 데 이들 과정에 언어가 개입한다. 좀 더 구체적으로, 언어는 마음의 내용 일부를 표현하게 하는데, 예를 들면 정의에 관한 것, 정체(政體) 등이다.[26)]

사유언어의 개념을 복지정책학에 도입하기 위해서는 보편 사유언어를 각 영역에 응용할 수 있도록 하는 개별 영역의 언어, 즉 복지정책학의 사유언어가 필요하다. 복지정책학의 영역에서의 사유체계는 복지정책학의 사유언어가 기능하고, 복지정책학에서의 의사소통이나 창조적 행위, 또는 해석은 복지정책학의 자연언어에 기초한다는 의미이다. 복지정책학사유언어는 복지언어에 의해 구체화됨을 의미하고, 보편사유언어와 복지언어 사이 어딘가에 복지정책학사유언어가 존재함을 암시한다. 따라서 보편사유언어－복지정책학사유언어－복지(학) 자연언어－실제로서의 복지라는 관계로 정리할 수 있다. 실제로서의 복지는 복지의 가능세계와 복지상황으로 나뉜다. 복지의 가능세계란 공시적(synchronic) 또는 통시적(diachronic)으로 이해될 수도 있다. 예컨대, 미국의 복지가 한국의 복지와 다르지만 복지로 묶을 수 있다. 이 구도에서 보면 복지정책학 사유체계에 필요한 사유의 언어는 사유언어에서 유래하지만 다른 학문에서 논의한 사유언어와는 다른, 또는 응용된 개념

25) 뇌과학의 발전에 따르면, '딱 입력된 정보만큼만 쓸모가 있다'고 한다(Gazzaniga, 2011: 138). 이는 입력의 정도가 판단을 결정한다고 해석할 수 있고 따라서 입력에 기초하는 이론은 모두를 설명할 수 없는 한계를 가진다.

26) 뇌과학의 발전에 따라 개인의 심리에 대해서는 비교적 많이 알려졌으나 사회적 상호작용의 영향에 대해서는 이제 시작이라고 한다(Gazzaniga, 2011: 220).

으로 정의된다(김희숙, 2011; Pinker, 1995). 이를 도표로 나타낸 것이 <표 1-3>이다.

표 1-3 사유언어의 위계

<table>
<tr><th>세 계</th><th colspan="2">사유언어의 위계</th><th>성 격</th></tr>
<tr><td>사유의 세계</td><td colspan="2">보편사유언어</td><td rowspan="2">잠재화 & 일반화</td></tr>
<tr><td rowspan="2">복지정책학의 사유세계</td><td colspan="2">복지정책학사유언어</td></tr>
<tr><td>복지(학) 자연언어</td><td>가능세계</td><td>언어화</td></tr>
<tr><td>복지의 세계</td><td>실제(practice)로서의 복지</td><td>상황</td><td>현재화(顯在化) & 개별화</td></tr>
</table>

<표 1-3>에서 보듯이 보편사유언어가 각 분야의 사유체제로 전환하고 각 분야의 사유체제는 나름의 학문체계에 따라 특화되고 그 나름의 렌즈(lens)에 따라[27] 범주화하고 원형화(prototype)한다(임지룡, 1992: 18). 범주 속에는 원형(prototype)과 비원형인 구성요소가 있으며, 이들은 중심성과 주변성으로 대치할 수도 있다(임지룡, 1992: 64-65). 예를 들면, 새는 참새처럼 새의 전형으로 보이는 새가 있고, 박쥐처럼 전형으로부터 멀어진 새도 있다. 무기도 피스톨처럼 전형적인 무기가 있는 반면, 여성의 뾰족구두처럼 전형에서 멀어진 무기도 있는 것과 같다. 이를 복지정책학에 대입하면 그 전형은 개인에게는 사회권 및 복지권과 복지의무, 사회적으로는 사회적 연대성, 정책과 관련해서는 복지전달체계, 그들 사이에서 전개되는 복지의 모순성 등이 될 것이다. 요소별로는 효율성과 공정성(또는 형평성)이 그 전형으로 복지정책학의 핵을 이루는 부분이며 공정성과 효율성은 그 대척점에 있다고 할 수 있겠다.

사실세계와 논리세계만의 기존의 존재론적 2원성 외에, 사유체계가 있다는 것이며, 여기에서 인식-판단-검증하는 기능이 존재한다는 점이다. 실제에 있어서도 이 구도에 기초하여 사실의 세계에서 복지의 환경이나 구조 및 기능에 관한 어떤 정보체계를 파악할 수 있으며 나아가 복지와 관련이 있는 사람들의 관점에서 판단에 도움이 판단작용을 탐구할 수 있다. 현재의 복지정책학은 응용학문이라는

27) 이는 복지정책학적 응용이고 그 이론에 따르면 ICMs(idealized cognitive models)라고 한다. 이는 Fillmore에는 frame과 같으며(임지룡, 1992) 행정언어의 렌즈(lens)와 같은 개념이다(Farmer, 1999).

이름 아래 사유나 사유체계를 가능하게 해 주는 언어에 관한 연구는 거의 없다시피 한 실정이다.

제 4 절 사회권 및 복지권과 복지의무

대한민국 헌법 제34조 제2항에는 복지를 국가의 책무로 규정하고 있다. 이에 따라 정부는 국민의 삶의 질 향상을 위해 다양한 계층을 대상으로 다양한 복지정책을 추진하고 있으며 해마다 그 종류와 규모가 확대되고 있다. 이러한 권리를 사회권(또는 생활권)이라 하고 헌법상 보장된 기본권으로 인정한다(허영, 2007: 710-717). 이 기본권을 실현하기 위하여 복지정책은 행정을 통하여 사회복지서비스로 전환되어 클라이언트에게 전달된다(남기민, 2013: 170). 따라서 복지정책은 전달체계를 통해서 이루어지고 인간의 삶과 밀접히 관련되어 있다. 인간의 삶과 밀접히 관련되어 있다는 말은 어떤 표준화된, 또는 법칙적 정립(nomothetic)을 추구하는 것이 아니라 개성기술적인(ideographic) 접근을 지향함을 의미한다. 이는 그 표준 또는 절대의 범위 안에 들지 않으면 배제의 대상이 되는 문제를 해결할 뿐만 아니라 더 나은 방향으로 이끌어야 하는 가치관을 제기된다. 그 복지정책학적 의미는 현재 주류인 효율성에 기초한 복지정책과 아울러 인간의 얼굴을 한 자본주의(human-faced paradigm of capitalism)에 기초한 복지정책이 필요하다는 메세지이다. 즉, 효율성 패러다임과 함께하면서 다른 렌즈(lens)로 보려는 새로운 접근이 필요하고 이것이 공정성 패러다임이라 할 수 있다.[28)]

지금까지 학문세계의 논의에서는 헌법상의 사회권(또는 생활권)은 논의되었으나 이를 넘어선 복지권이 논의되지 않았다. 사회권(또는 생활권)을 넘어선 복지권이라는 개념이 논의되어야만 복지의무라는 개념이 도출된다. 복지권(welfare right)이란 국가로부터 복지를 제공받을 권리나 이를 최대한도로 향유할 수 있도록 보장하는 활동을 말한다. 이 권리는 1969년 이후 영국에서 발전해 왔고, 미국이나 오스트레일리아에서도 수용되었다. 복지권의 논의가 활발하게 된 것은 복지의 수혜자

28) 자세한 것은 제5장에서 논의한다.

가 수취하는 비율(take-up rate)이 무척 낮다는 데 있었다. 그 이유로는 낙인효과(stigma)나 사회복지시스템의 복잡성을 언급하기도 하고, 수혜자 집단의 조직화(Claimants Union movement)를 들기도 한다. 특히, 지역의 일선 공무원(예컨대, 주택업무를 담당하는 공무원이나 사회복지사)이 복지혜택에 대해 상세히 안내할 필요성을 느끼곤 하였다.

또 1980년대에는 빈곤타파(anti-poverty work)는 지방정부 활동 그 자체였다. 더욱이 복지혜택의 지출(benefit income)은 수혜자에게 재정적 도움뿐만 아니라 지역경제에도 보탬이 되었다고 판단했다. 따라서 영국에서 복지권이나 복지옹호 제도가 정착할 수 있었다. 즉, 지방정부나 자원봉사단체(예를 들면, Citizens Advice Bureau)들이 사회보장제도에 근거한 복지혜택이나 세제혜택(tax credits), 복지정보를 제공하고 법적 문제 해결을 위해 법무부 소속의 지방배심원(First-tier Tribunal)이나 고등배심법원(Upper Tribunal)에 대표를 파견하여 돕고 있다. 물론 소송으로 진행되면 변호사(solicitors and barristers)들이 무료로 소송을 대행하기도 한다. 복지권과 관련이 있는 영역들이나 복지권 옹호단체들이 하는 일은 대체로 복지수혜나 세제혜택의 자격 점검, 복잡한 복지수혜 신청서 작성에 도움을 주는 일, 사회보장법의 모든 영역에 자문과 대행, 그리고 법적 문제 이전에 해결을 위해 법무부 소속의 지방배심원이나 고등배심법원에 대표를 파견하여 돕는 일, 사례관리(case management system) 등이다.

복지를 어떻게 보는가는 관점에 따라서 다를 것이다. 이 책에서처럼 복지에 관한 개념을 중심으로 보는 방법을 제시할 수도 있고, 조지와 윌딩(George & Wilding, 1994)처럼 이데올로기 측면에서 논의할 수도 있다. 림링거(Rimlinger, 1971)처럼 경로를 따라서 살펴볼 수도 있고 그 기원을 중심으로(Ritter, 1986; 최무열, 2008) 살펴볼 수도 있다. 또 제도나 프로그램에 관한 통시적인 연구가 있는가 하면 공시적으로 이들을 비교하는 연구도 있다. 현존하는 제도나 프로그램을 중심으로 보는 정태적 연구도 있고, 그 발전방향을 논의하는 동태적 연구도 있다. 또 복지를 통한 모순의 잠재화와, 복지로 인한 모순의 현재화(顯在化)에 관한 연구를 변증법의 변화와 발전의 관점으로 보는 태도를 취하기도 한다(이광석 외, 2015; 中埜, 1973). 그 전제는 복지란 모순을 내포하고 있다는 점이다. 예컨대, 납세자로서 복지제도에 대한 인식과 복지제도의 수혜자로서 복지제도에 대한 인식은 다를 수밖에 없다. 이를 다음 절에서 살펴보기로 한다.

제 5 절 복지의 모순성

복지가 필요악(necessary evil)으로 궁핍한 사람들을 위한 일시적 현상이라는 관점이 있는가 하면 건전한 시민의식을 창출해 내는 사회적 상호작용의 긍정적 형태(a positive mode of social provision and interaction)라는 관점도 주장되어 왔다(Horton & Gregory, 2009: 53). 복지의 모순성이란 사회복지에서의 모순은 인간 본성에 존재하는 모순적 성격에서 기인함을 인정하고, 사회의 모순을 해결하기 위해, 긍정적 명제인 복지제도를 통한 처방과, 부정적 명제인 이 복지라는 처방으로 인해 새로운 모순이 일어나는 현상을 논의하는 것이다.[29] 역사적으로 사회에는 여러 가지 모순이 있어 왔고, 사회의 모순을 해결하기 위해 복지가 나타났는데, 이 복지라는 처방으로 인해 새로운 모순이 일어나는 현상을 볼 수 있다.

복지의 모순성의 근원은 필요와 자격 사이의 딜레마(dilemmas of need and entitlement)라고 할 수 있다(Horton & Gregory, 2009: 60). 필요에 기초한 대표적인 모형인 영국의 보편적 의료제도인 NHS(National Health Service)와 자격에 근거한 모형인 공공임대주택(social housing)의 대조는 상당히 흥미롭다. 전자는 어떤 정부도 그 제도의 취지나 창립의 정신을 훼손할 수 없을 정도로 정당성을 확보받았다. 심지어 일반인들이 NHS가 '복지제도'의 한 유형으로 인식하지 못할 정도라고 한다. 이에 비해, 공공임대주택은 잔여적 복지의 대명사로 배제의 한 유형으로 인식되어 정책실패로 귀결되었다. 이 대표적인 두 복지제도를 살펴보면 정책의 목표적합도(targeting)와 보편적 복지(universalism) 사이의 긴장, 다른 말로 필요와 자격 사이

29) 복지의 모순성은, 특히 후기 자본주의에서 일어나는 문제들과 관련이 있다. 최근 한국 사회에서 주목할 만한 현상으로 ① 정부(공급)측에서는 급격한 복지예산이 증액되어 투입되는 반면, ② 주민(수요)측에서는 복지욕구는 폭증[편의시설 확충, 생활·이용시설 확충]하면서 정부에 책임을 전가하는[예컨대, 빈곤을 정부시책의 결여] 현상을 보이고 있다. ③ 사회적 측면에서는 장애인, 노인 등 사회취약계층도 사회 속의 한 인간으로 살아갈 당당한 권리를 소유하고 있다는 인식이 확산되었다(경상북도, 2011).

의 긴장을 살펴볼 수 있다(Horton & Gregory, 2009: 70).[30)]

여기에서 주로 논의하는 복지의 모순성은 현실적인 제도로서의 복지와 관련이 된다. 복지정책은 목표로 삼은 정책효과 A를 달성하면서도 가능하다면 다른 긍정적 효과인 B가 부수되어 both A and B가 되도록 함이 일반적이다. 대체로 A는 복지국가가 지향하는 계층 간 갈등의 완화라면, B는 경제에 순기능을 하도록 의도한다. 그러나 만약 B가 복지관료제이고 그 관료들이 자기 이익을 추구한다면 정책효과 A의 취지는 유지되기 어렵다. 예를 들어, 복지정책에서 재원인 세금 또는 기부금을 거두고 필요한 자에게 전달하기 위해서는 관료제의 도움이 필수적이므로 관료운용의 비용이 부수된다. 복지주의자들(welfarists)은 둘 다 순기능을 기대하는 것인데, 복지관료제가 역기능을 수행할 정도로 비대해지거나 자기 이익을 추구하게 되면 either A or B이고, 장기적으로는 neither A nor B가 된다. 신우파(신자유주의자)는 B를 경제로 대치시킨다.[31)] 위와 같은 문제들을 해결하기 위해 국가는 때로는 시장에 개입을 하고, 때로는 시장 자율에 맡겨둔다. 즉, 국가가 복지라는 처방을 내놓음으로써 사회의 모순을 해결하려고 하는 것인데(이홍균, 1996: 86), 이것이 오히려 모순의 원인이 되기도 한다.

이를 상론하면, 정책대상 집단에게 정부의 복지제공이 집중되다보니 수혜자 자신이 복지급여와 서비스에 만족하면서 스스로 자립·자활하려는 의지가 부족한 채 현실에 안주 또는 의존하려 하며, 복지전달체계와 관련해서는 거짓의 방법으로 급여와 서비스를 지급받는 사기(詐欺)(CPAG, 2008: ch. 40; Mosher & Hermer, 2005; Dean & Melrose, 1996), 복지정책의 중첩과 중복현상, 복지급여와 예산의 누수현상, 특정계층에 집중되는 급여로 인해 계층 간 소득이 역전되는 현상 등으로 세분하기도 한다(이광석·김동룡, 2012). 이를 운용의 복지모순이라고 하는데, 이는 복지모순의 한 유형이다.

복지모순은 운용의 복지모순 외에, 내장된 복지모순(built-in-contradictions)

30) 그럼에도 Horton과 Gregory(2009)는 제도화(institutional design)가 이 긴장을 해결하는 대안이라고 주장한다.

31) 이를 달리 해석하면, 복지제도나 복지프로그램이 다른 복지제도나 복지프로그램의 존재이유, 내용, 취지 등을 훼손하거나, 또는 그 고유한 목적 달성이나 복지서비스의 제공보다는 관리나 조직의 자체이익 추구로 전환하는 경우(이광석·김동룡, 2012)나, 복지정책 하나하나는 정당성과 합리성을 지니고 있지만 각 부처의 복지정책이 한 곳에 모였을 때는 서로 목적과 방법이 다른 모순이 나타나는 경우가 있는데, 이 책에서는 이러한 것들도 복지의 모순성에 포함시키고자 한다.

과 제도적 관점에서의 복지모순의 유형이 더 존재하는데, 내장된 복지모순은 복지에 내재하는 본질적인 모순으로 자본축적(accumulation) 기능과 정당화(legitimization) 기능 사이의 모순(김태성 · 성경륭, 2009; Offe, 1984: 83; O'Connor, 1973; Gough, 1981)을 말한다. 이는 거시적 관점에서 바라보는 것으로, 시장경제는 많은 사람의 생활을 윤택하게 하였으나 그렇다고 해서 모든 사람의 생활이 윤택해진 것은 아니었다. 시간이 지남에 따라 시장의 기능에 문제가 생겨서 그 내부에서 해결할 수가 없게 된다. 여기에서 정부의 역할을 필요로 한다. 정부의 역할이란 고도의 독점자본주의에서 경제적 모순으로 발생하는 위기를 관리하는 위기관리 체제이다(김태성 · 성경륭, 1999: 145). 이 위기관리 체제가 위기를 맞을 때를 위기관리 체제의 위기(crises of crisis management)라고 하며, 이때에 그 구성원들이 전체 체제의 밑바탕에 작동하는 방식(underlying functional laws)대로 행동하려 하지 않으므로 통치불능이 발생한다고 한다(Offe, 1984: 37).

Offe(1984: 81)에 따르면, 자본주의 국가는 앞서 언급한 사적으로 소유하는 상품들의 이윤추구를 위한 생산과 교환이 이루어지는 자본축적의 기능을 담당하는 경제체계와, 사회 안정이 이루어지도록 하는 역할인 정당화 가능을 수행하는 규범적 · 합리적 체계와, 이 둘을 관리하고 조화시키는 정치행정체계 등 세 유형의 하위체계로 이루어져 있다. 사회 전체는 상호간에 의존 및 규제하는 원리들로 구성된다. 경제체계는 복지국가가 장기적으로 지속하는 데 필수불가결하다. 그 이유는 대중으로부터 지지를 얻기 위해서는 복지서비스를 제공해 줄 수 있는 재원의 원천이기 때문이다(김태성 · 성경륭, 1999: 145). 이를 그림으로 나타낸 것이 [그림 1-6]이다.

그림 1-6 세 하위체계 간의 관계

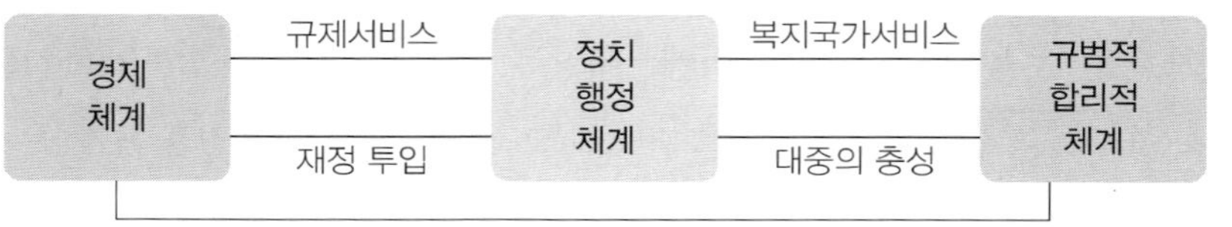

자료: 김태성 · 성경륭(1999: 145); Offe(1984: 52).

그런데 이 세 가지 하위체제가 선순환구조가 작동하지 않을 때 정치행정체계는 무엇을 해야 하는가가 이슈이다. 이 현상이 나타나는 경우에 그 처방으로 널리 알려진 전형적인 사례가 신자유주의로, 이때 정치행정체계는 필연적으로 규제서비스를 완화하고 복지서비스를 축소하여 축적기능을 돕는다. 이 이론은 요즘 세계 여러 나라에서 볼 수 있는 현상을 잘 설명하고, 연금개혁이니 복지개혁이니 규제완화니 등등의 본질을 잘 짚은 것으로 보인다.

제도적 복지모순은 복지제도를 창설 · 발전시키는 데 다른 요소가 제약 요인으로 작용하는 경우를 일컫는 것으로 복지제도는 재정적 제약 요인을 많이 꼽는다(원종학 외, 2011). 최근에 문제가 된 4대 중증질환(암, 심장, 뇌혈관, 희귀난치성질환)의 100% 건강보험 적용 공약에서 비급여 항목(선택진료비, 상급병실비, 간병비)을 제외해 논란이 일었던 것이나, '모든 노인에게 월 20만 원 지급'이라는 기초연금 공약이 '국민연금 가입 여부와 기간에 따른 차등지급'으로 바뀌었던 이유도 여기에 해당한다.

복지모순을 논의함에 있어서 개인의 관점은 사회전체의 관점과 일치하지 않을 때가 있다는 점이다. 즉, 개별적 차원에서 이루어진 최선의 선택이 전체의 차원에서는 사태를 악화시킬 수 있는데 이를 <표 1-4>와 같이 나타낼 수 있다.

표 1-4 개인의 관점과 사회전체의 관점의 괴리 문제

<table>
<tr><td colspan="2" rowspan="2"></td><td colspan="3">A 개인의 복지</td></tr>
<tr><td colspan="2">+</td><td>−</td></tr>
<tr><td rowspan="3">B 개인의 복지</td><td rowspan="2">+</td><td rowspan="2">++</td><td>사회적 결과</td><td rowspan="2">+−</td></tr>
<tr><td>−−</td></tr>
<tr><td>−</td><td colspan="2">−+</td><td>−−</td></tr>
</table>

*+: 긍정적 측면, −: 부정적 측면

예컨대, 개인 A와 개인 B의 복지는 ++로 여길 수 있다. 그러나 그 결과가 사회전체적 관점에서 타격을 줄 수 있는 경우가 생기는 현상을 고려해 보면 개인들의 복지의 합(Σ개인의 복지)이 사회전체의 복지의 증대로 이어지지 않는 경우도 있다. 예컨대, 사회적으로 박탈감을 느끼는 그룹(inferior−status group)에게 적극적 우대정책(affirmative action)을 펼칠 경우에, 사회적 합의가 없다면 그 사회적 결과

는 부정적 효과(－)로 나타난다(Watson, 2000). 그러므로 공공의 관점에서는 이를 긍정적 효과로 환원될 수 있도록 하여야 한다. 따라서 복지의 논의는 공공성의 관점 또는 사회적 성격의 측면에서 논의하여야 함을 알 수 있다.

<표 1-4>에 따라서 논의하는 바, 사적 영역이 소규모이고 사회에 영향력을 미칠 정도가 아니라면, 사적 자치의 원칙을 훼손하면서까지 복지를 요구하면 오히려 사회전체의 행복을 떨어뜨리는 현상이 나타날 수 있다. 즉, 영세 기업의 경우에는 가족을 직원으로 채용하든, 공개채용을 통해 채용하든 큰 문제가 아니다. 복수의 사람들 사이에서 공통의 목표가 존재하며 그 목적을 달성하기 위한 각자의 역할이 분담되어 있다는 전제에서 그 역할의 수행이 당연한 권리이자 의무임을 서로 인정하고 있다 하더라도 그것만으로 사적 자치의 원칙을 배제할 아무런 근거도 없다.

남을 위한 복지에로의 동기부여는 자유민주주의 정치공동체의 시민에게는 받아들여지기에는 상당히 무리가 있다. 즉, 이름도 모르는, 같은 시민을 도운다는 것은 공공의 이익을 위해서 자신이 희생한다는 것을 의미하며, 개인을 이기적 존재로 전제하는 한 이는 불가능하고 남을 위한 복지에도 한계가 있다.[32] 여기서 복지언어의 연구 영역 중에 하나로 인간관에 관한 연구이다. 예컨대, 남에 대한 인격의 존중은 익히 알다시피 준수될 수 있다. 그러나 남을 위한 복지에는 동기부여가 되지 않는다.

지난 20세기 초반에 붕괴되기 직전이었던 남을 위한 복지에로의 동기부여 사상을 되살린 사람이 하버마스(J. Habermas)이다. 하버마스의 사상은 "남을 위해서 어떻게 할 것인가?"라는 물음에서 시작하였다(稲垣, 2013). 생활세계를 중시하고 여기에 기초한 인간형을 통한 남을 위한 복지에로의 동기부여가 가능하다. 이 책은 복지모순이론에서 더 나아가[33] 이를 극복하기 위한 대안으로 사회적 행복의 이론을 전개하고자 한다(제5장 참조).

32) 공공을 위하여 자신을 희생하는 보기는 복지를 위한 증세를 생각해 보면 알 수 있다. 공공을 위하여 자신을 희생하기 위해서는 영성의 철학에 기초해야 한다고 주장하기도 한다(稲垣, 2013). 그의 견해에 따르면, 철학이 종교로부터 배우려는 이유가 사회를 어떻게 유지할 것에 대해서는 종교의 힘이 필요하기 때문이라고 한다.

33) 복지모순에 관한 이론은 후기 자본주의 국가는 복지국가 형태로도 존속하기 힘들고 복지국가와 함께해도 존속하기 힘들다는 Offe의 명제, 즉 복지국가의 모순(Offe, 1984)의 명제를 받아들인 이론이다. 이광석 외(2015)를 참조하라.

제 6 절 복지와 사회적 연대성

복지국가란 국민의 욕구를 충족시키고 사회적 위험을 극복하기 위한 제도적 장치이다. 즉, 복지와 가장 밀접한 관련성을 지닌 개념이 욕구 및 위험(needs and risks)이다(Zutavern & Kohli, 2010). 그럼에도 앞서 설명한 대로 복지국가로의 지향 또는 복지의 제도화가 복지모순성의 근원이라고 한다. 복지모순성의 근거가 복지국가로의 지향이라면 그 해결책은 무엇인가? 그 해결책으로 거론되는 주장은 '복지국가보다는 복지사회나 복지다원주의를 지향해야 한다'라는 것이다. 즉, 복지는 국가가 아니라 사회에서 담당해야 함을 의미한다. 지금까지 '복지국가'로서 국가에 기대하는 바가 컸지만, 21세기에 접어든 지금에 복지국가의 과부하명제(state overload thesis)[34]에 따라 다시금 '국가란 무엇인가'를 재고해야 한다. 왜냐하면, 국가의 능력은 모든 사람에게 보편적으로 복지를 제공해 주기에는 너무나 비효율적이고 불가능하다(George & Wilding, 1994). 따라서 복지사회 지향 또는 복지다원주의 지향이라는 국가중심에서 민간의 역량을 강조하는 방향으로 패러다임 전환이 필요하다라는 주장이 받아들여지게 되었다.

또 국가권력은 국민들에게는 오히려 자유를 억제하는 방향으로 작용하였다는 비판도 진지하게 받아들여졌다. 이른바 복지관료제는 국민의 자유를 억제하는 기능을 하게 되어, 신우파는 선택의 자유를 제한한다고 주장한다. 이들의 주장의 근저에는 시장의 규범이 자리 잡고 있다. 시장의 규범은 모든 것을 상품화하고 비윤리적 언어가 적용되는 영역을 구성하는데, 사회정의 차원에서 시장 규범을 적용해서는 안되는 경우[예를 들면, 의료 · 교육 · 환경 등]에도 상품화하도록 한다(Sandel, 2012). 즉, 의료 · 교육 · 환경 등의 영역에서도 내 목적 달성을 위한 수단으로 보는 '나와 그것(I and it)'으로 환원된다. 다시 말해, 사회적인 것(the social)을 인정하지 않고 개별적인 것의 관계인 '나와 그것'이라는 요소로 분해한다. 시장주의자들은 개별적인 것의 관계로 환원하는 것이야 말로 합리적인 것(the rational)이라고 주장한다(Brown, 1989). 이에 기초하면 상호존중에 뿌리를 둔 사회적 연대로서의 사회

34) 국가 과부하명제는 복지정책이 공공부문의 확대와 과도한 재정지출을 야기시켜 국가 재정 부담이 과도하게 되어 유지될 수 없다는 주장이다.

보장제도는 성립하기 어렵고, 설사 성립한다 하더라도 일방적인 시혜로서의 제도가 존재할 것이다.

민주주의의 원리의 핵심은 국가권력이나 사회구성원들은 국민 모두에게 평등하게 대하도록 하는 것이지만 여러 이유로 현실에서는 그 이상(理想)이 항상 실현되지는 않는다는 사실도 익히 알려졌다. 권력을 비롯한 자원들을 가진 자들과의 관계는 그렇지 못한 구성원들과의 관계에서 차이가 난다. 자원을 가지지 못해 주변부에 속한 이들이 주류의 구성원들과 동일한 권리를 누리고 의무를 이행하도록 하기 위해서는 사회적 연대가 필요하다. 이와 관련하여 개인의 삶의 궤적은 의존(dependent)에서 자립(independent)으로의 행로와 함께 상호의존(inter-dependent)으로의 삶을 지향한다. 즉, 어느 단계에서는 누구의 도움이 필요할 경우가 있고 이 도움을 효과적으로 수행하기 위한 장치가 사회적 연대이다.

관료제적 복지국가 문제를 해결하기 위해서는, 또 권력자원이 있든 없든 인간다운 삶을 영위하기 위해서는, 하버마스에 따르면 단순히 대표자를 선거하는 것을 넘어 정당성 확보와 시민 개개인의 역할이 중요해진 시기다. 자유주의 정치공동체가 전제로 하는 개인의 자유 존중은 자발적인 도덕률을 통해서 가능하다(稻垣, 2013). 이러한 주장은 사회적 연대성이 복지의 본질로 본다는 뜻이다. 즉, 사회적 연대성의 기초는 상호존중(reciprocity)에 있다(Horton & Gregory, 2009: 226).

원래 연대(solidarity)라는 개념은 사회학자 뒤르껭(Emile Durkheim)에서 유래한다. 그는 가치합의(value consensus)와 구조적 통합(structural integration)에 관해 기계적 연대(mechanical solidarity)와 유기적 연대(organic solidarity)라는 두 가지 개념을 제시하였다. 전자는 사회구성원들의 개인적인 차이가 극소화되고, 공통의 번영이라는 목표를 향해 헌신한다는 구성원들의 유사성을 지닌 곳에서 나타난다. 이에 비해, 후자는 구성원들 사이의 분업의 산물로, 구성원들 사이의 유사성에서가 아니라 차이점에서 발전되는 것인데, 그 이유는 한 사회 내에서 기능의 분화가 증대되기 때문이다(Coser, 1977: 131). 복지의 관점에서는 기계적 연대보다 유기적 연대가 더 중요한 의미를 지닌다고 하겠다.

사회적 연대성이란 어떻게 남을 위한 복지에로의 동기부여가 가능한가에 대한 논의이다. 철학자 로티(R. Rorty)는 연대성의 근거를 우리 각자의 내부에 있는 본질적 인간상에서 찾는데, 이는 '우리-의식(we-intentions)'을 통한 도덕적 의무에서 출발한다(Rorty, 1989). 연대성이 이루어지지 않은 세계를 '나와 그것(I and it)'으로 표현한다. 즉, 나를 중심으로 하여 나머지 세계를 내 목적 달성을 위한 수단으로 보는 관점이다. 이에 비해, 연대성이 형성된 세계(다른 표현으로 우리－의식이 형성된 세계)를 '나와 너(I and thou)'로 요약한다(Buber, 1974). 즉, 나와 세계와의 관계가 인격적 관계로 어울리는 관점으로 '우리'라는 개념이 형성될 수 있어야 한다(Rorty, 1989). 따라서 연대가 이루어지지 않는 '나와 그것'이라는 세계관과, 연대가 이루어진 '나와 너'의 세계관으로 양립된다. '나와 너'의 세계관에서 연대가 이루어진다 함은 개인주의에 기초하면서도 그것을 넘어 집합주의를 강조한다(Powell, 2007: 47)는 뜻이다. 이것이 복지에서 실현되는 구체적인 방법은 욕구를 충족시켜주고 위험을 사회화(risk－pooling)하는 것이다(Zutavern & Kohli, 2010).

욕구를 충족시켜주고 위험을 사회화한다는 개념을 이해하기 위해서는 욕구와 위험의 개념부터 살펴보기로 한다. 욕구를 어떻게 정의하는가는 쉽지 않은 작업이다. 특히, 복지국가를 지향하는 경우에는 욕구 충족을 위해 국가와 개인이 그 책무를 어떻게 나누어 가져야 하는가를 둘러싸고 많은 논쟁이 있다. 욕구를 가지고 있다는 것은 삶을 영위하기 위해 어떠한 것을 필요로 한다는 의미이고, 그 정도는 생존에 필요한 일정한 수준 이상으로,[35] 사회적으로 합의된 평가라는 것을 함축한다(Pierson & Thomas, 2002: 304). 즉, 이들 개념의 이해를 위한 전제는 공적(公的)이고 합리적인 평가[public and rational evaluation]라는 점이다(Zutavern & Kohli, 2010). 한편, 위험(risk)이란 일어나야 할 욕구가 일어나지 않거나 일어나지 말아야 할 욕구가 일어나는 경우로 정의되거나(Zutavern & Kohli, 2010),[36] 원하지 않는 경우가 발생할 가능성이라고 정의되기도 한다(Harris & White, 2013: 398－399). 이런 논의의 핵심에는 사회적 위험이 일어날 가능성이 높은 계층이나 집단과 낮은 계층이나 집단이 존재하고 이 격차를 어떻게 완화할 것인가 하는 점이다. 만약에 사회

35) 이 일정한 수준이 절대적이냐 상대적이냐(absolute or relative conceptions of needs)를 둘러싼 논쟁이 있어 왔다. 이에 관해서는 Zutavern & Kohli(2010)를 참조하라.

36) 브래드쇼(J. Bradshaw)에 따라서 욕구를 분류하면, 어떤 개인이 경험한 욕구를 의미하는 감지된 욕구(felt need), 개인이 공개적으로 인정한다는 측면에서의 표현된 욕구(expressed need), 전문가나 전문직업인에 의해 확립된 기준에 따르는 규범적 또는 처방적 욕구(normative or prescribed need), 다른 개인이나 집단과 관련하여 욕구로 인정되는 비교되는 욕구(comparative need)로 나눌 수 있다(Harris & White, 2013: 309－310). 비교의 욕구는 감지된 욕구나 표현된 욕구에 영향을 주고 규범적 욕구를 정의하는 데에도 영향을 미친다.

적 위험이 일어날 가능성이 높은 계층이나 집단만을 대상으로 사회적 보험 설계를 한다면 그 제도는 존속하기가 불가능하다. 반대로 사회적 위험이 일어날 가능성이 낮은 계층이나 집단만을 대상으로 사회적 보험 설계를 한다고 해도 그 계층은 이용하지도 않고 보험료만 부담하게 되므로 그 역시 지속가능성이 낮다고 할 수 있다. 그렇다면 결국 사회복지를 지향하는 사회보장제도가 지속가능성을 갖는 것은 사회적 위험이 일어날 가능성이 높은 계층이나 집단이든 낮은 계층이나 집단이든 모두를 대상으로 하여야 한다는 결론에 도달한다(risk−pooling). 즉, 자원의 부담자들(contributors)과 수혜자들(recipients)을 연결함으로써 보다 균등한 지위를 이룩할 수 있고, 이는 그 사회의 정당성을 유지시켜 주는 것이다(Horton & Gregory, 2009: 226−227). 이런 제도 설계의 이면에 존재하는 정신이 바로 상호존중(reciprocity)이다. 상호존중에 뿌리를 둔 사회적 연대로서의 사회보장제도를 통한 혜택을 받는 가능성이 낮은 계층이나 집단이 제도 이용의 가능성이 높은 계층이나 집단을 포용함으로써 사회통합의 길로 이끌어낼 수 있고, 이를 통해 '나와 그것'의 관계를 넘어서서 '나와 너'의 관계로 발전시킴으로써 복지의 모순성을 완화하려고 하는 정신이다.

제 7 절 복지와 복지전달체계

복지언어와 관련이 되는 또 다른 요소는 복지전달체계이다.[37] 일반적으로 사회서비스는 지역사회 내에서 장애, 질병, 허약함을 가지고 생활하는 사람들이 가능한 한 자기 집에서, 또 자기 지역사회에서 안전하고 자립적으로 살아갈 수 있도록 도와주는 것을 목적으로 하는 서비스인 데, 이것은 지역사회보호(community care)의 개념과는 상당히 중복된다.[38] Titmuss(1974)는 사회서비스와 사회복지를 동의어로 생각해도 좋다고 지적하였고, Kahn(1973)은 사회서비스의 영역으로 소득보장, 의료, 주택, 교육, 협의의 사회서비스 등을 들고 있다. 여기에서의 협의의 서비스를

37) 복지언어와 관련되는 요소로서의 전달체계는 복지전달체계라고 할 수 있다. 그러나 한국에서는 사회복지 전달체계라는 용어가 익숙해 있으므로 이 두 용어를 섞어 쓰기로 한다.

38) Leeds City Council의 사회서비스 정의(定義)인 데 다음을 참고하라. (http://www.idea.gov.uk/idk/aio/1039213).

미국에서는 일반적 사회서비스라고 하고, 영국에서는 personal services라 하며, 한국에서 사회서비스, 사회사업서비스, 사회복지서비스, 사회봉사 등 다양한 용어로 혼용하여 사용하고 있다.

영국에서의 사회서비스는 세 가지 개념으로 구성된다. 첫째는 조직화된 활동(organized activities)이고, 둘째는 재분배의 성격(redistributive)이라야 한다. 그러나 경찰, 군대, 쓰레기 수거 등도 재분배 성격의 조직화된 활동이지만 사회서비스는 아니며, 이들은 지역사회에 혜택을 제공하는 집합적 서비스(collective services)인 공공서비스(public service)일 뿐이다. 사회서비스와 공공서비스를 어떻게 구별하는가? 그 구별을 위한 기준이 셋째 개념으로 사회서비스는 잔여적 기능(resudial function)을 가졌다는 점이다. 즉, 의존적 상태(states of dependency)에 있는 사람에게 전달되어야 할 집합적 책무(collective responsibilities)로 인식된 일들에 관련된다(Spicker, 1988: 73-75). 이에 따라 사회보험, 소득보장, 의료보장, 공중위생, 사회복지로부터의 주택, 교육의 일반 대책까지도 포함한다. 따라서 사회서비스는 대체로 사회복지서비스보다 넓은 개념으로,[39] 여기에는 베버리지 보고서(Beveridge Report)의 내용은 물론 안전서비스까지 포괄하기도 한다. 이 책에서 말하는 사회서비스는 사회복지에 관련된 서비스를 지칭하고 베버리지 보고서에 기초한 범위만을 다룬다. 즉, 사회서비스 전달체계란 사회복지서비스의 전달체계를 말한다.

사회복지 전달체계는 여러 가지로 정의되는데 몇몇 보기를 보면 다음과 같다. 먼저, Alcock(2003: 314)은 서비스의 사용이나 접근과 관련하여 복지공급의 구조나 재원(funding)에 관한 흐름으로 이해한다. Friedlander와 Apte는 중앙에서 지방 일선에 이르는 모든 공사 조직을 포함하여 공적·사적 복지기관과 이들 기관의 서비스 전달망으로 정의한다(박경일 외, 2000: 154). Gilbert & Specht(2002)는 다양한 급여 또는 서비스를 효율적으로 수혜자에게 전달하기 위하여 어떠한 조직을 통해서 실천할 것인가의 전략을 선택하는 것이라고 한다(박경일, 2008: 197). Hatry(2005: 87)는 정부가 서비스를 일반인(the public)에게 제공하는 과정과 기간을 지칭하고 있다. 보건복지부(2008)의 사회복지 전달체계의 개념 정의는 정부 간 관계,

39) 사회서비스를 "사회의 개별 구성원 자신의 자원이나 그 가족의 자원 또는 상업적이거나 직업적 관심사에 기인하는 완벽하거나 효율적이지는 않더라도 개별 구성원의 개인적 욕구를 충족시키기 위해 발전된 사회적 기관(social institutions)"으로 정의하기도 한다. 이런 정의에 따르면, 사회서비스는 제공되는 내용보다는 제공되는 방식에 의해 규정된다고 할 수 있다(Spicker, 1988: 73-75).

일선 사무소의 조직구성, 인력, 그리고 제공자 간 연계 등 다양한 측면을 포괄하는 개념이며 공공과 민간 제공자의 관계를 포괄한다. 허만형(2007: 242)은 사회복지 전달체계의 개념을 사회복지급여나 서비스의 공급자와 수요자를 연결시키는 틀을 의미하는 것으로 정의한다. 현외성(2008: 241)은 급여 혹은 서비스를 제공하는 조직적 장치라고 정의한다.

여기서는 사회복지 전달체계이론을 사회복지서비스와 급여를 적절하게 제공할 수 있도록 하는 환경 및 구조와 관련된 것으로 이해하고(보건복지부, 2007), 공공전달체계에 초점을 둔다. 사회복지 전달체계이론을 공공전달체계와 민간전달체계로 나누기도 하고, 기관중심전달체계(institution-based service delivery system)와 지역사회중심전달체계(community-based service delivery system)로 나누기도 한다. 공공전달체계와 민간전달체계로 나누는 경우, 공공전달체계 이론의 대표로 정부간 관계 모형을 제시한다. 민간전달체계 이론으로는 순수시장원리에 의한 민간전달체계와 정부의 시장개입에 의한 민간전달체계로 나눈다. 전자는 시장원리에 사회복지 재화의 공급을 맡기는 형태로 요금을 적용하여 원하는 고객에게 제공한다. 이에 비해, 후자는 사회복지의 급여와 서비스는 대체로 공공재로서의 성격을 가지고 있어서 정부에서 시장에 개입할 수 있는 여지를 남겨놓고 있다(허만형, 2007: 244-248). 또 다른 견해로 거시적 측면과 미시적 측면의 두 유형으로 이해하기도 하는 데, 거시적 전달체계는 사회복지 관련 각 주체들 간의 사회복지 재화와 서비스를 거래하는 체계로 이해하고, 미시적 차원이란 지역주민과 지역사회를 연결하는 사회복지제도의 기본구조를 이해하는 것이라 한다(안홍순, 2007: 175).

이상에서 논의한 구도에 따르면 복지에서의 핵심적 쟁점이 공공과 민간, 그리고 이들의 총체인 사회라고 할 수 있겠다. 이와는 다른 각도가 이론과 실제라는 측면이다. 제2장에서는 이에 관해 논의하기로 한다.

제 2 장 복지에서 이론과 실제
-연금의 패러다임을 중심으로-

현재 서구 각국에서 관심의 초점이 되고 있는 문제는 복지국가의 재편이다(김영순, 2012). 어느 방향으로 진행해야 하는가에 대해 격렬한 논쟁이 일고 있으며 이는 이데올로기의 문제와 결합되어 있다. 그 논쟁의 한 연장선상에 있는 것이 공적연금제도(public pension schemes)이다. 노동력이 결여될 때를 대비하여 현재의 소비를 미래로 이전시키자는 연금제도에 대해, 이는 소비자주권의 침해이며, 그 선택 또한 당사자 몫이라고 신우파는 반박하고 있다. 그런데 우리나라 국민연금제도를 연구한 대부분의 연구들은 2060년대에 연금기금이 고갈될 것이라는 등 실용적인 문제해결에 초점을 맞추고 있다. 최병호(2000)와 정홍원(1998/1999)의 연구로 대표되는 이들의 연구는 연금제도의 문제점이 저부담 · 고급여 구조(low contribution and high benefit structure)에 있음을 밝혀서 국민의 관심을 끌어 일반화하였다. 전영준과 한도숙(1997), 그리고 정홍원(1998/1999) 등의 연구는 대안을 제시하였는데, 이들의 대안은 저부담 · 고급여 구조를 바꾸는 것과 다층의 도입을 통한 해결책이다. 이러한 연구들은 연금의 실용적 측면에 중점을 두어 문제해결에는 공헌한다. 또한 많은 학자들은 한국의 국민연금제도가 서구 선진국의 국민연금제도와 다르다는 데는 공감하지만(김상균, 2000), 대부분의 연구는 연금제도의 역사적 연령에 그 차이의 초점을 두고 있다. 이러한 관점으로 볼 때, 오해되거나 무시되는 점이 있다. 이 장의 목적은 복지에서의 실제(practice in welfare)나 복지현상이 복지이론(welfare theories)이나 경제이론과 어떤 관련을 갖는가 하는 점이다. 즉, 위에서 논의한 여러 글에서처럼 국민연금제도는 실용적 측면에서 발달해 왔다. 그럼에도 국민연금제도의 실용적 측면에서 발달이 명시적이든 암묵적이든 어떠한 이론적 기초 위에서 전개되어 온 것이다. 이는 다른 영역에서도 그 예를 찾아볼 수 있는 데, 예컨대 대공황을 극복하기 위한 정책인 뉴딜정책은 케인스 경제학의 기초 위에 서 있고, 우리나라 한글 맞춤법은 실용적 측면에서 먼저 확립되었으나, 그 이론적 근거는 국어학자 최현배의 『우리말본』에서 정당성을 얻었다(물론 앞서 소개한 두 사례 모두 이론적 기초는 그 이후에 정립되었다). 따라서 국민연금제도의 실용적 발달도 과학철학에서 말하는 관찰의 이론－적재론(theory－laden)의 관점에서 고찰할 수 있다(박승배: 2002). 이는 두 가지 관점에서 고찰할 수 있다. 그 하나는 이 책의 제4장과 제5장에서 설명하는 바처럼 복지이론은 어떻게 이론으로 성립하는가 등의 논의에 기초하는 것이다. 또 다른 하나는 오해되고 있는, 또는 무시되고 있는 부분으로 복지이론과 경제학설과의 관계이다. 케인스가 말한 바처럼(Buchholz, 1994: 302), "경제학자나 정치철학자의 관념의 힘은 옳고 그름을 떠나 일반적으로 이해되는 것보다 훨씬 강력한 것이다. 세계는 그 관념들이 움직여 나간다. 선용되든 악용되든 궁극적으로 위험한 것은 관념이지 사리(私利)가 아니다." 이는 언제 사회보험제도인 국민연금제도가 가능한지 등을 이론적으로 밝히고, 또 연금제도와 같은 실제에서의 복지제도가 복지국가의 재편에서 어떤 이론적 근거에 기초하는지를 설명하고자 한다(Cesaratto, 2005). 이에 기초하여 연금제도의 발전방향으로 보았을 때 우리나라의 국민연금제도는 어떤 시사점을 받으며 어떤 대비를 하여야 하는가를 모색해 보는 데 있다. 여기서 연금을 대상으로 설명하지만 복지 전반에 대한 설명에도 유효하다. 즉, 실제 측면의 복지현상을 통해 이론적 측면, 즉 학문체계의 정당성을 제공해 주려는 것이다.

제 1 절 연금제도의 발달

먼저, 연금제도는 연금재정을 어떻게 꾸려갈 것인가라는 기준에 따라 분류할 수 있다. 즉, 은퇴 후 예상되는 급여(expected benefits)를 위해서 현금적립금(real reserves)을 가지고 있을 것인가, 아니면 현재의 근로세대로부터 은퇴세대의 노후를 책임지도록 할 것인가 하는 문제이다. 또 하나의 기준은 관리방식을 어떻게 할 것인가라는 점이다. 즉, 국가나 정부가 책임지고 할 것인가, 아니면 법에 따라 각각의 개인이 당사자의 책임 아래 선택하도록 할 것인가의 문제이다. 이 두 기준에 의해 연금제도를 분류한 것이 <표 2-1>과 같이 나뉠 수 있다.

표 2-1 연금제도의 분류

		관리방식	
		공공 분야(public)	사적 분야(private)
재 정	비적립 또는 정부 증권 (None or gov. bonds) (unfunded)	PAYG (Pay as you Go)	부분적립연금방식 (Narrowly funded pension funds)
	현금적립(Real Assets) (완전적립: fully-funded)	완전적립신탁방식 (fully funded trust funds)	완전적립연금방식 (fully funded pension funds)

출처: Cesaratto(2005: 13).

<표 2-1>에서 PAYG(Pay as you Go)는 근로세대와 은퇴세대의 동의에 의해 성립하는 제도로(Cesaratto, 2005: 12), 연금급여를 줘야 할 사유가 발생할 때마다 그에 맞게 급여액을 조달하는 재정방식이다. 즉, 근로세대(income earners)가 현재 납부하는 보험료는 현재 근로세대의 몫으로 적립되지 않고 현재 연금수급자의 연금급여 재원으로 쓰인다. 젊은 세대가 은퇴세대(elderly non-income earners)가 되면 그들의 노후는 그 시대의 젊은 세대가 책임지도록 하는 방식이다. 따라서 일정 기간 내에 지출해야 하는 연금급여는 그 기간 내에 보험료 등의 수입으로 운영하므로 적립되는 재원을 필요로 하지는 않는다.

만약에 PAYG가 어느 정도의 적립금(financial reserves)을 보유하면 부분적립(partially funded)방식이 된다(Cesaratto, 2005: 12).[1] 여기서 부분적립연금방식은 기여자인 연금가입자(contributor)가 구입한 인정 증권(recognition bonds)을 발행하

1) 물론 이에 대해서는 그 부분적립이 PAYG방식의 비적립이라는 성격을 바꾸지 않는 명목적인 적립(notional funding)인지, 아니면 비적립이라는 성격을 바꾸는 것인지의 논의가 있다. 이에 대해서는 Cesaratto(2005: ch. 5)를 참조하라.

여 급여를 제공하는 재정방식으로, 조세방식(tax-financed) 연금과 유사하다. 따라서 부분적립연금방식은 PAYG와 같은 기초 위에 서 있는 비적립방식(unfunded)으로 본다(Cesaratto, 2005: 12). 이에 비해, 완전적립방식은 비적립방식과 대척점에서 있는 제도로 현금적립금(real reserves)의 존재를 함축하며 명목적립금(notional reserves)을 가진 제도도 포괄할 수 있다(Cesaratto, 2005: 13). 한편, 연금의 민영화(privatization)라고 함은 공적으로 운영되는 연금제도(public run pension system)를 사적으로 운영되도록(privately managed) 대체하는 것을 일컫는다.

이러한 전문적인 접근보다는 연금제도가 어떻게 발전되어 왔는지를 간단히 살펴봄으로써 보다 평이한 접근으로 연금제도를 분류하고 설명할 수 있는데 이를 살펴보기로 한다. 연금제도의 발전은 헨리(N. Henry)의 패러다임 이론을 원용함으로써 설명해 보자(Henry, 1980). 먼저, 연금 패러다임의 변화는 Locus와 Focus에 의존하는데, Locus(연구영역의 제도적 장소)란 이 연구에서 '누가 노인봉양을 최종적으로 책임지는가'로 정의된다(Lee, 2004). Focus(연구영역의 특정한 대상)를 어디로 설정할 것인가 하는 것은 좀 복잡한 문제를 야기하지만, 이 연구에서는 지배적인 경제이론이나 연금과 관련된 경제학설에 주목하였다(Lee, 2004). 김학은(2002)에 따르면, 어떤 사회든 인구구조는 세 가지 층을 가지고 있는데 노동에서 은퇴한 세대, 노동하고 있는 세대, 그리고 노동할 준비를 하는 세대가 그것이며, 노동하고 있는 세대는 나머지 두 세대를 먹여 살려야 한다. 여기에 국가가 관여하지 않는 경우를 이 책은 전통적 패러다임이라 부르며, 이때 국가가 관여하여 국가가 공급자 역할(provider)을 할 경우(Kwon, 1995) 여기서는 국가지향적 패러다임이라 부르며(Lee, 2004), 국가가 기반조성자 역할(regulator)을 할 경우(Kwon, 1995) 시장지향적 패러다임[2]이라 부른다(Lee, 2004). 다시 말해, 제시된 세 가지 패러다임 중, 전통적 패러다임이란 가정이나 가족구성원이 책임지는 패러다임이며,[3] 국가의 지원은 연금제도의 테두리를 벗어나 공공부조의 형태로 전환되는 바, 낙인을 그 대가로 요구했다(이른바 낙인효과).[4] 국가지향적 패러다임이란 국가가 우선적 책임이 있는 체

2) 시장지향적 패러다임을 사보험과 동일시해서는 안된다. 시장지향적 패러다임은 사회보험이라는 점에서 상업상의 이익을 목적으로 하는 사보험과 다르다.

3) 엄밀히 말하면, 전통적 패러다임은 현대적 의미에 있어 연금의 일종이라 이야기하기가 어렵다. 그러나 가족구성원에 의한 소득의 이전이라는 차원에서 여기서는 연금제도의 일종으로 본다.

4) 이 경우의 국가의 역할은 질서유지자(stabilizer)라고 할 수 있다.

계를 말하는데, 이는 국가에 의한 연금체계에 대해 낙관적 견해의 표출이었다. 시장지향적 패러다임이란 책임을 시장에서 구하는 체계인데, 이는 신우파의 국가에 의한 연금체계를 공격함으로써 연금에 대한 비관론의 등장과 그 맥을 같이한다.

이를 티트머스(R. M. Titmuss)의 견해를 빌려 설명해보자. 그는 선택에 관하여 선택의 자유만 중시하는 데 대해 비판하며 또 다른 선택에 관한 핵심 개념, 즉 선택의 자유와 아울러 중시되어야 할 선택의 도덕성이 있다고 주장하는 바(Titmuss, 1970), 이를 연금이론에 도입하면 선택의 자유를 중시하는 연금체계는 시장지향적 패러다임이라 할 수 있으며, 반대로 선택의 도덕성을 강조하는 패러다임은 국가지향적 패러다임이라 할 수 있다. 그 결과 패러다임 변화는 전통적 패러다임에서 국가지향적 패러다임으로, 시장지향적 패러다임으로 옮아가는 것이 일반적 추세이다. 서구 선진국의 국민연금제도의 경우 대체로 제2층(second tier)은 연금 가입자로 하여금 자신의 선택에 맡기려 하는 경향을 보이고 있다. 가장 대표적으로 영국의 적용제외(Contract－out)가 그것이다. 이런 점에서 서구의 경우는 시장지향적 패러다임이라 해도 좋겠다. 이에 비해, 후술하는 바처럼 우리나라의 국민연금제도는 현재 층 자체가 나누어져 있지 않고(즉, Tier 자체가 분리되어 있지 않다), 통합되어 국민연금공단에 의해 운영되는 점에서 국가지향적 패러다임에 머물러 있다고 할 수 있다.

이상의 기술을 연금에 있어 경제학설의 알고리즘(Algorithms)으로 설명할 수 있다. 그 이유는 국민연금제도의 도입의 정당성은 경제이론에 의해 많이 영향을 받는다. 케인스(J. M. Keynes)의 이야기처럼, "경제학자의 아이디어는, 옳든 그르든, 일반적으로 이해되는 것보다 훨씬 강력하다. 자신이 경제적 지적 흐름과 관계가 없다고 생각하는 일반인들도 실제로는 지난 시절 경제학자의 영향에서 벗어나지 못한다"(Buchholz, 1999: 224).

따라서 경제사상을 도외시하고 연금이론을 연구하는 것은 기술적인 부분에 초점을 맞춘다면 가능하겠으나 포괄적이고 전반적인 이해를 위해서는 경제사상과의 관련성이 필요할 것이다.[5] 그러면 경제학설의 알고리즘으로 설명하기 위한 기준은 무엇인가? 첫째 기준으로 국가개입은 정당한가의 문제로부터 출발하자. 그런데 이러한 관점은 하나의 전제조건을 요구한다. 첫째 조건은 국가사회 2분론이다. 이 점

5) 이러한 이론적 기초에 관한 상세한 설명은 Cesaratto(2005)를 참조하라.

에서 사회주의의 연금은 언급되지 아니한다. 이에 기초하여 다음과 같은 기준을 설정하자. 첫 번째 기준은 국가가 경제문제에 어느 정도 개입하느냐이다. 이는 국가개입 기준이라 불린다. 두 번째 기준은 국가개입의 성격인 바, 이는 둘로 나뉠 수 있다. 독일형과 앵글로 색슨형이 그것이다. 먼저, 앵글로 색슨형을 보면 미국의 경우 루스벨트(F. D. Roosevelt) 행정부 아래서, 대공황 상황 속에서의 연금도입은 "산업계에 대한 경제적 지원과 고용증대를 목적으로 한 것이었다. 즉, 실업자의 고통과 곤란의 경감이 그 목적이었다"(Brown, 1972: 5). 이는 루스벨트 행정부의 국가 개입의 특색이다.

앞에서 언급된 것처럼 이러한 국가개입의 이론적 근거는 케인스 경제학에 기초하는 데(Heclo, 1981; Hall, 1989), 이는 경제적 위기관리의 차원에 기인한다. 구체적으로 뉴딜 컨센서스(New Deal Consensus)는 케인스(Keynes) 학파에 의해 지지를 받았다(Hall, 1989: 60-65).[6] 한편, 영국의 경우 베버리지 보고서(Beveridge Report)의 경우는 위기, 즉 제2차 세계대전과 밀접한 관계를 갖는다. 제2차 세계대전을 순탄하게 수행하고 전쟁이 승리로 끝나리라는 전망이 서자 전쟁이 끝난 이후 국민에게 희망을 줄 필요성을 느꼈다. 이 전쟁의 경험이 연금에 있어서도 국가가 주도하는 기반이 되었다(Miller, 1976). 이 점이 독일형과는 다른 보편성의 추구로 나타났고 균등부분(Flat-rate)으로 설계되었다. 앵글로 색슨형의 국가개입은 권력 엘리트의 체제유지라는 목적과는 관계없이 일반대중의 포용성에 있었다. 이런 의미에서 민주적 국가개입이라 할 수 있다. 반면에, 그 이론적 근거가 권위주의 국가의 체제유지라는 정치적 목적에 있는 경우 이를 권위적 국가개입이라 부를 수 있는데 독일형이 그것이다. 후진국의 산업화 과정에서 독일의 역사 발전에서 보듯 긴장의 존재는 너무나 당연하다(Gerschenkron, 1962; 임혁백, 1998). 비록 비스마르크(O. E. L. von Bismarck)의 사회보험 도입이 주로 계급갈등의 해소에 초점을 두었으나(Ritter, 1986; 박근갑, 1991), 국가로부터의 경제적 지원은 "많은, 좀 느슨하게 정의된 근로무능력이라는 상황과 관련되어 있었다"(Palme, 1990: 73).

---

6) New Deal Consensus는 사회가 구성원의 빈곤에 책임을 져야 한다는 것과 연방정부가 정부의 역할을 증대시켜야 한다는 내용을 함축한다(박병현, 1992). 따라서 이론적 근거는 현상의 합리화라는 의미를 갖는다. 연금제도도 실제의 필요성에 따라 발달한 것을 후에 이론적 근거를 갖추었다고 볼 수 있다. 이를 연금제도가 전혀 이론적 근거를 갖지 않는다고 봄은 잘못일 것이다. 연금제도는 그 후 Samuelson(1958)에 의해 확실한 이론적 근거를 갖춘다.

독일이 사회보험의 원칙으로 소득비례(Earning-related Basis)를 채택한 것은 비교적 이에 충실한 추종인 셈이다. 이것이 바로 비스마르크형의 국가개입의 성격이다. 계속해서 국가개입은 정당한가의 문제에 대해 두 가지 견해가 있을 수 있다. Yes와 No가 그것이다. Yes라면 국가개입의 성격이라는 두 번째 기준으로 넘어가자. No라면 시장신뢰성으로 기준을 옮기자. 즉, 세 번째 기준은 시장체계에 대해 어느 정도 신뢰성을 가지느냐이다.[7] 시장기능을 강조하면 민영화(또는 시장지향적 패러다임)에 대한 요구가 증대된다. 시장체계란 근본적으로 개인적 능력에 기초하는 보상체계이기에 연금과 관련해서는 그 목적이 시민권적 원칙이라기보다는 능력보상의 원칙(또는 근로유인적 원칙)에 기초하는 체계이다. 그 시장신뢰성이 앵글로색슨 계통의 영향이라면 통화주의가 될 것이고 독일 학파의 영향이라면 사회적 시장경제[8]라 할 수 있다(황신준, 1995). 이를 나타낸 것이 다음 [그림 2-1]이다.

이 알고리즘(Algorithms)이 의미하는 바는 연금 패러다임 변화에 있어 Focus의 변화를 볼 수 있다는 것이다. 기존체제(Established system)가 문제점이나 한계를 노출할 때 이를 지적하고 대안을 제시하거나 실무차원에서 연금개혁을 시도할 때 이론적 기반을 제공하는 기능을 경제학설이 수행하였음을 보여주고 있다. 예컨대, 앵글로 색슨형의 경우 국가개입의 이론적 근거를 케인스주의(Keynesianism)가 제시하였으나, 이에 따른 여러 문제점들 때문에 1980년대 연금개혁이 필요할 때(구체적으로 영국과 칠레에서) 그 이론적 근거를 통화주의가 제공해 주었다. 즉, 국가지향 패러다임의 Locus는 국가이고, Focus는 역사학파나 케인스주의가 될 것이고, 시장지향 패러다임의 Locus는 시장이고, Focus는 통화주의나 사회적 시장경제가 될 것이다.

<표 2-2>에 언급한 세 가지 패러다임 중 현대에서 의미를 가지는 것은 국가지향적 패러다임과 시장지향적 패러다임이다. 이에 기초하여 검토할 모델은 국가지향적 패러다임의 베버리지 모델과 비스마르크 모델이며, 시장지향적 패러다임은

7) 비록 신뢰체계에 대한 신뢰는 국가개입의 범위와 성격과 밀접한 관계가 있지만 여기서는 둘의 관계를 시간적 흐름으로 파악한다. 즉, 전자는 1970년대 이래의 주제이고, 후자는 1930년대의 주제였다.

8) 사회적 시장경제는 시장의 자유란 경제적 질서 안에서 존재하며 국가개입이란 그 질서를 유지하기 위한 한도 내에서 이루어진다는 것이다. 이는 오이켄(Walter Eucken)과 뢰프케(Wilhelm Röpke)가 발전시킨 질서자유주의(Ordo Liberalism)에 그 이론적 기초를 두고 있다. 이는 현대 독일의 경제적 · 정치적 · 역사적 경험에 대한 독특한 인식에 뿌리를 두고 있다(이진순, 1995: 134).

그림 2-1 경제학설의 알고리즘(Algorithms)

첫째 기준 (1930년대 이전)	국가개입 여부	
	Yes	No
	둘째 기준으로	셋째 기준으로

둘째 기준	국가개입의 성격	
형태	비스마르크형	앵글로 색슨형
국가개입의 목적	후진국의 산업화	위기 극복
지지하는 학파	역사학파	Keynes학파
연금도입의 목적	계급갈등의 방지	국민통합과 경제위기에 있어 약자보호

셋째 기준	시장에 대한 신뢰성	
	Yes	No
	넷째 기준으로	둘째 기준으로

넷째 기준 (1970년대)	시장에 대한 신뢰성에 대한 이론적 근거	
	앵글로 색슨형	동일형
학파	통화주의	사회적 시장경제

표 2-2 세 종류의 패러다임 비교

패러다임	전통적 패러다임	국가지향적 패러다임	시장지향적 패러다임
Locus	가족 등 비공식적 부문	국가	시장
국가의 역할	질서유지자(Stabiliser)	공급자(Provider)	기반조성자(Regulator)
선택		선택의 도덕성	선택의 자유
주도 또는 지지 학파		역사학파와 Keynesianism	통화주의와 사회적 시장경제
특기 사항	• 낙인(Stigma)	• 연금에 대해 낙관적 견해	• 신우파의 공격과 연금에 대한 비관론

신보수주의 모델과 신자유주의 모델로 구별할 수 있으나 여기서는 그 둘을 통합해서 차례차례 설명해 가기로 하자.

이러한 관점에 기초하여 어떤 대표적인 연금체계가 성립되었고, 이들 대표적인 연금이 어떤 특색이 있는가 하는 점을 살펴보기로 하자.

제 2 절 국가지향적 패러다임의 성립과 특색

역사적 관점에서 영국에 있어 연금제도의 발달은 "노인 빈곤의 감소를 목적"(Ogus, 1982: 177)으로 하였다. 이런 의미에서 연금발달은 인도적 측면과 밀접한 관련이 있고 보편성의 원칙(Universality)과 통한다. 균등부분이라는 층(Flat-rate Tier)의 설정은 이 정신의 표상이다. 연금발달의 과정에서 보이는 또 하나의 측면은 정치적 측면인 바, 이는 19세기 독일의 경우가 그 대표적이며 소득비례라는 층(Earning-related Tier)의 발전으로 귀결되었다. 위에 언급한 두 나라 연금제도의 확립은 연금 역사에 있어 새로운 지평을 열었는데, 이것이 바로 국가지향적 패러다임이었다. 그렇지만 1970년대 이래 연금에 있어 가장 중요한 이슈는 경제적 또는 재정적 측면이다. 여기서는 변화하는 환경 속에서의 연금발전의 성격과 경로를 살펴보자.

1 베버리지 모델

영국의 연금발전과정에서 고려해야 할 사항은 그 결과를 도출한 갈등구조인데, 대표적인 것은 보수주의와 자유주의의 갈등구조이다. 연금(또는 사회보험)은 "보수주의 세력에 대항해서 싸운 투쟁 속에서 자유주의가 얻은 전리품"(신광영, 1993: 18)이었다. 자유주의자들은 국가가 사회보험제도를 통하여 빈곤과 실업을 해결해야 한다고 주장했다. 이런 측면에서 영국의 자유주의[9]는 시장원리와 복지를 아울

9) 자유주의의 지적 뿌리는 로크나 아담 스미스, 밀 등으로 거슬러 올라가는 데 이들의 주장은 국가

러 강조했다. 이에 반해, 독일의 자유주의는 시장원리의 순기능에는 동의하였으나 복지에 대해서는 긍정하지 아니하였다(신광영, 1993: 18). 영국 연금발달과정에서 하나의 이정표인 1908법(무기여 노령연금)은 "오랜 연금도입운동이 그때 정점에 도달했다"(Midwinter, 1994: 75)는 의미이다. 그러나 무기여 노령연금은 정착되기 힘들었고 1911년의 법에 나타난 기여에 의한 연금제도에게 자리를 물려 주었다.[10] 그렇게 진행된 가장 중요한 요인은 비용문제였다. "1908법이 통과하자마자 영국 재무부는 연금재정을 기여에의 한 제도로 바꾸기 위한 장기적 캠페인을 시작하였고 베버리지 보고서의 발간은 그 캠페인의 정점이었다"(Macnicol, 1994: 74). 베버리지 보고서의 발간은 또한 역사상 처음 시도하는 복지국가의 탄생이었고 시대정신의 변화를 상징하는 것이었다. 스피커(P. Spicker)는 그 의미를 "복지국가란 국민 모두가 (사회복지)서비스를 권리로서 제공받을 수 있다라는 사상의 표현이다. 영국의 경우 이는 빈민법과 대조되는 원리[11]로 이해된다."라고 기술하고 있다(Spicker, 1995: 91).

베버리지 모델의 목적은 베버리지 보고서에 잘 표현되고 있다(제3항). 존스(K. Jones)는 다음과 같이 이를 설명하고 있다. "사회보장은 국가와 개인 사이의 협조에 의해 성취되어야 한다. 국가는 사회복지 서비스를 제공할 것이지만 이는 최소한에 그치고 자신과 그 가족에 대한 그 이상의 보호는 자발적 기여에 의한다. 국가가 제공하는 혜택은 자산조사없이 권리로 제공될 것이다"(Jones, 1994: 127).

존스가 설명했다시피 베버리지 모델의 핵심은 보편성의 원리와 권리로서의 사회보장이 자리 잡고 있다. 비록 1959년의 개혁(소득비례 기준[Earning-related Basis]의 도입과 적용제외[Contract-out]의 가능성)(인경석, 1998: 32-33)에 의해 그 모델이 후퇴하였으나 국가지향적 패라다임의 한 축으로서 여전히 그 의미는 여전히 남아 있다.

이제는 베버리지 모델의 정당성은 어디서 구했는가를 살펴보자. 시장체계의 비

개입의 축소와 개인적 권리, 경제자유와 시장원리의 극대화를 주장하였다. 그러나 여기서 주의할 점은 미국의 자유주의는 아주 다른 의미를 가진다는 것이다. 미국의 자유주의는 사실상 '보수주의'에 가까운데 국가개입의 확대를 의미한다(Yergin & Stanislaw, 1998: 15).

10) 1908법 자체에 관한 개정은 1925년이다.

11) 빈민법의 원리란 서비스는 빈곤한 자에게만 제공되며 그 서비스의 제공을 가능한 한 받아들이지 않게 제공해야 한다는 것이다.

윤리성으로부터 시민을 보호하기 위하여 국가가 사회적 임금이나 복지를 제공해야 한다는 베버리지 접근법은 윤리적 측면에 있어 시장실패에 대한 해법이었다(임혁백, 1998: 117). 베버리지 모델의 실천적 정당성은 제2차 세계대전의 종언에 대한 국민적 여망과 합의에 기초하였으며, 그 합의의 이론적 정당성은 케인스(J. M. Keynes) 경제학에 기초한 시장비능률에 대한 경제적 해법이었다(임혁백, 1998: 117). 케인스 경제학은 완전고용을 유지하고 수요를 조절하기 위해 어떤 종류의 국가개입에 정당성을 부여한 데 그 의의를 찾을 수 있다(Mishra, 1984: 19).

즉, 시장기능의 비윤리적 측면과 비능률을 교정하기 위한 사회·경제적 측면의 국가개입이 베버리지 모델이 상정한 해결책이었다(임혁백, 1998: 117). 이들은 복지를 자본주의 체제와 결합하는 것이 필요하고도 정당하다는 견해를 갖고 있었다. 다시 말해, 자유로운 시장경제가 효과적인 경제체제의 프레임워크(framework)라는 믿음은 있지만 또한 많은 결점도 가지고 있으므로 그 많은 결점에 대한 보상정책과 아울러 효과적인 관리가 필요하다는 것이다(George & Wilding, 1994: 46-51). 중요한 점은 그들 역시 복지가 경제성장에 의존하고 있다는 것을 인식하고 있었으며, 케인스 경제학이 잘 기능하지 않을 때는 복지국가체제의 위기로 화할 수 있는 가능성이 있다는 것이다. Cutler & Williams(1986: 1)의 부연 설명을 들어 보자. "케인스와 베버리지는 빈곤과 소득불안정을 역기능적이고 자본주의 경제질서의 계속을 궁극적으로 위협하는 요소로 보았다. 케인스의 이론 면에서나 베버리지의 실천 면에서의 관점은 이런 악을 제거하기 위하여는 자유시장경제에서 국가개입 없이는 불가능하다는 것이다. 그리하여 그들은 전통적, 자유방임적 사고에서 유래하는 국가개입에 대한 혐오감을 수용하지 아니하였다. 그러나 그들은 그 목적 달성을 위한 필요한 최소한도의 국가개입을 옹호한 점에서 특색이 있다고 하겠다."

이들의 견해는 복지국가로의 문을 활짝 열어놓았다. 복지국가란 복지와 생산성(또는 직업)이라는 기본적 두 축을 결합시켜놓은 것이다. 그렇지만 이 결합은 보편적이고 포괄적인 체제 유지의 비용을 대기 위해서는 사회문제의 최소화와 수입의 최대화를 요구한다. 이는 완전고용의 달성에 의해 가능하다(Esping-Andersen, 1990: 26-28).

이 경우 공적연금은 사적연금에서는 달성불가능한 소득안정성이라는 부가적 혜택을 제공할 수 있으며 노동계급에게 실질 임금의 향상을 위한 수단이 될 수 있다.

즉, 그들의 이론에 기초하여 복지국가라는 계급타협의 실체를 끌어낼 수 있었다.

더더욱 베버리지 유형의 중요성은 보편성과 권리라는 것이다. 이는 시민권적 권리를 의미하는 것으로 계약상의 권리와는 전혀 다른 새로운 권리의 창출을 의미한다. 여기서 균등부분(Flat-rate)의 의미가 더욱 돋보이며 이는 대체로 다층체제의 경우 1층에 이 모델을 설계하고 있다.

2 비스마르크 모델

사회보험이나 근대적 의미의 연금을 처음으로 도입한 나라는 비스마르크 치하의 독일이었다. 그것은 사회주의 사상의 전파에 대한 보수주의 측의 대응을 의미한다. 즉, 독일에 있어 그 도입의 배경은 권위주의 국가의 지도세력이나 그 사회질서를 더욱 견고하게 하려는 것이지 사회적·정치적 개혁과는 거리가 멀다(Swann, 1988: 187). 이는 일반적으로 받아들여지는 것으로 "비스마르크 아래에서의 사회정책은 사랑의 동기에서 탄생한 것이 아니라, 지배계급(특히, 정권담당자)의 두려움에서 기인"하는 것이다(Zöllner, 1982: 12-13). 따라서 진정한 복지국가의 창출이라는 의도와는 거리가 멀다. 사회주의 확산의 방지와 노동계급의 팽창을 막기 위해 그가 채택한 정책은 '당근과 채찍'이었다. 바로 사회보험이나 연금은 당근으로서 기능한 것이었다. 리터(G. Ritter)의 설명은 이를 정확히 지적하고 있다.[12) "비스마르크는 노동자에게 국가가 연금지급을 통한 혜택의 제공이 국가에 대해서 노동자가 복종을 이끌어낼 것을 기대하였다. 연금을 기대하는 노동자들 사이에 보수적 마인드의 확산으로 혁명의 물결을 떨쳐낼 것이며 노년에 연금을 기대하는 사람은 누구나 그러한 기대가 없는 사람보다 더 만족할 것이다"(Ritter, 1986: 66-67). 이런 관점에서 보면 비스마르크 식의 복지 개념은 체제유지를 위한 것이었다. 따라서 비스마르크의 사회보장이나 연금은 또 다른 '빈민 구제'였다(Rimlinger, 1971: 144-153). 또한 비스마르크의 연금은 실질적 기여에 따른 혜택의 원리였다.

비스마르크 모델의 정당성은 어디서 뒷받침해 주었는가? 비스마르크 모델의 출현은 독일의 산업화 과정과 밀접한 관련이 있음을 앞에서 이야기하였다. 당시 선진

12) 비스마르크의 연금도입은 나폴레옹 3세의 노령연금기금에 깊은 인상을 받았다고 한다(Ritter, 1986).

국이었던 영국과의 경쟁에 있어 불리한 위치에 처해 있었던 후진국으로서의 독일은 산업에 있어 보호주의를 필요로 했는데(Whittaker, 1960: 200) 유치산업보호론이라 불리었다(Buchholz, 1999: 68). 다시 말해, 독일은 산업발전을 조장하고 경제성장을 촉진해야 할 필요성이 있는 국가였다. 이를 극복할 수 있는 방법은 국가개입에 의한 방법이었다. 이러한 방법에 이론적 근거를 마련해 주는 경제학설의 등장이나 이미 있던 학설의 원용은 당연한 것이었다. 이 역할을 한 학파가 역사학파였다. 즉, 독일에 있어 권위적 국가개입을 지지하는 경제사상이 역사학파였다(Ritter, 1986: 27). 독일의 역사학파는 영국의 주류학파였던 고전파 경제학에 대항하였던 흐름으로 그 성격은 후자가 개인주의적이고 세계주의적(Cosmopolitan) 사고였던 데 비해 전자는 국수적(nationalistic)이었다(Oser, 1970: 183). 자기 나라의 경제발전에 이바지하려고 했던 이 학설의 유용성은 따라서 독일이 경제성장에 성공함으로써 그 존재의미가 희석되었다(Oser, 1970: 185-186).

역사학파 경제학자는 비록 보수적이었지만 개혁가였다. 그들이 소망했던 개혁이란 사회주의 이데올로기로부터 노동자 계층이 물들지 않게 하는 것이었다(Whittaker, 1960: Oser, 1970). 여기서 국가개입에 의한 연금체제가 탄생한 것이었다. 이 점은 대단히 중요한 의미를 갖는다. 즉, 연금(좀 더 넓게 포괄하면 사회보장)이란 사회주의자들에 의한 체제 전복의 위기로부터 체제를 지켜주는 공공재로서 작용했다는 것이다. 좀 더 논리를 확장하면 1990년대 이후의 경우는 공산주의의 위협이 사라진 이후 공적연금체제에 대한 광범한 재검토를 요구하는 것과 일맥 상통하고 있다. 또한 사회보장 또는 연금이란 체제유지를 위한 보수적 기능을 수행할 수 있는 데 비스마르크 모델은 그 대표적 보기이다.

이 모델의 중요성은 능력의 요소가 국가에 의해 수용되었음을 의미한다. 그리하여 베버리지 모델의 보편성(즉, 균등부분[Flat-rate])과는 다른 유형이 창안되었으며 따라서 이 소득비례기준(Earning-related Basis)은 균등부분기준(Flat-rate Basis)과 결합가능성을 열어 두었다. 어쨌든 비스마르크 모델은 베버리지 모델과 함께 국가지향적 연금체계를 형성하였다. 두 모델은 어떠한 차이가 나는가? 이에 대하여는 보놀리(G. Bonoli)의 논의를 빌리자. 가장 큰 차이점은 전자가 실질적 기여에 입각한 사회보험 인데 비해 후자는 보편성의 원리에 기초한다는 것이다. 나머지 차이점들은 보놀리의 <표 2-3>에 정리되어 있다.

표 2-3 비스마르크 모델과 베버리지 모델의 비교

Model / Category	비스마르크 모델[13)]	베버리지 모델
목적(Objective)	생활 수준의 유지 (Income maintenance)	빈곤 예방 (Prevention of poverty)
원리(Benefits)	소득비례 (Earnings-related)	보편성인 균등부분 (Flat-rate)
자격(Eligibility)	기여(Contribution record)	거주한다는 사실 또는 필요성 (Residence or need)
포괄범위(Coverage)	피고용인(Employees)	전 국민(Entire population)
재정(Financing)	기여금액(Contributions)	세금(Taxation)

출처: Bonoli(1997: 357).

이제는 시장지향적 패러다임을 살펴보기로 하자.

제 3 절 시장지향적 패러다임의 성립과 특색

앞서 언급한 바처럼 시장지향적 패러다임이란 국가는 기반 조성만하고 선택의 자유가 중시되는 연금체계이다. 1970년대 이래의 연금발전은 시장지향적 연금체계로 특징지을 수 있는데, 이 기간은 연금 외적으로도 여러 면에서 변화를 보인다. 예를 들면, Fordism에서 Post-Fordism으로의 변화 등이 여기에 속한다. 시장지향적 패러다임으로의 변화는 두 가지 역사적 사건에 힘입었다. 첫째는 1970년대의 석유위기에서 비롯한 경제문제이고 다른 하나는 공산권의 몰락에 기인한다. 통시적 견지에서 볼 때 이러한 변화의 선두에 서 있었던 사상은 신우파였다. 대표적으로 대처리즘(Thatcherism)이라 할 수 있는데 "대처리즘은 사회정책보다 경제성장이 복지의 견인차라는 믿음이며, 공적분야에서의 부담은 경제에게 부담이 된다는 확신 위에 서 있다"(Wilding, 1992: 9). 이 신념에 기초하여 공적연금에 손질을 가한 것이

13) Lee(2002)에 따르면, 독일에서 2002 연금개혁, 즉 Supplementary Law on Pensions and the Law on Pensions은 비스마르크 원칙의 포기가 아닌가 하는 견해를 나타내고 있다.

적용제외(Contract－out)였다(Hayes, 1994: 63).[14)]

1990년대의 연금개혁은 신자유주의적 금융세계화에 기초하고 있다. 그 결과, 위험부담은 국가나 기업이 아니라 당사자 그 자신의 몫으로 귀결된다(최원탁, 2001: 44, 59). 사적연금의 확대가 정책적으로 장려되었는데, 공시적 관점에서 볼 때 시장지향적 패러다임은 칠레식 방식과 영국식 방식으로 나눌 수 있지만, 통시적 관점에서 볼 때는 신보수주의가 주도했던 시기와 신자유주의가 주도했던 시기로 나눌 수도 있다.

민영화와 시장지향적 패러다임을 주장하는 신우파는 전통적으로 복지를 중시하는 흐름(Welfare approach)과 갈등을 불러 일으켰다. 여기서 시장지향적 패러다임의 정당성을 살펴보자.[15)] 1970년대 이래의 발전은 시장지향적 패러다임으로의 이행이었다. 이 이행은 경제학에 있어 케인스주의(Keynesianism)에서 통화주의로의 전환과 관련이 있다. 사회정책에 있어서도 변화의 조짐을 보이는 바 복지다원주의(Welfare pluralism)가 어떤 대안으로 논의되기도 한다. 앞서 언급한 바처럼 사상사적 견지에서는 신우파(The New Right)의 등장과 융성이 이러한 이행을 재촉하였다.[16)] 이러한 변화와 패러다임 전환의 배경은 미쉬라(R. Mishra)에 의해 잘 설명되고 있다. "복지에 있어 케인스(Keynes)와 베버리지(Beveridge)의 결합은 (the Keynes－Beveridge package of welfare) 국가정책이 경제적 번영(완전고용과 경제성장)과 사회의 복지를 떠받칠 수 있을 거라는 함축에 기초하고 있다. 케인스주의의 쇠퇴에 따라, 사회적 요소는 경제적 요소와 결별하고 그 둘은 따로따로 기능하게 되었다. 계속해서 사회비용과 사회복지는 경제에 부정적으로 작용하고 있다고 보여 마침내 한 학파[신우파]가 인플레이션과 불경기를 정부영역의 확대 탓이라고 정면으로 비난하고 나섰다. 그들이 제시한 서구의 경제적 병리에 대한 해결책은 정

14) 적용제외(Contract－out)란 일정한 요건 아래 사적분야의 연금에 가입하면 대체로 2층의 공적연금 가입의무를 면제해 주는 제도이다.

15) 이 이론은 또한 연금 개혁의 정당성을 제공하기도 하였다. 이에 관하여는 Lee(2002)를 참조하라.

16) 신우파를 구별하는 학설이 있다. 이 구별도 두 가지 경향이 있는데 정치적 견해에 기초한 구별과 경제적 견해에 따른 구별 등이 있다. 경제적 구별의 기준에 따르면(윤소영, 1999), 신보수주의와 신자유주의가 그것이다. 이에 따르면 신보수주의적 이론적 기초는 시카고학파가 제공했으며 신자유주의의 이론적 기초는 새케인스학파에서 기인한다(윤소영, 1999). 정치적 관점에서의 분류는 헤이스(M. Hayes)를 참고하는 게 좋다(Hayes, 1994). Giddens(1994)는 좀 다른 견해를 보이고 있다.

부영역의 재조정과 감세, 그리고 사적영역에 있어 동력의 회복이었다. 이런 관점에서 사회복지는 경제적 회복과 활기찬 시장경제를 가로막는 장애물로 간주되었다"(Mishra, 1984: 19-20).

그 결과, 신우파는 복지국가란 비능률적이고 비효과적이라고 주장하였다. 그 이유는 복지국가의 정책수단들이 독점되어 있으며 기득권에 둘러싸여져 있기 때문이라는 것이다. 이런 주장은 시장이 사회서비스를 제공하는 데 중심축 역할을 수행해야 한다는 견해를 낳는다(George & Wilding, 1994: 28-30). 그러므로 국가개입은 연금의 경우에도 제거되어야 하며 민영화로의 길을 주장하게 된다. 프리드먼(M. Friedman)의 주장을 들어보자. "예컨대, 자기의 수입 중 10%를 정부에 의해 관리되는 특정한 종류의 퇴직연금을 구매하도록 법에 의해 강요받는 미국민들은 그에 상응하는 개인적 자유를 박탈당하고 있는 셈이다. 강요된 연금가입은 조그마한 수입에 대해 엄청난 비용을 지불하고 있는 셈이다. 이것은 정부의 사업영역으로부터 구매하도록 함으로써 …… 우리 모두에게 자신의 수입 중 관리가능한 수준의 수입에 대한 통제권을 빼앗기고 있는 셈이다. 이는 연금의 판매와 퇴직 준비에 있어 경쟁

표 2-4 세계은행(World Bank)과 ILO의 주장

	신우파의 주장		ILO의 반격
혜택	주장	이유	
	공적연금에 의해 제공되는 혜택의 축소	① 연금기금에 의한 빈곤관리: • 비생산적 투자이다. • 혜택이 충분하지 못하다. • 기여금만큼 돌려받지 못한다. ② 인플레이션으로부터 보호되지 못한다.	① 이런 문제점들 어느 것도 공적연금 그 자체에 고유한 것은 아니다. ② 이런 문제들은 관리의 능률성의 문제이다.
보험료	공적연금과 결부되는 높은 보험료는 성장을 질식시킨다: • 저축을 줄임으로써 • 고용을 감소시킴으로써 • 사적분야의 금융을 감소시킴으로써		보험료는 사연금에도 똑같은 기능을 한다.
기타	• 공적연금은 본래 그 성격이 역진적이다. • 공적인 이전 소득은 비공식 조직에 의한 지원의 정신을 갉아 먹는다. • 공적연금은 정치적 의도에 취약하다.		

출처: Lloyd-Sherlock(1996: 20-23)에 기초함.

을 제약하는 것이다"(Friedman, 1962: 8, 189).

<표 2-4>는 신우파의 주장을 옹호하는 세계은행(World Bank)과 신우파 주장의 위험성을 주장하는 ILO의 주장을 요약한 것이다.

오스재그(P. R. Orszag)와 스티글리츠(J. E. Stiglitz)는 신우파의 주장을 하나하나 검토한 후 다음과 같은 결론을 내린다. "연금정책의 목적은 — 노령층의 사회보장, 활기찬 자본시장의 육성, 국내투자의 유치 — 발전도상국에서는 가끔 충돌을 일으킨다. 사적(연금)기금은 국내자본 시장의 저변확대에 이바지하지만 노인들을 커다란 위험 속에 빠뜨린다…"(Orszag & Stiglitz, 2001: 42-43).[17)]

다음의 <표 2-5>는 위에서 언급한 것 이외에 몇몇 학자에 의한 언급을 요약한 것이다.

표 2-5 두 패러다임 간의 비교

Paradigm View	시장지향 (신우파)	국가지향
복지의 동인	잘못된 유토피아에 대한 믿음	모든 당사자의 노력 (또는 노동계급의 노력 괄호 안은 사회민주주의가 주장하는 것이다.)
시장신뢰성	낙관적	낙관적이 아님
경제정책과 사회정책과의 관계	• 경제정책 우선 (발전하고 경쟁적 경제체제에는 사회정책은 스스로의 책임에 맡겨 놓아야 한다.)	• 경제정책과 사회정책의 균형 (사회정책은 결코 경제정책에 종속되어서는 안된다.)
자본주의 국가에 있어서의 모순	자본축적에 치중	자본축적과 정당화를 아울러
정부에 대한 태도	불신과 근본적 의심	정부에 대한 신뢰 그러나 걱정스런 점도 공유
전략	Two nation	One nation

출처: George & Wilding(1994: 15-35)에 기초함. Giddens(1994: 34)도 참조하라.

17) 이어서 그들은 사적 확정기여 연금이 늘 낙관적이 아님을 지적하고 있다(Orszag & Stiglitz, 2001: 42-43).

제 4 절 연금은 언제 가능한가?

로스토우(W. Rostow, 1971)의 견해에 따르면, 연금은 사회·경제적 변화의 산물이며 연금의 출현은 경제발전의 단계와 밀접한 관련을 맺고 있다. 즉, 성숙단계에서 연금은 전통적 패러다임에서 국가지향적 패러다임으로 이행한다. 이 이론은 서구의 경험에 의해서도 증명이 된다. <표 2-6>을 살펴보면 다음과 같다.

표 2-6 경제발전단계와 연금도입의 관련성

국 가	도약단계	성숙단계	고도대중소비단계	사회보험(국민연금) 도입시기
영국	1800	1850	1930	1926(성숙단계)
미국	1860	1910	1920	1935(고도대중소비단계)
독일	1870	1910	1940	1889(성숙단계)

출처: 민재성 외(1986: 79).

그리하여 로스토우는 이런 관점에서 1840년대 영국의 공장입법에서부터 비스마르크의 양보, 로이드 조지의 개혁, 미국과 러시아의 경우 등을 언급하고 있다(Rostow, 1971: 71-72). 그러면 그 이유가 무엇인가? 이에 대하여는 리그스(F. W. Riggs)가 그 답을 제시하고 있다. 리그스가 지적하는 것은 발전과정에 있어 국가능력의 증대와 시장능력의 증대는 방향은 동행하지만 그 둘은 반드시 상응하는 것이 아니라는 것이다. 일정한 지점까지는 (점 A) 발전(시장화)이 이루어질 때 복지가치는 감소하며, 그 지점을 지나면 두 능력의 증대는 동행한다(Riggs, 1964: 119-120). 즉, 복지가치가 긍정적 발전일 때 국가지향의 보험이 가능하다는 것이다. 다음 [그림 2-2]는 이를 설명한 것이다.

리그스의 주장은 농업사회에서는 노인봉양제도가 안정되어 있는데 산업화 단계에서 그 문제가 심각해지고 연금이 출현한다는 것이다(Riggs, 1954: 119). 그는 "산업사회에서 생산성의 규모가 잉여가 축적되어 재난에 대비한 완충역을 제공할 정도로 증대된다. 그리하여 다양한 사회보험이 긍정적 발전의 단계에서 출현하게 되고 이는 상당한 발전을 함축한다."(Riggs, 1964: 119-120)라고 설명하고 있다.

그림 2-2 국가지향 사회보험가능 영역

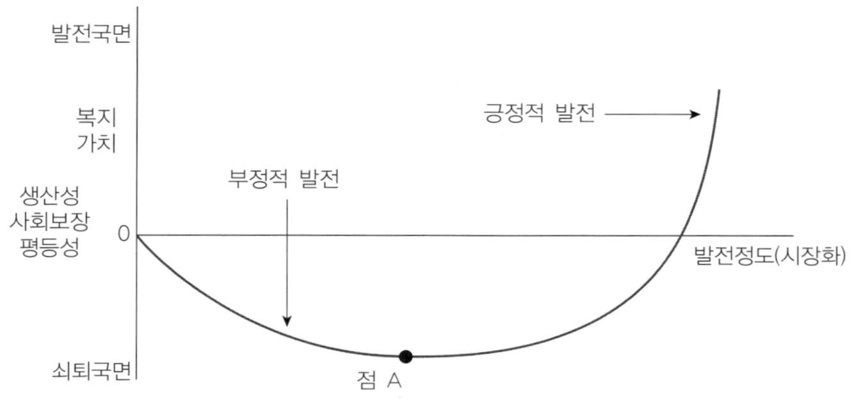

출처: Riggs(1964: 121).

한국의 경우도 국민연금제도를 도입하는 이론적 근거를 이러한 견해에서 찾았을 뿐만 아니라(민재성 외, 1986), 그 이전의 경제발전단계에서는 국민연금제도의 제약효과로서도 또 기대효과로서도 작용하였다.

제 5 절 한국의 국민연금제도

국민연금제도는 1974년 1월 1일부터 출발하기로 되어 있었다. 그러나 그때의 경제상황(제1차 오일 쇼크)으로 말미암아 연기되어(실제로는 취소) 그 성립이 1986년에서야 이루어졌으며 실시는 1988년 1월 1일부터였다. 우리나라 국민연금제도의 도입과 실시는 리그스(F. W. Riggs)의 이론이 옳다는 것을 나타내는데, 그때 한국의 경제발전 과정이 긍정적 발전의 산업사회로의 진행이었다는 것이다. 원래 국민연금제도가 성립할 때에 그 가입 대상은 상시노동자 10인 이상 사업장으로 하였다가 1992년 1월 1일부터는 상시근로자 5인 이상으로 확대되었고, 1995년 7월 1일에는 농어민 및 농어촌 지역 주민으로 확대되었고, 1999년 4월 1일부터는 도시지역까지 확대되어, 제도상으로는 전국민을 포괄하게 되었다. 그에 따라 연금 적용을 받는 이의 숫자는 (the numbers of insured persons) 1988년 4백 4십만 명에서 2001년에 천 6백 2십만 명으로 급격히 증가하였다.

여기서 우리의 국민연금제도가 국가지향이라고 주장하는 가장 강력한 근거는 급여에 관한 규정과 제도들이다. 국민연금제도는 확정 급여(defined benefits)이다. 국민연금급여는 [연금급여액=기본연금액+가급연금액]으로 이루어져 있다. 기본연금액은 균등부분, 소득비례부분 및 가입기간에 의해 결정되며, 그중 균등부분은 개인별 소득수준과는 무관하게 모든 사업장 가입자와 지역가입자의 평균소득을 기초로 하여 산출되며, 소득비례부분은 가입자 개개인의 평균소득을 기초로 하여 급여 산식을 살펴보자. 급여 산식은 $P=X\times(A+B)(1+0.05n)$으로 정의된다. 이때 P는 연금급여액(pension amount)을 의미하며, X는 대체율 비례상수로 [그림 2-3]에서 보듯이 2.4, 1.8, 1.5, 1.2 등의 값을 갖는다. 그 의미는 40년 가입했을 때 국민연금제도의 소득대체율을 나타내는 수로 이 값이 클수록 연금액의 소득대체율이 높다는 의미이다(강석주 외, 2014: 190). A는 연금수급전년도의 사업장가입자 및 지역가입자 전원의 표준소득월액의 평균치로 소득재분배 기능을 가진다. B는 가입자개인의 표준소득월액이며 n은 20년 초과 가입연수를 말한다. 가급연금액이란 연금수급권자가 그 권리를 취득할 당시 그자에 의해 생계유지하고 있던 자에게 주는 일종의 가족수당성격의 부가급여이다. 문제는 우리나라 국민연금제도가 성격이 다른 두 층(tier), 즉 균등부분(Flat-rate) 층과 소득비례(Earnings-related) 층을 단일연금(scheme)으로 통합해놓고 있다.

앞에서 언급한 바처럼 우리나라 연금의 문제가 일반의 관심을 끌게 된 이유는 재정의 문제였다. 우선, 기금의 측면에서 지금 현재는 기금의 과잉에 고민하고 있으나[18] 2008년부터 연금의 지급개시가 이루어지므로 인해, 2060년대에 다다라서는 기금의 고갈에 직면할 것이라는 문제로 고민할 것이라고 예측되고 있다. 이러한 예측은 국민연금제도의 개혁으로 이끌었지만 이는 재정적 문제에 국한하였고, 보다 근본적인 개혁(예컨대, 다층제도의 도입)은 이루어지지 않았다. 이는 여전히 우리나라 국민연금제도가 국가지향적 연금체계를 고수한다는 의지의 표현이라 할 수 있다.

---

18) 2015년 말 현재 국민연금기금 적립금은 512조 3천억 원이며, 이 중 511조 7천억 원이 금융부문에서 운용되고 있다.

그림 2-3 국민연금 산식

연금액=기본연금액×연금종별 지급률+부양가족연금액

$$\text{기본연금액}=\frac{[2.4(A+0.75B)\times P1/P}{1988\sim1998\text{년}}+\frac{1.8(A+B)\times P2/P}{1999\sim2007\text{년}}+\frac{1.5(A+B)\times P3/P}{2008\text{년}}+\frac{1.485(A+B)\times P4/P}{2009\text{년}}$$
$$+\frac{1.2(A+B)\times P23/P}{2028\text{년 이후}}+\frac{X(A+A)\times C/P}{\text{출산크레딧}}+\frac{X(A+1/2A)\times 6/P]}{\text{군복무크레딧}}\times(1+0.05n/12)$$

- A=연금수급 전 3년 간의 평균소득월액의 평균액
- B=가입자 개인의 가입기간 중 기준소득월액의 평균액

※ 가입자 개인의 가입기간 동안의 기준소득월액을 매년 보건복지부장관이 고시하는 연도별 재평가율에 의하여 연금수급전년도의 현재가치로 환산한 후 그 합계액을 가입자의 전체 가입월수로 나누어 산정

- P=가입자의 전체 가입월수(노령연금액 산정 시에만 출산 및 군복무크레딧을 포함한 전체 가입월수)

구 분	1988~1998년	1999~2007년	2008~2027년	2028년 이후
상 수	2.4	1.8	1.5(매년 0.015씩 감소)	1.2
소득대체율	70%	60%	50%(매년 0.5%p씩 감소)	40%
가입월수	P1	P2	P3 … P22	P23

- n=20년 초과월수(노령연금액 산정 시에만 출산 및 군복무크레딧을 포함한 전체 가입월수)

※ 2013년 3월 1일 이후 지급사유발생자에게 적용할 연금수급 전 3년 간의 평균소득월액(A): 1,935,977원

- X: 1.5~1.2까지의 비례상수 중 노령연금 수급권 취득시점의 상수
- C: 추가가입기간 12, 30, 48, 50(균분하는 경우에는 6, 15, 24, 25)
  (출산 및 군복무크레딧으로 인한 연금액 및 증가되는 가입기간은 노령연금액을 선정할 때에만 적용됨)

출처: 국민연금공단 홈페이지-'연금급여'를 강석주 외(2014: 191)에서 재인용.

그럼에도 가장 큰 문제점은 사각지대의 존재이다. 이를 나타낸 것이 다음 [그림 2-4]이다.

[그림 2-4]에서 보듯이 잠재적 사각지대에 속하는 이들이 이렇게 많다는 것은 국민연금제도 고유한 목적 중의 하나인 노후빈곤의 해결이 어렵다는 것을 의미한다. 뿐만 아니라 국민연금의 소득대체율도 70%에서 시작하여 2028년까지 40%가 되도록 법 개정이 이루어졌다. 이러한 연유로 최근 주목할 만한 전개는 기초연금제도(옛 명칭: 기초노령연금제도)의 출현이다. 한국의 노인빈곤이 OECD 국가에서 가

그림 2-4 국민연금 잠재적 사각지대

<table>
<tr><td colspan="6">18~59세 총인구
32,848천 명(100.0%)</td></tr>
<tr><td rowspan="5">비경제활동인구
10,626천 명</td><td colspan="5">경제활동인구
22,222천 명</td></tr>
<tr><td rowspan="4">공적연금
비적용자
568천 명</td><td colspan="4">공적연금적용자
21,654천 명</td></tr>
<tr><td colspan="3">국민연금 적용대상
20,240천 명</td><td rowspan="3">특수직역연금
1,414천 명</td></tr>
<tr><td rowspan="2">납부예외자
4,665천 명</td><td colspan="2">소득신고자
15,575천 명</td></tr>
<tr><td>장기체납자
1,253천 명</td><td>보험료납부자
14,322천 명</td></tr>
<tr><td>32.4%</td><td>1.7%</td><td>14.2%</td><td>3.8%</td><td>43.6%</td><td>4.3%</td></tr>
<tr><td colspan="4">잠재적 사각지대
17,112천 명(52.1%)</td><td colspan="2">잠재적 수급권자
15,736천 명(47.9%)</td></tr>
</table>

① 총인구 기준은 통계청 연령통계 기준.
② 공적연금 적용자는 국민연금+특수직 연금 적용자(2012년 기준).
③ 공적연금 적용대상은 사업장가입자+지역가입자+임의가입자만을 포괄(임의계속가입자 제외)하는 수치이며, 임의가입자는 비경제활동인구에도 일부 포함될 수 있음.
④ 특수직역 연금가입자는 공무원, 군인, 사학연금 가입자로 구성됨.
⑤ 장기체납자는 2012년 12월 수납기준으로 13개월 이상 미납자 기준임.

출처: 강석주 외(2014: 207).

장 심각함은 익히 알려져 있다. 앞서 인용하였듯이 영국에 있어 연금발달은 노인빈곤의 감소를 목적(Ogus, 1982: 177)이었던 것처럼 한국에서도 노인빈곤을 해결하려는 목적으로, 2008년 1월에 기초노령연금제도가 시행되었다. 2014년 7월에는 기초연금제도로 발전하였는데, 65세 이상 전체 노인의 70%에게 매월 일정한 연금을 지급하여 노인의 생활안정을 지원하고 노후 소득보장의 사각지대를 해소를 목적으로 하고 있다. 이를 나타낸 것이 다음 [그림 2-5]이다.

그림 2-5 기초연금 산식

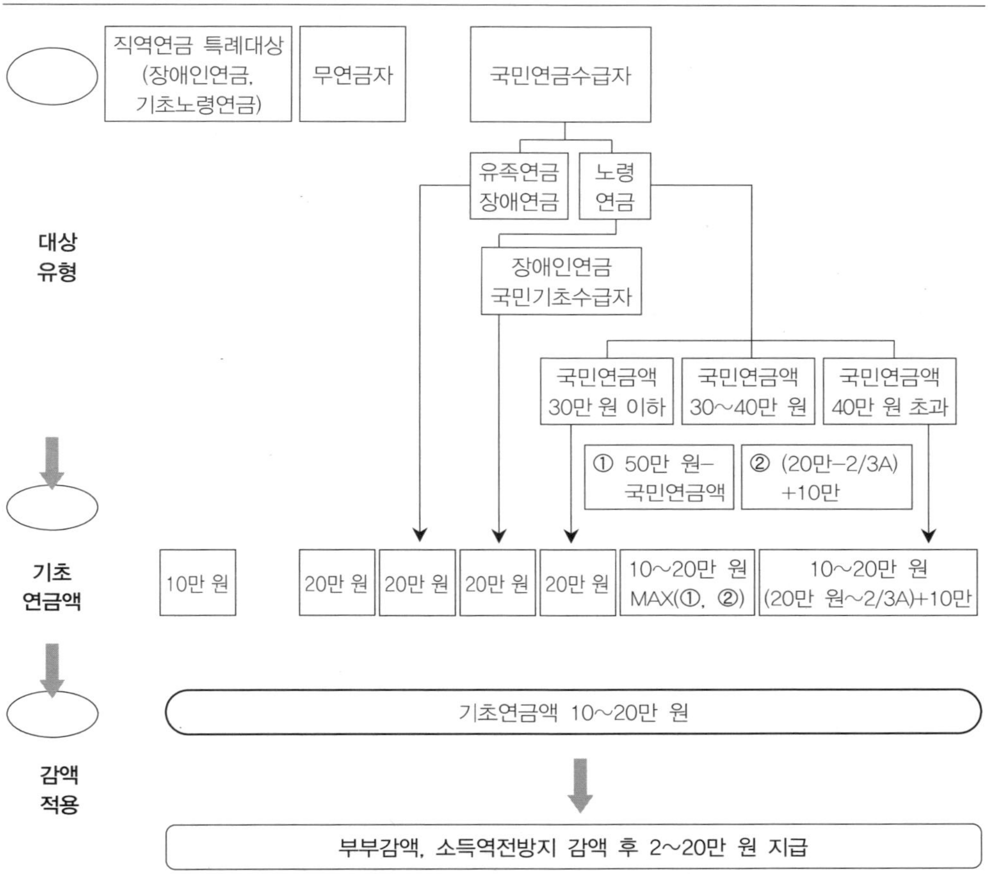

출처: 국민연금공단 홈페이지–'연금급여'를 강석주 외(2014: 191)에서 재인용.

제 6 절 영국의 국민연금제도

영국 공적연금제도는 사회보장의 틀(social security framework) 속에서 움직인다.[19] 사회보장급여(social security benefits) 속에 영국의 공적연금과 질병급여(sick-

19) 이 절은 현외성 외(2010)에서 필자의 집필부분 중 일부를 인용하였다.

ness benefit), 장애급여(disabled benefit), 실업급여, 기초생활보장 등을 포괄한다(Harrison, 1995: 46). 먼저, 공적연금제도의 발달에 공헌한 정책이나 법들을 정리한 것이 다음 <표 2-7>이다.

표 2-7 영국의 연금제도의 발달과 개혁

연 도	법과 내용
1908년	노령연금법: 70세 이상 노인들에게 무기여 자산조사방식의 국가연금 지급
1911년	국민보험법: 질병과 실업 위험에 대비한 강제국민보험이 최초로 도입됨
1921년	재정법: 직역연금제도의 기여에 대해서 세제혜택을 시작함
1925년	과부, 고아 및 노령 기여연금법: 65세부터 70세까지 노인을 위한 기여연금제도 도입과 과부를 위한 수당을 제정함
1940년	노령 및 과부연금제도: 자산조사급여를 연금수급자와 과부에게로 확대를 함 여성의 연금수급연령을 60세로 낮춤
1946년	국민보험법: 정액기여와 정액급여를 기반으로 한 보편적 사회보험제도를 도입함
1947년	재정법: 직역연금기여에 대한 세제혜택을 제한함
1948년	국민부조법: 자산조사급여 대상을 확대하고 제도를 공고히 함
1959년	국민보험법: 국가등급퇴직급여제도를 도입함
1973년	사회보장법: 기여를 완전히 소득비례로 전환함. 국가등급퇴직급여제도를 폐지하기로 함 직역연금제도에 대한 규제를 도입
1974년	국민보험법: 국가연금급여를 물가나 소득 중 더 높은 쪽으로 연동하게 함
1975년	사회보장연금법: 국가소득비례연금제도 도입함(SERPS)
1980년	사회보장법: 국가기초연금을 물가에만 연동하게 함
1986년	SERPS 급여 삭감 및 사적연금의 종류를 넓힘
1995년	연금법: 2010년부터 남성과 여성의 연금수급권 연령을 동일하게 하기로 함 연금에 대한 규제를 강화함
1999년	복지개혁 및 연금법: 이해관계자연금을 도입함 최저소득보장제도가 도입됨
2000년	아동지원, 연금 및 사회보장법: SERPS를 국가이층연금으로 전환
2002년	연금크레딧법: 최저보장소득제도가 연금크레딧으로 발전/전환됨; 저축크레딧을 도입함
2004년	재정법: 연금에 대한 세제를 단순화함
2004년	연금법: 연금규제체계를 개혁함
2007년	연금법: 기초연금 임금연동으로의 전환 및 완전급여를 위한 기여년수를 30년으로 낮춤 제2국가연금을 추가국가연금으로 전환, 개인계정연금제도 도입

출처: 최영준(2007).

영국의 연금체계는 3층 구조로 되어 있다. 즉, 전 국민을 대상으로 한 국가기초연금과 연금크레딧의 1층 구조와 제2국가연금(구 소득비례연금)이나 민간에서 운영하는 직역연금, 이해관계자연금, 개인연금 중 하나에 의무적으로 추가 가입해야 하는 2층 구조, 그리고 노후를 위해 자발적으로 민간 연금보험 상품이나, 기존 2층 연금에 더 높은 연금을 위해 추가로 기여금을 더 납부하는 3층 구조의 '3층 연금'체계를 구축하고 있다. 영국의 연금체제의 개요를 층(tier)별로 표시하여 그림으로 나타낸 것이 다음 [그림 2-6]이다.

영국의 국민연금제도는 모든 피고용인과 일정소득 이상의 자영인을 국가연금체계에 포함시킨다. 연금재정은 두 곳으로부터 오는데, 기여금(contributions)과 세금(general taxes)이 그것이다. 영국 연금에 있어 가장 중요한 핵심사항은 균등부분의 층(Flat-rate Tier)과 소득비례의 층(Earning-related Tier)의 분리체계(주은선, 2001)와 적용제외(Contract-out)이다. 먼저, 분리체계부터 살펴보자. [그림 2-6]에서 보듯이 국가는 1층으로 기초연금(BSP: Basic State Pension), 2층으로 소득비례연금(SERPS: State Earnings-Related Pension Scheme)을 운영해 왔다. 기초연금은 수급연령(남: 65, 여: 60)에 달하면 기여(contribution records)에 따라 연금이 지급된

그림 2-6 영국 연금체제의 개요

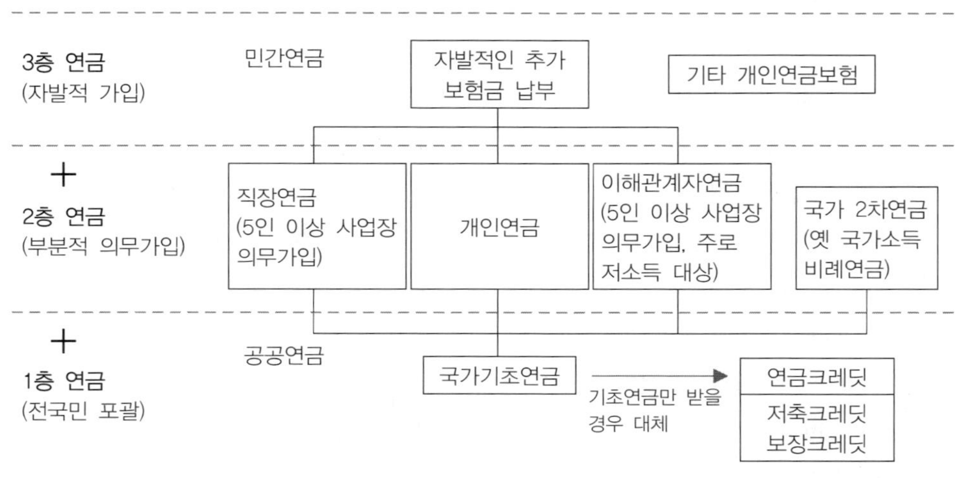

출처: 현외성 외(2010: 36).

다. 소득비례연금의 주요한 기능은 직업연금이나 개인연금으로 적용제외(Contract-out)를 하는 가입자에게 급여나 기여의 최소한을 정한다(Lee, 2002).

신노동당 정부(New Labour government) 하에서 주목을 끄는 것은 녹서(Green Paper)에 제시된 조치들이다. 복지를 향한 새로운 계약(A New Contract for Welfare: Partnership in Pensions)이라는 이름 아래 보수당 정부로부터 추진되어온 정책, 즉 공적연금의 부담 축소와 그 부담의 사적영역으로의 이전이었다(Lee, 2002). 그럼에도 그 의미는 공적연금과 사적연금의 공존과 보완이었다(주은선, 2001). 그중 대표적인 것은 State Second Pension(SSP)과 Stakeholder Pension Schemes(SPSs)이다. 신노동당 정부가 인식한 중요한 문제는 현재의 빈곤연금 그룹의 존재[20]와 미래에 퇴직하는 저임금 연금 그룹이었다. 이 후자를 위하여 도입된 것이 SSP와 SPSs이다.

SSP는 2002년 4월부터 SERPS를 대체하였다. 이는 소득비례 기준(Earnings-related Basis)로 운영되지만 점진적으로 기초연금(Flat-rate) 급여로 변화될 예정이다. SPSs는 사적 분야의 연금에 가입하지 않은 중산층소득자(middle-income earners: 10,000~20,000)를 겨냥하고 있다. SPSs는 확정 기여연금으로 고용주, 회원조직(an affinity organisation) 또는 금융서비스회사(financial services company)에 의해 제공된다(Lee, 2002). 신노동당 정부의 연금개혁은 2층에 초점을 맞추고 있는 데, 이를 가능하게 하는 것이 적용제외(Contract-out)이다. 이 점에서 그 의미를 찾을 수 있고 영국의 경우는 이 제도가 있었기에 그 이후에 계속되는 다양한 연금개혁을 가능하게 하였다. 그러나 우리나라 연금의 경우 층의 분리가 우선이지만 일단 층의 분리 후에 도입 가능한지 검토해볼 필요성이 있다.

영국 정부의 견해에 따르면, 이 새로운 연금제도는 다음과 같은 장점이 있다고 한다. 첫째, 다양한 2층 연금체계를 제공하여 보다 많은 사람을 포괄하여 소득보호의 원래 목적을 한 차원 끌어 올렸다. 둘째, 정부보조금은 최하위 빈곤계층에 집중할 수 있다. 셋째, 보다 유연한 2층 연금 도입은 적용제외(Contract-out)를 증가시켜 사적분야의 연금과 연계시킬 수 있다. 이는 노령인구의 증가로 인한 재정문제를 해결하는 데 도움을 줄 수 있다. 넷째, 사적연금 가입이 증가하기 때문에 기금적립률(funding ratio)이 높아진다(Lee, 2002). 그러나 문제점도 포함하고 있기에 성공 여부의 판단은 이르다.[21]

20) 이를 위하여는 최저소득보장제(Minimum Income Guarantee)가 제안되었다.

이상을 종합할 때 우리나라 국민연금제도는 다음과 같은 기본적 선택이 놓여 있다. 첫째, 우리나라 국민연금제도가 초기 출발할 때처럼 강화된 국가지향 패러다임을 계속하는 경우, 이 경우는 국가의 부담을 어떻게 할 것인가가 문제가 된다. 둘째, 국가지향 패러다임 속에서 재정의 안정을 최우선으로 하는 경우, 이 경우는 대체율의 인하 등이 그 대안이라 할 수 있다. 셋째, 현재의 국가지향 패러다임을 계속하는 경우, 이 경우는 2060년대 이후 연금재정방식에 대한 합의가 있어야 한다. 넷째, 국가지향 패러다임을 계속하지만 층의 분리를 시도하는 경우, 대체로 이 안이 실용적이고 발전지향적이라고 할 수 있다. 마지막으로, 시장지향 패러다임을 선호하는 경우, 이 경우 적용제외(Contract-out)가 가능할 것이며, 영국의 경우를 참조할 수 있지만 문화적 차이를 극복할 수 있을지가 문제이다. 물론 보다 급격한 시장 패러다임도 있으나 실현가능성으로 볼 때 여기서는 논외로 한다.

이상에서 본 것처럼 역사상의 대표적 연금제도들을 이 책에서 먼저 설명하였다. 예컨대, 비스마르크 연금모델과 베버리지 연금모델과 같은 국가지향적 패러다임과 시장지향적 연금모델은 그 이론적 근거를 경제학설에서 구하거나 경제학설이 지지를 얻고 있다고 할 수 있다. 더욱 이들 각각의 연금은 그들의 장점을 서로 결합하여 보다 더 나은 연금체제를 향해 나아가고 있다. 지금까지의 연구로는 보다 안정된, 그리고 지속가능한 연금체제를 수립하고 발전시키는 길은 다층체제의 도입일 것이다. 즉, 1층에는 베버리지 모델의 유형인 균등부분(Flat-rate)으로, 2층에는 소득비례부분(Earning-related)으로 발전하여 왔다. 한 걸음 더 나아가, 이러한 2층 설계에서 다층설계로, 이를 통한 사적연금과의 결합을 시도하고 있다. 즉, 새로운 현실적응력 있는 연금이 창안되고 있다. 연금제도란 세월이 지나가면 아무리 잘 설계된 형태도 문제점을 노출할 수밖에 없음을 우리는 역사적 경험을 통해 알고 있다. 이때 어떻게 대처할 것인가가 연금제도 연구의 핵심이다. 완전한 해결이 어렵기 때문에 모든 것을 원점에서 시작하려는 발상은 진정한 해결책이 아니고, 또한 역사로부터 경험을 배우지 못하는 태도이다. 반대로 개혁을 하지 아니하려는 태도도 눈앞에 보이는 위기를 다음 세대로 떠넘기는 발상도 문제가 있기는 마찬가지이다. 따라서 연금연구에 있어 사상사의 흐름 속에서 그 의미를 찾아 새로운 형태의 연금이나 그 요소를 첨가하면 일정기간 동안 문제를 해결할 수 있다. 이런 관점에

21) 문제점에 관하여는 McKay & Rowlinson(1999)과 Lee(2002)를 참조하라.

서 볼 때 우리나라의 국민연금제도도 어떤 형태로든 계속 유지될 것이라는 전제 아래에서 변화와 발전에 대한 여러 학자의 검토와 의견에 눈감고 있어서는 안된다. 서구의 연금 패러다임의 변화를 타산지석으로 삼아야 한다.

다음 장에서는 우리 곁에 있는 국민연금제도보다 더 일상적인 모습으로 우리와 함께 있는 복지언어를 살펴보기로 한다.

제 3 장

복지와 일상언어

이 장에서는 일상언어에서 보여주는 복지의 모습을 논의한다. 먼저, 복지언어와 혼동을 일으킬 수 있는 언어복지를 살펴보고, 이어서 복지관료제의 언어 및 쉬운 언어 운동을 차례로 탐구한다.

제 1 절 언어복지

1 공동체 사이의 접촉에서 언어의 중요성

서양의 학자 스타인 로칸(Stein Rokkan)이나 국내 사회과학계에서 연구에서 주목을 하듯이 이른바 세계화하는 현상 속에서는 언어의 중요성을 증가시키고 있는데(강휘원, 2009; 최준호, 2009; 강휘원, 2008; Fairclough, 2001; Fishman et al., 1968; Coulmas, 1992), 이는 지리적으로 사회·문화적으로 떨어져 있어도 가능한 행동(Action at a distance)을 낳기 때문이며 공동체 사이의 접촉에서 사회구성원으로서의 정체성 문제와 관련되기 때문이다.[1] 이를 먼저 살펴보면, 외국인에 대한 한국어 교육의 취약함은 생활 및 생산현장에서 생산성 향상에 장애를 초래하는 것은 물론 다양한 문제를 야기하고 있다.

표 3-1 외국 인력의 직무수행에 관한 요인별 영향 실태

(단위: 개, %)

구 분		빈도(비율)
외국 인력의 직무수행 장애요인	언어문제	546(66.10)
	기능문제	78(9.44)
	문화적 차이 문제	198(23.97)
	기타	4(0.48)
외국 인력의 숙련형성 영향요인	출신국가	57(6.75)
	본국에서의 직업경험	191(22.63)
	학력	27(3.20)
	언어능력	419(49.64)

출처: 한국노동연구원(2003).

국내취업 해외근로자가 한국어 미숙으로 인해 다양한 인권침해를 겪고 있음은 익히 알려진 사실이다. 다음 <표 3-2>는 합법적으로 취업한 해외근로자들의 애로요인을 나타낸 것이다.

그 뿐만 아니라 그들은 일상생활에서도 어려움을 겪고 있다. 즉, 일상생활에서 반드시 의사소통해야만 하는 상황에 봉착하게 될 경우가 있고 이때 그 기능을 잘 수행하는 데 필요한 언어능력이 필요하다. 이를 나타낸 것이 다음 <표 3-3>이다.

언어를 통한 원활한 소통은 생활 및 생산과정에 필수적인 요소이고, 적절한 언어 교육은 강력한 외부경제효과(externality) 창출이라는 인식의 확산과 이러한 외국인에 대한 한국어 교육의 효과에 대한 경제적 분석이 요즘 들어 이루어지고 있다(김재훈, 2007). 보다 더 중요한 것은 언어는 갈등과 통합에서 중요한 구실을 한다는 점이다. 따라서 언어공동체로의 진입장벽을 극복하지 못하면 사회의 통합 또는 갈등의 원인이 된다. 언어장벽을 느껴 이 문제를 제기하는 것은 사회 소수자의 소리이고, '사회 소수자의 소리에 귀를 기울이는 것이 기본적인 인권보장과 민주적

1) 이 부분은 이광석(2016)에서 인용하였다.

표 3-2 합법취업 해외근로자들의 애로요인 현황(복수응답)

(단위: 명, %)

	응답자	구성비
언어 및 문화적 이질감	237	34.3
한국인들의 외국인들에 대한 태도	133	19.2
고물가로 인한 생활의 어려움	92	13.3
직장에서의 차별대우 및 육체적 폭력행사	41	5.9
종교적 차이	41	5.9
본국의 가족에 대한 그리움	131	19.0
기타	16	2.3
전체	691	100.0

출처: 유길상 · 이규용 외(2005).

표 3-3 일상생활에서의 필수적 의사소통 상황 및 기능에 대한 요구 순위

순 위	일상생활에서의 필수적 의사소통 상황 및 기능	N	평 균	표준편차
1	병원에서	84	4.14	1.04
2	부탁하기	83	4.00	.98
3	한국 문화 이해하기	84	3.94	.92
4	친구와 대화하기	84	3.94	.97
5	은행 거래하기	83	3.92	1.23
6	약국에서	81	3.91	1.01
7	모르는 곳 찾아가기	84	3.90	1.08
8	길 묻기	84	3.86	1.04
9	전화 걸기 및 받기	84	3.83	1.02
10	가게에서	83	3.81	.93
11	택시 이외의 대중교통 이용하기	84	3.63	1.03
12	택시 타기	83	3.57	1.03
13	물건 구입하기, 서비스 이용하기	83	3.52	1.13
14	우체국 이용하기	84	3.50	1.04
15	자기 소개하기	84	3.43	1.03
16	식당에서 주문하기	83	3.43	1.06
유효수(목록별)		76		

출처: 김재훈(2007).

기본질서 확립에 중요한 요소'(ohmynews, 2006.6.12)라는 국가기관의 결정은 이를 뒷받침한다고 할 수 있다. 여기에서 특수한 복지영역으로 연구되는 대상인 결혼이민자 및 귀화자들이 한국어 및 우리 사회의 이해가 부족하여 사회적응의 어려움이 심화되고 있고, 이민자와 이민 2세가 교육과 취업의 기회에서 소외되어 사회적·경제적 취약 계층으로 전락하여 사회비용이 발생하고 있다(법무부, 2008d). 따라서 사회과학자들은 언어공동체의 삶에서 언어의 역할과 어떻게 하면 이주민들의 진입장벽을 낮출 것인가에 관심을 가져야 한다. 이에 관한 연구가 언어복지이다. 물론 교육 과정에서 따돌림이나 취업에서 어려움 등은 비복지적 차원으로 이들 문제를 풀어야 한다. 여기에서의 초점은 진입의 장벽과 언어복지의 제공이다.

2 진입장벽 이론

위에서 제시한 언어복지의 제공은 진입장벽에 기인한다. 사피어－워프(Sapir－Whorf) 가설이나 비트겐슈타인(L. Wittgenstein)의 이론은 언어공동체 사이를 넘어서려는 이들에게는 개인의 노력보다는 진입장벽이 중요한 이슈임을 보여준다.[2] 진입장벽이란 생활세계의 언어공동체에 자유롭게 참여하는 것을 방해하는 장벽으로 그 공동체에서의 삶에 다른 구성원과의 동등한 조건이 주어지지 아니하는 경우로 정의할 수 있다.[3] 진입장벽의 유형은 크게 법적 진입장벽, 구조적 진입장벽, 전략적 진입장벽의 3가지 유형으로 구분하기도 하고(이병희 외, 2007), 약한 진입장벽과 강한 진입장벽(이병희 외, 2007)으로, 때로는 구조적 진입장벽과 전략적 진입장벽의 두 유형으로 나누기도 한다[4](김정현 외, 2004: 10). 여기서는 자연적 진입장벽

2) http://news.hankooki.com/lpage/culture/200702/h2007020618450685150.htm

3) 이는 경제학에서 유래하나 경제학에서의 개념과는 약간 다른 개념이다. 경제학적인 개념은 최병선(2006), 배용수(2006), Viscusi et al.(1992: 159－164) 등 참조. 법적인 관점에서의 진입장벽은 외국인 체류질서 확립을 의미하는데(법무부, 2008d), 이 개념은 출입국관리를 뜻하고 협의로는 출입국관리심사를 의미한다(광의로 출입국심사, 사증, 체류를 포함한다). 요즘에는 보다 포괄적인 개념으로 국경관리(border control) 용어를 사용한다. 국경관리 용어가 대다수 국가의 이민 담당 부서에서 사용하는 용어이다.

4) 법적 진입장벽이란 법률에 의한 신규진입제한(예를 들면, 인가, 허가 등)을 말하고, 구조적 진입장벽은 규모경제, 전환비용, 브랜드충성도, 자본비용, 절대적 비용우위, 정보우위, 조직우위, 자산특수성, 특허, 지적재산권, 제도적 장벽, 필수설비 등에 기초하는 진입장벽이고, 전략적 진입장벽

과 인위적 진입장벽으로 나누는데, 자연적 진입장벽이란 선천적으로 조건을 짓거나 자연적 자원으로 나타나는 진입장벽을 말하고, 인위적 진입장벽은 국가 정책이나, 법적·제도적 장치에 의해 진입할 때에 생기는 장벽이다.

우선, 진입장벽의 사회비용은 어느 정도인가? 사회비용을 현재적(顯在的) 비용과 잠재적 비용으로 나누어 볼 수 있고, 현재적 비용은 다시 적극적인 모습과 소극적인 모습으로 재분류할 수 있다. 전자의 보기는 폭동5) 등이며, 후자의 보기는 학습부진아의 학습이나 행동발달에 들어가는 비용 등이 여기에 속한다. 잠재적 비용이란 사회에 기여할 수 있음에도 하지 못하는 비용이다. 진입장벽의 비용을 간접적으로 통역의 비용을 계산함으로써 진입장벽의 높이를 추산할 수 있다(김재훈, 2007: 52). 통역비용을 계산함에 있어 세 종류의 통역 가격을 산정하였는데 공급이 부족하지 않을 때(적정공급 시)와 공급부족 상태(공급부족 시)의 통역 가격, 전문통역의 가격 등으로 나타내었다. <표 3-4>는 그 셋을 표로 나타낸 것이다.

표 3-4 통역 가격

(단위: $)

유 형		가격과 비용
통역 가격 / 월	공급부족 시의 통역 가격	600~1,000
	적정공급 시의 통역 가격	200~330
	전문통역의 가격	1,500

주: 통역 가격은 아시아를 중심으로 하였음.
출처: 김재훈(2007: 52).

<표 3-4>에서 고용되어 근무할 때의 가격이나 연수비용은 진입장벽의 사회

이란 기존 기업이 새로운 기업의 진입을 의도적으로 방해하기 위하여 실시(예를 들면, 과당경쟁, 과잉설비 등)하는 것을 말한다. 구조적 진입장벽은 생산기술, 법·제도, 비용 및 수요조건과 같은 산업의 기본적 특성에 따라 나타나는 진입의 장벽인 반면에, 전략적 진입장벽은 기존 산업이 진입시기의 비대칭에 의해 파생하는 선발자 우위를 전략적으로 활용함으로써 신규 진입을 저지하는 전략적 행위에 따라 창출된다(김정현 외, 2004: 10).

5) 프랑스의 경우, 2003년과 2004년에 해마다 약 21,500대의 자동차가 불탔고 이는 하룻밤에 평균 60대 꼴이고, 2005년에는 하룻밤에 평균 100대 꼴로 불탔다고 한다(2005년 10월까지 31,334대가 불탔다)(이기라·양창렬, 2007). 2005년의 경우를 사회비용으로 간단히 환산하면, 2005년의 사회비용=차량 1대 값×31,334가 된다.

비용에서 최저치라고 할 수 있다. 그 이유는 전자는 근무시간에만 계산한 값이기 때문이고, 후자는 배우는 기능에만 한정되어 있기 때문이다. 즉, 하루 종일 대화를 할 경우를 고려하면 이보다 훨씬 높다고 할 수 있다. 또 다른 방법은 월 단위 현지 연수비용으로 측정할 수 있다. 연수비용은 영국 Newcastle의 International House를 중심으로 2007년을 기준으로, 영국 화폐 그대로 하면 주당 £180이고, 월 £720이다. 이를 $로 환산하면 $1,440이 된다. 이 책이 채택하는 제3의 방법은 지역형 영어마을 운영비에서 진입장벽의 사회비용을 산출하는 방법이다. 김재훈(2007: 52)에 따르면, 1개 영어마을 연간 운영비는 20억 5,500만 원(총 50주, 100명 기준)으로 산정된다. 이 운영비를 n으로 나누고 월 단위로 산정하면 1,644,000원이 나온다(즉, 20억 5,500만 원/100/50×4=1,644,000).

위에 언급한 세 자료로부터 추정하여 계산하면 월 140~170만 원이라는 값이 나온다. 이 비용은 이민자 가정(중하위 계층)에서는 상당한 부담이 되기에 이를 어떻게 하느냐의 문제가 이슈로 제기된다.

3 언어복지와 정부의 역할

언어복지에서 그 지향점인 복지(well-being; welfare)의 개념은[6] 어떤 공동체에서 사회적 연대를 기본원리로 하여 그 구성원의 행복 증진을 위한 사회적 노력을 말한다. 여기서 사회적 연대란 집산주의(collectivism)에 기초에 기초하여 집합적 공급(collective provision)과 관련이 있는 데, 바로 이 점에서 합리적 개인주의(rational individualism)에 기초하는 경제정책과 대비된다. 사회복지를 국가가 제공하는 국가형태를 복지국가라[7] 하고 국가복지의 근거, 즉 복지의 정당성은 묵시적

6) 이를 부연 설명하면, ① 사회적 연대 원칙에 따라, ② 욕구와 관련된 문제를 지닌 사람들에게, ③ 국가(또는 사회)가 재화와 서비스를 제공함으로써, ④ 적절한 삶의 조건을 이룩하게 하는 것이라는 몇몇 조건들을 포괄한다. 복지의 초점은 Big five의 해결이다. Big five란 베버리지 보고서(Beveridge Report)에 나타나는 개념으로 social security, health, housing, education, employment를 말한다(Beveridge, 1942). 대체로 복지공급자는 국가, 시장, 자발적 영역, 비공식적 영역으로 나뉜다(Johnson, 1987).

7) 복지국가란 정치와 행정을 통해, 즉 개인이나 가족에게 최소한의 소득을 보장함으로써, 어떠한 사회적 재난에 대처할 수 있도록 하여 사회보장이 되지 않는 영역(질병, 노령, 실업)을 최소화함

사회계약론(an implied contract)에 기초하지만(Bruce, 1967: 262), 이 때문에 과부하(過負荷: overloaded)의 문제[8]나 관료제의 병리와 같은 문제가 발생하였다. 이를 극복하기 위해 복지국가의 수정이 일어나는 데, 그것은 복지다원화(welfare mix) 또는 복지의 혼합경제(mixed economy of welfare)로의 진행이었다. 즉, 국가가 제공하였던 복지의 부담을 나누어 가지는 방향이 바로 그것이다.[9]

언어복지의 대상은 언어소외 계층이다. 그런데 언어소외 계층은 둘로 나뉠 수 있다. 그 첫째는 자연적 장애에서 기인한 언어소외 계층이다. 언어복지를 필요로 하는 장애는 다음 <표 3-5>에서의 소분류 중 청각장애와 언어장애에 주로 해당한다. 이들에게는 수화, 점자 등의 정비를 통하여 언어소외 계층의 문화적 삶의 질 향상(국립국어원, 2007: 37)을 촉진하여야 한다. 즉, 수화, 점자 등의 제공은 전통적 언어복지의 전형으로 볼 수 있다.

표 3-5 장애의 분류

대분류	중분류	소분류	세분류
신체적 장애	외부 신체기능의 장애	지체장애	해당 사항 없음
		뇌병변장애	해당 사항 없음
		시각장애	해당 사항 없음
		청각장애	청각장애, 평행기능장애
		언어장애	언어장애, 음성장애
		안면장애	해당 사항 없음
	내부 기관의 장애	이하 생략	
정신적 장애	이하 생략		

출처: 국립국어원(2006: 523).

으로써, 일정한 범위의 사회서비스의 적절한 수준을 계급이나 지위에 관계없이 모든 시민에게 제공한다는 것을 보장함으로써, 시장(market forces)의 역할을 완화시키려는 노력을 하는 국가형태이다. 참고로 영국의 국가복지를 살펴보면 정부지출(Government Spending)이 GDP의 41%를 차지하고 사회지출(Social Spending)은 27%를 차지하고 있다(Dean, 2006).

8) 이에 대한 해결책으로 레이건(R. Reagan) 행정부는 짐 덜기(Load-shedding) 이론을 주창하였다. 이에 대한 글은 Bendick(1989)를 참조하라.

9) 이를 수식으로 표현하면, Total welfare=H+M+I+S(H: House, M: Market, S: State, I: Informal Sector)로 표현할 수 있겠다(Rose, 1989).

그러나 여기서 이야기하고자 하는 바는 사회적 원인으로 인한 언어소외 계층이다. 즉, 새로운 개념의 언어복지 대상이다. 이들은 새터민, 이주민 등으로(국립국어원, 2007: 37) 이들에게 사회적・문화적(더 나아가 경제적) 삶의 질 향상에 이바지하는 수단을 강구하여야 한다. 이를 나타낸 것이 다음 <표 3-6>이다.

표 3-6 사회적 원인으로 인한 언어소외 계층의 현황과 대책

<table>
<tr><th>분 류</th><th>내 용</th><th>미비점</th><th colspan="2">추진 내용</th></tr>
<tr><td rowspan="6">외국인 이주민 대상 한국어 교육 지원 현황</td><td>- 이주민 대상 한국어 교실 운영('05년부터, 한국어세계화재단)</td><td rowspan="6">• 이주민 한국어 교육을 위한 지역별 거점 교육 지원 체계 미비
• 관련 교재 개발과 보급, 강사 지원 등 직접 지원 미흡</td><td rowspan="4">• 한국어 교육 지원체계 강화</td><td>- 법무부, 노동부, 여성가족부 등 관련 부처와의 협력 체제 구축</td></tr>
<tr><td rowspan="3">- 국제결혼 이주 여성 한국어 교육기관 지원 대상 선정('06년)</td><td>- 한국어문화원과 지방자치단체 지원을 통해 이주민 교육 확대 실시(국고보조금 교부)</td></tr>
<tr><td>- 국어 상담소・지방대학과 연계, '한국어 교육 연결망' 구축</td></tr>
<tr><td>- 한국어 교육전문가 파견, 한국어 강사 및 자원 봉사자의 전문성 강화 교육 확대 실시</td></tr>
<tr><td>- 국제결혼 이주 여성 대상 한국어 교육교재 개발('06년)</td><td colspan="2" rowspan="2">• 이주민 대상 한국어 교재 개발, 교육용 방송 프로그램 제작 지원 및 교육지역 연차적 확대</td></tr>
<tr><td>- 이주 여성 한국어 교육용 방송프로그램 개발, 방영(EBS, '06년)</td></tr>
<tr><td>새터민 정착을 위한 국어 교육 지원</td><td>• 기존의 단선적인 국어 교육에서 실제 사회적응에 필요한 다양한 언어 적응 교육으로 전환 필요</td><td>• 새터민의 원활한 사회 적응을 돕는 체계적인 언어 교육 프로그램과 교재 미비</td><td>• 새터민의 원활한 사회정착을 위한 언어 적응 교육 프로그램 개발, 지원(통일부)</td><td>- 새터민 대상 한국어 교재 개발, 교육용 방송프로그램 제작 지원</td></tr>
</table>

출처: 국립국어원(2007).

<표 3-6>에서 보듯 사회적 원인으로 인한 언어소외 계층을 주류의 언어공동체가 배제하지 않고 감싸 안도록 하기 위한 첫 발걸음이 언어복지의 제공이며, 이는 다문화 사회로의 이행하는 과정에서 서구 여러 나라에서 볼 수 있다. 스웨덴의 경우를 보자.[10] 스웨덴에서 그 나라 말을 모르는 외국 이민자들은 무상으로 700시간 스웨덴어 교육을 받을 권리가 보장되어 있는데, 하루 6시간씩 총 6개월에 해당하는 긴 기간이다. 이 기간에 언어교육뿐만 아니라 스웨덴 사회풍습, 직장생활에 필요한 소양교육까지 포함시켜 의사표현은 물론 일상생활에 필요한 기초지식을 갖춘 상태에서 직장 일을 시작하게 한다. 교육기간은 휴직으로 인정되며 생활비는 고용주가 부담해 왔으나 1986년부터는 사회보조비로 충당한다. 즉, 앞서 소개한 복지공식에 따라 Total Welfare를 복지의 공급주체들이 일정한 몫을 분담하여 제공함으로써 생활 걱정 없이 언어 공부를 열심히 하도록 하여 낯선 땅에서 새 삶을 순조롭게 시작할 수 있는 편의를 제공한다(변광수 외, 1993).

물론 이민자의 개인적 측면에서는 사회통합을 위하여 무엇보다 이민자 스스로가 한국 사회에 통합하려는 자발적 의지가 중요하다(이른바 자립유도형 사회통합). 이를 위해 한국에서 정부의 역할은 '이민자의 사회적응능력 확보를 통해 다양한 인종·언어·문화적 배경을 지닌 후세대를 길러내고, 이를 통해 한국 사회의 우수인재 확보하여 국가경쟁력을 강화하는 데 있다'(법무부, 2009).

이 목적 달성을 위해 언어복지의 제공이 중요한 이슈로 떠올라 정부에서도 사회통합프로그램에 따른 이수제 과정의 구성에 언어과정을 두고 있다. 이에 따라 법무부 사회통합프로그램이 도출된다. 법무부 사회통합교육은 국적을 취득할 때에 기본소양의 측정이 곤란하다(법무부, 2008a)라는 관점에서 추진되었다. 일반귀화자와는 달리 결혼이민자에 대해서는 필기시험을 면제하고 있어 2년 이상 국내 체류하면 한국 국적 취득이 가능함에 따라 이들 대부분이 한국어, 한국 사회 이해 등 기본소양이 갖추지 못한 상태로 국적을 취득하고 한국 사회에 정착함에 따라 본인은 물론, 그 2세까지 학업·취업 등 사회적응에 어려움을 겪고 있는 실정이라고 한다(법무부, 2008d).[11] 이에 따라 국적취득을 통해 한국에 정착하려는 이민자들에게

10) 이 부분은 변광수 교수의 한겨레신문 기고문(2007.10.17)을 따 왔다. 그는 '외국인에게 가장 시급하고 절실한 한국어 교육을 각 지방자치단체의 책임 아래 (필요한 예산은 지방정부나 중앙정부가 조달) 시행할 것'을 제안하고 있는데 들을 만한 이야기이다.

11) 2007년 9월 법무부에서 2년 이상 체류한 결혼이민자 100명을 대상으로 귀화필기시험을 시범 실

한국어 능력, 한국 사회 · 문화 · 제도 이해 등 기본적 소양 교육을 받도록 의무화함으로써 이들이 보다 안정적으로 한국 사회에 적응할 수 있도록 하고자 사회통합프로그램 이수제를 도입하고 있다.[12]

그림 3-1 진입의 장벽과 언어복지의 제공(Y; yes, N: no)

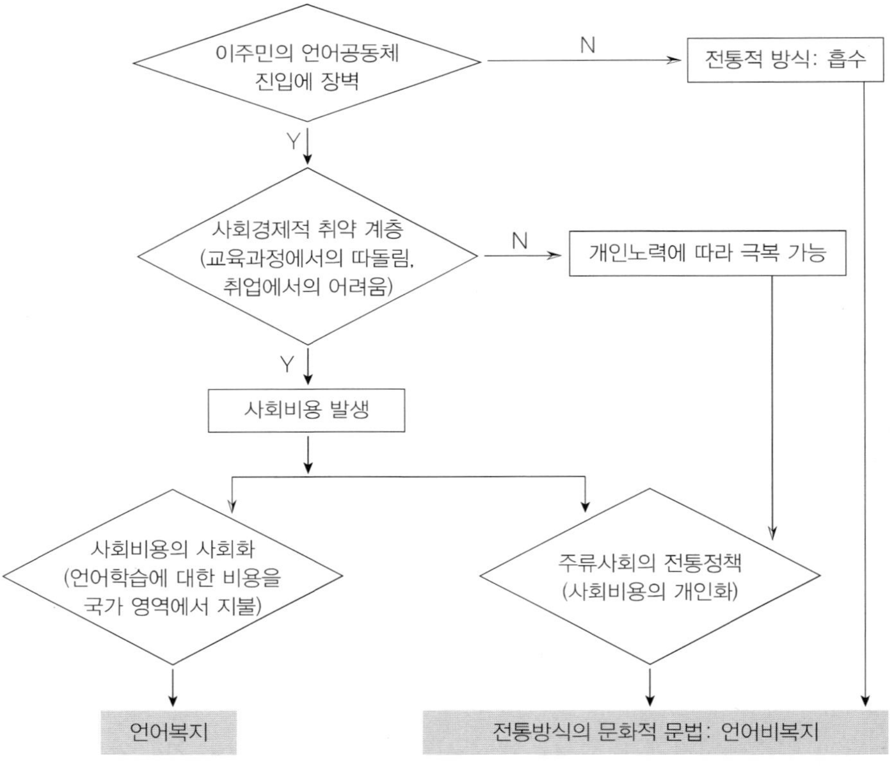

시한 결과, 평균성적이 47.1점(합격률 42%)으로 나타났고, 특히 베트남 국적 결혼이민자의 경우 평균성적이 28.6점(합격률 18.5%)으로 매우 저조한 것으로 나타났다(일부 7명은 전혀 시험을 보지 못했다)(법무부, 2008d).

12) 사회통합교육이란 귀화신청 대상자가 한국어와 문화 · 제도 등 법무부장관이 인정하는 소정의 교육과정을 이수한 경우에 국적취득 등에 있어서 편의를 주는 제도이다. 교육과정은 ① 언어과정, ② 다문화사회이해 과정으로 구성되며 이수단계는 기본소양 능력에 따라 면제 · 감면 등 차등 적용한다. 2009년 1월 이후에 시범운영하는데 대상자는 동포, 유학생, 외국인근로자, 결혼이민자, 난민 등 귀화 희망 외국인의 자율적 참여(의무적 참여가 아님) 등이며, 일반 · 간이귀화 신청자(결혼이민자 제외)는 국적필기시험과 사회통합교육 중에서 1개를 선택하고 귀화를 희망하는 결혼이

이주민의 진입현상과 그에 따른 문제인 진입장벽과 언어복지의 제공의 논의를 그림으로 표시한 것이 [그림 3-1]이다.

제 2 절 복지관료제와 언어

1 언어를 보는 눈

앞서 제1장에서 복지학 사유언어를 언급하였다. 이를 언급한 이유는 복지학에서의 사유는 이에 기초하기 때문이다. 이를 달리 보면, 사회구성원들의 행위의 밑바닥을 가로지르는 공통의 사고방식으로서 그 문화를 공유하는 구성원들 사이에는 당연한 것으로 받아들이는 것이 있는데, 이를 문화적 문법이라고 한다(정수복, 2007: 47-48). 인간의 행동은 항상 암묵적 지식, 혹은 하이데거(M. Heidegger)가 말하는 선이해 안에서 움직인다(이규호, 2005b). 또 나는 결코 나 자신과 순수히 동일한 존재가 아닐 정도로(Eagleton, 1986: 82), 살아 있는 것만큼 변화와 차이가 있다. 이는 수학적 진리나 논리적 단조성에 기초한 결과가 언제나 맞지 않음을 의미한다. 예컨대, "만일 어떤 사람이 '모든 새들은 난다', 그리고 '타조들은 새들이다'라고 말한다면 우리는 '타조들은 난다'고 연역"하여 해석하는 것이 논리적 단조성(monotonicity)에 기초한 이해이다(Putnam, 1992: 40). 그러나 일상언어로 표현되는 우리의 삶은 그런 이해가 아니라 논리적 비단조성(nonmonotonicity)에 기초하여 총체적 해석에 기초하여 이해한다. 이와 같이 일상언어는 논리를 뛰어넘는 총체적 삶을 표현한다. 예컨대, '문 닫고 들어오너라(영어 표현 'close the door behind you'와 비교해 보라)'라든가 '머리 깎는다(영어 표현 'I have my hair cut'와 비교해 보라)'를 문자 그대로 듣지 않고 해석해서 듣는다는 점이다.

언어와 사고와의 관계를 보는 관점상의 차이를 살펴보면, 언어가 사고를 결정

민자는 사회통합교육은 자율참여 사항이다. 그 혜택은 국적필기시험 면제(결혼이민자에게는 기존대로 국적필기시험 면제 유지), 국적취득 대기기간 단축, 면접시험 반영 등이다(법무부, 2008d).

한다는 언어우위론의 입장을 취하는 흐름이 행태주의이다. 이에 비해, 변형생성문법에서는 언어능력은 선천적으로 타고난 보편적인 능력으로 인지능력과는 별개로 보았고, 인지언어학에서는 인지능력이 언어능력을 결정한다고 보는 사고우위론의 입장을 취하고 있다(하치근, 2010: 5). 언어우위론의 입장에서는 언어순화의 필요성은 부정적 함축을 지닌 언어를 교정하려 할 것이다. 이 관점에서 언어복지는 복지언어의 한 영역으로, 서로 구별되어야 할 개념이다. 여기서 언어우위론을 중심으로 논의해 본다.

2015년 6월 21일 YTN 보도에 의하면 서울시는 비인간적 메르스(MERS) 용어를 순화할 예정이라고 한다. 그 보도 내용은 다음과 같다.[13)]

> 서울시는 메르스 용어들이 비인간적이고 관련자들에게 불쾌감을 주고 있다는 지적에 따라 '메르스 용어 바로잡기 캠페인'을 벌이겠다고 밝혔습니다.
> 서울시는 커뮤니케이션 전문가와 의학 전문의, 국어학자, 언론인 등 도움을 받아 불쾌감을 주거나 어려운 메르스 관련 용어들을 친절하고 배려하는 표현으로 바꿔 사용하기로 했습니다.
> 사물처럼 받아들여질 수 있는 '몇 번 환자'는 '몇 번째 확진 환자'로, '격리조치'는 '외출제한조치'로 순화했고, 불안감을 지나치게 조장하는 '슈퍼전파자'는 '다수전파 환자'로 사용할 것을 제안했습니다.
> 서울시는 보도자료 배포, 각종 공문서나 회의자료에 우선 사용하고 서울시 홈페이지와 SNS 등을 통해 캠페인을 확산해 나갈 계획이며 질병관리본부 등 정부에도 건의할 예정입니다.

바이스게르버(L. Weisgerber)에 따르면, 인간의 정신이 먼저 그 속에 사유의 대상들을 설정하고 외부세계의 사물들은 판단작용을 통해 형성되고 인식된다. 즉, 세계를 보는 눈은 정신이 창조하고 이는 대상과 의식 사이에 있는 언어를 발휘된다. 이를 세계상이라고 한다(이규호, 1989). 이러한 이론에 따르면, 영어는 영어의 세계상이 있고, 독일어에는 독일민족의 전통적인 세계상이 있으며, 우리말에는 우리민족의 세계상이 있다.[14)] 훔볼트(W. von Humboldt)는 '언어의 차이는 세계상 그

13) 출처는 http://www.ytn.co.kr/_ln/0115_201506211529113295_005이다.
14) 이를 '얼'이라고 부른다(이규호, 1989).

자체의 차이'라고 주장하였다. 이를 더욱 발전시킨 이론이 언어학적 상대성원리(linguistic relativity principle)라고 불리는 사피어-워프 가설(Sapir-Whorf hypothesis)이다. 워프에 따르면, 언어는 그 언어를 쓰는 사람들의 생각하는 방법을 제약하여 세계를 보는 눈을 다르게 이끌어간다고 한다(허웅, 1986: 48).

이런 관점은 제6장에서 논의하는 매개변인과 복지원리들에 의해 현실의 복지로 나타나게 된다는 데 의의가 있다. 더 중요한 의의는 이런 생각에 기초하여 쿤(T. S. Kuhn)의 학문공동체 개념으로 이어지고 여기서 정상과학이나 패러다임의 교체와 같은 이론이 창출된다(Kuhn, 1970: preface).[15)]

위에서 논의한 바를 사회의 현실에 응용해 보자. 우월적 지위를 가진 이들이 그 우월적 지위를 이용하면 그들만의 대화가 가능하여 자신들의 독점적 지위를 누리는 것이 가능하다. 가장 대표적으로 정부관료들이 사용하는 복잡하고 모호한 언어(complicated or obscurantist language)가 그것이다. 복지관료제 언어(officialese 또는 bureaucratese)라고 불리는 정부관료들이 사용하는 복잡하고 모호한 언어는[16)] 그 나름의 렌즈(lens)에 따라 범주화하고 원형화(prototype)하고 개념화한다(임지룡, 1992: 18). 예를 들면, 일주일은 5일의 일하는 날(working day)과 2일의 쉬는 날(off day)로 구성된다. 이는 인간이 규범화한 것이다. 대법원 판사를 대법관으로 고쳐 부르므로 권위의 상승으로 받아들인다든가, 2년제 대학인 전문학교를 전문대학으로, 또 이제는 전문이라는 단어를 없애고 그냥 대학으로 하여 지위의 상승으로 받아들인다든가, 더 나아가 찻집을 다방으로, 또 다방을 커피숍으로 하여 그럴싸하게 보이도록 한다. 다른 각도에서 지반함몰이라는 관료용어를 sink hole로 대체함으로써 책임을 회피하려 한다. 이런 사례는 증세를 세수확대(revenue enhancements 또는 user fees)라는 말로 대체하는 것 등으로 실제 행정에서도 이용된다(Pinker, 1993: 81). 또 다른 보기는 좀 더 나은 방향으로 언어를 순화하려 한다. 예를 들면, 장애인을 handicapped이라는 말로 나타내었으나 요즘은 그 대신에 physically challenged로 쓰는 것이나 'dead' 대신 'decreased' 또는 'passed away'를 사용하는

---

15) 바로 이 지점에서 복지언어에 관한 복지학에 이바지할 것이다. 복지언어의 공헌은 제1장에서 논의하였던 바처럼 복지학을 대응성과 정합성에 기초한 체계를 이룩하도록 하고 있다. 한편, 복지언어는 과학주의를 중시하면서도 인문학주의를 지향한다. 이와 같이 복지학이 성립하는 근거를 묻는 분야라고 자리매김할 수 있다.

16) http://dictionary.reference.com/browse/governmentese(2012.11.20)를 참조하라.

경우나 old(aged 또는 elderly)를 senior citizens로, deaf를 hearing impaired로, dumb을 learning disabled로 바꾸어 왔다(Gentner & Goldin-Meadow, 2003: 6).[17] 한국어에서도 장애인을 비하하는 용어도 존재하였으나 이제는 사라졌다.

언어가 그어놓은 선에 따라 자연세계를 분단한다는 사피어-워프(Sapir-Whorf) 가설은 그 타당성 못지 않게 실무에 영향을 주어 왔다. 이에 발맞추어 언어의 순화가 이루어져 좋은 방향으로 진화되었다. 이 경향은 앞서 사례를 든 바처럼 영어에서 활발하고 한국어에서도 찾아볼 수 있다. 이 절은 복지관료제 언어에 대해 잘 정리된 글인 왓슨(Watson, 2006)을 참조하여 복지관료제 언어와 언어순화를 논의하려 한다. 이 이슈는 복지와 관련된 법률용어를 비롯한 글말(文語)에서부터 시작하여 복지관료들의 언어에까지 미친다.

언어나 담론에 관한 연구는 의사소통으로부터 시작한다. 따라서 복지언어의 연구에서 의사소통행위는 중요한 의미를 지닌다. 그 의미는 사람들이 사회적 질서를 익히는 방법들을 이 의사소통에서 유래하며, 따라서 의사소통행위는 이러한 사회적 질서의 창조를 돕는다는 것이다. 언어는 사회적 질서와 사회적 맥락을 창조하므로 언어와 의사소통의 분석을 해 보면 사회적 행동과 사회적 질서에 관한 일반이론을 알 수 있다는 함축이다(Habermas, 1987). 즉, 의사소통 그 자체에서도 고유한 구조와 질서의 감각이 존재한다. 의사소통을 한다는 것은 문화적 가치들에 의존하기 때문에, 의사소통의 질서는 문화에 따라서 다르다. 이와 같이 의사소통은 결코 문화, 가치들 및 믿음들로부터 완전히 자유롭지는 못하다. 이는 심지어 침묵까지도 포함한다.

이 절의 초점은 복지관료제 언어의 분석이다. 언어의 본질에 관한 연구는 언어학이나 언어철학의 몫이지만 복지관료제 언어의 분석을 위해서는 언어를 어떻게 보는가에서 논의의 출발을 삼아야 한다. 그 기초 모형은 형식주의(Formalist) 패러다임과 기능주의(Functionalist) 패러다임으로 나뉘는데 이를 정리한 것이 다음 <표 3-7>이다.

형식주의 학파는 언어가 사회적 및 인지적 특징들과 기능들을 갖고 있다는 점

17) 공적 담론(official public discourse)이나 공식문서(public documents)에서는 세금(taxes)은 'revenue enhancements' 또는 'user fees'라는 용어로, 쓰레기장(dump)은 'public waste reception centers'라는 용어로 된다. 이런 유형의 언어를 관료언어라고 한다.

표 3-7 언어 패러다임(Linguistic Paradigms)

형식주의(Formalist)	기능주의(Functionalist)
• 언어는 정신적 현상이다. • 언어연구는 자율체계에 기초한다. • 누구나가 언어 사용을 가능하게 하는 요소(universals of language)는 인류라는 종(human species)에 고유한 유전적 속성(genetic linguistic aspect)이다. 따라서 어린이가 언어를 배우는 능력은 유전적 요인에 따른 것이다.	• 언어는 사회적 현상이다. • 언어연구는 사회적 기능과의 관계 속에서 이루어져야 한다. • 누구나가 언어 사용을 가능하게 하는 요소(universals of language)는 사회에서의 언어 사용과 구조에서 온다. 따라서 어린이가 언어를 배우는 능력은 사회적 필요성(communicative and social needs)에 기인한다.

출처: Schriffrin(1994), Watson(2006)에서 재인용.

을 인정하지만, 이러한 것들이 언어의 조직(the organization of language)에 주요한 영향을 준다든지, 또는 그것을 변경시킨다든지 하지는 않는다고 생각한다. 따라서 언어의 구체적 자료로부터 구조, 음소(音素), 형태음소(morphophoneme),[18] 변별적 자질(distinctive feature)[19]과 같은 형식적 구성물을 중요시하는 흐름이다(이정민 · 배영남, 1990). 여기에 속하는 학파가 구조주의(structuralist) 언어학이다(Watson, 2006: 607). 기능주의 학파는 사회와 외부적 특징들이 언어의 조직을 결정적으로 형성한다고 주장한다. 그렇다면 언어는 언어학적 체계 그 자체와는 별개의 기능들을 갖는다고 할 수 있다. 이 학파는 상호작용적 언어학(interactive linguistics)과 관련이 있다(Watson, 2006: 607).[20]

18) 동일한 형태소(morpheme)에 속하는 음소의 집합을 말한다. 예를 들면, 복수(plural)를 나타내는 형태소에 속하는 음소류인 /-s, -z, -əz/는 형태음소이다(cf. cats, dogs, foxes).

19) 임의의 언어요소가 다른 언어요소로부터 구별되는 데 필요한 음운, 통사, 의미상의 특질을 말한다. 예컨대, 한국어 '바보'에서 '바'의 'ㅂ'은 무성인 데 비해, '보'의 'ㅂ'은 유성이다. 반면에, 영어에서 유 · 무성 대립은 변별적 자질이다.

20) 상호작용적 언어학은 상호작용적 사회언어학(Interactional Sociolinguistics)의 일종으로, 상호작용적 사회언어학은 인류학, 언어학 및 사회학에 그 뿌리를 내리고 있다. 그것은 어떻게 사람들이 서로 다른 문화들로부터 언어에 관한 기초적인 문법적 지식을 서로 나누어 가지면서도 동시에 매우 다른 방법들로 언어를 맥락화할 수 있는가라는 질문들을 제기한다. 그리하여 상이한 메시지들과 의미들이 존재하게 된다. 상호작용학파(the Interactional school)는 사용되는 사실상의 단어들과 언어, 그리고 담론의 사회적 맥락을 검토한다. 언어의 맥락과 구조는 사람들이 상이한 단어들을 사용하고 사람들이 누구에게 이야기하고 있는가, 말하는 사람과 듣는 사람의 관계, 담론이 진행되는 환경 등에 따라서 서로 다른 단어들을 사용하며 서로 다르게 이야기한다는 점에서 상호작용적 사회언어학자에게 중요하다. 맥락적 문제들은 화자와 창자가 어떻게 서 있으며, 또는 그들이 서로 얼굴을 대하고 있는가 어떤가까지도 포함한다. 이 이론은 해석과 상호작용이 관련되

언어의 연구에 대한 이러한 접근방법들이 제공하는 함축은 언어가 여러 가지 기능을 수행하고 있다는 점이다. 언어는 여러 가지 사용과 형식을 가지고 있으며 하나의 단어는 여러 가지의 의미들을 가지고 있을 뿐만 아니라 동일한 것을 말하는 방법에도 여러 가지가 있다. 단어들의 의미를 알고 또 언어를 평가하기 위하여서는 우리는 의사소통이 일어나는 문화와 맥락을 검토하여야 한다. 물론 여기서 검토하고자 하는 것은 복지관료제의 언어이다.[21]

2 복지관료제 언어의 유형

복지관료제 언어는 정부관리들에 의하여 공적 담론이나 공문서(official public discourse or public documents)에서 언어를 잘못 사용(misuse of language)하는 것이라고 정의할 수 있다.[22] 달리 말해서, "이상한, 그리고 상당히 위협적인 외국어", "의사소통을 하는 척하면서도 사실은 하지 않는 언어", "암묵적 재정의(implicit redefinition)에 의하여 단어를 잘못 사용하는 것", "한 입으로 두 말하는 기술" 등 여러 가지로 묘사되어 왔다. 그 함축적인 뜻은 "나쁜 것을 좋게 보이게 하고 부정적인 것을 긍정적인 것으로 보이게 하며, 불유쾌한 것을 매력있는 것으로, 또는 그 정도는 아니더라도 견딜 수 있도록(tolerable) 하려는 것이다"(Watson, 2006).

어 있으며 사회적 및 언어적 의미의 관계에 기초하고 있다는 개념을 제시한다(Watson, 2006). 또 복지관료제 언어를 연구하는 데 적용할 수 있는 언어의 사용과 의미에 관한 개념들을 제시하는 이론은 민속지(Ethnography of communication) 방법론이다. 현장인류학(Field anthropology)에 기초하고 있는 이 관점은 의미와 행동의 설명을 추구한다. 다시 말하면, 무엇이 일상생활 언어의 사용을 결정하는가, 또 올바른 사용과 옳지 못한 사용을 결정하는 것은 무엇인가, 공공언어(public speaking)와 같은 공통된 담론의 형식을 무엇이 인도하는가를 연구한다.

21) 이것은 복지관료제에만 해당되는 것이 아니고 관료제 모두에게 해당된다. 또 이 부분은 Watson (2006)을 번역한 것이다[번역은 김종술 교수의 행정철학 번역본(미간행본)을 참고하여 재구성하였다. 이용할 수 있도록 허락해 주심에 대해 감사의 뜻을 표한다].

22) 가장 대표적인 보기가 '포괄수가제'이다. '진료비 정액제'라고 하는 쉬운 표현이 있음에도 전문가 집단이 이른바 '그들만의 언어'를 쓰고 있기 때문에 문자로 소통할 수 있는 능력이 뒤지고 있다. OECD가 10여 년 전 내놓은 조사 결과에 따르면, 약 포장지에 적힌 설명서가 무슨 뜻인지 모를 만큼 문자로 소통할 수 있는 능력인 '문해력'이 낮은 사람의 비율은 우리나라가 38%에 이른다. 이는 OECD 평균인 22%에 비해 훨씬 높다. 얼마 전 법전에 나오는 '폐색, 포태, 몽리자'와 같은 어려운 한자어를 '막힌, 임신, 이용자' 같은 쉬운 말로 바꾸도록 민법을 개정한 것도 이 때문이다(출처: 연합뉴스 TV, 2015.10.09).

복지관료제 언어는 정부가 하는 일을 밝히고 관료들의 생각을 형성하기도 하며, 공적 문제들의 성질을 형성하기도 하고 실무와 이론에 관한 정보를 제공하기도 한다. 관료언어를 개념화하기 위하여 복지관료제 언어(the language of bureaucracy)와 사회에서 사용되는 언어를 대조시킨 허멜(R. P. Hummel)의 모형이 다음 <표 3-8>이다.

표 3-8 언어사용모델(Language Use Model)

복지관료제 언어	사회의 언어
• 일차원적(one-dimensional)	• 상호작용적(Reciprocal)
• 숙고한 언어사용(Acasual)	• 스스럼없고 맥락적(Casual and contextual)
• 유추(Analogous)	• 구체적(Concrete)
• 보편성에 기초(General)	• 특수성에 기초(Particular)
• 지시적(Referential)	• 경험적(Experiential)
• 현실에 따름(Reality-imposing)	• 현실을 구성(Reality-constructing)

출처: Hummel(1994).

허멜은 복지관료제 언어(Bureaucratese)에서 가장 큰 특징은 관료의 준거점(reference point)은 그가 봉사하는 사람들[일반시민]이 아님을 지적하고 있다. 따라서 시민들이 정부로부터 자신들에게 전달되는 내용에 일방적으로 적응하여야 하는 일방통행 성격의 언어가 된다. 이와는 반대로, 사회 안에서 사용하는 언어는 더욱더 상호적이고 양방향적인 의사소통의 형식을 취하게 된다. 복지관료제 언어에서 사고는 유추에 의하여야 하며 추리는 비교를 통해서 한다. 또 복지관료제 언어를 사용하여 이상적인 형식을 사실상의 환경과 맥락 위에 부과하고 있는 한, 담론이 일어나고 있는 맥락이나 환경도 아니다. 정상적 의사소통은 말의 내용에 대한 의미가 언어의 사용이 진행되고 있는 맥락에 의하여 결정되며, 또 그러한 맥락은 화자와 청자 양쪽의 공유된 경험(the shared experience of both speaker and listener)에 기초하고 있다는 점에서 맥락적이다. 그러나 복지관료제 언어는 사물 위에 맥락과 허구의 질서나 현실을 강요한다(imposes context and a false order or reality on things)(<표 3-8> 설명 참조).

이러한 언어의 오용은 계획에 의하여(by design) 의도적이라는 것이다.[23] 그 목

23) 여기서 초점은 의도적으로 의미를 왜곡하거나 청자를 혼동시키기 위하여 사용된다는 점이다. 따

적은 다음과 같다: (a) 단어나 명제의 의미를 왜곡하거나 거꾸로 뒤집음으로써 청중을, 예를 들면, 실패를 성공으로, 그리고 나쁜 것을 좋은 것으로 인식하게 하고,[24] (b) 비판을 회피하기 위하여 자기의 행동에 대한 책임을 회피하거나 최소화하거나 전가하고, (c) 생각을 제한하거나 생각의 언어를 조작하여 현상들에 대한 논의를 정부를 위하여, 또는 문제가 된 특정한 공무원을 위하여 유리하게 하려는 목적들을 갖는다. 이와 같은 방식으로 사용되는 사례는 의미와 현실의 왜곡(distortion of meaning and reality)을 포함하여, 관료들이 자신의 행위로부터 개인적 책임을 분리시킴으로써 나타나며, 때로는 정보의 전달에 잘못이 있을 때 이를 조작하기 위한 하나의 형식으로 언어를 사용하는 것 등이다(Watson, 2006).

복지관료제 언어와 관련하여 관련성이 많은 이론이 모호성의 언어이론(Vague Language)으로, 언어의 정확한 이해를 방해하는 요인을 탐구하는 것이다.[25] 이를 알려면 먼저 모호성(vagueness)과 애매성(ambiguity)을 구별하여야 한다. 후자는 한 표현이 두 가지 이상 다른 뜻으로 이해가 될 수 있음을 말하는 반면에, 전자가 어떤 표현이 지시하는 대상의 범위가 명확하지 않다는 것을 뜻한다[26](소흥렬, 1982:

라서 'handicapped'라는 말 대신에 'physically challenged'라는 표현을 사용하는 것은 왜곡시키려는 것도, 또 혼동시키려는 것도 아니기 때문에 여기서 다루는 복지관료제 언어와 구별되어야 한다. 'dead' 대신에 'deceased'나 'passed away'라는 말을 사용하는 것도 의미를 왜곡시키지 않고, 다만 위안과 존경심을 보여주려고 대신하여 사용하는 것이기 때문에 여기에서 다루는 복지관료제 언어가 아니다. 영어의 경찰을 가리키는 'policeman' 대신에 'police officer'라든지, 또는 'half-breed' 대신에 'biracial'과 같은 단어들도 마찬가지로 여기에서 말하는 복지관료제 언어에 속하지 않는다.

24) 예컨대, 연금개혁의 본질은 연금의 혜택을 축소하는 것이다. 이를 회피하기 위해서 '연금개혁'이라는 용어를 사용한다. 따라서 '연금개혁'은 '개혁'의 원뜻에 충실한 것이 아니라 혜택의 축소에 따른 반발을 최소화시키려는 전략이다.

25) 이 이론은 Ullmann, Peirce, Lakoff, Deese 등이 발전시켰다고 한다(Channell, 1994). 이 책을 대상으로 한다면 vague words나 vague terms가 더 적합할 게다. 그러나 Vague Language라는 학술용어가 이미 정착되어 있으므로 이 용어를 사용한다. 아울러, 종교 경전이 시대적, 공간적 변화에도 불구하고 생명력을 갖는 것은 아마도 이들이 모호성의 언어(Vague Language)로 되어 있기 때문이 아닌가 한다. 대통령 선거를 앞두고 한나라당 후보 간에 '지지도냐 선호도냐'를 두고 논쟁하다가 '누구를 뽑느냐'로 중재안을 마련한 것도 모호성의 언어와 관계가 있다고 하겠다(http://news.chosun.com/site/data/html_dir/2007/08/04/2007080400105.html 참고).

26) ambiguous한 표현의 보기는 '나는 밤을 좋아한다'에서 '밤'이나 '눈' 등이고, vague한 예는 '그이는 대머리 총각이다', '그녀는 중년 부인이다' 등에서 '대머리', '중년' 등이라고 한다(소흥렬, 1982: 69). 다만, Channel(1994)의 Vague Language는 모호성에 중점을 두지만 가끔은 애매성도 포함하는 것 같다. 이 점에 유의해야 한다.

69). 그러면 모호성이 일어나는 이유는 무엇인가?

크리스탈과 데이비(Crystal & Davy)는 모호성의 이유로 네 가지를 들고 있다(Channell, 1994). 첫째는 기억 상실(memory loss)로 화자가 정확한 단어를 구사할 수 없을 때, 둘째는 언어가 현실세계에 상응하는 정확한 단어가 없을 때, 셋째는 대화의 주제가 엄밀성을 요구하지 않을 때, 넷째는 분위기를 유지하기 위해 의도적으로 모호함을 선택하는 경우가 그것이다.

이들 이론에 비추어 보면 여기서 다루는 용어는 어디에 해당하는가? 크리스탈과 데이비(Crystal & Davy)에 따르면, '언어가 현실세계에 상응하는 정확한 단어가 없을 때'이거나 '분위기를 유지하기 위해 의도적으로 모호함을 선택하는 경우'에 해당할 것이다. 실제 언어에서 모호성을 완벽하게 피하기는 어렵다.[27] 그렇다 하더라도 언어가 뒤틀린 현상은 행정이나 사회복지 분야에서 눈에 띄는데, 다음 항에서 이런 보기를 검토해 보고 여기에서 복지관료제 언어를 주제로 설명해 보기로 한다. 복지관료제 언어에서 오용을 네 가지 영역으로 분류할 수 있다.[28]

1) 완곡어법(euphemisms)

완곡어법은 험한 현실(harsh realities)을 부드럽게 말하거나 왜곡시키기 위하여 사용하는 말투로 변소를 화장실이라고 표현하는 것이 그 보기이다(Watson, 2006; 이정민 · 배정민, 1990). 복지관료제 언어에서의 초점은 완곡어법이 현상의 사실상의 의미나 의도를 더 경미하게 들리도록 한다는 데 있다. 예를 들면, 만일 '생명의 자의적 박탈(arbitrary deprivation of life)'이라는 표현을 '살인(killing)' 대신에 사용한다면, 그것은 살인 행위의 심각성을 최소화하게 들리도록 한다(Watson, 2006). 그것은 또 청자를 혼동시키거나 아니면 살인행위가 정당하다든지, 또는 받아들일 수 있는 것처럼 들리게 할 수 있다. 이것은 또 잘못하여 민간인들을 살해한 폭격을 묘사할 때 미국 국방부(Pentagon)가 사용하는 'incontinent ordinance'라든지 'collateral casualties'와 같은 용어에서도 발견된다(Watson, 2006).

27) 보다 자세한 것은 제7장에서 다뤄질 것이다.
28) 이 부분의 한글 번역은 김종술(2009)을 이용하였다.

2) 집단구성원 용어(Jargon)와 말하기의 기술(Technical-Speak)

집단구성원 용어는 직업적 전문가들이나, 또는 어떤 특정한 집단의 구성원들이 사용하는 특수한 언어이다. 집단구성원 용어는 조직구성원들 사이의 기술적 의사소통을 위하여 필요할 수도 있고, 또 조직 내부에서는 광범위하게 이해될 수도 있으나, 구성원이 아닌 사람들에게는 전혀 알려지지 않을 수도 있다. 그것은 또 화자에게 거짓된 권위의 느낌을 부여하는 기능을 수행할 수도 있다.

집단구성원 용어를 비판하는 이유는 그 언어가 지칭하는 내용을 알지 못한 사람들에게는 의미가 존재하지 않는다는 점이다. 특히, 미국 연방직업안전보건국(OSHA: Occupational Safety and Health Administration), T/F(Task Force) 운영, 영기준예산제도(ZBB: Zero Base Budget), 성과관리시스템과 관련이 있는 균형성과기록표(BSC: Balanced Score Card) 등과 같은 첫째 글자(頭文字)의 조합(acronym)들이 가장 널리 사용되고 있는 복지관료제 언어의 예들이다. 이들은 시스템 언어로 치환하였기 때문에 일반시민들에게는 전혀 이해되지 않는다(Watson, 2006; 이광석 · 문유석, 2013). 복지관료제 언어는 어떤 분야의 언어보다도 전체시민들에게 개방되어 있어야 하고, 전체시민들이 이해가 가능하여야 할 것이다. 일반시민들이 알지 못하는 집단구성원 용어를 사용할 때에는 복지관료가 제공하는 서비스의 본질을 잘못 이해하여 많은 시민들이 그 혜택을 누리지 못할 수도 있다(Watson, 2006).

3) 복잡한 문장

의사소통의 기본 단위는 문장이다. 통사론이란 단어들을 모아서 구(句: phrases)나 절(clause), 문장(sentence)을 형성하는 방법이다. 복지관료제 언어에서 문제가 되는 것은 사람들에게 이해가 어려운 통사론을 사용하는 데 있다. 복지관료제 언어에는 명확하지 않고, 말하고자 하는 바를 쉬운 방법으로 말하지 않고 장황하게 늘어놓는다. 그러한 언어는 매우 인상적으로 들릴지 모르지만, 그러나 그것은 보통 듣는 사람들을 압도하여 말의 사실상의 내용을 불확실하게 만든다(Watson, 2006). 이러한 현상은 의사소통을 방해하는 요소로 작용한다. 이로 말미암아 수신자는 전달자의 의도를 파악하기가 어렵다. 한국의 대표적인 저널에 실린 다음의 문장을 보자.[29]

[사례 1] 시대에 따라 한국행정연구자와 연구자들의 관심이 변화한 것을 두고 기존의 연구 관심분야가 완전히 바뀌었다고 하는, 예를 들어 천동설이 지동설로 변한 것과 같은 패러다임의 변화(paradigm shift)라고 말하기는 어렵지만, 기존의 연구영역이 존재하면서도 시대 상황에 맞게 새로운 연구영역에 대한 관심의 증가, 예를 들어 물리학의 경우 뉴턴의 만유인력 법칙에서 아인슈타인의 상대성원리로 주된 논의가 옮겨간 경우와 같은 '패러다임의 변화(paradigmatic shift)'(Lan & Anders, 2000)는 한국행정연구에도 있었다고 볼 수 있을 것이다.

[사례 2] 박○○(2005: 3)도 부처 간의 권력관계를 분석하면서도 행정부 내부의 부처 간 관계를 설명하는 데는 네트워크의 개념이 매우 유용하다고 지적하고, 이는 행정부가 단일적인 결정주체라기보다는 준독립적인 성격의 다수기관들이 상호 느슨하게 연결된 일정의 '집합체(a conglomerate)'이고, 행정 내부의 대부분 결정 대부분이 이들 부처 간의 상호작용에 의거하여 이루어지며 이러한 상호작용에 일정한 패턴이 지속되기 때문이라고 강조하고 있다.

4) 수다와 과장(Voluminosity and Bloating)

수다와 과장이라는 말은 간결하게, 그리고 쉬운 말로 이야기할 수 있는데도 불필요한, 또는 중언부언하는 단어들을 첨가하는 것을 가리킨다. 단순히 'imports'라고 말하지 않고 'imports into this country'라고 말한다든지, 또는 'foreign imports'라고 말하는 것은 문장을 부풀리는 것이다. 예를 들어 본다(이광석 외, 2007).

[사례 1] 미국의 경우 한국과 비교해 볼 때 연임에 관한 연구가 많으나 지방자치단체장에 대한 연임에 대한 연구보다는 주로 연방정부의 상원과 하원의 국회의원의 연임에 대한 연구가 대다수를 이루고 있다.

이를 고쳐서 다시 써 본다.

→ 미국은 한국보다 연임에 관한 연구가 많으나, 지방자치단체장에 대한 것보다는 연방정부의 상·하원 의원의 연임에 대한 연구가 대다수를 차지하고 있다.

[사례 2] 서비스수요: 서비스수요가 작은 자치단체들은 민간위탁을 통한 비용절

29) 이 사례의 출처는 이광석·김주미·김준희(2010)이다.

감의 편익이 클 것이기 때문에 전적으로 직접공급하거나 혹은 민간과 함께 공급하기보다는 전적으로 민간위탁할 가능성이 더 높을 것이나, 서비스수요가 큰 자치단체들은 직접공급을 통해서도 규모의 경제를 달성할 수 있으므로 전적으로 직접공급하거나 혹은 민간과 함께 공급하기보다는 전적으로 민간위탁할 가능성이 더 낮을 것이다.

이를 고쳐서 다시 써 본다.

→ 서비스수요: 서비스수요가 작은 자치단체들은 민간위탁을 통한 비용절감의 편익이 클 것이기 때문에 Ø[30] 전적으로 민간위탁할 가능성이 더 높을 것이다. 서비스수요가 큰 자치단체들은 직접공급을 통해서도 규모의 경제를 달성할 수 있으므로 Ø 전적으로 민간위탁할 가능성이 더 낮을 것이다.

이렇게 고칠 수가 있음에도 위와 같이 수다와 과장의 표현법을 이용하는 이유는 이런 부류의 언어가 독자나 청중을 압도하는 데 도움을 줄 것이기 때문으로 보인다(Watson, 2006).

3 복지관료제 언어와 그 문제점: 시민들과 정부 사이 간격 넓히기

복지관료제 언어의 핵심적 문제점은 그것이 시민들과 정부 사이의 거리를 만들어낸다는 점이다. 그러한 문제를 다음 비인격성(impersonality), 책임감, 시민들의 오해, 폐쇄된 사회의 형성이라는 네 가지 유형으로 살펴볼 수 있다. 차례로 살펴보기로 한다(Watson, 2006).[31]

1) 비인격성(impersonality)

복지관료제 언어의 사용을 통해서 청자는 화자로부터 멀어지게 된다. 관료적 의사소통은 제삼인칭으로 진행되며, 천편일률적이고 알맹이 없는 내용이 필요하며, 이런 모습이 관료적 의사소통을 지배한다(governed by the need for uniformity and

30) 'ø'은 없앤다는 것을 뜻한다.
31) 이하 이 부분도 Watson(2006)을 번역하였다.

sterility). 그러한 관료적 언어는 의사소통의 인간적 요소를 축소시킨다(Watson, 2006: 603-605). 불행히도, 인간미가 없는 관료적 언어의 본질은 인간적 가치들을 결여하고 있다. 관료제의 규칙들이 개인을 대신하여 의사소통을 하며, 화자를 메시지에 종속시키며, 메시지 안에 있는 유연성과 상호성을 축소시킨다. 원래 메시지(message)는 메신저(the messenger) 곧 화자로부터 나온 것이지만, 관료제 안에서는 화자가 메시지와 행위로부터 분리된다. 메시지는 그 메시지 '배후에 있는', '사람'이 없는 제도화된 메시지가 된다. 공식적 의사소통과 담론은 계층적이고 권위적인 것으로 된다(Watson, 2006: 604).

2) 책임성의 회피

'고객'이 인간(human)을 대체하거나, '사례(case)'가 공공서비스의 수혜자인 '개인'을 대체할 때 화자는 행위의 책임으로부터 멀어진다. 이때 비인격적인 언어의 사용으로 행위에 대한 심리적 근접성이 줄어든다. 'ordinance'와 같은 단어가 'bomb' 대신에 사용되고, 'servicing the target'가 현실의 'killing'의 행위를 대체하기도 한다. 이 경우에는 사회적으로 더 큰 반향을 부른다.

관료제의 의사소통의 특징은 제도화된 메시지이기 때문에 생활세계적 내용을 상실하고 소통하는 사람들로부터 분리된다. 그리하여 정책 담당 행위자들은 현실로부터, 행위의 책임으로부터, 그리고 메시지로부터 벗어나게 된다. 어떤 조직의 대변인이 메시지를 소통하게 되면 이런 현상은 영구화된다. 정상적 의사소통과 언어에서의 소통의 내용은 그것을 이야기한 사람으로부터 분리되지 않는다. 결국 언어의 목적은 보통 화자의 의도를 전달하는 것이지만 복지관료제 언어에서는 화자의 의도를 그대로 전달하지 않는다(Watson, 2006: 603-605).

3) 오 해

아마 복지관료제 언어의 사용에 의해서 야기되는 가장 분명한 문제들은 의미와 메시지가 분리됨으로써 시민들이 의사소통의 내용을 이해하지 못한다는 점일 것이다. 이것이 메시지의, 그리고 메신저의 의도일지도 모른다. 따라서 누가 무엇을 누구에게 왜 이야기를 했는지와 같은 의사소통의 가장 원천적인 측면들까지도 불분명하게 된다. 예를 들면, 레이건(R. Reagan) 대통령이 첫 번째 임기를 시작한 직후에 미국이 당면한 경제적 불황을 묘사하기 위해서 사용한 레이건 행정부의 'Negative Economic Growth'라는 말은 당시의 경제적 상황을 일반시민들에게 분명하게 묘사하지 못한 것이다(Watson, 2006: 603-605).

4) 폐쇄사회의 형성(development of a closed society)

오직 내부 인사들만이 어떤 전문직업이나 조직의 집단구성원 용어(jargon) 및 말하기의 기술(technical-speak)을 이해할 수 있다. 그것을 과도하게 사용하면 일반시민을 포함하는 외부인들을 소외시키고 그리하여 사용자들 사이에서(즉, 관료사회에서) 자기들을 보호하려는 심리를 만들어낼 수 있을 것이다. 행정이 추구하려고 하는 개방적 또는 외향성 체계 모형들은 근본적으로 내부지향적인 조직언어에 의하여 좌절되게 된다. 복지관료제 언어를 거의 비밀스런 전문 언어의 수준에까지 격상시킴으로써 조직내부에서의 복종이나 동조화(conformity)가 조장될 수도 있을 것이다.

관료제의 성격 때문에 관료제는 오직 규정에 맞는 요구나 욕구(well-defined needs or demands)에게만 응답할 수 있을지 모른다. 만일 그런다면, 복지관료제 언어의 사용은 관료제가 복잡한 요구들에 대응할 수 있는 능력을 더욱더 제한할지 모른다. 왜냐하면, 복지관료제 언어로 인하여 시민들의 욕구는 불충분하게 정의될 것이기 때문이다(Watson, 2006: 605).

4 복지관료제 언어의 은폐효과

복지관료제 언어의 사용과 결부되어 있는 또 하나의 문제는 속임수이다. 언어에 의한 속임수의 세 가지 영역은 다음과 같다. (1) 잘못된 정보, (2) 조작, (3) 신뢰의 인위성 문제가 그것들이다.

1) 잘못된 정보(misinformation)

정치권 안에서는 잘못된 정보(misinformation) 현상은 거의 끊임없이 일어나지만, 그것은 관료제 안에서도 일어난다. 의도적이든 의도적이지 않든, 관료언어는 현실을 왜곡시킨다. 복지관료제 언어에서 언어의 선택은 나쁜 것을 좋게, 또는 적어도 괜찮은 것처럼 보이게 한다. 아무튼 잘못된 정보는 특히 그것이 공공연한 조작인 경우에는 시민들이 공직자들이 이야기하는 것은 아무 것도 믿어서는 안된다고 느끼기 시작하기 때문에 의심(suspicion)과 냉소주의(cynicism)를 조장한다. 이것은 관료제에 대한 무관심과 소외감과 적개심으로 인해 위기를 불러올 수 있다(Watson, 2006: 606).

2) 조작(manipulation)

우리는 언어를 통하여 서로를 이해한다. 만일 조직이 언어를 통제한다면, 환류나 질문을 허용하지 않으며 양방향 의사소통(two-way communication)을 제한하여 단일방향으로 의사소통을 조작(one-way manipulation)할 수 있다. 즉, 정보는 계층제 속에서 위로 향하여 흐르지 않고 오직 아래로만 흐른다.

또 'the Department of War'를 'the Department of Defense'로 표현을 바꾼 경우에서도 우리는 언어의 힘을 느낀다. 'Invasions'라든지 'acts of aggression'이라는 표현 대신에 군사적 'peacekeeping'이라든지 'rescue missions'라는 표현을 사용하면 사람들의 지지를 얻기에 더 용이할 것이다. 같은 사례로서 '가난한 사람들(the poor)'을 'the disadvantaged'라고 표현함으로써 확실히 문제가 더 완화된 느낌을 주고, 시민들의 주의와 도움을 필요로 한다는 뜻을 함축하는 말로 바뀐다.

3) 신뢰의 인위성(Development of Artificial Credibility)

복지관료제 언어의 일종인 집단구성원 언어(jargon)는 일반시민들에게는 의미가 더 모호하게 들리도록 해 주며, 전문기술적인 뜻을 가진 것처럼 들리는 용어들(technical-sounding terms)이다. 그것은 정당성이 없는 어떤 것에게 정당성을 부여하거나, 인위적으로 신뢰성의 감정을 부여하게 해 주기도 한다. 청소부(a janitor)를 환경미화원(an environmental hygienist)이라고 부르거나 구두닦이를 신발미화원으로 부름으로써 임금 수준이 낮고 별로 좋지 않은 직업에 대하여 신분상승의 느낌을 줄 수도 있다.

이와 같이 의사소통이 본질인 사회의 언어가 복지관료제 언어 안에서는 오직 일방적 메시지의 전달이 있을 뿐이다. 의사소통(communication)이란 의미가 쌍방향으로 구성되어야 한다. 그러나 복지관료제 언어는 의미를 메시지로부터 분리시키고, 이어서 언어를 의미로부터 분리시킨다는 것이다. 그러한 입장은 단어들이 일정한 의미를 갖고 있다는 점을 시사하는 형식주의적 언어이론에 대한 공격이다. 복지관료제 언어에 있어서는 소통되었다고 말할 수 있는지도 의문시될 때가 많다. 따라서 쌍방향으로 의미가 구성되는 새로운 개념의 복지관료제 언어가 필요하다고 할 것이다. 그 사례를 쉬운 언어 운동에서 찾을 수 있다.

제 3 절 쉬운 언어 운동

1 영국의 쉬운 언어 운동

앞에서 언급한 부작용을 막는 방법이 무엇인가? 그것은 바로 복지관료제 언어를 쉬운 언어로 바꾸어, 누구나가 알기 쉽도록 하는 것이다. 그 좋은 보기가 영국의 '쉬운 영어 운동(Plain English Campaign)'이다.

복지언어에서 가장 중요한 사실은 복지수혜자가 사회적 약자로, 교육수준이 낮을 가능성이 많아 쉬운 언어의 사용이 진정으로 그들에게 도움이 된다는 것이다. 쉬운 영어 운동의 출발이 여기에서 연원한다. 이를 가장 잘 표현한 전 영국 수상 대처(M. Thatcher)의 이야기를 들어보면 그 핵심이 어디에 있는지 알 수 있다.

> "인간 관계는 소통에 좌우된다. 잘못된 글쓰기는 소통의 장벽이다. 정부와 같이 큰 조직이 갑남을녀와 의사소통하고자 할 때 오해가 발생할 수 있는 영역은 매우 크다. 명확함과 간결함은 과장된 표현, 긴 문장과 끝나지 않는 단락에 너무 자주 파묻힌다. 만약 우리 모두가 순화된 영어를 쓴다면, 인생이 얼마나 쉽고 — 그리고 효율적으로 — 되겠는가. 순화된 영어를 좋은 정부의 기본적 수단으로 설명하는 것은 과장이 아니다. 어떤 사람들은 화려한 말과 난해한 글쓰기가 지적 능력의 과시라고 생각한다. 그들은 틀렸다. 우리들 가운데 위대한 전달자들은 문자로 쓴 말들의 간명함에 대한 열정적인 신봉자였고 지금도 마찬가지이다.

윈스턴 처칠(W. Churchill)은 몹시 뒤틀린 일부 '관료제 언어'를 이렇게 묘사했다: "이것은 내가 참을 수 없는 종류의 영어다." 대민 서비스와 공공 경영은 최근 몇 년 동안 순화된 영어를 사용함으로써 중대한 발전을 보였다. 특수 용어와 관료제 언어는 비록 절멸하기에는 멀었지만 죽어가고 있다. 나는 그것들이 영원히 사라지는 것을 보고 싶다. 순화된 영어는 정부에서 일하는 모든 사람들의 목표가 되어야만 한다."[32)]

그럼에도 우리나라에서는 아직도 쉬운 언어의 중요성을 인정하지 않으려 하는 흐름이 복지영역에서 주류를 이루고 있다. 복지 분야에서만이라도 쉬운 언어로 생각하고 의사소통하고 창조하는 생각체계와 그 이론적 근거 및 사례를 이 글이 제공한다면 사회복지의 생활세계가 다르게 전개될 것이라 생각한다. 영국에서 일어난 사례를 살펴보자.

1979년 어느 날, 영국 의사당 광장에서 한 여성이 정부의 공문서를 산더미처럼 쌓아 놓고 불을 질렀다. 언론과 많은 영국인들이 이를 보면서 이 여성의 부르짖음을 들었다. 이 여성은 이렇게 말했다.

> "나 같은 사람들은 정치인, 관료, 변호사, 그리고 기업주들에게 불이익을 당하고 있습니다. 왜냐하면, 이들은 공적으로 복잡한 언어를 사용하고 있기 때문입니다."

처음에는 영국인들도 이 여자가 무슨 일을 하려 하는지 잘 몰랐다. 그러나 그가 그때까지 해 온 일을 알게 된 뒤로 그의 생각을 이해하게 되었다. 그래서 그의 의견에 동조하는 사람들이 모이기 시작했다. 영어 선생을 비롯해서 법률이나 의학을 전공한 교수, 공무원, 정치인 등 다양한 사람들이 그를 돕기 시작했다. 영국의 쉬운 영어 운동은 그렇게 해서 영국 사회의 언어 문제를 해결하는 운동으로 발돋움하게 되었고, 영어를 사용하는 모든 나라에 전파되었다. 그리고 곧이어 프랑스, 러시아, 이탈리아처럼 영어를 쓰지 않는 나라에서도 쉬운 영어 운동의 정신과 방법에 공감하여 자국어를 쉽게 쓰는 운동이 일어났다.

"모든 사람은 간결하고 투명한 정보를 접할 권리가 있다(We believe that every-

32) http://www.plainenglish.co.uk/

one should have access to clear and concise information).” 이 말은 쉬운 영어 운동의 정신을 집약한 말이다. 다시 설명하면, 정치인, 공무원, 판사나 검사, 변호사, 의사, 보험원, 은행원 등 모든 사람은 투명하고 간결한 언어로 국민과 고객에게 자기 의사를 전달할 의무가 있다는 것이다. 언어생활을 권리와 의무 관계로 파악한 이들의 주장은 우리에게는 매우 낯설게 느껴지지만 민주주의제도를 뿌리내린 영국인들의 주장이니 우리가 가볍게 들을 일은 아닐 것 같다.

이들은 정부 공문서 양식, 의사의 처방전, 보험 약관 등을 쉽고 투명하게 바꾸는 일을 시작하여 큰 성과를 거두었다. 그들의 주장에 의하면, 1981년 영국 정부가 쉬운 영어 운동에 호응하여 58,000개의 양식을 다시 만듦으로써 1,500만 파운드(우리 돈으로 277억 5천만 원)를 절약할 수 있었다고 한다.

그들은 그들의 기준으로 투명하고 간결한 문장을 쓰는 기관, 기업, 은행 등의 문서에 ‘크리스털 마크(Crystal Mark)’를 붙여 줌으로써 이 마크가 붙은 문서는 국민들이 그 내용을 믿을 수 있다는 인식을 확산시켜 나갔다. 현재 이 마크를 붙이는 문서가 무려 14,000개에 이른다고 한다. 이들은 이 문서를 매년 점검하여 문제가 있으면 즉시 이 마크를 박탈하기도 한다. 그래서 각 기관은 이 마크를 유지하기 위해서 담당 직원을 ‘쉬운 영어 운동’이 실시하는 교육에 참여시킨다. 또 이들은 문장을 가장 어렵고 모호하게 쓰는 사람이나 기관에게 ‘골든불(Golden Bull)’ 상을 주어 경각심을 일으키고, 말을 가장 잘못한 사람에게 ‘풋인마우스(Foot in Mouth)’ 상을 준다. 작년에는 나오미 캠벨이 ‘풋인마우스’ 상을 받았다. 이들의 노력으로 요즘은 블레어(T. Blare) 영국 수상을 비롯한 많은 정치인이나 유명 인사들이 연설문을 작성할 때에 이들의 도움을 받고 있을 뿐 아니라, 영국의 감사원은 공무원의 문장까지 감사하여 문제가 있으면 이곳의 도움을 받도록 함으로써 이 운동의 재정적 문제를 지원하고 있다.

2 미국의 쉬운 언어 운동

집단구성원 용어(Jargon), 속어(slang), 케케묵은 말(상투어: cliches), 두문자어(頭文字語: acronyms) 등을 과도하게 사용하여 어려움을 불러일으키는 복지관료제 언어의 대안은 정확하고, 쉽고 단순한 단어들과 문장들이다. 시민들이 정부에 최대한으로 참여하고 공적 담론들과 문서들을 이해하도록 하려면, 다음과 같은 질문이 적용되어야 한다: 문제가 되는 특정한 공적 의사소통이 더욱더 간결하고 직접적이며 이해하기 쉬운 방법으로 이야기하고 쓸 수 있는가?

미국의 행정기구들이 이 정부 내의 의사소통을 개선하기 위하여 공문서 등에서 쉬운 영어를 사용하기 시작하였다.[33] 이러한 시민들에게로의 접근하려는 움직임은 1972년에 닉슨(R. Nixon) 대통령이 공문서를 'layman's terms'로 쓰게 한 시도로부터 1978년에 카터(J. Carter) 대통령이 문서를 이해하기 쉽게 만들려고 한 노력에 이르기까지 복지관료제 언어를 줄이려는 노력이 있었다. 마찬가지로 여러 주들은 법률을 통과시켜서 공문서를 짧게, 그리고 이해하기 쉽게, 그리고 일반시민들이 이해할 수 있는 스타일로 기록하도록 하였다.

공문서와 공적 의사소통에 있어서 쉬운 영어 사용의 장점은 많다. 공문서의 양과 반복과 감독과 혼란 및 오류의 감소로 인하여 비용, 시간, 그리고 인력자원이 절약된다. 단순하고 쉬운 영어를 사용함으로써 학습이 더 용이하다. 관료제 언어가 조직의 시각에서 쓰여지며 그 성격상 권위주의적이지만, 쉬운 영어는 시민들, 유권자들 및 공무원, 그리고 공공 서비스의 수혜자들에게 도움을 준다. 왜냐하면, 쉬운 영어는 그들의 단어들과 언어를 사용하기 때문이다.

---

33) 물론 이 변화도 미국 시민들과 쉬운 영어 사용 주창자들의 공헌이라 할 수 있다.

제 4 장

복지언어의 연구방법론

언어가 무엇이며 왜 중요한가에 대해서는 일찍이 비트겐슈타인(L. Wittgenstein)의 '내 언어의 한계는 내 세계의 한계이다'라는 말로 요약할 수 있다. 즉, 언어는 삶의 양식과 관련되고 의사전달뿐만 아니라 개념정립과 같은 창조적 역할을 수행하는데, 이 중요성을 인식하지 못하면 부작용을 낳기도 한다. 여러 영역에서 언어의 본성을 오해함으로써 생겨나는 시간과 노력, 그리고 재능의 낭비는 다른 어떤 낭비보다 크다[1](Johnson, 1836; Fann, 2005: ii에서 재인용). 어떤 사실들에 쓰인 명제들과 물음들은 거짓이 아니고 단지 난센스(nonsense)일 뿐인 경우도 복지의 영역이나 복지학의 영역에서도 많은데, 이들 물음들과 명제들은 우리가 우리의 언어논리를 이해하지 못하고 있는 데에서 생겨나오기 때문이다(이기상, 1991: 22).

이 장에서는 이러한 관점에서 개념들을 발전시켜 복지와 복지학에 기여하고 복지학과 언어 사이의 관계를 정립하려고 시도한다. 즉, 복지도 언어로 이루어져 있다고 보고 있다. 이 언어의 가장자리(periphery)에 경험세계와 맞닿아 있고(김동식, 1991), 이것이 바로 행위나 실천으로 진행된다. 복지학에서도 그 학문 분야의 성립

1) 한국에서 쓰던 한자(漢字) 브랜드를 중국에서 그대로 쓰면 뜻하지 않게 부정적인 의미나 어감을 내포하는 경우가 많다. 예를 들어, 초코파이로 유명한 오리온은 중국 진출 초기에 사용했던 브랜드 '東洋' 대신 오리온과 발음도 비슷하고 '좋은 친구'라는 뜻을 지닌 '하오리여우(好丽友)'라는 브랜드를 채택했다. '동양(東洋)'이라는 말은 중국에서는 일본을 비하해 부르는 말로, 중국인의 반일감정 때문에 부정적인 반응을 불러일으켰기 때문이다(동아일보, 2007.3.14).

을 가능하게 하는 언어체계(복지언어)라는 관점에 기초하고 있다. 이 장에서는 복지학은 복지로부터 어떻게 투사되느냐와 구축(構築)된 그 모습이 검증되느냐의 여부를 중점적으로 살펴보는 모델에 관하여서 논의한다. 여기서 복지현상에서 복지학으로 옮아가는 지점에 적용되는 개념들이 있는데, 투사원리, 의미역 등이 그것들이다. 이어서 사례를 통해 복지언어 모델의 적용가능성을 살펴본다.

제 1 절 복지학에서의 언어적 전회

1 몇몇 학문 분야에서의 언어적 전회

학문이란 여러 부문의 이론체계로 이루어진 일종의 언어게임이라는 관점이 비트겐슈타인(L. Wittgenstein) 이래 널리 유포되어 있다(한상진, 1996).

언어가 중요한 이유는 언어는 표현(expression), 인식(cognition)[이 기능 속에는 서술(description)과 논증(argumentation)으로 나뉜다], 그리고 수행(performance)의 기능을 가지고 있다(엄정식, 1995: 25). 비트겐슈타인이 주장했듯이 존재의 세계에 돌입할 수 있는 통로는 논리와 언어 외에는 없으므로, 언어는 우리를 실재의 세계로 인도하는 역할을 한다(엄정식, 1995: 16-33). 따라서 언어가 제대로 분석되었을 때에야 객관적으로 실재하는 세계의 구조를 이해하게 된다. 언어가 중요한 또 다른 이유는 이론이란 어떤 논리적 형식을 취한 언어적 가공물(verbal artifact)이라 정의되기 때문에(안병직, 2004: 39), 이론의 정확성이나 엄밀성은 언어분석에 상당부분 의존하기 때문이다. "소쉬르와 비트겐슈타인 이래로 (연구자는) 자신이 사고하고 있는 세계에 감금된 포로이며, (연구자의) 사고와 인식은 그가 작동시키는 언어의 범주들이 지닌 한계를 벗어날 수 없다는 인식이 확장되었다"(장세룡, 2001: 145). 이런 경향이 언어적 전회를 낳았다.

이런 관점에 기대면 복지를 비롯한 사회현상은 언어현상으로 환원되며 복지학의 영역에서 언어적 전회란 지금까지의 연구 지향에서 언어의 중요성을 배제한 것과 달리, 복지연구의 영역이 이슈, 언어, 행동이기에(Watson, 2002) 언어가 복지연구의 한 부분임을 인정하는, 즉 복지학이란 복지에 관한 언어체계라는 관점의 학문적 태도를 말한다.2) 복지학의 언어적 전회는 진리와 진리관의 관계, 반증주의, 패러다임 등의 논의에서 주류 복지학적 논의와는 서로 다르게 전개된다.3) 즉, 진리의 인정이란 진리관이 인정받을 때 한한다. 이는 진리로 받아들여지더라도 반증(falsification)에 의해 그것이 거부되지 않을 때까지라는 의미로 해석할 수도 있고(박순영, 2011; 이형순, 1980: 40), 패러다임 이론에 기초하여 지배적 패러다임 아래에서의 이론에만 진리를 덧칠할 수 있다고 이해할 수도 있다(Cook, 1993: 26).

언어적 전회라는 용어 그 자체는 특정한 시기와 특정한 영역에서의 전유물은 아니다. 철학에서도 언어적 전회는 두 번에 걸쳐 일어났다(Gupta, 1996: 2). 언어적 전회를 철학과 역사를 중심으로 살펴보자.

20세기에 철학에서 언어의 중요성을 인식한 흐름들이 나타났다. 이들은 일상언어학파와 논리실증주의들이다. 이들은 형이상학적 논의를 배제하였다는 점에서 공통되지만 논리실증주의자들이 인공적인 논리언어를 고찰하여 잘못된 일상언어로 주고받는 의사문제(pseudo－problem)를 발견하고 제거함으로써 언어의 문제를 해결하려는 시도한 흐름이다(이삭, 1985: 251). 일상언어학파는 논리실증주의의 관점을 반대하고, 오히려 자연언어의 다양성 속에 관심을 갖고 엄밀히 관찰・숙고해야 한다고 주장한다. 이 두 학파의 미비점을 극복하고 장점을 종합한 이론이 변형생성문법이론이다(이정민・배영남, 2002: 635). 어디에 속하든 언어의 분석을 학문의 핵심으로 보았다는 점에서 학문 발전에 큰 기여를 하였다.

나아가 사르트르(J. P. Sartre)는 언어의 문제를 '구토'에서 중심주제로 다루었고, 데리다(J. Derrida)는 오늘날의 위기는 기호가 너무 팽창된 것에 있고, 그 팽창은 '무한한 시니피에'(즉, 신적 존재자: arche)까지도 언어에 포함되었다는 데 있다고 보았다(高橋, 1985: 165－167). 이 점에서 비트겐슈타인이 언어로 말해질 수 있는

2) 언어적 전회 그 자체의 정의는 Lafont(1999), Bergmann(1992), Gupta(1996), 이규호(1980), Winch(1958), Song(1984), Kim(2008) 등을 참조하였다. 복지학에 고유한 영역에서는 철학이나 역사학에서처럼 뚜렷하지 않지만 김대성(2009)을 참고하라. 이에 따르면, Farmer(1999)처럼 '사회의 구성에서 언어 또는 담론의 중요성을 인식하는 것'으로 정의한다.

3) 따라서 이러한 견해를 받아들이지 않는 흐름도 물론 있다. 이렇게 철학적, 이론적, 방법론적 차이와 상충에 의해서 인지적 분기가 생겨나고 이에 따라 학파가 발생한다고 한다(임혜순, 1999: 417).

것과 말해질 수 없는 것을 구분한 방식[4](Fann, 2005)과 그 심층적 의미가 통한다고 하겠다. 그 밖에 의사소통행위 이론을 제기한 하버마스(J. Habermas)와, 담론이 권력과 긴밀히 연결되어 있다는 푸코(M. Foucault) 등을 들기도 한다(김대성, 2009; 김기봉, 1999).

역사학에서의 언어로의 전회는 역사현실 자체를 언어적 구성물로 보는 흐름으로 역사학의 자기인식과 정체성을 언어의 중요성에 입각해 새롭게 규정하려는 시도(안병직, 2007)이다. 역사가는 프랑스 혁명이나 산업혁명을 엄연한 과거의 사실들로 취급하기보다는 역사서술을 통해 확정짓는 '이름들'로 보아야 한다(김기봉, 1998)고 주장한다.[5] 즉, 있는 역사적 사실을 찾아내는 것이 아니라 그 자체가 역사가에 의한 해석의 결과물이라는 관점으로 '우리는 오직 언어를 통해서만 어떤 것에 대한 특정한 의미를 지을 수 있다'(김기봉, 1998)는 것으로 정식화하며 이는 후기 비트겐슈타인에 기초한다.

2 외적 접근(E-approach)과 내적 접근(I-approach)

20세기 중엽까지의 언어관은 논리실증주의에 근간을 둔 이른바 행태주의 접근방식이 주류를 이루고 있었다(이명현, 1982). 이 패러다임을 이성주의(rationalism) 언어관으로 바꾼 공헌은 촘스키(N. Chomsky)에게 있다. 촘스키 이전에는 인간의 행동이란 자극과 반응[S-O-R: Stimulus-Organ-Response]의 관계로 묘사될 수 있다. 이에 비해, 촘스키는 이성주의에 기초하여 과학적 언어분석을 주장하고 있는데, 일반적으로 변형생성문법으로 알려져 있다(임기대, 2012).

---

4) 언어는 실재를 표현하거나 기술할 수는 있지만 언어로 표현될 수 있는 것 바깥에 놓인 것도 있다는 점이다(에코, 2009: 76). 비트겐슈타인은 명제들의 체계와 삶의 방식이며 행위만이 있는 윤리와 말해질 수는 있는 것과 행위를 통해 '보여질' 수 있는 것을 구분하였다. 삶의 의미, 윤리적 가치 등이 여기에 속한다. 그의 저서 『논리철학논고』의 핵심은 말해진 것이 아니라 말해지지 않은 것에 있었다고 한다(이승권, 2000; 서울신문, 2011.3.21).

5) 예컨대, 1894년에 동학농민들이 봉기를 일으켰다. 이를 '동학난', '동학운동', '동학혁명', '갑오농민전쟁' 등 여럿인데 부르는 것 사이의 차이는 무척 크다. 따라서 역사학의 중요문제는 1894년에 실제 그런 일이 일어났다는 것을 기록하는 것이 아니라 그것에 어떤 이름을 붙일 것이냐 하는 점이다(김기봉, 1998).

촘스키에게 언어학과 심리학, 철학은 더 이상 별개의 학문이 아닌 통합적인 학문으로 간주될 수 있는 것이다.[6)] 그는 접근방법을 외적 접근(Externalized approach)과 내적 접근(Internalized approach)으로 나누는데, 외적 접근은 표본(sample)을 수집하는 작업으로 표본에서 발견되는 규칙성을 기술하기 위한 연구로 역사에 많이 의존하고 행위에 관심을 갖는다. 따라서 행태설은 여기에 기초했다고 할 수 있다. 이에 비해, 내적 접근은 내면적인 논리의 근거를 다루는 정신적 실재(mental reality)에 관한 지식이다[7)](Cook, 1993: 16-27). 이 정신적 실재의 구조적 원리가 무엇이고 이 체계의 기능이 무엇인가를 밝히는 작업이 중요시된다. 이 지점에서 변형생성문법은 이제 '지식 체계에 관한 이론'으로 전환한다. 즉, '특정 언어를 말하고 이해하는 사람들의 머릿속에 들어 있는 지식체계는 무엇인가?', 혹은 '화자들이 터득하여 알고 있는 언어를 구성하는 것은 무엇인가?'에 관한 이론이 된다(임기대, 2012). 이제 기술적인 부분에서 시작한 변형생성문법은 지식의 이론체계로 새롭게 규정됨과 동시에 인간의 본성까지 다루게 된다.

이 분류를 복지언어에 적용하면 외적 접근(E-approach)은 복지의 구조에서 외부로 나타난 복지를 다루는 데 치중하는 접근방법으로, 흔히들 복지문제라고 하는 것이다. 이에 비해, 내적 접근(I-approach)은 외부로 복지를 산출하기 위한 내면적인 구조나 논리의 근거를 다루는 데 치중한다. 즉, 외적 접근이 사실들에 있어서의

6) 그는 언어습득을 타고난 능력의 발현으로 간주한다. 그리고 이는 인간이 생득적으로 갖고 태어난 '언어습득장치(Language Acquisition Device)' 때문이라고 본다. 어린아이를 비롯한 거의 모든 인간은 지능이나 동기, 정서적 상태에 구애받지 않고 일정한 언어권에 노출되기만 하면 복잡하고 추상적인 언어를 별 무리 없이 습득할 수 있다는 것이다. 즉, 한국어에 노출된 어린아이가 한국어의 문법구조를 익히고, 영어나 프랑스어 등 특정 언어에 노출된 어린아이가 해당언어를 신속하면서도 규칙적으로 습득할 수 있다는 이야기다. 언어습득의 '선천성'은 모든 인간이 언어능력을 타고 났다는 가설에서 나온다. 이러한 면에서 촘스키가 언어의 보편성을 찾는 일은 당연한 일이다. 습득 가능한 언어만이 선천적으로 결정되어 있는 원리와 부합한다는 점을 확인함으로써 '언어습득장치'는 보편문법의 존재를 보증해준다. 이제 언어능력에 관한 촘스키의 관심은 보편문법의 속성이 무엇인가를 찾는 데 있지, 개별언어에 존재하는 상이한 언어지식에 있지 않다. 그로 인해, 경험주의자들이 말하는 감각으로부터의 관념, 세대에서 세대로 전달되어 배우는 경험적 지식, 인간 사이의 의사소통을 통해 습득되는 방식은 중요하지 않게 된다(임기대, 2012).

7) 그는 언어의 기본 구조를 '조합성(Modularity)'에 두고 있다. 일반적으로 '조합'이라는 말은 포더(J. Fodor)와 같은 심리학자들이 많이 이용한 개념으로, 그것이 구조적으로, 또는 기능적으로 구별되고 다소간은 독립적이지만 상호 보완 작용하거나 서로 연결되고 여러 개의 모듈로 이루어졌음을 말한다.

외적인 관계를 설명하고 내적 접근은 논리형태나 의미체계와 같은 내적인 관계를 탐구하는 방법을 말한다. 복지학의 연구에서 외적 접근과 내적 접근의 구별은 그 지향이 어디에 있느냐에 있다. 복지에서 실증주의는 사실을 지향하고 복지언어적 접근은 명제를 지향하여 구별하지만 명제들에 있어서 내적인 관계가 논리적이라 한다면 사실들에 있어서의 외적인 관계는 경험적이다. 만약 실증주의가 후자를 다루고 복지언어적 접근이 전자를 다룬다면 이 둘은 상호 보완적인 관계로 발전할 수 있다(이규호, 1980: 224)고 주장하기도 한다.[8)]

3 복지학에서의 언어적 전회의 의의

1) 사물해석(de re)과 의미해석(de dicto)의 차이

과학철학에 따르면, 과학의 절차와 구조는 세 층위로 이루어진다. 제0층은 그 주제가 사실이며, 제1층은 그 주제가 그 사실에 관한 설명이고 이를 과학이라고 한다. 제2층은 그 주제가 과학적 설명의 절차와 논리에 관한 분석으로 이를 다루는 학문을 과학철학이라고 한다(Losee, 1980: 17). 이론은 제0층의 사실을 존재로 바꾸며, 제1층 및 제2층과 관련되며, 관찰명제의 문제, 즉 언어의 문제로 환원되고(Kuhn, 1970: 36; 김영정, 1997), 이는 다시 사물해석(de re)과 의미해석(de dicto)으로 축약된다. 그런데 언어는 곧 실재를 지시한다기보다는 우리 마음속에 어떤 상(像)을 제시할 뿐이다. 이 상은 실재에 대해서 모호한 암시만을 던져주며 가능태의 외적인 양태일 뿐이다(Heisenberg, 1985: 159). 문제는 연구대상으로서의 현상은 실체(reality)를 그대로 옮아 놓은 것이 아니라 실체와 독립해 있고, 연구자와도 독립되어 있는 연구라는 것이다(Iggers, 2005, 121). 이는 연구과정에서의 굴절을 의미하고, 굴절이 있다는 것은 있는 사실이나 현상을 그대로 보는 것이 아니라 상(像)으

8) 여기서 문제가 되는 것은 귀납과 연역의 관계이다. 즉, 단 하나의 증거를 근거로 구조의 일반 원리를 제안할 수 있느냐의 문제이다. 보편이론은 data－driven해야 하고 theory－driven해야 한다. 뉴턴(I. Newton)의 중력이론은 하나의 사과의 낙하로 유발되었을지 모르나 이를 입증하기 위해 전 세계의 모든 사과의 낙하를 조사할 필요는 없다. 어떤 가설에서의 특성이 지금까지의 보편이론에서 존재하지 않는 것을 허락은 하지만 보편이론에 위반되도록 허락하지는 않는다(Cook, 1993: 24).

로 본다는 의미이다(Thevenaz, 1962; 정대현, 1987; 김영정, 1997: 23).

프레게(G. Frege)의 설명에 따르면(정대현, 1987), 관측되는 천체는 망원경의 렌즈에 상(像)이 맺히고 이는 다시 과학자의 망막에 영상으로 자리 잡는다. 이때 그 천체는 지시대상이고, 망원경의 렌즈에 맺힌 상이 의미이고 과학자의 망막에 있는 영상이 관념이라고 한다. 비록 망원경 렌즈에 비친 상은 일정하나, 과학자의 망막에 비친 상은 누가 그 망원경을 들여다보느냐에 따라 달라질 수 있다(김영정, 1997: 23). 이것이 의미하는 바는 의미의 관계망이 1차관계망, 2차관계망, 3차관계망 등으로 파생됨을 의미한다(Heisenberg, 1958: 160-161). 따라서 대상이 어느 수준인가를 고려하여 어휘나 언어를 선택하여야 한다.

복지학이 학문으로 성립하려면 앞서 언급하였듯이 복지학이 언어체계임을 인식해야 하는 바, 바로 이 점에서 학문으로서의 복지학은 실제로서의 복지와 구별되며, 이를 언어적 전회라고 한다.[9] 이는 복지현상을 예측하거나 설명하는 데 사용되는 이론이 어떤 논리적 형식을 취한 언어적 가공물(verbal artifact)이기 때문이다(안병직, 2004: 39). 이를 논하기에 앞서 '경험적으로 사실인지, 즉 실재의 핵심이 무엇인가를 어떻게 판별할 것인가'를 살펴보아야 한다.

2) 실재의 실체

복지 개념을 논의함에 있어서 개별적 복지와 관련이 있는 행위의 존재는 익히 알 수 있다. 장애인이나 노약자가 생존을 유지하고 생활을 영위할 수 있도록 도와주는 일 등은 개별적 복지행위임을 쉽게 알 수 있다. 그러면 보편적 개념으로 인식되는 복지는(이하에서는 복지의 보편성이라 표현) 과연 존재하는가? 존재한다면 어떤 의미를 갖는가? 이에 대한 논의가 현상과 본질과의 관계이다. 여기서는 가장 널리, 그리고 많이 논의된 유명론과 실재론을 살펴보는데, 이 주장은 중세의 신학적인 문제와 결부되어 있어서 심각한 역사적 대립으로 나타났었다(강상진, 2010).

(1) 유명론

유명론(唯名論, nominalism)은 보편자(universal)는 단지 개념일 뿐이며, 개념은 개체의 묶음을 명명하거나 기술하기 위해 채택된 단어들일 뿐이라는 관점이다[10]

9) 이 용어 자체는 철학에서 유래하고 철학적으로 특정한 의미를 담고 있다고 한다. 그러나 복지정책학에 응용될 때는 정의된 대로 사용된다.

(Janik & Toulmin, 2013: 210). 예컨대, '사람'이라는 보편자는 단지 개념일 뿐(즉, 실재하는 것은 개별적인 사람들일 뿐)이며, 보편은 나중이라고 주장한다(이진경, 2013). 비록 일반인들이 추상명사나 일반명사에 실재성을 부여하는 경향을 가지고 있음도 인정은 하지만(Janik & Toulmin, 2013: 211), 그들 모두 개념의 세계로 이루어진다[11](박이문, 1982: 89-95). 가장 대표적인 견해의 차이는 현상학과 언어철학에서 나타난다. 현상학에서는 내적 의미의 표현에 불과한 것이 이름이나 언어로 보는 견해로, 경험에 의미를 제공해 주는 것은 언어가 아니라 특수한 현상들을 보편적인 것들로서 인식하는 행위이다. 즉, 후설(E. Husserl)에게 언어는 내가 소유하고 있는 의미들에 부여하는 것으로 부차적인 것일 뿐이다(Eagleton, 1990: 79; Maren-Grisebach, 1979). 이에 비해, 소쉬르(F. de Saussure)나 비트겐슈타인은 후설이 주장하는 명칭이나 언어가 부차적인 것일 뿐이라는 주장을 거부하고 의미가 언어 속에서 생산된다는 주장을 편다(Eagleton, 1990: 79; Parker & Sim, 1997: 390; Maren-Grisebach, 1979). 즉, 내적인 경험영역이 언어의 개입 없이 존재하는 것은 허구인데, 그 까닭은 언어는 그 자체가 본질적으로 사회적이기 때문이다. 이 주장은 아이러니하게도 인간실존이 시간에 의해 구성되는 것과 마찬가지로 언어에 의해 구성된다는 하이데거(M. Heidegger)의 의견과 상통한다.

유명론의 복지학적 의미는 복지란 생활세계에서 실재하는 것이고 실제로 경험하는 것은 생활세계에서이며, 생활세계에서 실재할 때 진정으로 그 맡은 역할을 수행하게 된다.

10) 이 '개념'이라는 것의 기원은 근대 철학에서 '관념(idea)'이라고 부르는 것으로까지 추적해 볼 수 있다. 이는 보다 훨씬 객관적으로 존재하는 심지어 우리가 눈으로 보는 사물보다 더욱 객관적으로 존재하는 어떤 것이라는 생각이 서양 철학의 뿌리에 있었다고 할 수 있다. '관념'이야말로 우리 머릿속에, 선천적으로든 후천적으로든, 생겨나는 어떤 심리적인 것이라고 이해할 수 있다.

11) 여기서의 문제는 이름(name)과 개념(concept)과의 관계이다. 전자는 언어적인 차원에 있는 것이고, 후자는 우리가 머릿속에서 뭔가를 생각할 때 그 생각의 내용물이라고 할 수 있으나, 이들 관계의 선후나 정도를 두고 의견을 달리해 왔다. 따라서 이름은 '짓거나', '붙이는' 것이지만, 개념은 '정의(define)'해야 하는 것이다. 흔히, 개념을 정의하는 것이 이름 붙이는 것과 별반 다르지 않다고 생각하기 쉽지만, 예컨대 삼각형을 '세 변으로 둘러싸인 도형'으로 정의할 때, 이것은 그런 수학적 존재자를 '삼각형'이라는 이름으로 부를지, '삼변형'이라는 이름으로 부를지를 걱정하는 것은 아니다. 아무튼 누군가가 보편자(universal) — 예컨대, '사람' — 가 '이름'일 뿐이라고 말하는 것은 보편자의 존재 자체를 부정하는 것으로 볼 수 있지만, 보편자가 '개념'일 뿐이라고 말하는 것은 보편자의 존재를 전혀 부정하는 것이 아닐 수도 있다.

(2) 실재론

실재론은 보편자가 개별적인 것들에 어떤 식으로든(예컨대, 추상적 설계도) 포함되어 있다고 보고 있으며,[12] 실재를 실체로 본 견해는 이데아론이다. 또 다른 이론은 실체를 과정으로 본다. 이 관념은 고대 헤라클리투스(Heraclitus)로부터 출발했다고 하는데, 현실의 보편적 형태는 존재가 아니라 생성이라고 보는 불교 사상과 유사하다. 즉, 앞선 것들과 일정한 관계를 가지는 사건들의 연속적인 생성으로 보면서 실체의 개념을 거부하였다. 근대에서는 화이트헤드(A. N. Whitehead)가 어떤 실체가 생성되는 방식이 그 실체의 본질을 형성한다(이른바 과정의 법칙)고 주장하면서 실재는 과정이라는 관점을 취한다(Lauer, 1992: 178-179). 이처럼 실재론은 진정으로 존재한다는 관점으로 ① 세계는 우리의 인식과 독립된 일정하게 고정된 대상들로 구성되어 있으며, ② 따라서 세계의 존재방식에 대해 하나의 기술이 존재한다. 그리고 ③ 언어 이전에는 사물이나 개념은 다만 모호하거나 피상적으로만 인지될 수 있지만(Chomsky, 1966: 30), 언어를 통해 세계의 존재방식을 완전히 그려냄으로써 진리에 도달하게 된다고 본다(이주향, 2005: 51).[13]

3) 복지학에서의 언어적 전회의 개념

복지를 영어로는 welfare라고 한다. 여기서 이 welfare를 well과 fare로 나누어 해석할 수 있는데, 앞의 well은 well-being으로 해석되고, 뒤의 fare는 일이나 삶을 의미한다. 따라서 welfare는 행복한 삶을 살아가는 것을 뜻한다. 이와 같은 설명방식은 사회현상을 언어현상으로 환원시키는 데, 복지학의 영역에서 언어적 전회란 언어가 복지연구의 한 부분으로 복지학이란 복지에 관한 언어체계라는 관점이다. 그 중심에 복지언어라는 개념이 있으며, 언어적 전회라는 관점으로 복지학을 논의

---

12) 여기서 말하는 실재론은 유물론적 실재론과는 구별되는 개념이다(이진경, 2013: 93). 보편자는 두 가지 의미를 지닌다. ① 여러 대상 안에 동시에 존재할 수 있는 것과, ② 자연적으로 여럿에 대해 서술될 수 있는 것이 그것이다. ①을 수용하는 이들을 실재론자라고 부르는 반면에, 보편자가 정신 안에만 존재한다고 주장하는 이들을 중세에는 유명론자(nominalist)로 불렀다. 즉, 보편자는 명칭들일 뿐이라는 것이다(이재경, 2008). nominalism이라는 말의 nomin … 라는 게 '이름(name)'을 뜻하는 라틴어 nomen에서 온 말이다.

13) Honor & Hunt(1978)는 실재론을 6가지로 정리・요약하고 있다. 철학자들은 실재론을 인식론으로 파악하기도 하지만(조중걸, 2007: 32-33), 사회과학자의 관점에서는 존재론으로 파악함이 나을 듯하다.

할 때는 첫째로 복지학의 대상인 복지의 보편성과의 관계를 논의할 때 그 연구대상인 복지가 어떻게 존재하느냐의 문제이다. 둘째로 복지의 보편성이 존재한다면 그것을 어떻게 인식하느냐에 대해 논쟁할 수 있다. 즉, 복지학이 복지의 어떤 범위를 포괄하는가, 또 복지의 어떤 요소를 연구대상으로 하는가, 복지나 복지학의 기본 개념들은 무엇이며 그 개념들이 어떤 학문에서 유래했으며 어떤 학문에게 수출했는가 등의 이슈에 대해 특화하여 연구하는 영역이 필요하다.

현재의 복지학은 개별적 복지행위의 연구가 중심이지만, 복지언어는 복지의 보편성 연구와 매개변인을 연구하는 학문으로 자리매김한다. 이를 위해서는 개별적 복지행위는 중간세계를 통해 언어화되고 체계화된다. 중간세계를 통해 언어화되고 체계화될 때, 연구는 있는 그대로가 아니라 언어에 의해 변형되고 생성된다. 언어화되고 체계화되어 변형되고 생성된 새로운 실체를 복지학에서 인정할 수 있는데 이를 복지언어라고 한다. 그 범주는 복지란 무엇인가라는 보편적 개념의 복지와 그것이 각 국가나, 지역이나 영역에 적용될 때에 사회구조의 어떤 부분이 복지실현을 방해하는가? 복지가 어떤 모순을 잠재화하고 현재화(顯在化)하는가?라는 매개변인의 연구가 그 초점이다.[14)]

복지와 복지학의 영역에서 언어적 전회란 지금까지의 연구 지향에서 언어의 중요성을 배제한 것과 달리, 언어가 복지연구의 한 부분임을 인정하는 학문적 관점을 말한다. 즉, 복지학의 언어적 전회란 복지학이 언어의 체계로 보고, 보이거나 심층에 있는 복지현상을 언어로 재구성한다. 실재의 실체로 의미가 언어 속에서 생산된다는 데 동의하며 따라서 내적인 경험영역이 언어의 개입으로 구성된다고 본다.

제 2 절 복지언어와 세계

언어는 단순히 문제들을 묘사하는 것뿐만 아니라 문제들을 구성하며, 문제들에

14) 물론 지금까지의 복지학의 연구주제인 복지행위의 주체, 어떤 정책 수단, 누구에게 혜택이 돌아가는가, 어떤 일을, 어디에서, 무슨 목적으로, 누구와 함께, 어느 기간에 복지행위를 하는가? 등도 연구의 대상에서 배제하지는 않지만 이들은 모두 보편적 복지와 그 매개변인과 연관이 있어야 한다.

대한 논쟁의 틀을 만들며 사람들이 문제들을 인식하는 방법에 영향을 준다. 이 장에서 논의하는 바처럼 세계가 생활세계와 객관세계(과학세계)로 이루어져 있고, 전자가 사람과 사람과의 관계, 만남의 세계, 인정의 세계인 데 비해, 후자는 조직된 세계로 제도와 얽히게 된다. 생활세계는 강고하게 제도화된 세계와 대비되는데, 정부의 프로그램들과 서비스에 대한 시민들의 접근과 이해는 분명한 객관세계의 의사소통에 의존하게 된다. 생활세계와 과학세계를 그림으로 나타낸 것이 다음 [그림 4-1]이다.

그림 4-1 과학세계와 생활세계와의 관계

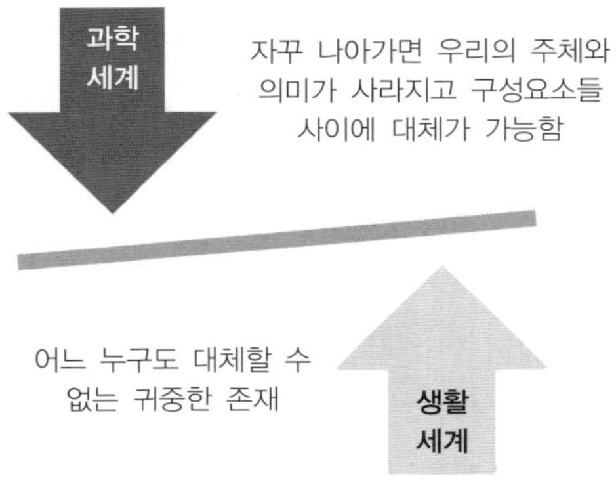

출처: 稻垣(2010).

1 과학세계의 언어

먼저, 과학세계에 대한 언어, 즉 복지 이론의 근거를 살펴본다(Watson, 2006).[15] 앞서 설명하였듯이 이에 관해 머릿돌을 놓은 학자가 비트겐슈타인이다(Benton, 1977: 68). 그는 진리를 알 수 있는 우리의 능력을 제한하는 근본적 문제를 언어의 문제로 보았다. 그는 언어의 논리가 잘못 이해되었을 때 철학적 문제들이 제기된다고 주장하였다. 언어의 의미와 사용에 관한 그의 저술은 서구에서 현대 철학적 사

15) 이 부분은 Watson(2006)을 김종술(2009)의 번역을 통해 재정리하였다.

고의 과정 자체를 인식론으로부터 벗어나서 의미론 위에 다시 초점을 맞추었다(Watson, 2006).[16] 그가 말하는 바는 언어는 사실들의 그림(Language is a picture of facts)이라는 것이다. 여기서 그림이란 논리적 그림들로, 세계에 존재하는 그대로(이른바 states of affairs)를 가리킨다. 즉, 그림이란 세계의 대상들이 그림들에 일치하는 현실의 모형인 것이다.

그에게는 언어는 기본적으로 정신적(basically mental)이다. 그림이란 정신적인 생각들(thoughts)이며, 이 정신적 생각이 밖으로 드러나고, 밖으로 드러난 정신적 생각이 감각기관들이 지각할 수 있는 방식으로 표현된다. 따라서 그림의 요소들이 현실 세계의 대상들과 연결되어 '그림과 같은 관계(a pictorial relationship)'를 맺게 된다. 그러므로 그림들은 사실들이 되어야 한다.

단어와 의미 사이의 관계를 그린다고 하는 것은 어떤 단어의 의미는 그 단어가 대표하는 대상에서 발견되기 때문이다. 어떤 것을 그린다고 하는 것은 그것을 다시 구성하여 그것이 현실과 일치하도록 한다. 즉, 그려지는 것의 형태와 그림을 그리게 하는 것 사이에는 유사성이 있다(Watson, 2006). 즉, '말할 수 있는 것'과 '말할 수 없는 것'과의 관계는 다음 [그림 4-2]의 A와 B를 통해 설명할 수 있다.

그림 4-2 언어와 의미

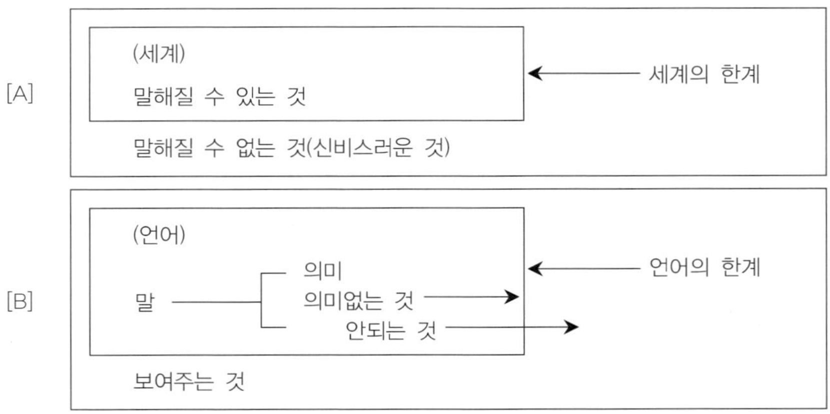

출처: Fann(2005).

16) 1921년에 출판된 『논리철학논고(*Tractatus Logico-Philosophicus*)』는 과학세계의 언어에 대한 것이다. 이 과학세계의 언어에 대한 것이 그림이론(the picture theory)이다.

[그림 4-2]의 B는 A에 대한 반영이다. 그것은 '의미', '무의미', '헛소리'가 전적으로 '말', 즉 명제에 적용될 수 있음을 지적하고 있다. 우리는 언어의 한계 안에서만 뭔가에 대해 의미있게 말할 수 있다. 만일 언어의 한계에 관해 어떤 것을 말하고자 한다면 결국은 무의미한 명제가 되고, 그 한계 너머에 놓여 있는 뭔가를 말하고자 한다면 결국 헛소리가 된다(Fann, 1969: 24).

단어들에 대하여 그렇게 이야기할 수 있다면, 문장들은 대상들이 존재하고 있는 현실을, 그리고 있는 단어들의 결합일 것이다. 이러한 추리에 의하면, 문자의 논리적 형식과 사실의 논리적 형식은 서로 일치하게 된다. 그러므로 언어는 사실들의 논리적 형식을 그린다. 언어는 사실들에 의하여 그 한계가 결정될 수밖에 없다. 언어와 세계에 관한 그의 견해를 나타낸 것이 [그림 4-3]이다.

그림 4-3 언어와 세계

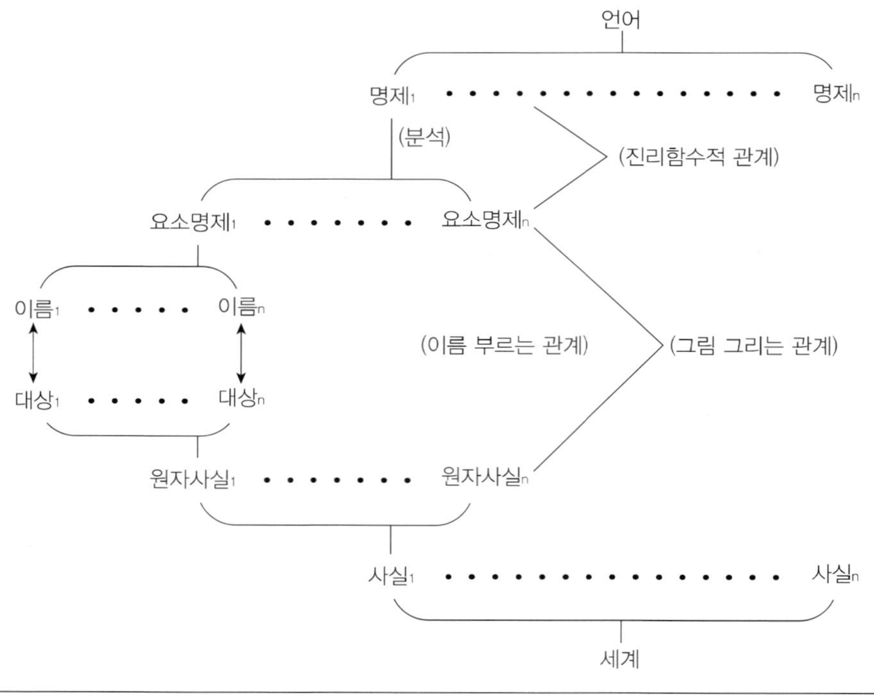

출처: Fann(2005).

만일 [그림 4-3]을 중앙선을 따라 수평으로 접게 되면 위쪽의 말들은 아래쪽의 말들과 완전히 짝을 이루게 된다. 왜냐하면, 언어는 세계의 반영이기 때문이다. 그의 설명에 기대면 언어는 명제로 되어 있다. 모든 명제들은 요소명제로 분석될 수 있으며, 요소명제의 진리함수이다. 요소명제들은 직접 대상을 지시하는 이름들의 직접적인 결합체이다. 그리고 요소명제들은 대상들의 직접적인 결합인 원자사실들의 논리적 그림이다. 원자사실들은 결합되어서 다양한 복합사실들을 구성하며 이 복합사실들이 세계를 구성한다. 그러므로 언어는 진리함수적으로 구성되어 있으며 그것의 본질적인 기능은 세계를 서술하는 것이다. 여기서 우리는 언어의 한계를 갖게 되며, 같은 의미로 세계의 한계를 갖게 된다(Fann, 1969: 20).

또 말하는 것의 내용과 말되는 사실이 일치하여야 한다. 만일 어떤 명제가 사실과 일치하지도 사실을 확인하지도 않는다면, 그것은 '비의미적(nonsensical)'이다. 신의 존재를 논하는 명제나 도덕적 판단과 같은 형이상학적 명제들은 감정의 표현이며 따라서 검증원칙(verification principle)을 충족시키지 못한다.[17] 그에게 있어서, 형이상학은 확실한 도구는 아니었으며, 형이상학적 언명들은 자의적이었으며 의미를 갖고 있지 않았다. 그래서 철학은 이야기할 수 없는 것을 이야기하려고 시도해서도 안된다는 것이었다.[18]

비트겐슈타인은 언어를 기초적 형식들(its basic forms)로 나누었는데, 근본적인 또는 가장 단순한 명제의 종류가 기초명제이다.[19] 세계는 사실들(facts)로 구성되

17) 그러나 그렇다고 하여 그가 그러한 언명들이 중요하지 않다고 생각한 것은 아니다. 왜냐하면, 어떤 질문들은 과학 및 사실을 통하여 다루어질 수 없으며 아마 미학적·윤리적 및 종교적 담론에 가장 적합할 것이기 때문이다. 초기 비트겐슈타인의 경우에는, 그가 이야기할 수 있는 것 또는 지적으로 생각할 수 있는 것의 경계선들을 수립하려도 시도하기 때문에, 철학과 상식 사이의, 그리고 가치와 사실 사이의 어떤 이분법이 나타나고 있다고 해야 할 것이다. 형이상학의 거부에서 비트겐슈타인은 '표현할 수 없는 것(the inexpressible)'을 명제들을 통해서 표현할 수 없는 것들(things that cannot be expressed through propositions)이라고 말한다. 여기에서 우리는 비트겐슈타인이 철학을 더욱더 확고한 근거 위에 기초 위에 세우려고 시도하였다는 것을 알 수 있다(Watson, 2006).

18) 만일 어떤 명제가 참이 아니라면, 그 명제 안에서 묘사된 사실들의 상태(the state of affairs)는 존재하지 않는다. 마찬가지로, 사실의 영역에는 가치라고 하는 것이 없으며 '존재하고 있는 것(what is)'에 초점을 맞춘다. 가치와 윤리는 비논리적인 것(the nonlogical)이라는 다른 영역에 속하며, 당위성(What 'ought to be') 위에 초점을 맞춘다. 비트겐슈타인의 형이상학에 대한 반감은 더욱더 과학적인 철학을 전개하려고 시도하고 있었던 여러 초기 신실증주의자들의 호응을 얻었으며, 그는 논리실증주의와 비엔나 학단(Vienna Circle)의 발전에 영향을 주었다고 말한다(Watson, 2006).

며, 비트겐슈타인은 그것을 '원자적 사실들(atomic facts)' 또는 '사태[사물들의 상태들](states of affairs)'라고 이야기한다. 유의미적 명제들(meaningful propositions)은 우연적 사실들이 모여 있는 현실(depict a reality of contingent facts)을 묘사한다. 각각의 사실(each fact)은 우리가 이름을 붙일 수 있는 단순한 대상들(simple objects that can be named)로 구성된다. 이러한 이름들과 사실들을 결합하여 우리는 단순한 명제(a simple proposition) 또는 '기초명제(an elementary proposition)'를 만든다. 기초명제는 단순히 어떤 사물의 상태의 존재를 주장한다. 그리하여 기초명제는 현실을 그대로 반영할 뿐이며, 다른 기초명제에 의하여 모순관계에 설 수 없다. 그러므로 명제들의 논리적 형식들을 발견함으로써, 그리고 기초적 명제들을 밝힘으로써 우리는 사물들의 논리적 형식 또는 사실들의 상태에 관한 진리를 발견할 수 있다. 우리는 문장들과 언어의 분석을 통해서 현실을 발견할 수 있도록 해 주는 기초명제들을 밝혀낼 수가 있다. 이러한 사실적 표준들을 충족시키지 못하는 발화나 철학적 담론(utterances or philosophic discourse)은 '비의미적 언명(nonsense)'이며 과학적 언어로는 표현될 수가 없는 것이다.[20]

2 생활세계의 언어

생활세계의 언어도 후기 비트겐슈타인의 언어철학에서 유래한다. 비트겐슈타인은 1929년 이후 언젠가, 1930년으로부터 1934년까지의 기간 중에 그의 철학을 다시 정리하기 시작하였다.[21]

생활세계의 언어(후기 비트겐슈타인의 언어철학)를 가장 잘 반영하는 저술은

---

19) 『논리철학논고』(제3장)에서 그는 '명제(propositions)'를 어떤 생각이 감각기관들에 의하여 지각될 수 있는 표현으로 나타날 때라고 말한다.

20) 『논리철학논고』에서 비트겐슈타인은 철학에 대한 결정적인 해답을 제시하였다고 믿었다. 그 복지학의 의미는 말할 수 없는 사실들에 대해서는 침묵하는 것이다. 더 나아가 검증원칙을 충족시키지 못하는 명제는 비의미적(nonsensical)이다. 『논리철학논고』는 비엔나 학단에게 영향을 미치고 이른바 현대 학문의 기초인 논리실증주의 철학을 확립하였다.

21) 왜 이러한 변화가 일어났는가에 대한 하나의 이야기는 케임브리지 대학에서 그의 친구이며 동료 가운데 한 사람인 피에로 스라파(Piero Sraffa)라는 이탈리아의 경제학자가 비트겐슈타인의 논리적 형식 이론에 대하여 질문들을 제기하고 그를 당혹스럽게 하였다는 것이다(Watson, 2006).

표 4-1 초기 비트겐슈타인과 후기 비트겐슈타인의 비교

초기 비트겐슈타인(Early Wittgenstein)	후기 비트겐슈타인(Later Wittgenstein)
생각(thoughts)	행동(action)
의도된 의미(meaning)	이해가능한 의미(sense)
참과 거짓(truth and falsity)	사용(use)
언어규칙(strict, simple rules of language)	언어게임(language game)
이상언어(ideal language)	일상언어(ordinary language)

『철학적 탐구(*Philosophical Investigation*)』일 것이다(Hartnack 1965). 이 저서가 『논리철학논고』의 존재론을 비판하고 있을 뿐만 아니라 『논리철학논고』 안에서 제시된 기초적 원칙들을 거부한다.

후기 비트겐슈타인의 언어철학에서는 언어분석을 생각(thoughts)으로부터 행동(action)으로, 그리고 의도된 의미(meaning)로부터 이해가능한 의미(sense)로 이동시키고 있으며, 동시에 새로운 문제들에 대한 생각들을 제시하고도 있다. 과학세계의 언어(즉, 초기 비트겐슈타인)가 진리와 오류(truth and falsity), 그리고 언어에 관한 엄격하고 단순한 규칙들 위에 기초하고 있었으나, 생활세계의 언어(즉, 후기 비트겐슈타인)는 그러한 규칙들을 부정하며 관행을 따르고 있다.

그의 후기 저술은 어떤 그림들은 불완전하거나 왜곡되어 있다는 점을 인정한다. 그리하여 그는 언어가 사용되는 여러 가지 방법들을 왜곡시키고 지나치게 단순화시킨다고 느꼈던 초기 견해들을 포기하였다(Watson, 2006). 그 대신에 언어의 의미를 그 언어의 실제적 사용(its practical use)과 관련시켰다. 그는 일상적 의미에서의 단어들의 사용을 도구(a tool)의 사용과 유사하다고 한다. 도구는 목적이 있어서 구체적인 일을 하며 언어도 마찬가지라는 것이다. 이와 같이, 『논리철학논고』에서의 이상적 언어(an ideal language)의 개념은 일상 언어(ordinary language)에 의하여 대치되었다. 이제 세계의 그림으로만 생각되는 언어의 개념을 거부하고 복잡하고 다양한 언어의 기능을 표현하기 위해, 언어게임(language games)이라는 개념을 도입한다. 예를 들면, 어떤 단어나 문장은 질문으로도, 요구로도, 명령으로도, 농담으로도, 또는 어떤 사람에게 감사하는 방법인 인사로도 사용될 수 있다. 더구나 단어의 의미는 다른 단어와 함께 사용될 때 변할 수 있다. 단어의 사용은 단순한 이

름 이상이다. 언어게임(language-games)이란 이러한 점을 설명해 준다. 공으로 하는 게임(ballgames), 판 위에서 하는 게임(boardgames), 카드게임(cardgames) 등과 같은 상이한 유형의 게임들의 경우에서 볼 수 있는 것처럼, 언어게임들은 단 하나의 근본적인 공통된 성질을 가지고 있지 않기 때문이다. 그는 그가 '가족 유사성(family resemblances)'이라고 부른 유사성과 어떤 공통된 특징들의 존재를 인정한다. 따라서 의미가 객관적인 진리에만 묶여 있는 것이 아니다. 예를 들면, 만일 모든 사람이 지구는 평평하다고 믿는다 하여 그러한 믿음이 반드시 진리를 만들어내는 것은 아닐 것이다. 비록 과학이 지구가 둥글지 않다는 점을 '증명'한다고 해서, '평평하다'는 말의 의미는 아직도 적실성이 있으며 변하지도 않는다. 그래서 의미는 진리의 발견 이전에 연구되지 않으면 안된다.

여기서 비트겐슈타인은 어떻게 생활세계와 체제가 관련을 맺는지를 사적 언어(a private language) 개념을 통해 제시한다.[22] 즉, 언어들의 의미를 사용자만이 알 수가 있는 그러한 사적 언어(a private language)를 우리가 가질 수는 있다. 그러나 표현이 개인의 경험과 의미를 반영한다고 할지라도 공유된 언어가 모든 인간들에게 가르쳐지는 일단의 규칙들에 의하여 지배되므로 공적(公的)인 차원이 있다는 것이다. 생활세계와 체제와의 관련성을 그가 말하는 '사적 언어의 주장(private language argument)'에 비추면 개인의 경험과 의미를 반영하는 사적인 생활세계가 있겠지만 공유하는 일단의 규칙들에 의해 공적(公的)인 차원으로 진입할 것이다. 따라서 언어의 내면적 상태가 외부적 영향들로부터 분리될 수는 없듯이 사적인 생활세계도 생활세계끼리 또 체제와 관련을 맺게 된다.

3 포스트모던과 언어

언어는 생각들을 소통하기도 하지만,[23] 그것은 또 우리들의 생각을 형성하도록 하기 때문에 언어에 대하여 주의를 할 필요가 있다.[24] 언어는 활동의 일부이며 삶의 한 형식이다. 학문으로 태어난 이래, 복지학은 근대성(modernity)의 실험을 받아

22) 이에 대한 자세한 해설은 Kripke(2003)를 참조하라.
23) 이 부분은 Lynch & Cruise(2006: 610-620)를 번역하였다. 한글 번역은 김종술(2008)을 이용하였다.
24) 이를 Sapir-Whorf 가설이라고 한다. 자세히는 이규호(1989)와 Whorf(1956)를 참조하라.

들였으며 그 결과 기존의 근대주의적 가정들과 연결되었다. 근대성은 지배적 패러다임으로서 유용하였다. 그것은 복지의 문제를 다루는 데 도움을 주었으며 가끔 전문직업주의(professionalism)와 개혁을 가져오기도 하였다. 그것은 일단의 법칙들(laws), 이론들, 관행들 및 절차들을 산출하기도 하였다. 그 과정에서 근대성과 결합된 복지의 언어가 나타나게 되고 또 근대성 안에서 뿌리를 내렸다. 이러한 근대주의적 언어(modernist language)는 민영화(privatization), 구조조정(restructuring), 능력부여(empowerment), 할당(allocations), 복지개혁 등과 같은 용어들을 포함하지만,[25] 그것은 또 복지의 역할, 범위 및 성질에 관한 사고방식이기도 하다. 이러한 사고방식은 합리성, 이성, 전문화(specialization), 그리고 형식적이며 일반적인 규칙들에 대한 신뢰와 같은 개념들이다. 그것은 또 인간의 본성과 행태에 대하여 이야기하기도 하고, 복지의 연구와 복지학자들에 의하여 사용된 방법론들 및 문제 제기 등에 관한 지식을 제공하여 왔다.

근대성(modernity) 실험은 지난 300년 내지 500년에 걸친 서구 문화의 근본적 믿음들과 가치들 속에서 발견된다. 이러한 핵심적 믿음들이 무엇인가를 밝혀내기는 어렵지만, 근대성이 무엇인가를 생각해 보면 포스트모던 언어(Postmodernist language)나 포스트모던 패러다임(Postmodernism paradigm)을 정의하기가 쉽다. 복지학이 탄생한 이후 그 시대의 요소들이 아직도 초기 학설들의 언어를 반영하고 있다. 이 근대주의적 언어는 아직도 초기 비트겐슈타인에서 볼 수 있는 유형으로, 사실과 도덕적·윤리적 판단들을 분리시키고 있다. 예를 들면, 합리적 의사결정(rational decision making), 관료들에 의한 합리적 행동(reasoned action by bureaucrats), 효율과 경제성의 원리(principles of efficiency and economy), 공적 문제에 대한 해결책으로서의 사적 영역 도입(private sector solutions to public problems) 등을 추구하고 있다.

이제는 새로운 문제들과 새로운 사고방식을 필요로 한다. 포스트모던의 언어는 근대성의 해체로 인도함과 동시에 기존의 굳어진 생각에 대해서 비판적으로 볼 수 있도록 하기 위한 지식을 제공해 준다. 예를 들면, 사실과 도덕적·윤리적 판단들

25) 이들 용어는 신자유주의 시대에는 그 의미가 변화되었다. 실제로는 민영화가 아니고 사유화이며, 구조조정이라는 부드러운 용어의 속뜻은 인원감축이다. 복지개혁이라는 말은 더 이상 개혁이 아니고 혜택의 축소나 박탈을 의미하고 있다.

의 분리에 대한 비판이나 인간의 얼굴을 한 복지제도의 구축 등이 그것이다. 그럼에도 포스트모던 이론들은 단 하나의, 의견이 일치된 내용은 존재하지 않는다. 포스트모더니즘과 후기 비트겐슈타인의 언어철학으로부터 개념들을 빌려 사용하고 있는 새로운 언어는 복지학자들과 실무자들에게 새로운 질문들을 제기하게 할 것이며, 과거의 문제들을 다시 생각하게 할 것이며 공공 서비스의 본질을 다시 정립하게 할 것이다. 복지에 있어서 지배적 사고방식에 대한 포스트모던적 비판(post-modern critiques)은 기존의 사실들과 지식을 해체하는 데 도움을 준다. 그것은 새로운 질문들을 제기하게 하고 새로운 어휘들(a new vocabulary of thought)을 발전시킴으로써 지배적 패러다임을 다시 구축하게 한다.

비트겐슈타인에 대한 연구는 복지에 있어서의 의미를 검토하는 데 도움을 줄 수 있다. 비록 초기 비트겐슈타인은 그러한 언어를 '非의미적(nonsensical)'이라고 부르고 있으나, 그가 제시한 형이상학적 언어와 사실적 언어 사이의 구별은 오늘날 복지언어에 문제가 있으며, 사실적 사태(the factual state of affairs)에 뿌리를 내리고 있지 않은 경우가 많다는 점에서 우리들에게 도움을 줄 것이다. 후기 비트겐슈타인이 언어의 의미가 그 실제적 사용을 통하여 알려지게 된다는 점을 강조한 점은 공적 담론과 문서들을 쉬운 언어 위에 기초하여야 할 필요성을 이야기해 준다. 어떤 언어의 의미를 알기 위하여 우리는 그 언어가 사용되는 환경과 맥락을 알지 않으면 안된다.

제 3 절 표층구조와 심층구조

복지를 연구하는 학문인 복지학은 사회과학이다. 사회과학인 복지학을 복지 영역에 관한 언어체계라고 보는 관점이 있는데(Farmer, 1999: 246-248), 그 중심에 복지언어라는 개념이 있다. 복지학이란 복지에 관한 언어체계이므로 복지에 대해 표현하고 인식하고 수행하는 역할을 한다. 복지에 대해 표현하고 인식하고 수행하는 역할은 어떤 언어의 관점을 선택하느냐에 따라 그 방법론이 아주 다르게 되어 학문체계가 달라진다. 이규호(1980)에 따르면, 방법론의 문제가 다루어진 경로는 크게 3단계로 나눌 수 있다고 한다. 그 첫째는 자연과학과 사회과학의 양립단계로 그 대표자는 딜타이(W. Dilthey)이고, 둘째는 사회과학에서도 실증적·분석적 방법을 채택하고 자연과학의 모델을 좇아가는 단계인데, 그 대표적 이론가는 포퍼(K. R. Popper)라고 한다. 셋째는 이러한 실증적·분석적 방법이 언어(철)학적인 방법과 현상학적이고 해석학적인 방법에 의해서 비판되고 반성되는 단계이다. 이 단계에서는 사회적인 현상은 대상화된 자연현상처럼 보편적인 논리의 기제로 파악되지 않으며, 설사 행태과학에로 환원된다 하더라도 표층(surface structure)에 불과하고 심층(deep structure)에서는 사회과학적 연구들이 행태과학에로 환원될 수 없다. 즉, S－(O)－R[Stimulus－Organ－Response]의 공식은 표층에 한정된다. 여기서 표층을 넘어선 영역에 관한 연구는 양적인 방법으로는 접근이 어렵다. 또 표층을 넘어선 영역에 관한 연구는 객관성이라는 기준으로 재단할 수도 없다. 질적 연구에 초점을 두는 사회과학자는 실증주의에 기초하는 사회과학자들이 생각하는 것과는 달리, 주관이 개입하지 아니한 완전한 객관적인 인식은 성립되지 않는다고 본다.[26] 따라서 표층과 아울러 심층의 영역이 중요하고 질적 연구는 어디에서 필요한가라는 문제가 제기된다.

복지와 복지학과의 관계에서 의미있는 이론이 언어행위이론(Speech Act Theory)이다. 이 이론은 오스틴(J. Austin) 및 설(J. Searle)과 같은 철학자들에 의하여 전개되었다. 언어행위이론은 언어가 단순히 세계와 현상들을 묘사하기 위하여 사용될 뿐만 아니라 그것은 여러 가지 다른 목적들과 행위들을 위하여 사용된다는 생각을 개진한다. 이것은 사실상의 구어나 발화를 통하여 분명하게 드러난다. 예를 들면, 언어는 질문하고 요구하고 또 약속할 수 있다. 언어는 여러 가지 활동들과 위에서 말한 여러 가지 사항들을 동시에 수행할 수 있다. 언어행위이론은 언어의 행위를 하는데 필요한 기초적인 조건들 위에 초점을 모은다. 단어들의 글자 그대로의 의미(literal meaning)를 알기 위해서는 우리는 담론의 기초가 되는 요소들을 이해하지

26) 즉, 자연과학적 진리란 인간의 물음에 대한 자연의 응답이지, 자연 그 자체의 진리는 아니라는 관점이다. 더 본질적인 질문으로 만약에 사회과학이 경험적인 사실을 계량적으로 파악해서 그 상관관계를 발견하는 데 그치고, 문제의식이나 문제제시는 사회철학이나 사회윤리학의 영역으로 간주한다면 그것은 사회과학을 어떤 타율적인 목적을 위해 봉사하는 기술로 전락시킬 것이기에, 사회과학의 연구에는 일정한 가치관이나 세계관과 연결된 문제의식이 당연히 따르고 이는 전체적인 현상에 대한 이해를 전제한다(이규호, 1980).

않으면 안된다. 간접적 언어의 형태, 맥락적 관심, 언어의 역기능성(multifunctionality) 등과 같은 언어행위이론과 결부되어 있는 문제들이 바로 그것이다(Watson, 2006). 이를 염두에 두고 복지 명제를 살펴보기로 한다.

복지현상을 표현하는 명제, 다른 말로 복지 명제들은 검증이나 반증, 해석을 통해 그 옳고 그름을 판단할 수 있어야 한다. 즉, 다음 장에서 기술하는 복지의 핵심가치와 원리나 매개변인이 어휘수준의 복지언어임에 비해, 후술하는 복지언어의 층위문제는 문장 또는 명제 차원의 논의이다.

복지학에서의 명제들은 철학에서의 명제들처럼 엄격할 수도 없을 뿐만 아니라 그럴 필요도 없다. 그 이유는 사회과학의 특성상 시간적 제약이나, 공간적 제약, 또는 속성적 조건에 좌우되기 때문이다. 그렇지만 모든 지식은 명제로 표현되며 제시된 명제가 유의미한가 아닌가, 또 유의미한 명제가 참인가 아닌가를 결정하는 것은 명제에 대해서만 제기되는 문제이다(Brown, 1977: 16). 명제들끼리의 관계는 논리학이나 수학에서 유래하는 지식에 기초하면 결정적인 반증이 될 수도 있다. 이를 위해서 먼저 명제들의 의미를 판단하는 기준이 필요하다. 즉, 정당화의 논리가 필요하다(김여수, 1980: 70). 포퍼에 따르면, 과학이론이 진리를 목표로 하고 지향하는 것은 사실이나, 진리를 이미 획득했기 때문에 과학적인 것은 아니다. 따라서 진리보다도 경험적 방법에 의해 확증될 수 있다는 것을 과학이론이나 명제가 지니는 특징으로 보아야 한다(박만엽, 2008). 즉, 명제들의 관계에서는 논리성이라는 잣대와 경험에 의해 수락되어야 한다는 것이 필요하다. 이를 위해, 유의미한 명제라는 전제가 요구된다.[27] 이를 기초로 명제 기본식을 구성한 것이 다음 <표 4-2>이다. 여기에는 명제의 조건이나 전제, 주체, 양상, 서술이 포함되고, 이는 어떤 화행을 지향하는지가 나타나게 된다.

전통적으로 명제들은 단칭 명제와 특칭 명제 및 전칭 명제로 구분되어 왔다. 단칭 명제는 확정적인 한 대상이 어떻다는 것을 언급하는 반면, 전칭 명제는 어떤 종

27) 포퍼와 같은 반증주의자는 이론과 경험이 일치하지 않을 때 이론을 정당화하려고 애쓰지 말고 새로운 이론을 찾아 떠나라고 권고한다. 이에 대한 쿤(T. S. Kuhn)의 비판은 과학의 역사상 이론과 경험의 불일치가 이론을 거부하는 이유가 된 적이 없었다는 것이다. 쿤의 이 비판으로 반증주의자들은 반증된 이론에 새로운 옷을 입히는 것이 더 합리적이라는 것을 깨닫게 되었다. 이에 힘입어 나타난 방법론이 라카토스의 과학적 연구프로그램 방법론이다(김보현, 2011). 촘스키의 언어이론도 이 방법론에 기초한다(임기대, 2012).

표 4-2 명제 기본식

조건이나 전제	주 체(S)	양 상	서 술(P)	화 행
① 시간적 조건 ② locality ③ 속성적 조건	① 단칭 명제 ② 특칭 명제 ③ 전칭 명제	① 필연성/가능성 ② 의무 ③ 추측	주체나 대상에 기능과 진리값 부여	① 진술(단언, 예측, 보고 등) ② 지시(요청, 질문, 금지, 허가, 자문 등) ③ 그 밖의 행위

출처: 미우라(1997) 변형 · 정리.

류의 대상 일반을 언급한다. 따라서 보편 명제라고도 불린다. 그리고 특칭 명제는 확정되지 않은 무엇이 어떻다는 것을 언급한다. 예컨대, '이 장미는 붉다'는 주장은 단칭 명제인 반면, '모든 장미는 붉다'는 주장은 전칭 명제(보편 명제)이며, '어떤 장미는 붉다'는 주장은 특칭 명제이다(이한구, 2011). 여기서 복지학에서의 보편성과 개별성의 문제가 나온다. 즉, 복지학에서 수없이 많이 논의되는 주장들은 개별 개념으로 보이는데, 이들을 보편 개념으로 상승시키는 것은 가능한가 하는 문제이다(이한구, 2013).28)

아래에서 설명하는 촘스키의 모델은 과학에 기초한 보편타당성을 추구한 모델이다. 그러나 그의 모델은 언어학을 위한 것이므로 복지언어를 논의하는 데는 적절하지 않고 응용하여야 한다. 복지언어와 관련하여 촘스키 언어학을 논의하는 까닭은 심층(deep structure)과 표층(surface structure)이라는 두 층위를 설정하였는데, 이를 이해하기 위해 먼저 표층구조와 심층구조부터 살펴본다. 그 층위가 [그림 4-4]이다.

[그림 4-4]는 촘스키의 '보편문법'을 인정하여 그것의 원천은 '선천성'에 있음을 수용한다. 그것이 심층구조이다. 이 내적언어(Internal-language)는 외적언어(External-language)로 전환하여야 하는데, 그것이 표층구조를 의미하는 일상언어이다. 그러나 이들은 언어학의 연구 대상은 될지언정 복지언어의 연구는 되지 않는다. 복지언어는 복지현상을 투사하여 이를 나타내는 명제로 나아간다. 이 과정에서

28) 이런 점에서 실제로의 과학과 사회과학의 관점이 나뉘는 듯하다. 실제로는 과학적 이론이나 법칙은 시간과 공간의 제약을 받지 않는 무차별적 주장이라는 것이 과학철학자의 주장이다. 그러나 사회과학적 관점으로는 이를 무조건 수용하기가 쉽지 않다. 더 논의해 보아야 하는 것이 본문에서 언급될 중범위이론인 듯하다(Merton, 1968: 3-72).

그림 4-4 복지언어의 층위

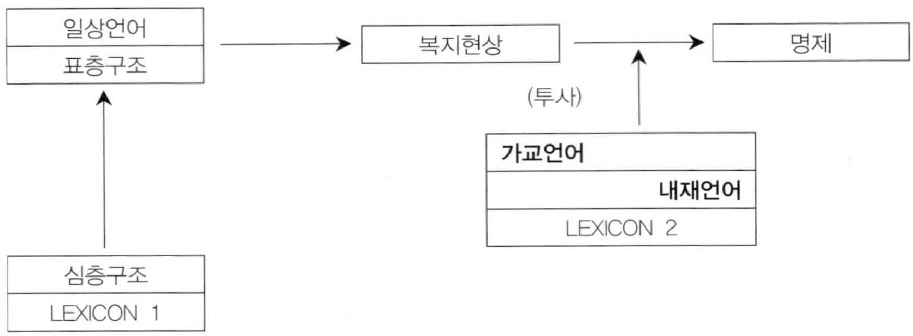

복지학의 언어로 만드는 요소가 첨가되거나 다른 학문에서는 유용하게 쓰이나 복지학에서는 아직 낯선 어휘들이 복지학이나 복지정책학으로 투입하게 된다. 이들이 가교언어이다. 이들 언어와 복지학에 고유한 언어가 합쳐서 복지 명제를 생성하게 된다.

복지학이란 복지에 관한 언어체계(Farmer, 1999: 246-248)라는 관점에 선다면, 복지에 대한 연구는 다음과 같은 질문으로부터 시작된다. 복지현상이라고 하는 실제는 실재하는가? 경험할 수 있는가? 그 경험은 의식과 그 대상의 물리적 관계인가? 의식에 내재하는 의미적 관계인가?(박이문, 1982: 73), 또는 복지현상이 있는 그대로를 연구자가 연구하는 것인가? 아니면 변형되어 인식된 것을 현상이라고 주장하면서 연구하는 것인가? 이러한 질문들은 복지를 연구하는 것뿐만 아니라 복지학 자체의 연구, 즉 실재의 문제와 인식의 문제, 그 인식의 원천에 관한 이론의 문제를 내포하고 있다.[29] 사실 복지학에서의 이론 구성에 대한 연구는 다른 분야에 비해 활성화되어 있지 않다.

이런 문제들의 기초는 지식의 성장이라는 주제이다. 지식의 성장은 어떻게 진행되는가? 성장의 일반 이론에 따라 지식 성장도 분화라는 관점을 따라서 논의해 본 것이 [그림 4-5]이다(이한구, 2011: 180; 김경동, 1978: 118-119; 김경동, 1995:

29) 예컨대, 구조주의의 '구조(structure)'라는 것은 실제로 '있는 것'일까? 아니면 우리가 추상적으로 인식한 결과물일 뿐일까? 프랑스 철학자들이 말하는 '구조주의(structuralism)'를 여기서는 인식론으로도 존재론으로도 파악할 수 있다.

그림 4-5 지식의 성장 모델

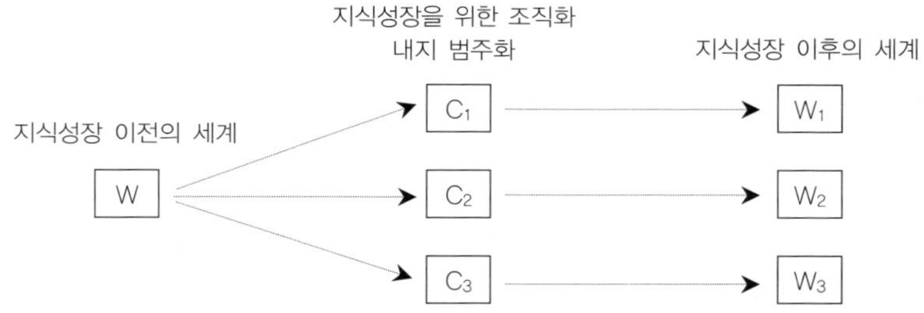

출처: 이한구(2011: 180) 변형.

61; Lauer, 1992: 85; Coser, 1971: 91).

여기서 지식의 성장은 어떻게 아는가 하는 문제와 결부되는데, 개념 체계니 지식의 성장이니 하는 것은 모두 언어에 의해 빚어 놓은 것이다.30) 앎은 반드시 무엇인가가 있는 것에 관련된 앎이요, 무엇이 있다는 말은 그것이 알려져야 함을 전제로 한다(박이문, 1982: 143). 알려지기 위해서는 1차적으로는 언어적이고 2차적으로는 실재적이다(정대현, 1987, 1995). 뿐만 아니라 모든 추리가 언어적일 필요가 있다고 주장하지는 않는다 해도 근거, 경과, 그리고 결론이라는 관념들에 언어적 형식화를 부여하는 것이 보통이다(Gorovitz et al., 1993: 21). 이러한 목적을 위해서는 학문으로의 진입을 뜻하는 것인데, 사회현상은 언어현상으로 환원되어야 한다. 이를 달리 학문적으로 표현한다면 모든 지식은 명제로 표현되며, 제시된 명제에 의해 유의미한가 아닌가, 또는 어떤 유의미한 명제가 참인가 아닌가가 결정된다(Brown, 1987: 20). 즉, 어떤 한 이론이 과학적인 것이 되려면 그것은 실제 관찰에 의해서가 아니라 오로지 관찰명제(observation statement)에 의해서 검증이나 반증되어야 할 필요성이 있도록 하여야 함을 의미하기도 한다. 명제와 관찰 사이의 관계와는 달리, 명제들끼리의 관계는 논리학이나 수학에서의 지식을 기초로 하면 결정적인 검증이나 반증이 될 수 있다는 것이다(Kuhn, 1970).

이제는 복지학이 복지현상으로부터 어떻게 투사되느냐와 구축(構築)된 그 모습을 어떻게 검증하느냐를 살펴보는 모델에 관하여서 논의해 보기로 하자. 먼저, 투

30) '내 언어의 한계는 내 세계의 한계이다'라는 비트겐슈타인의 명제를 생각해 볼 수 있다(Wittgenstein, 1921).

사원리에 관해서 살펴보면, 투사 그 자체의 개념이 일치하지 않지만 투사는 모든 연구나 학문의 기초(조용환, 2010)이며, 후술하는 중간세계에서 언어화하는 과정이다. 앎은 반드시 무엇인가가 있는 것에 관련된 앎이므로 인식과 존재는 중간세계에서 언어화한다는 의미이다. 해킹(Hacking, 1975)에 따르면, 17세기에는 관념과 대

표 4-3 실증주의, 후기 실증주의, 구성주의, 비판이론의 비교

	실증주의	후기 실증주의	구성주의	비판이론
목적	엄밀한 과학 (hard science)	실증주의 수정	주체의 지각(subject perception)을 해석함으로써 이해를 획득하는 해석주의자	권력에 의해 압제받는 이들을 위하여 의미 있는(critical) 변화 창조
존재론	① 소박한 실재론 ② 실체가 실제로 존재한다. 그리고 알 수 있다.	① 비판적 실재론 ② 실체가 실제로 존재한다. 그리고 불완전하고 확률적으로 알 수 있다.	① 상대주의 ② 부분적이고 특정하게 구성되고 실체	① 역사적 실재론 ② 사회적, 정치적, 문화적, 경제적, 윤리적, 성적(性的) 가치에 의해 구체화된 가상적 실체
인식론	① 2원론/객관주의 ② 진리의 발견	① 수정된 2원론/객관주의 ② 가능한 진리의 발견	① 주관주의 ② 창조된 발견	① 주관주의 ② 가치가 개입된 발견
방법론	① 실험/조작 ② 가설의 검증 ③ 계량적 방법	① 수정된 실험/조작 ② 비판적 다원주의 ③ 가설의 반증 ④ 질적 방법 포괄	① 해석학적 ② 변증법적	① 소통 ② 변증법적
탐구의 목적	설명: 예측과 통제		이해, 재구성	비판과 변형, 해방과 복권
지식의 본질	사실이나 법칙으로 정립된 검증된 가설들	그럴듯한 사실이나 법칙인 반증되지 않은 가설들	합의를 향하여 나아가는 도중에 혼합되어 있는 개인적 또는 집단적 재구성	구조적/역사적 통찰
지식의 축적	성장: 지식체계에 부가되는 것으로 블록쌓기, 일반화와 인과관계로 연결		더 많은 지식에 따라 세련화된 재구성, 대리경험	역사적 수정주의, 유사에 의한 일반화
가치	배제		포괄: 형성적	
교육훈련	기술적이고 양적 방법, 실체이론	기술적: 양적 및 질적 방법, 실체이론	재사회화: 양적 및 질적 방법, 이타적이고 해방의 가치	

출처: Lincoln et al.(2011: 98-101).

상의 문제로, 논리실증주의자에게는 의미와 그 지칭대상과의 관계로, 비트겐슈타인 이후에는 문장과 그 서술대상과의 관계로 제기되어 왔다고 한다(박이문, 1982: 143). 그렇다면 복지학에서의 의미의 원천은 어디에서 나오며 복지학은 어떻게 지식을 이루고 나아가는가? 즉, 복지학에서의 문장과 그 서술대상과의 관계는 어떠한가를 살펴볼 필요가 있다. 이 의미의 원천에 대해서는[31] 실증주의와 후기 실증주의, 구성주의, 비판이론은 서로 다른 견해를 가지는데 이를 표로 나타낸 것이 <표 4-3>이다.

그렇다면 어떻게 아는가? 이에 대해서는 일차적으로는 언어적이고 2차적으로는 실재적이라 한다(정대현, 1987, 1995). 객관주의는 지식이란 인간의 외부세계에 대한 해명으로 본다는 데 있으며 구성주의가 지식을 인간의 창조물로 보는 것과 대비된다(Berger & Luckmann, 1991: 13-16; 고미영, 2009: 44). 한편, 논리실증주의는 방법론적 일원론, 발전 정도의 기준으로서의 자연과학, 과학적 설명으로서의 인과적 설명을 그 특징으로 하고 있다(Wright, 1971: 4; 이유선, 1993: 228). 논리실증주의의 복지학적 의의는 기본적으로 복지를 존재의 영역으로 보고 관찰을 통해 복지현상을 기술하거나 설명하려고 한다는 점이다. 즉, 복지현상에서 존재하는 규칙성을 찾아내어 보편타당성을 도출하려는 과학적 방법을 지향한다. 이들을 좀 더 자세히 살펴보기 위해서, 실증주의와 후기 실증주의를 하나로 묶고, 구성주의를 또 하나의 범주로 묶어본 후, 여기에 덧붙여 이론인 변형생성이론을 살펴보려고 한다.

1) 실증주의와 후기 실증주의

실증주의는 그 자체로 존재하는 세계에 대한 합리적 인식이야말로 참된 인식이라는 전제 하에서, 가능한 한 주관적인 것에서부터 독립된 객관적 인식을 추구한다(조주환, 2001). 인간의 이성에서 나온 도구들을 잘 이용하면 '이 세상을 있는 그대로 아는 것이 가능하다'라고 믿는다. 이는 정신(mind)과 행동의 차이를 인정하지 아니하고,[32] 정신은 인간 행동의 바깥에 존재하는 것은 아니라고 주장한다(Stout,

31) 이는 사회과학적 논의로 철학적 관점의 논의와는 차이가 난다. 철학적 관점에서 논의한 의미론은 문장수(2004)를 참조하라.

32) 이들은 "어떤 정신의 상태에 있다는 것은 어떤 방법으로든 행동하는 성향을 갖고 있는 것이다(what it is to be in a certain state of mind is to be disposed to behave in a certain way)."라고 주장한다(Stout, 2006: 3). 이는 심리적 속성들을 행동성향의 속성들과 동일시함으로써 행동상의

2006: 3). 즉, 심층과 표층의 일치를 담고 있다. 따라서 모든 심성적 귀속은 행동적 성향을 표현하는 if-then 문장으로 나타나는데, 다만 if 절에는 자극을, then 절에는 행동적 반응에 대해서 말하게 된다(윤혜린, 1994).

실증주의는 복지는 실제로 경험할 수 있다는 것을 부인하지는 않는다. 이는 다음 네 가지 원칙으로 정리될 수 있는데, 논리적 원자주의의 원칙, 의미에 대한 검증가능성의 원칙, 선험적 지식(an apriori knowledge)은 분석적 성격을 갖는다는 원칙, 가치에 대한 정의주의(情誼主義)의 원칙 등이 그것들이다.[33] 네 가지 원칙 가운데에서 후기 실증주의는 검증가능성의 원칙(the verification principle)과 가치에 대한 정의주의적 이론(the emotive theory of values)을 적극 수용하여 과학적인 토대를 수립한다. 포퍼에 따르면[물론 포퍼가 후기 실증주의인지 여부는 이것 자체가 하나의 주제이지만, 여기서는 Lynch & Cruise(2006) 및 박순영(2012)을 좇아 후기 실증주의에 속한다는 견해를 따른다], 검증은 단 하나의 반증으로도 '참'이 '거짓'으로 바뀌므로 완전한 증명이 안되는 점을 지적하고 연역에 따른 이론체계를 주장하였다(Chalmers, 1982). 즉, 포퍼를 비롯한 후기 실증주의자들은 인과설명에 연역규범적 모형을 설정하여 합리적 재구성을 시도하였고 이를 사회과학에 적용시켰다(박순영, 2012). 사회과학에서의 후기 실증주의 재구축 시도를 Lynch & Cruise (2006: 567-572)는 공공선택론에서 찾는다. 정치에 대한 경제적 접근방법인 공공선택론은 인상적인 이론적 구조(theoretical apparatus) 위에서 연역적 추리(deductive reasoning)에 의존하며 실증주의에로 되돌아가려 하지 않는다. 당위 명제(ought statement)가 사실 명제로부터 도출될 수 없다는 실증주의 공리와는 달리, 자기 이익을 추구하는 관료제라는 전제에 기초한다는 점은 방법론적 도전 이상의 결과를 가져왔다고 한다(Lynch & Cruise, 2006).

결과를 심리적 원인과 관련짓는 주장에 대해 어느 정도 설명력을 부여하는 점이 강점이라고 한다(Fodor, 1991: 20).

33) 논리적 원자주의란 모든 복잡한 명제들은 그 진리성이 감각적으로 지각할 수 있는 것에 대한 단순한 명제들에 의존하며, 이러한 명제들은 그것 외의 다른 어떤 명제들도 포함할 수 없다는 것이다. 의미에 대한 검증가능성이란 오직 과학적 방법들에 의하여 검증될 수 있는 의미로 이루어진 명제들을 통해서만 진위를 논의할 수 있다는 것이다(소광희 외, 1985). 선험적 지식은 분석적 성격을 갖는다는 것은 모든 필수적인 명제들은 세계에 대한 진리를 보고하는 것이 아니라, 우리 이념들의 내용을 드러내주고 있다는 것이며, 가치에 대한 정의주의의 원칙이란 한마디로 가치에 대한 명제들은 진위의 문제가 아니라 태도 표명에 불과하다는 것이다(오수길 외, 2009).

2) 구성주의

구성주의는 여러 원천으로부터 흘러 들어왔으나 주로 해석학이나 변증법에 힘입은 흐름이다. 현상학에 뿌리를 둔 슈츠(A. Schutz)의 연구는 어떤 사회에서 각 개인이 공유하고 있는 당연히 그러하다고 여기는 경험세계를 이해하는 것에 대한 연구로 프랑크푸르트(Frankfurt) 학파와 밀접히 관련되어 있다(Hacking, 2000: 25). 해석학의 관점은 표현이 곧 삶이고 여기에는 심리적, 신적, 문법적(grammatic) 요소로 구성된다. 오해의 가능성을 염려하고 일반정립을 이룰 수 없다는 전통이론에 따르면 본문(text) 저자의 뜻이 무엇인가를 찾으려 하였다. 예컨대, 김소월의 경우 김소월의 뜻이 어디에 있느냐에 관심을 두었으나 오해도 이해라고 본다. 객관적임은 없으며, 법칙정립적인(nomothetic) 성격이라기보다는 개성기술적(ideographic) 성격이 이 흐름에서 전형적으로 나타난다.

구성주의는 구성되어 나타난다는 것으로 그 전제는 '① 오직 폐쇄된 체계만을 인식할 수 있다. ② 인식은 관찰자의 구성이다'라고 요약할 수 있다. 좀 더 부연하면, 담론의 출발은 체계와 환경의 구분이고 전자는 후자에 대해서만, 후자는 전자에 대해서만 규정될 수 있다. 인간은 구분하고 명명하는 바, 즉 차이를 도입하여 그것들을 더 세분시키며 작동한다. 이때 하나하나의 구분들은 스스로 하나의 맹점을 가진다.[34] 구성주의 시각으로 언어는 기호체계일 뿐만 아니라 사회적으로 통제된 행동조율을 위한 도구로서 간주된다는 점이 중요하다. 즉, 언어는 구분들을 명명하고, 간주관적으로 매개하고, 사회적으로 과정화해 주는 가운데 행동을 조절한다. 공동체적인 현실을 개체 속에서 구성한다. 언어는 사회의 층위에서 문화적으로 프로그램된 의미들을 통해 개인들을 사회적으로 조절하기 위한 제도로 그 공동체에 기여한다.

---

34) 이 이론에 따르면, 대상은 어떤 일차적인 소여가 아니다. 지각하고 사유함은 우리에게 그저 단순히 현실의 상을 가져다주는 것이 아니라 우리가 실재에 부여하는 그 상을 우리에게 부여하는 것이다. 진리의 판정은 세계 또는 이성이 아니라 그때그때의 집단지식일 뿐이다. 우리는 시각의 맹점을 벗어날 수 없다. 즉, 우리가 현실로서 간주하여 경험한다는 것은 다른 사람들과의 상호작용, 언어 및 문화에 의해 구축되기 때문에 그 지식은 우리가 경험상 다른 사람과 나누어 가지는 생존에 유익한 지식이다. 인식한다는 것은 외부세계를 복사하는 것이 아니라(작동상의 폐쇄) 어느 정도는 그 인식체계가 행하는 조작들의 목록화이다. 따라서 우리는 문자 그대로 그 세계를 살아가는 가운데 우리가 사는 그 세계를 생성한다(Schmidt, 1987).

3) 변형생성주의와 후기 비트겐슈타인

해석주의는 실재론이며 해석의 대상들이 경험적으로 검증될 때 객관적 실재가 된다(정성관, 2005). 이 점에서는 실증주의와 같다. 이들과는 달리 의미는 어디에서 오는가?에 초점을 두는 이들이 있다. 변형생성주의와 후기 비트겐슈타인 이론이다. 촘스키(N. Chomsky)에 따르면, 변형생성이론은 언어게임이론과 같으며(강진호, 2010),[35] 더 나아가 언어게임이론은 한센(N. Hanson)의 이론과 같으며(이좌용, 1980: 161 주 참조), 쿤(T. Kuhn)의 함축, 즉 공동체의 구성원의 신념체계에 기초해서 선택한다는 것과도 역시 통할 수 있다. 변형생성주의와 후기 비트겐슈타인 이론 사이의 차이는 촘스키가 어떤 실재나 가정에 입각해 있는 반면, 비트겐슈타인은 그것을 인정하지 않는다(Garver & Lee, 1998: 204). 그에 따르면, 세계를 보기 위해서는 설계도가 있어야 하고 그 설계도대로 실제 건축이 이루어졌는지 확인할 필요도 있다. 이 설계도가 언어이며 그 검증도구는 경험이라고 한다. 이 언어는 선험적이지만 그 검증도구는 경험적이다(조중걸, 2009: 164). 이 점에서 촘스키도, 포퍼도 같은 견해를 지닌다(Chomsky, 1986; Popper, 1972: 43-44).[36] 이는 상식에 기초하여 과학의 길을 찾는 방법과 어울린다(Fodor, 1975/1981/1984; Popper, 1972: 서문). 그 근거는 과학적 지식이란 단지 일상적 지식 또는 상식적 지식이 발전된 것에 불과하다는 믿음이다(Popper, 1972: preface).[37]

이러한 관점을 발전시킨 오스틴(J. Austin)의 일상언어를 중심으로 논의해 보면(Llewelyn, 1986: 100), 언어의 사용의 일차적인 기능은 타인들과의 의사소통이고 이 과정에서 개인들의 경계는 필연적으로 타인과 겹치는 원을 형성하게 된다. 이는 개인들의 사적 영역이 중첩되는 것으로 인간으로 하여금 해석의 공간에 진입하게

35) 본문과 같은 촘스키 자신의 주장에도 불구하고 차이는 존재한다고 주장한다. 첫째, 언어의 본성으로부터 이론도출 가능성에 대해 촘스키는 긍정하는 데 비해 비트겐슈타인은 반이론적(反理論的)인 언어관을 갖고 있다. 둘째, 언어의 의미에 있어서 비트겐슈타인은 공동체 구성원들 간의 일치에 토대를 둔 공적인 어떤 것으로 보는 데 비해 촘스키는 그렇지 않다. 셋째, 촘스키는 내재하는 이성에 기초를 두고 인지에 기반하나 비트겐슈타인은 (본인은 부인하지만) 논리적 행동주의에 기울어져 있다(강진호, 2010).

36) 포퍼(Popper, 1972: 43-44)는 언어라는 용어 대신 명제(statement)이라는 표현을 사용하고 있다.

37) 물론 포퍼는 여기에 대해 강력히 비판한다. 그에 따르면, 지식의 성장이란 상식적 지식이 과학적 지식으로 바뀌어야 함을 의미하며 후자는 전자를 초월하여야 한다고 주장한다(Popper, 1972: preface).

된다. 이 해석의 공간에서 타자와 상당수의 믿음들을 공유하며 내면적으로는 타인과 유사한 존재가 된다. 이를 통해, 인간 본유의 자연적 이기심의 구속에서 벗어나게 된다. 여기서 총체적 의미론이 등장하게 되고(남경희, 1997: 473-474), 이는 상호주관성과도 통할 수 있다(Searle, 1998: 184). 즉, 의미는 공통으로 묶을 상호주관성의 개념이며 상호주관성의 근거는 여기에서 주장하는 변형생성주의에서 온다고 볼 수 있다. 변형생성주의는 기존의 의식을 넘어서서 잠재의식이나 무의식도 중요시하며,[38] 새로운 변형을 통하여 의미나 코드를 생성하는 패러다임이다. 이는 인간성의 존재를 인정하고 기존의 사실세계와 논리세계의 양분론이 아니라 중간세계를 인정하며 연구의 기본 단위를 체제나 행태가 아니라 모듈(module)로 보는 것을 함축한다. 더 나아가 이 이론은 창조와 소통을 그 핵심으로 한다. 모듈 이론에서 특화된 조직이 있다고 생각함이 타당하다.[39]

변형생성주의와 후기 비트겐슈타인이 의미하는 바는 다음과 같다. L_1의 언어체계에서는 어떤 현상 a에 대해 오직 한 개념 S로 표현하는 데 비해, L_2의 언어체계에서는 R_1, R_2, …… R_n 등으로 세분화되어 있다고 할 때, 어떤 경우에 S가 R_1으로 번역되고, 어떤 경우에 S가 R_2로 번역된다. 혹은 L_1의 언어체계에 대해 L_2의 언어체계에서는 R_1, R_2, …… R_n 등으로 세분화된다(이한구, 2011: 178-179). 즉, L_1의 언어체계가 심층(deep structure)이 되고, L_2의 언어체계가 표층(surface structure)이 되는데, 후기 비트겐슈타인의 관점에서는 의미란 그 언어공동체에서의 쓰임에 의해 의미가 변형되거나 생성된다는 것을 의미한다(use theory).

이 문제는 복지학으로 전환시키면 콰인(W. V. Quine)이 주장하듯이, 어느 경우든 번역은 불확실할 수밖에 없다는 것으로(이한구, 2011: 179), 이는 심층과 표층의 불일치가능성을 의미한다. 따라서 심층과 표층의 불일치를 가능한 한 피하기 위해 논리형태가 필수불가결하다는 것이다. 이 심층을 본질로 보고 이 표층을 현상으로

38) 자연과학에 따르면, 감각 기관으로부터 들어온 불완전한 정보를 가지고 원래의 정보를 추론해서 복원하는 무의식적 과정이 의식에 앞서 존재하는데, 무의식적 추론(unconscious inference)의 결과만 의식에 떠오른다고 한다. 그러나 대부분의 경우 무의식적 추론은 불완전한 정보를 복원해서 완전한 정보로 만들어주지만, 가끔은 더 엉터리 정보를 만들어내기도 한다. 이런 의미에서 후술하는 바처럼 프레임이론을 재검토하여 받아들일 수 있다.

39) 모듈이란 자체 내의 특수한 원리에 따라 그 단위가 운영되는 특수한 구조를 말하는데, 전문가적 지식으로 운영되고 그 자율성이 보장되는 하위체제이다(조명한, 1985: 28).

그림 4-6 변형생성의 의의

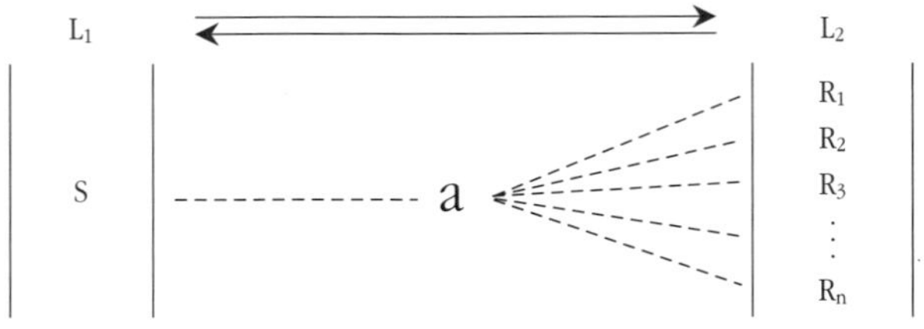

출처: 이한구(2011: 178).

보아 이론을 전개하면 의미의 생성이 결정되는 화용론이나 구조주의, 현상학, 기호론의 이론으로 전개될 수도 있고 그 차이를 드러낼 수도 있다.[40]

이 변형생성주의에 따르면, 학문적 관점에서는 "개념은 그 학문의 의미 분야에 의해서 조성되고 그 학문체계를 결정하는 원리들 속에서 그 개념의 가치를 인정받는다"(Chomsky, 1966: 20). 이는 합리론에 기초하여 인간 이성을 인정한다는 점에서 상대주의와 차이가 나고, 기존의 지식에서 변형되어 새로운 지식이 생성된다는 관점에서 구성주의와 차이가 있다. 변형생성주의의 가장 큰 특징은 표층과 심층을 구별하는 것인데, 전자는 '지각한 것'이거나 '지각할 수 있는 것'이며, 후자는 '지각할 수 있는 것 그 이면에 있는 것'이다.[41] 표층과 심층의 구별을 통해 '실제로 행함'은 '할 수 있음'으로, '할 수 있음'은 '그 이면에 있는 것'을 의미하는 것으로 변환된다.

특히, 중요한 것은 복지를 실제로 어디서 경험하는가이다. 그것은 생활세계에서 변형되어 생성되어 나옴을 의미한다. 따라서 복지의 실재를 실제로 경험하는 곳은 생활세계에서이다. 또 하나의 특징은 보편성과 현실적응가능성을 통합적으로 설명할 수 있다는 점이다.[42] 즉, 복지를 보편적으로 이해할 수 있고 설명할 수 있으며, 개별 국가 단위의 복지현상이 설명되지 않거나 이해되지 않는 현상도 여기에

40) 따라서 소쉬르의 관점에 따르면, 통시적 관점이 아니라 공시적 관점에서 논의하여야 한다는 결론이 나온다. 이는 통시적 관점에 어떤 의심을 품는 것이 아니고 논의의 관점이 분명해야 함을 뜻한다.

41) 이를 Chomsky(1966/1986)는 각각 언어능력(language faculty: underlying competence)과 언어사용(language use: performance)이라는 용어를 쓴다.

42) 이는 보편문법과 그 보편문법이 매개변수(parameter)에 의해 개별 문법에 응용되는 것으로 이른바 결정적 시기(critical period) 가설의 의미도 여기에 있다.

기초하여 설명할 수 있다.

앞서 서술하였듯이 복지학의 언어적 전회란 복지가 복지언어의 체계로 보고, 표층(보이는 부분)이나 심층에 있는 복지현상을 언어로 재구성한다. 즉, 복지현상에서 복지언어로 [나아가 복지학]으로 옮아가는 지점에 적용되는 원리나 규칙이 있는데 이를 투사원리라고 한다[43](Cook, 1993; 박영식, 1995: 108). 예컨대, "음악가가 악보로부터 교향곡을 끌어낼 수 있고, …… 다시 교향곡으로부터 악보를 끌어낼 수 있다. …… 그 규칙은 교향곡을 악보언어에 투시하는 투사의 규칙이다"[44](Wittgenstein, 1921; 박영식, 1995: 109에서 재인용). 이 책에서 교향곡(실제 음악) 대신에 실제 복지를, 악보 대신 복지학을, 악보언어 대신 복지언어를 대입할 수 있다.

투사원리가 적용되어 어떤 복지현상이 그 언어현상으로 바뀔 때, 언어적 문법과 문화적 문법[45]에 기초한 변환이 일어난다(정수복, 2007: 74-75; 유민봉, 2010). 또 그 의미가 언어를 운용하는 연구자에게 그대로 반영되는가, 아니면 구성되는가가 문제가 된다. 반영(mirror)은 비트겐슈타인의 그림이론(Wittgenstein, 1921), 즉 논리적 그림이라는 정의에 부합하지만 구성(Constitution)이나 재구성에 관심을 가질 수도 있고,[46] 그 중간에 굴절(Reflection)에 기초할 수도 있다.

복지학에서 투사원리와 관련된 것으로 진리조건 의미론(Truth-conditional semantics)이 있다. 진리조건 의미론의 기본 전제는 '한 문장의 의미를 안다는 것은 그 문장이 참이 되는 세계가 어떤 것인지를 안다는 것'이다[47](이정민·배영남,

43) 이는 본문 [그림 4-10]의 중간세계에 합당한다. 여기서 투사원리와 접근방법은 어떻게 다른가 하는 의문이 생겨날 수 있다. 접근방법을 유민봉(2010: 제2장 참조)의 정의대로 '현상에서 학문으로'를 의미한다면 두 개념은 유사하지만 차이가 있다. 투사원리는 중간세계에서 언어화한다는 관점이므로 접근방법과 차이가 난다(이좌용, 2002: 56 참조). 만약 접근방법을 '현상을 바라보는 관점 또는 일반적 지향을 말한다'(강신택, 1981: 202)고 정의하면 투사원리와는 확연한 차이를 나타낼 수 있다. 더 나아가 필자는 '현상에서 학문으로'는 투사원리의 기초이며 여기에 언어화하여야 투사원리로 진행되므로 접근방법과는 다르다고 본다.

44) '현상에서 학문으로'라는 투사원리를 적용하면 복지(실무) 문장이 복지학적 명제로 전환된다. 여기서의 투사와 다른 개념을 이용한 경우는 조용환(2010)을 참조하라.

45) 문화적 문법이란 어떤 집단이 공유하는 의식과 행위의 규칙들로 구성원들이 내면화하여 장기지속적이고 잘 변하지 않는 것을 말한다(정수복, 2007: 74-75).

46) 기술(description)이나 설명, 이해 등도 투사원리의 변형인 듯하다. 그러나 실제로는 이 부분의 연구가 빈약한 듯한 데 차후의 연구 과제로 남겨둔다. 특히, 구성이 문제가 되는데 이에 대한 자세한 설명은 Patton(2002: 96-101)을 참조할 것.

47) 다시 말해, 한 문장의 의미를 규정하는 것은 그 진리조건을 규정하는 것과 같다는 것이다. 이 진리조건은 물론 필요충분조건을 요구한다. 이와 같이 어떤 문장의 진리치를 실제적 상황과 일치하

1990; Gupta, 1996: 151－163). 타르스키(A. Tarski)는 문장의 진리조건을 밝히기 위해 다음과 같은 T－동치(同値)공식을 제안하였다.[48)]

(1) T－동치공식: 'p' is true if and only if p.

이 공식에서 왼쪽의 'p'는 판단의 대상이 되는 문장을 가리키고, 오른쪽의 p는 문장 'p'가 참이 되는 조건을 가리킨다. 예를 들면, 'Snow is white'라는 문장의 진리조건은 다음과 같다.

(2) 'Snow is white' is true if and only if snow is white.[49)]
A: 'Snow is white'
B: if and only if snow is white

투사원리에서 B의 현상이 A의 언어와 문장으로 옮겨질 때, T－동치공식이 그대로 적용되면[A＝B] 반영이라[50)] 할 수 있고, 복지학의 연구자는 복지현장에 그대로 검증할 수 있다. 일정한 복지의 영역에서 또는 후술하는 의미역 안에서 구성을 통하거나 변형생성된 것으로[A≒B] T－동치공식의 폭을 넓히는 것을 인용(認容)한다면 연구자는 복지현장에서 그 인용 범위를 적용하여 복지학의 적실성은 높일 수 있고, 반대로 T－동치공식에 비추어 수용될 수 없다면[A≠B] 그 이유를 밝히는 작업을 수행할 수 있다.[51)] 따라서 투사원리를 적용할 때 그 범위에 대한 묵시적 또는 명시적 판단의 범위를 두어야 하고, 이를 넘어설 경우는 그 명제가 적용되지 않아 의미의 왜곡 또는 전달에서의 오해 등이 생기게 된다. 학문공동체의 존재 이유는 여기에 있다.

여기서 의미역의 문제가 발생한다.[52)] 의미역이란 그 언어나 서술이 의미를 가

는 것으로 보는 진리관을 대응설(Correspondence Theory)이라고 한다(이정민・배영남, 2002).

48) 보다 더 상세한 논의는 Gupta(1996: 151－163)를 참조할 것.

49) 이러한 T－동치공식은 단순한 동어반복인 것처럼 보이지만 타르스키는 대상언어와 상위언어를 구분함으로써 이 공식을 의미있는 것으로 제시한다. 여기서는 복지 문장이나 복지 명제와 복지현상과의 관계에서 의미있는 것으로 본다.

50) 물론 이는 복지 명제의 진위 검증의 문제이므로 '투사'의 방향과는 역방향이다.

51) 예컨대, 연구나 조사의 결과 눈이 희다면 투사원리 중 반영된 것으로 그대로 검증이 된다. 그런데 흰색에 다른 색이 섞여 있다면 'white'에서 얼마만큼 멀어진 것이며 왜 그런가에 대한 이유를 밝혀 검증해야 할 것이다. 거무스레한 것이라면 이는 기각될 것이다.

52) 이 용어는 영어 thematic role의 번역어이다. 원뜻은 role로 기능하지만 여기서는 thematic span, thematic function으로의 이해도 가능하다. 의미역의 원뜻은 누가 무엇을 누구에게 무엇을 하고 있는가를 지칭한다(Cook, 1992: 43). 여기서는 어떤 복지 문장이 의미를 갖도록 하는 영역을 지칭

지는 영역으로 정의되는데, 복지(학)과 관련된 언어가 복지학적으로 의미 있는 것은 복지(학)의 모든 영역에 적용되기 때문이 아니라 복지(학)의 일정 영역에만 적용되어 복지현상을 잘 설명하기 때문이다. 예를 들면, J-curve가 의미를 갖는 것은 공무원의 봉급과 관련이 있는 영역에서이다. 의미역이 문제되는 이유는 복지가 가족 유사성(family resemblance)의 성격 또는 복지 내부의 상호 모순적 성격에 기인하는데 그 필요성은 마찰비용을 줄여주는 데 있다. 즉, 복지학은 정부의 다양한 영역의 일 중에서 논의되므로 어떤 개념이 모든 영역에 적용될 수는 없다. 예컨대, '묵시적 계약(implicit social contract)'은 복지영역에서 회자되고 이에 대한 논의가 진행되지만 재정이나 복지예산의 영역에서는 관련성이 크지 않다. 또 다른 예를 들면, 투입이라는 개념은 여러 곳에서 사용될 수 있고 그 개념을 도입하면 복지현상을 더 잘 이해하거나 설명할 수 있다. 그러나 care-taker라는 개념은 그 쓰임새가 사회복지실천에 많이 쓰인다면 그 의미역은 사회복지실천이 된다. 따라서 의미역이 지정되고 그 지정된 의미역이 합당하다면 그대로 그 전문가 집단에서 이해되고, 그 반대의 방향에서 행동이나 행위는 복지(학)과 관련된 언어로 표현되어 의미역을 갖기도 한다.[53] 다시 쓰면, 복지(학)의 의미역이 맞으면 그대로 투사되기도 하고(박영식, 1995: 109; Cook, 1993), 검증할 때 그 기준이 되기도 한다.

위에서 논의한 것을 그림으로 나타낸 것이 다음 [그림 4-7]로 복지와 복지학과의 관계를 나타내는데, 복지현상에 대해 판단이 가능하도록 하는 명제의 형태로 이루어져야 한다.

복지학적 명제는 복지학적 문장으로 표현되어야 하고, 복지학 안에서의 의미체계와 그 의미체계를 지탱해 주는 논리형태를 갖고 있으며, 이들이 현실세계에서의 대응(correspondence)을 지향하면 경험적이고(Patton, 2002: 92) 그와 관련이 없는 지향을 추구한다면 비실증적이라 구분한다.[54]

논리형태는 다양한 방법이 이용되는데, 예컨대 논변모형 중에서[55](유민봉, 1994:

한다. '얼음'과 베트남인을 예로 들어 보자. 그들이 '얼음'을 본 적이 없다고 가정하면 그들에게 '얼음'과 '춥다'라는 두 개념은 연결되지 않을 것이다. 즉, 베트남인에게는 의미역 제약에 해당한다. 성경의 번역에서 '하느님의 어린 양'이란 구절이 에스키모인에게는 (양이 없으므로) 도대체 이해되지 않아서 '하느님의 어린 물개'라고 하니 쉽게 수용되었다는 사례도 참고해 볼 만하다.

53) 언어학이나 언어철학의 화행론(speech act)이 여기에 적용된다.

54) 물론 이는 correspondence theory(대응론)에 기초할 경우이다. coherence theory(정합론)는 달리 설명한다(김여수, 1997; 이승권, 2000에서 재인용).

그림 4-7 복지와 복지학과의 관계

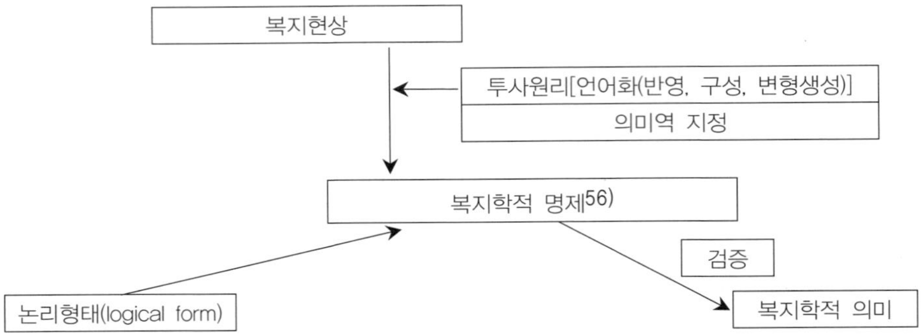

출처: Cook(1993: ch. 2)을 재정리하고 응용함.

2010) 주장의 정당화에 필요한 기본 요소 중에서 자료, 본증, 보증 등은 여기서 말하는 논리형태에 해당한다. 논리형태는 후술할 사례들에서 보듯이 이론상으로는 검증할 때의 여러 원리와 구별되지만 실제로는 그 둘이 결합되는 경우가 많다. 논변모형에서 반증이 그 대표적이라 할 수 있다.

검증은 다양한 방법이 이용된다. 이론이 옳으냐 그르냐는 복지언어로 된 서술이나 명제가 검증을 통과하느냐에 많이 달려 있다. 이와 관련된 것으로 앞서 투사원리에서 설명한 진리조건 의미론(Truth-conditional semantics)도 가능하고,[57] 카르납(A. Carnap)의 의미공준(이정민 · 배영남, 1990)도 있다.[58] 여기서는 적절성 조건의 검증을 보기로 한다.

진리조건 의미론은 진위 판정이 가능한 반면, 복지언어 중에서는 '참도 거짓도 될 수 없다'라는 특징을 가지는 것들이 있다.[59] 예컨대, '이 지역을 세종시라고 명

55) 논변모형의 기본 구조는 주장의 정당화에 필요한 기본 요소 여섯 가지를 논리적으로 상호 연계시켰다. 이들은 자료, 본증, 보증, 반증, 한정접속사, 주장이다(유민봉, 2010: 44).
56) 비트겐슈타인의 저작인 『*Notebooks 1914-1916*』(1961)에 따르면, '논리적 명제들은 언어의 논리적 속성을 보여주며 그리하여 우주의 속성을 보여준다'고 한다(Fann, 2005: 58). 여기서는 소흥렬(1982: 85)의 논의에 따라 명제는 문장과 같은 뜻으로 쓰인다. 복지 문장이라 함은 실무에서의 표현에 쓰이는 경우로 이는 언어학 또는 국어학자가 많이 연구한다(민현식 외, 2010; 남영신, 2010). 복지학적 명제라 함은 복지학자들의 탐구를 위주로 한다(이광석: 2007).
57) 물론 이는 복지 명제의 진위 검증의 문제이므로 '투사'의 방향과는 역방향이다.
58) 이 이론에 따르면, 무상급식은 비교적 쉽게 해결될 수 있다. 즉, 의무교육 안에 무상급식의 개념이 포함되는지가 관건이기 때문이다.

명한다'라고 고시할 때, 이름을 붙이기 위해서는 특정한 조건이 충족되어야 한다. 이런 사실을 바탕으로 충족해야 할 일련의 조건을 오스틴(J. Austin)이 제시하는데, 그것을 그는 적절성 조건(felicity conditions)이라 하였다(김주식, 2003). 여기에는 네 가지 중요한 적절성 조건이 있는데, 첫째는 복지언어가 적절하고 성공적이기 위해서는 어떤 관례적인 절차가 있어야 하고 그 절차가 완벽하게 실행되어야 한다. 둘째는 복지언어가 적절하고 성공적이기 위해서는 그 절차에 명시되어 있는 상황이나 사람이 적절해야 한다. 예컨대, 만일 대통령이거나 그에 상응하는 지위에 있는 사람이 아니면, '대마도는 대한민국의 영토이다'라는 선언을 한다 해도 실제로 전쟁과 같은 엄청난 일은 발생하지 않을 것이다. 셋째는 복지언어가 적절하고 성공적으로 수행되기 위해서는 그 낱말들이 관례적으로 정확한 것이어야 한다.60) 넷째는 복지언어는 [특히, 약속에서] 성실성에 기초해야 한다. 지킬 의도가 없으면서도 약속을 하는 것은 이를 위배하는 것이 된다. 검증의 한 부분은 이런 것에 위배되었느냐 여부로 적절성 조건을 따질 수 있다.

현재 이론의 검증은 수리적 모델이나 통계적 방법을 위주로 하고 있다. 여기서는 주로 복지언어(또는 언어적 방법)를 위주로 한 검증을 하고 이를 보여주려는 데 있으며 언어게임도 이런 관점에서 볼 수 있겠다.61) 이를 어떻게 응용할 것인가에 중점을 두고서, 실제에 일어나는 많은 사례로 논리형태와 검증의 과정을 살펴보자.62)

최근의 보기를 보면서 서로 다른 두 주장이 양립하는 경우부터 논의한다. 2010년 12월 10일 진보신당 등은 2011년 복지 예산안 중에서 국회 복지위 증액안 중 전액 삭감된 복지 예산이 80건이라고 주장하였다.63) 이는 한편에서의 비체계적인 주장인 데 이에 대해 2010년 12월 11일에 한나라당 예산결산위원회는 진보신당 등의

59) 이하의 서술은 김주식(2003: 173－186)의 요약이다.

60) Your Majesty, 각하, 전하, 영국 의회의 Mr. Speaker 등이 여기에 해당한다고 하겠다.

61) 언어게임(language game)은 비트겐슈타인의 Philosophical Investigations(1958)에게서 시작하나, 그 언어학적 개념은 말하기의 문화기술(ethnography of speaking)에서의 중심 개념인 speech event에 가깝다(이정민 · 배영남, 1990: 840). 여기서는 본문의 예에서 보듯 검증의 일종으로 본다.

62) 일부 복지학자들이 언어적 방법을 이용하여 질적 평가를 선보이고 있기는 하나(Patton, 2002), 더 더욱 많이 언어적 방법이나 언어게임을 이용하여 검증하고 이를 발전시켜 검증원리를 개발하고 복지학에도 적용하는 것을 기대해 본다.

63) 진보신당 홈페이지, blog.naver.com/PostView.nhn?blogId＝9i999&...&currentPage＝1&listtype＝0, wikitree.co.kr/main/news_view.php?id＝25045 등 참조할 것(검색일자, 2011.7.10).

그림 4-8 복지에서의 관계의 응용(3)

복지현상
① 2011년도 복지 예산안 중에서 국회 복지위 증액안 중 80개를 한나라당이 전액 삭감하였다(진보신당 등의 주장[2010.12.10]).
② 한나라당 예산결산위원회는 이에 대해 반박자료를 발표했다[2010.12.11].
③ 진보신당이 재반박하였다[2010.12.12].

투사원리
의미역: 복지

복지학적 명제	주장 1	삭감이라는 용어의 정확성
	주장 2	간병서비스 급여화
	주장 3	국공립어린이집 확충예산 200억 원 삭감
	주장 4	국가필수예방접종 및 A형간염 신규예산 반영이 지자체 사업
	주장 5	기초노령연금 예산 미반영
	주장 6	장애인연금 관련 예산

검증

논리형태(logical form)
(한나라당의 반박을 다룸)

복지학적 의미
(효율성 paradigm vs 인간다운 삶)

주장을 반박하는 체계적인 자료를 발표했다. 2010년 12월 12일에 진보신당이 재반박하면서 2010년 12월 10일 발표에 대해 체계화된 내용을 보였다. 이 과정은 이 책에서 정의하는 언어게임의 일종으로 이를 복지언어 모델로 살펴보면 [그림 4-8]과 같이 요약된다.

이제는 이들 주장의 논리형태를 보자. 발표된 글 중에서 체계화된 글은 한나라당의 반박문과 이에 대한 진보신당의 재반박문이므로 논리형태는 한나라당의 반박문을 중심으로 살펴보았다. 전자는 예산중심적 지향으로 요약할 수 있다. 예컨대, 간병서비스를 급여화하면 건강보험료를 대폭적으로 인상할 수밖에 없다는 주장을 편다. 또 복지예산과 관련된 수단으로 다음 <표 4-4>에서 보듯이 법적 미비 또는 법적 근거의 불확실성을 들고 있다.

표 4-4 복지예산안 삭감에 관한 한나라당의 논리체계

주장 1	국회의 심의에서 예산의 삭감이란 최종적으로 본회의에 삭감된 것을 삭감이라 표현하는 것임
주장 2	① 진보신당이 주장하는 간병서비스 급여화는 건강보험료 대폭인상 불가피 ② 2011년 예산 24억 원은 시범사업을 실시한 것이고, 그 결과에 따라 급여화 여부를 결정할 예정 ③ 보건의료노조에 따르면, 간병서비스 재정소요는 연간 총 4조 9,671억 원(본인부담 15%)임 ④ 문제점으로는 첫째, 진보신당은 간병서비스를 비정규직의 정규직화로 추진 둘째, 관련 법령인 국민건강보험법이 국회에서 개정되지 않아 법적근거 없음
주장 3	① 정부안에 이미 올해(2010년) 예산 94.38억 원보다 23.4%나 증가하여 반영하였음 ② 국회에서는 보육시설 관련 총 117억 원을 증액반영하였음. 국공립어린이집 확충 200억 원 삭감 주장은 허구임. 구체적으로는 국공립시설 확충(33.95억 원): 국공립신축 10개소, 장애아전담 1개소, 공동주택리모델링 19개소, 기자재구입비 31개소, 보육시설 환경개선(79억 원): 증개축 20개소, 개보수 302개소, 장비비 245개소, 장애아시설 환경개선(3.5억 원): 개보수 16개소, 장비비 24개소 등임
주장 4	① 국가필수예방접종 및 A형간염 신규예산 반영(동 사업은 지자체사업이고 보건소에서 현재도 무료로 접종하고 있음) ② 국가가 지원할 사항이라도 국가, 지자체, 병의원이 분담해야 하는데, 이미 국가가 30%를 부담하고 있는 상황에서 3자 부담에 대한 논의없이 국가가 전액 지급하는 것은 문제가 있음 ③ A형간염예방은 국가필수예방접종에서 제외되어 있으므로 이에 대한 법령정비가 우선 필요
주장 5	① 진보신당은 지급대상 노인 70% 중 68.5%의 예산만 계상하여 나머지가 미반영되었다고 주장하나 사망률 등을 고려한 집행실적에 기준한 것임 ② 또한 노령연금은 법적으로 국가가 지급해야 할 의무가 있어 지급되지 않을 수 없음
주장 6	① 장애인연금 역시 법적으로 국가가 급해야 할 의무가 있으므로 지급되어야만 함 ② 이를 위해, 예산 총칙 제10조에 국민기초생활보장급여, 기초노령연금급여, 장애인연금급여는 부족 시 타비목에서 가져다 지급할 수 있도록 규정하고 있음
결론	복지중심적 지향은(예컨대, 간병서비스를 급여화) 국민 부담의 증가를 가져오며, 복지확대는 법적 근거의 확실성에 기초하여야 한다.

검증을 살펴보면, 어느 한 쪽을 검증해야 하는데 여기서는 재반박자료를 가지고 한나라당을 검증하는 것으로 한다. 이를 표로 나타낸 것이 <표 4-5>이다.

표 4-5 삭감된 복지예산에 관한 검증

주장 1의 검증	① 본회의가 아닌 복지위가 제출한 "2011년도 보건복지위원회 소관 예산안 예비심사보고서"에서도 그 표현이 있음[**검증됨**]
주장 2의 검증	① 간병서비스 급여화는 건강보험 급여로 적용하되 본인부담률을 얼마로 하는지에 따라 다르게 드는 비용으로, 보건의료노조 안(案)은 지금까지 나온 안 중에서 가장 고보장이므로 단계적 실시[**한나라 논리체계와 동일**]

	② 간병 수요는 국민적 수요가 큰 서비스이므로 정부가 건강보험 급여 적용을 해야 함. 이미 유료간병인을 이용하거나 가족이 간병을 함으로 발생하는 사회적 비용이 1조 1,768억 원에 이르고 있음[**사실판단**] ③ 보건의료노조가 밝힌 간병급여화 시 소요비용은 4조 9,671억 원(본인부담률 15% 적용)이고[**한나라 논리체계와 동일**], 본인부담률이(일반병원 50%, 요양병원 20%)인 경우에 비용은 1조 5,691억 원임 ④ 첫째, 현재 간병인은 근로기준법 적용을 못받는 가사사용인임. 간병서비스가 급여화되면 이들은 자연스럽게 노동자로 인정받게 됨[**정규직 노동자가 된다면 더 좋은 일로 봄**] 둘째, 법 개정은 해도 되고 안해도 됨. 급여 항목 정하는 것은 건강보험정책심의위원회 소관이기 때문[**의견 불일치이므로 법리해석이 필요함**]
주장 3의 검증	① 이 예산은 한나라당의 주장처럼 2010년 94억 원에서 2011년 117억 원으로 증액되었음[**한나라 논리체계와 동일**] ② 국공립 신축 수는 10개소에 불과함. 한나라당 집권 이후, 국공립 신축 수는 2008년 50개, 2009년 38개, 2010년 10개, 2011년 10개소로 계속 줄고 있음. 2007년 112개소 계획에 비해 11분의 1로 대폭 축소된 꼴임. 이 때문에 국회 보건복지위에서는 국공립어린이집을 90개 추가로 신축하라며 230억 원 예산을 증액시킨 346억 원으로 의결했음. 그러나 한나라당은 여기서 30억 원만 증액시킨 후, 나머지 200억 원의 예산 증액안을 반영시키지 않았음[**의견 불일치**]
주장 4의 검증	① 국가필수예방접종사업은 지자체 사업이 아님(이는 국고보조사업이며, 지방과 중앙의 매칭펀드에 의해 예산이 집행: 물론 법적으로는 지자체 지원 사업으로 되어 있고, 예산상으로는 국고보조사업)[**의견 불일치**] ② 현재 국가필수예방접종(8종, 22회 접종)은 보건소에서 무상으로 공급하고 있지만 민간병의원은 30%만 지원함. 나머지 70%는 부모 부담임. 때문에 신생아에서 2세까지 이뤄지는 기초예방접종률은 90% 이상이지만, 추가접종을 포함한 완전예방접종률은 59.5%에 불과함[**개념과 범위에 대해 의견 불일치**] ③ "감염병의 예방 및 관리에 관한 법률"을 보면, 제24조 제1항에서 정기예방접종을 위해 "보건복지부장관이 감염병의 예방을 위하여 필요하다고 인정하여 지정하는 감염병"을 포함시킬 수 있음[**법률정비 vs 현행법률 이용의 의견 불일치**]
주장 5의 검증	① 첫째, 2010년 11월 정부가 기초노령연금 대상자로 추계[국회예산정책처]한 379.4만 명이 전체 노인인구의 68.5%임. 68.5%만 반영하는 것은 정부 스스로 법 기준을 지키지 않음 둘째, 기초노령연금은 65세 이상 전체 노인의 70%에게 국민연금 가입자 평균 소득월액의 5%에 해당하는 금액을 매월 지급해야 하는 법정자격급여이므로 2011년도 예산안 편성에서 법률에 명시된 것처럼 65세 이상 노인인구의 70%인 387.6만 명에게 지급하도록 편성해야 할 것임[**집행실적 기준 vs 대상 인원 기준**] ② 법률에서는 "기초노령연금은 100분의 70수준이 되도록 한다"고 되어 있는, 반드시 지켜야 하는 의무규정임[**의견 일치**]
주장 6의 검증	① 2010년 도입된 「장애인연금법」에 따르면, 기초급여는 국민연금 가입자 평균소득월액의 5%에서 10%로 2028년까지 인상해야 함. 이를 위해서는 매년 0.28%p씩 올려야 하며, 이에 따라 2011년에는 5.3% 수준인 9만 5천 원(기초급여)을 장애인에게

	지급해야 함 ② 예산을 제대로 반영하고 실제로 집행했는데 예산이 부족하면 타비목에서 쓸 수도 있지만 이미 제대로 반영 안한 예산이기 때문에 당연히 부족분이 발생할 수 없음[**예산의 부족 vs 제대로 반영 안한 예산**]
결 론	현재의 법률 규정을 최대한 복지중심적으로 해석하여 국민에게 복지혜택이 가도록 하여야 한다.

이상의 검증에서 한나라당의 주장에 진보신당이 동의하는 부분도 있다. 예컨대, 간병서비스 급여화는 건강보험료의 인상을 초래한다는 것이나 어떤 부분에서는 법적 미비 또는 법적 근거의 불확실성을 들고 있다. 또 '예산의 삭감'처럼 비교적 중요도가 덜한 것은 쉽게 진위가 판정되는 부분도 있다. 그 나머지 부분은 지향의 차이를 보여주고 있다. 즉, 한나라당은 집권 여당의 관점에서 예산중심적 정책을 지향한다고 할 수 있고, 진보신당은 복지중심적 정책을 지향한다. 국민적 수요가 큰 서비스에게 정부가 건강보험 급여 적용을 해야 한다는 주장, 현재 국가 필수 예방접종을 추가접종을 포함한 완전예방접종률을 높이자는 주장, 전염병 대응은 국가적 차원의 건강 복지 사업으로 해야 한다는 주장, 어린이 건강권을 보장하는 사업이므로 중앙정부 차원에서 지원해야 한다는 주장 등이 그것이다.

제 4절 복지언어의 연구방법론

촘스키의 방법론은 넓은 의미에서 엄격한 자연과학적 방법론을 추구한다. 이는 모든 언어에 공통되는 일반적 구조가 있음을 전제하고 그 보편적 구조를 인간의 마음속에 주어진 선천적 규칙들 속에서 발견하려 한다(이명현, 1982: 51). 이런 의미에서 촘스키는 초월성을 담아내려는 서구 형이상학전통과 맥을 같이하면서 데카르트처럼 플라톤의 합리론을 철저하게 현대적으로 재해석하고 있다(임기대, 2012). 즉, 촘스키에게 현대 과학이란 검증 가능한 가설로 확인시켜줄 수 있어야 한다고 본다. 따라서 설명력이 높은 이론을 끌어낼 수 있어야 한다. 자연과학적 방법론은 설명적 지식(법칙이나 원리 등)을 통해 자연현상을 인과적 설명으로 환원할 수 있음을 전제로 한다. 이런 의미에서 촘스키는 엄격한 과학론자에 해당된다고 볼 수 있는데, 여기서 '설명'은 언제나 연역적 논리 구조를 가지며 한 원리를 설명한다는 것은 그 무엇을 연역적으로 추리할 수 있는 원리나 원칙을 찾아냄을 말한다. 이런 점에서 그 방법론의 연원은 포퍼(K. Popper)에게로까지 소급하게 된다.

복지언어라는 관점으로 복지학을 논의할 때는 복지와 복지학의 관계가 전면으로 나온다. 이는 그 연구범위의 문제로 다음 [그림 4-9]를 이용하여 살펴볼 수 있는데, 이를 이해하기 위해 먼저 종래의 과학활동 개념을 살펴본다. 종래의 과학활동 개념은 [그림 4-9]와 같이 순환과정으로 이해되었다.[64]

그림 4-9 종래의 과학활동

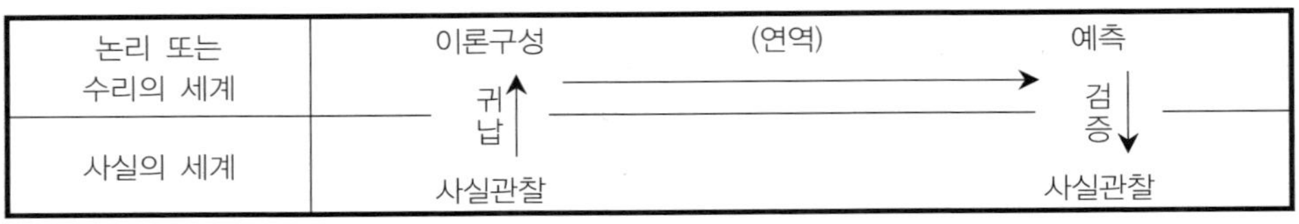

출처: 강신택(2005: 18), Kemeny(1959: 86).

[그림 4-9]가 의미하는 바는 사실의 세계에서 이루어진 관찰에 기초하여 귀납적 방법에 따라 이론 구성을 하여 연역을 통해 가설을 검증하여 이론이 성립되는 과정을 순환과정으로 보았다는 점이다. 이 순환과정이 과학활동이라는 것이다(Kemeny, 1959: 86). 이 모형은 '객관적인 존재'와 '인간의 의식'의 둘만 인정한다.

[그림 4-9]의 모형이 문제가 있다는 의견은 비트겐슈타인의 주장에 비추어서

64) 이때 복지학에서의 의미의 원천은 어디에서 나오며 복지학은 어떻게 지식을 이루고 나아가는가를 살펴보면 실증주의, 구성주의 및 변형생성주의는 서로 차이가 난다. 실증주의는 진리를 획득하기 위해서 대상을 반영하는 언어의 의미를 정교하게 분석해야 한다고 주장한다. 구성주의는 언어가 사실을 구성한다는 주장으로(이한구, 2011: 162), 해석학이나 변증법에 힘입은 흐름으로 언어는 기호체계일 뿐만 아니라 사회적으로 통제된 행동조율을 위한 도구로서 간주된다는 점이 중요하다. 즉, 공동체적인 현실을 개체 속에서 구성한다는 의미이다. 변형생성주의는 비트겐슈타인의 후기 철학에 기초한다[이한구(2011: 162)는 이를 구성주의로 본다]. 촘스키(N. Chomsky)에 따르면 변형생성이론은 언어게임이론과 같으며(강진호, 2010), 더 나아가 언어게임이론은 한슨(Hanson)의 이론과 같으며(이좌용, 1980: 161 주 참조), 쿤(T. Kuhn)의 함축, 즉 공동체의 구성원의 신념체계에 기초해서 선택한다는 것이다.

도 이미 지적되었으나,65) 과학활동과 관련하여서는 논의하면 '객관적인 존재'는 사실의 세계이고 인간의 의식 안에 있는 '주관적인 존재'를 연결시키는 것이 필요하다. 이 기능을 중개하는 것이 언어이다(이규호, 1989: 93－100). 과학활동의 결과로서의 이론이나 명제는 중간세계를 통해 언어화했다는 점을 [그림 4－9]는 간과하였다. 이에 따라 다시 그리면 다음과 같은 [그림 4－10]이 된다.

그림 4-10 현대의 과학활동

여기서 연구대상을 나타내 보이면 [그림 4－10]에서의 '객관적인 존재'와 '인간의 의식' 및 '중간세계'라는 것을 인정한다. 이를 복지언어로 전환하면, 첫째로는 복지의 개별적 행위, 판단, 실행을 나타내는 사실의 세계와, 둘째로는 이를 인지하고 판단하고 실행이 가능하도록 하는 인간의 의식이 연구의 대상이다. 셋째로는 이 개별적 행위, 판단, 실행은 중간세계를 통해 언어화되고 체계화된다. 중간세계를 통해 언어화되고 체계화될 때, 사실의 세계에서 표현이나 판단, 사유를 가능하게 하는 과학으로 변형되고, 과학은 단지 구별되고 식별되지만 가상적인 것이며, 오직 언어체계만이 실제적인 것이 되는데, 이것이 바로 복지를 연구하는 학문이다. 이런 의미에서 자연언어인 한국어나 영어가 언어체계라는 점은 널리 인정된 견해이듯이 학문 분야에서의 언어도 그 학문 분야의 성립을 가능하게 하는 언어체계이다.66) 이 언어체계는 심층과 표층으로 구성된다. 심층은 이론언어들로 구성되어 표층으로 전달되어 관찰언어로 성립한다. 즉, 심층은 이론언어이고 표층은 관찰언어이다(이상원, 2008). 이를 적용하면, 표층은 복지학의 영역에서 사용되는 자연언어이고,

65) 주 34를 참조하라.
66) 자연언어는 주로 언어학에서 다루고, 논리는 인공언어에 의존하지만 학문 분야에서의 언어체계는 그 개별 학문들이 연구하는 것이라 할 수 있다.

심층은 복지학이 성립하는 근거를 탐구하는 학문 분야로 정의된다.

복지학은 사회복지현상을 연구하는 학문으로 과학이라는 이름 아래 있기에 자연과학과의 연관성이 줄곧 문제되어 왔다. 보다 넓게 오늘날 사회과학에서는 이 점에 대해 주류는 사회과학도 과학이라는 명제를 받아들인다. 연구방법론의 주류인 실증주의는 방법론의 단일성[67] 이념을 표방하고 자연과학과 사회과학의 구별은 다만 발전의 차이를 의미한다고 본다. 더욱이 이 방법론적 단일성의 이념에 기초한 연구들은 실제로 무시하지 못할 업적을 쌓았다. 그렇지만 이 단일성의 이념에 끊임없이 의문을 제기하고 2원론적인 양립을 주장하는 흐름도 무시할 수는 없다(이규호, 1980: 14－15). 그러나 2원론적인 양립을 주장하는 관점에서는 방법론의 단일성 시각(perspective)을 수용하지 않는다. 대신에 사회현상은 자연현상을 넘은 그 무엇이 있다고 주장한다.

복지학은 사회복지현상을 다루는 학문이라고 하지만 이 사회복지현상이 객관적으로 존재하느냐에서부터, 또 복지와 관련이 있는 인간을 어떻게 보느냐 하는 관점에서부터[68] 의견이 갈린다. 복지학의 주제는 인간행위에 대한 이해가능성을 발견하는 것이며 그것은 또한 인간 활동의 의미와 연관되고, 알게 모르게 어떤 규칙을 지향한다(Winch, 1958). 여기서 규칙은 어떤 해석적 노력과 연관되어 있다. 따라서 언어구조는 의식구조를 결정하고 언어가 다르면 사상이 다르다고 주장하기도 한다.[69]

---

67) 방법론의 단일성을 방법론적 1원론이라고도 한다. 그 특징은 4가지로 요약된다(소흥렬, 1983). 첫째, 모든 현상은 법칙에 의해 지배되므로 자연과학이든 사회과학이든 그 기본작업은 그러한 법칙을 발견하는 일이다. 둘째, 자연과학에서처럼 사회과학에서도 모든 자료가 수량화(quantify)할 것을 요구한다. 셋째, 인간의 행동을 객관적인 요인들의 관계로만 설명하기 위하여 행동주의적 방법이 적용되어야 한다. 넷째, 모든 과학의 분야들이 물리학으로 환원되는 것을 이상으로 하는 환원주의(reductionism)를 취한다.

68) 대표적인 이론을 들어 보면(한상진, 1983; Jenks, 1998; Braudel, 1996), 인간을 물질적 · 사회적 · 생물학적 요인 등에 의해 규정된 존재로 파악하는 견해로 인간은 사회구조의 단순한 반영으로 취급되며 이미 구조적으로 결정된 행동을 실행할 수밖에 없는 구속된 존재로 보는 견해가 있다. 이와는 달리 인간의 자유스럽고 창조적인 이성적 존재로 인간의 독자성 · 개별성 · 실존성 · 자율성 등을 강조하는 입장이다. 전자에 속하는 견해는 기능주의와 유물론적 마르크스주의이다. Althusser와 Poulanzas 류도 여기에 속한다. 후자는 현상학, 독일의 정신과학 · 역사주의 · 해석학의 전통, 실존주의 등이 여기에 속한다(이규호, 1980).

69) 언어와 사고의 관계를 보는 관점상의 차이는 첫째, 행동주의에서는 언어가 사고를 결정한다고 보는 언어 우위론의 입장을 취했다. 둘째, 변형문법에서는 언어 능력은 선천적으로 타고난 보편적

실증주의가 방법론적 일원론을 추구하고 계량을 지향하는 데 비해,[70] 그와 다른 흐름(해석학)은 언어를 중심으로 판단한다. 해석학이란 정신생활을 이해하는 방법론으로 이해(understanding, verstehen)의 현상 그 자체에 관한 보편적 법칙 파악이다(이규호, 2005: 3). 해석이나 해석학에서 문제 삼는 것은 '명확하고 흔들리지 않는 필연적인 논리의 법칙을 따라 전개하는 직선적인 인식론이 불가능하며'(이규호, 2005: 34), 정확한 지식의 추구는 일정한 이해로부터 출발한다. 그 이해의 프로세스를 언어에서부터 찾았으므로 '해석학의 과제는 언어의 해석'이라는 선언에서[71] 보듯이(이규호, 2005b; 이정민 · 배영남, 1990; Eagleton, 1990: 135), 세계를 해석하는 방식은 언어와의 밀접한 관계를 알 수 있다. 그 후의 발전은 이해는 삶을 파악하는 카테고리로 체험, 표현과 더불어 파악되었다.

여기서 삶을 파악하고 생활세계를 강조하는 흐름이 사회정책에 중요한 의미를 지니게 된다. 이러한 흐름은 질적 연구방법을 중요시하는데, 이는 연구대상의 행동(actions), 언어(words), 생각(ideas) 등을 연구자의 눈을 통해(researcher's encounter) 행위 뒤에 숨어 있는 의미나 동기를 밝혀내고, 그 행태의 사실(behavioral facts)과 함의(implication)를 찾는 방법이다(Mariampolsky, 2001).

여기서 질적 연구방법의 핵심은 인간에 대한 이해로 그 당사자의 목소리를 듣고 이해하는 데 있어야 한다는 점이며 현상학에 많이 의존한다(이규호, 1980: 70).

인 능력으로 인지 능력과는 별개로 보았고, 인지언어학에서는 인지 능력이 언어 능력을 결정한다고 보는 사고 우위론의 입장을 취하고 있다(하치근, 2010: 5).

70) 실증주의가 행동으로 표출된 경험(experience)만을 경험으로 보는 데 대한 비판이 있다. 예컨대, 현상학에서는 마음속의 경험(appears in mind), 즉 주관적 의미도 아우른다. 따라서 전자는 true와 false가 분명한 것만 다루고 주체는 확실한 근거에서 객체를 바라보았다. 그러나 주체의 불확실성의 문제가 후설(E. Husserl)에 의해 제기되었고, 그 후 점점 사회현상을 정신과학으로 보게 되었다. 이런 경향의 흐름은 true와 false가 분명하지 않는 것도 다룬다는 데 장점이 있고, 객관주의에서 배제된 행복과 같은 가치문제(주관적 차원)를 인식하고 객관에 암시된 것을 포함하려 애쓴다. 여기서 경험(experience)과 체험(lived experience)을 어떻게 구별할 것인가가 문제이다. 대체로 전자는 감각으로 인식한(sensation: external) 것으로 passive(겪었고) 성격이며, 후자는 몸소 경험한(living through) 것으로 active(sensibility + understanding + reason; external + internal) 성격이다(김종술, 2010).

71) 그에 의하면, 모든 낱말은 하나의 보편적인 의미영역을 갖고 있으며 그 의미영역은 그 사용에 의해 나타나게 된다. 구체적으로 사용된 하나하나의 경우의 의미는 그 전체적인 의미영역을 통해서 바로 이해된다(이규호, 2005b). 언어와의 관계를 특히 중요시하는 이규호(2005b)는 해석학의 특징을 6가지로 요약한다.

이는 제5장에서 다루기로 하고 여기서는 질적 연구대상으로서의 인간의 삶을 살펴보기로 하자.

현재 복지학의 모습은 객관적 학문의 추구라고 할 수 있다. 이는 학문의 근거가 생활세계라는 주장과는 대립된다. 그런데 이 객관적 학문의 추구로 인하여, 생활세계에서 멀어져 현실적으로 쉽고 절실한 것을 말하지 않고 지리멸렬한 이론 공부에만 정신을 쏟는 경향이 있다는 지적은 음미할 필요성이 있다(정수복, 2007: 360). 이제는 복지학의 영역에서 한 단계 더 비약하여, 방법론의 다양성에 기초한 연구로서 양적으로는 적지만(be of small number), 학문 안에 가치 있는 차이를 존중하고, 'Σ개인'이 아닌 '개별 개인'에게 보다 인간적 관계로, 심층의 의미도 전달하는 흐름이 필요하다. 즉 인간의 연구와 그 당사자의 목소리에 대한 연구가 필요하다.

인간관을 'Σ개인'으로 설정하는 것은 법칙정립적(nomothetic)이라는 장점은 있지만 그 당사자의 목소리는 사라진다는 점을 앞에서 지적하였다. 이는 개인과 장(場)72)이라는 개념으로 설명할 수 있다. 효율은 많을수록 좋다는 뜻을 포함하고 있는 양적 개념으로(Okun, 1975), 효율성의 대상은 'Σ개인'이 된다. 현실적으로는 'Σ개인'은 존재하지 않으므로 추상화된 보편 개념으로 여기에 다가가든지, 또는 개별화하여야 한다. 전자는 현재의 사회정책 방식이라면 후자는 당사자의 목소리를 담는 질적 복지학을 나타낸다. 그림으로 이해를 돕도록 나타낸 것이 [그림 4-11]이다.

그림 4-11 양적과 질적의 의미

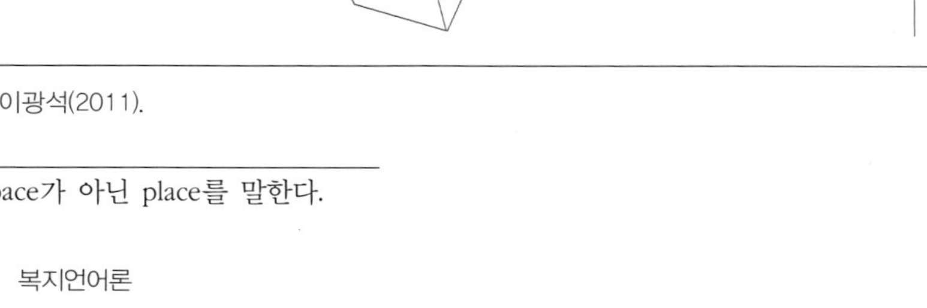

출처: 이광석(2011).

72) space가 아닌 place를 말한다.

양화는 개인차를 인정하지 않고 동등한 값을 주는 것으로, 이는 [그림 4-11]에서 왼쪽에 해당하는 방법이다. 반면에, 이 책에서 본격적으로 논의하고자 하는 질적 사회정책은 [그림 4-11]에서 오른쪽에 존재하며 삶 속에서의 의미를 추구한다. 이것이 의미하는 바는 다양성의 인정이냐 통일성의 추구이냐의 문제로 환원되기도 한다. 양화는 [그림 4-11]에서처럼 오른쪽에서 왼쪽으로 진행하는 방법을 사용하여 'Σ개인'을 구한다. 즉, 'Σ개인'은 개인의 개념화 또는 추상화로서 대체로 연역적으로 구하게 된다.[73] 경제적 관점에서의 시장이란 'Σ개인'을 위한 장(場)으로서 기능을 한다[백화점과 재래시장을 비교해 보라. 전자가 거래를 중심으로 이루어지지만, 후자는 단골이라는 개념에서 보듯이 인간적 관계가 성립할 수 있다]. 경제학에서의 시장이란 다른 조건이 동등하다면(other things being equal)이나 2원적 관찰 등의 몇 가지 가정 위에서 논리적으로 분석한 시장이다. 더욱이 주류 경제학에서는 시장 탈락자에게는 해결의 방법을 추구하지 않는 듯하다.

여기에서 개체로서의 환원과 전체로서의 구성의 문제가 생겨난다. 즉, ['Σ개인' ≠개별 개인] 관계가 성립한다는 점이다. 이는 두 가지 중요한 함축을 지니는데 그 첫째는 앞서 언급한 대로 '개념화할수록 체험에서부터 멀어진다'는 현상학적 명제에 합치된다(김재철, 2011). 마치 물고기를 연구하기 위해 물에서 물고기를 꺼내서 살펴본 것과 같다. 이는 경제학적 관점에서의 시장, 즉 'Σ개인'을 위한 장(場)으로서 기능을 하는데 치중한다. 'Σ개인'으로 이루어진 모습을 나타낸다고 함은 어떤 특유한 상황에서의 사람의 목소리가 무시되고 보편적인 목소리만 인정하는 체제이다. 복지학의 행태설에서 보듯이 표층의 의미만 진정한 것으로 간주하고, 양적 접근이 장점으로 간주되어서 복지학 발전에 큰 역할을 하였으나 이제는 이에 대한 재검토가 필요하다.[74]

앞서 말한 대로 현실이 삶이라는 관점에 서면, 개념이 힘을 얻기 위해서는 체험과 연결되어야 한다. 따라서 'Σ개인'이 아닌 개별 개인(individual, person)의 공통

73) 이는 인간(의 본질)과도 구별된다. 전자가 '(그는) 누구인가'를 추구하는, 즉 존재하는 것에 무게 중심이 있는 데 비해, 개별 인간이란 '어떤 일을 하는가', 즉 행동하는 것에 무게 중심이 있다 (Uchida, 2002: 30).

74) 예컨대, 복지학적인 시장은 5일장이나 지역밀착적인 수퍼와 같은 개별 개인을 위한 장(場)으로서 기능을 한다. 다시 말하면, 경제학적 시장이 재화와 용역의 거래나 가격형성 등 비인간적 요소에 많은 설명과 포커스를 두는 데 비해, 복지학적인 시장이란 사람과 사람의 만남에 초점을 두어 거래 이전에 어떤 커뮤니케이션이 이루어지는가에 관심을 갖는다(이광석, 2012).

적 성격이 실존범주가 된다. 이 견해에 따르면, ['Σ개인'≠개별 개인] 관계에서 개별화 방법은 'Σ개인' 또는 인간으로서가 아니라 개인의 처지, 즉 행위자(agent)로서, 피영향자(patient)로서, 수혜자(benefactive)로서, 목적지(goal)로서, 도구적 관계(instrument)로서 등의 의미로 나누어 살펴보아야 한다(Lyons, 1991; Fillmore, 1988; 박승윤, 1990: 140)는 주장이다. 이는 'Σ개인'으로부터 멀어진 모습을 나타내지만 '사람(person)'에 가깝게 접근한다. 즉, 어떤 특유한 상황에서의 사람의 목소리가 존중되는 체제이다.[75)]

행태설에서 표층의 의미만 진정한 것으로 간주하면 심층에서 일어나는 모습은 버린다. 예컨대, 기초생활보장의 대상을 제외시키는 요소 중 하나로 '자녀 있음'의 조건으로 인해 고통받았던 이들이 있음이 그 대표적이다. 더욱이 'Σ개인/n'에 기초한 시스템적 사고방식은 장점도 있으나 이제는 이 부작용도 검토해야 할 시점이다.[76)]

결국 주류이론이란 '객관적인 존재'와 '인간의 의식'의 둘 중 전자만 인정하고, 많으면 많을수록 좋다는 양적의 관점에서, 'Σ개인'에게 input/output의 관계로 재단하여 표층의 의미만을 대체로 top-down 방식으로 전달한다.

그러나 샌델(M. Sandel)의 의견에 따르면, 시장의 규범과 비시장 규범은 서로 다르고 시장지상주의가 의료 · 교육 · 환경 등 비시장 규범을 해치고 있다고 보았다. 사회정의 차원에서 시장 규범을 적용할 경우와 적용해선 안되는 경우가 있으며, 모든 걸 상품화해서는 안되고 윤리적 언어로 비시장적 규범을 적용해야 하는 영역을 찾는, 즉 효율성의 추구만이 아닌, 윤리적으로 정당한 것인가라는 주제를 어떻게 복지학의 영역에서 도입할 것인가를 고려하는 것이 복지학의 향후 과제이다.[77)]

---

75) 인문학적으로 설명하면, 보편적 목소리를 '랑그'체제라 하고, 특유한 그 사람의 목소리를 '파롤'이라고 한다(Ricoeur, 1976). 필자는 후자를 '사람'으로 대표화하면 어떨까 하는 견해를 가지고 있다.

76) 시스템적 사고방식은 시혜자와 수혜자를 엄격히 구분하고 수혜자에 대한 사시(斜視)를 유발한다(www.metro.co.uk, 2013.1.10일자, 2013.1.29일자 뉴스 참조). 물론 이러한 복지모순이 발생함은 해결해야 할 문제이지만(이광석 · 김동룡, 2012), 그 방향은 one-nation strategy에 기초하여야 한다(www.metro.co.uk, 2013.1.12일자 참조).

77) 실제의 보기를 보면, ○○도 ××군은 주간보호센터를 32억 원을 들여 2010년 10월에 준공하고도 수용인원의 부족이 예상되고 인건비, 운영비 지원으로 군(郡) 재정이 악화될 것이라는 우려로 개관하지 않는 것이 비용이 덜 들어간다고 놀려 놓고 있다. 이는 경제적 합리성에서는 옳을지 모르나 총체적 해석에 따르면 그렇지 않을 수도 있다.

제 5 장 복지언어의 모델

복지를 비롯한 사회현상은 언어현상으로 환원된다. 복지는 판단과 실행 체계이지만 이와 함께 언어가 함께 한다. 이런 의미에서 복지언어는 실제적인 기능으로 개념화된다. 실제의 영역에서 복지언어는 좀 더 넓은 공공언어로 통합되므로 공공언어 속에는 복지언어가 포함되지만 그 복지언어는 다른 공공언어에서는 볼 수 없는 특징이 있다. 그것은 바로 인간다운 삶의 추구라는 전제이다. 이 장은 이에 대한 논의이다.

제 1 절 복지언어 모델

복지의 연구대상은 삶의 양식이다(Wittgenstein, 1978). 삶의 양식을 분명히 하고 복지학의 성격을 밝히기 위해서는 복지의 보편성은 무엇이며,[1] 한국에서 특유한 복지현상은 무엇인지를 먼저 밝혀야 한다.[2] 이를 밝히기 위해서 언어의 계층성

1) 여기서 말하는 보편성이란 보편적 복지와 선별적 복지를 논의할 때 사용되는 보편성과는 의미가 아주 다르다. 여기에서의 보편성이란 복지를 논의할 때 꼭 필요한 원리를 지칭한다.

2) 필자가 알기로는 이런 관점에서의 이론전개는 노암 촘스키(Noam Chomsky)의 보편문법(Universal Grammar)에 힘입었다. 그는 원리와 매개변인이라는 간단한 개념을 이용하여 언어학의 이

그림 5-1 복지의 핵심가치와 매개변인 모델

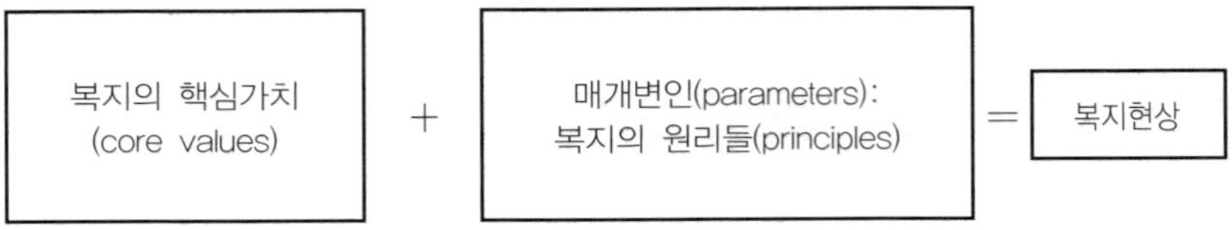

출처: 임기대(2012) 변형.

을 이용하여 복지언어 중에서 상위계층의 언어를 복지의 핵심가치(core values)로, 하위계층의 언어를 매개변인(또는 복지의 원리들)으로 일컫는다. 이를 간단히 그림으로 설명한 것이 [그림 5-1]이다.

[그림 5-1]의 모델에 따른다면 복지의 연구란 보편적 성격을 지닌 복지의 핵심가치를 밝히고 복지의 보편성을 차이나게 하는 요소인 매개변인과 원리들은 무엇이며, 그에 따른 각국 나름의 복지현상은 무엇인가를 탐구하는 영역이다. 즉, 복지의 보편성은 어떤 핵심가치들로 구성되어 있으며, 어떤 매개변인과 원리들이 작용하여 각국의 복지현상이 나타나는가를 연구하는 분야이다. 즉, 복지언어의 연구는 복지의 핵심가치가 무엇인가 및 매개변인과 원리들이 무엇인가의 연구에 치중하는 영역이라 할 수 있다. 복지현상이란 복지언어에 따르면 복지의 핵심가치를 먼저 구축하고 매개변인과 원리들이 작용하여 나온 것이 된다. 따라서 한국에서 일반적으로 많이 연구하는 영역인 한국의 복지현상은 이와 같은 과정이 생략된 연구 결과물이라 할 수 있다.

그러면 복지의 핵심가치는 어떤 것을 들 수 있는가? 이 책에서는 행복(well-being)을 추구하는 인간, 인간이 이루어내는 생활세계, 사회적 행복(social happiness), 정의(justice)의 개념들을 복지의 핵심가치로 삼는다. 또 체계와 생활세계가 얽힘에 따라 현저하게 그 모습을 드러내는 복지의 모순성을 해결하는 복지원리들이라는 개념들이 필요하다. 복지현상을 차이나게 하는 매개변인과 원리들은 어떤 것이 있는가? 여기에서는 역사, 문화, 국가철학을 들 수 있다. 즉, 어떤 경로로 발전해 왔기

론을 전개한다. 즉, 보편문법에는 몇 가지 원리들이 있고 이들이 매개변인의 작용에 의해 개별 언어로 나타나게 된다는 주장이다. 이 이론을 사용해 복지학에서도 복지의 보편성과 한국에 특유한 복지현상을 설명할 수 있을 것으로 보고 있다. 문제는 무엇이 복지의 보편원리이고 무엇이 한국에 특유한 복지현상인가를 먼저 논의하여야 한다는 어려움이 있다.

에 그런 상황을 낳았는가? 어떤 문화가 작동하기에 복지에 차이를 가져왔는가? 예컨대, 개인주의와 집합주의를 차이나게 하는 평등과 자유, 시장주의와 복지주의 또는 국가개입주의는 주요한 매개변인의 하나일 것이다(George & Wilding, 1976). 그 공동체의 철학이 시장국가 쪽으로 움직인다면, 복지에 대한 태도는 복지국가의 원리가 작동되는 공동체와는 다른 모습을 보일 것이다. 여기서는 복지의 핵심가치를 논의하고 매개변인과 원리들로는 제6장에서 논의한다. 이를 정리하면 다음과 같은 [그림 5-2]가 된다.

그림 5-2 복지언어의 핵심가치와 원리 및 매개변인들

복지의 핵심가치		매개변인: 복지의 원리들		
① 행복을 추구하는 인간 ② 생활세계 ③ 사회적 행복 ④ 정의	+	① 복지주의와 시장주의 ② 평등과 자유 ③ 사회통합 ④ 공적복지 ⑤ 통치기술로서의 실용	=	복지현상

제 2 절 복지의 핵심가치

언어가 의식에 영향을 미치는가? 이에 대해 두 주장이 병립한다. 그 하나는 언어를 도구 이상으로 보아(즉, 언어의 에네르게이아 성격) 언어는 인간성 자체와 마찬가지로 영원히 살아 숨 쉬고 있는 것으로 본다. 이 이론은 사피어-워프(Sapir-Whorf) 가설이라고 하는데, 무지개 색깔은 자기 언어가 구별하는 무지개 빛깔의 수만큼이라고 말한다(고종석, 2007: 205). 즉, 언어는 순수하게 창조적일 뿐만 아니라 (기존의 것을) 개조하고 변화시키는 것이라고 주장한다(허발, 2013). 제3장에서 언급한 장애인 용어의 순화는 여기에 기초한다.

이와는 달리 매개적인 에너지로서의 언어를 보는 견해도 있다. 언어는 도구만은 아니지만 다른 무엇에 앞서 도구로서의 기능을 수행한다고 주장한다. 훔볼트

(W. von Humboldt)에 따르면, 언어에서는 주관적인 것이 객관적인 것과 결합되어 있으며, '한 개인과 다른 개인', 개개인과 그 민족, 현재와 과거를 매개하는 것이다.

그러나 언어가 인간의 기본적인 지각의 범주와 인식작용을 일정하게 반영하지만 반대로 그것들을 규정한다고 말하기는 곤란하다는 주장도 있다. 이 견해에 따르면, 정신이 독립변수이고, 언어는 그 정신의 함수라고 할 수 있다(고종석, 2007: 205). 언어는 정신의 함수임에도 복지학에서는 이러한 정도의 논의도 이루어지지 않고 있다. 여기서 언어가 정신의 함수임은 복지학에서의 핵심 주제어에서 잘 나타난다. 즉, 복지의 가치를 나타내는 어휘들은 복지 정신의 함수라 할 수 있다. 다음 항에서부터 이들을 행복을 추구하는 인간과 생활세계, 사회적 행복, 정의[3] 등을 중심으로 진행해 본다.

1 행복을 추구하는 인간

제2차 세계대전 이후 전쟁으로부터 평화를 가져다주고 시장의 난폭성으로부터 인간의 삶을 지켜준, 잘 나가던 복지국가의 작동 모습이 1970년대를 거치면서 순조롭지 않았고, 이는 복지국가 위기론을 불러일으켰다. 이 화두는 국가 과부하 명제(state overload thesis)로 수렴되는데, 복지정책에 따른 공공부문의 확대와 과도한 재정지출로 인하여 복지국가는 지속불가능하다라는 주장을 핵심으로 한다. 더 나아가 사회의 변화에 따라 새로운 사회적 위험(new social risk)이 출현하였는데, 이도 복지국가가 해결하여야 할 과제로 떠올랐다. 지난 시절의 사회복지는 국가(또는 정부)의 역할에 많이 기대어 다른 복지공급자들의 역할을 제한하는 결과를 가져왔다. 즉, 사회복지(social welfare)는 말 그대로의 사회복지가 아니라 국가복지(state welfare)를 의미하는 것으로 그 뜻이 변화하였다. 여기서 대안으로 복지사회나 복지다원주의를 비롯한 참고할 만한 개념이 도출되기도 하였다.

또 이론적 측면에서 복지국가 현상에 대한 논의에 매몰되다 보니 다른 영역에서 논의된 사항을 수용하지 못하여 복지학의 핵심사항이 무엇인가를 제시하지 못

3) "거룩한 분노는 종교보다도 깊고 불붙는 정열은 사랑보다도 강하다."고 한다(변영로의 시 '논개'). 전자는 정의를 구성하는 요소이고 후자는 행복을 구성하는 요소일 것이다.

했다. 이 항에서는 그 대응으로서 복지학에서의 새로운 핵심사항 중의 하나로 복지언어에서 다루어야 할 내용 중의 하나로 인간의 연구부터 살펴보고자 한다.

복지학에서 상정하는 인간관(人間觀)은 무엇인가? 이에 대해, 인간이 일에 대해 갖는 태도를 양극화하여 X이론(Theory X)과 Y이론(Theory Y)을 이념형으로 설정하고,[4] 한편으로는 인간 욕구의 단계를 생리적 욕구(physiological needs), 안전의 욕구(safety needs), 사회적 욕구(social needs), 존경의 욕구(esteem needs), 자기실현의 욕구(self-actualization needs)라는 5단계를 설정한 마슬로우(A. H. Maslow)의 이론과 결합시킨다(Maslow, 1970; Chell, 1993; Korman, 1974). 이렇게 해서 이들로부터 파생하거나 보완한 인간 유형이 합리적·경제적 인간(rational, economic man),[5] 사회적 인간(social man),[6] 자기완성 인간(self-actualizing man),[7] 복잡한

---

4) McGregor(1960)가 주창한 X이론은 인간이란 본래 일하기를 싫어하고 자발적으로 무엇을 하려 하지 않는다는 전제를 하고 있다. 따라서 책임의식이 약하고 명령에 따라 움직이는 수동적 존재이므로 일하려는 동기를 부여하기 위해서는 명령·강제 등 외부의 힘에 의해 통제되어야 한다는 인간관이다. 이에 비해, Y이론은 일하는 것이 인간에게는 자연스러운 현상으로 일을 통해 자아실현을 추구한다는 전제에서 출발한다. 따라서 자기지향(self-direction)과 자제(self-control)할 줄 알고 있다. 인간의 창의적 능력을 가지고 있으나 사회에서 발현되는 것은 그 일부이다.

5) Taylor, Urwick, Gulick, Weber, Fayol 등에서 보이는 인간관으로 다음과 같은 특징이 있다. ① 인간들은 1차적으로 경제적 유인에 의하여 움직이고 있다. ② 경제적 유인은 그가 근무하는 조직의 통제 하에 있으므로 본질적으로 구성원은 조직에 의하여 조작되고 통제될 소극성을 갖고 있다. ③ 인간의 감정은 본질적으로 불합리한 것이므로 사익의 합리적인 계산을 하는 것을 방해하지 못하도록 해야 한다는 것이다. ④ 인간은 합리적·기계적으로 움직이며 따라서 지시·명령대로 움직이는 것으로 생각하고 인간이 갖고 있는 감성·사회성이 아직 착안되기 이전의 인간관이다. ⑤ 그러므로 이러한 인간관에 입각하게 되면 인간은 법제·직제만 잘 짜고 보수액만 유인성 있게 지급하면 언제나 높은 근무의욕을 갖고 일한다. ⑥ 인간 자체는 독립변수시되지 않았다고 생각된다(박동서, 2005).

6) 이에 속하는 학자들로서는 Mayo, Roethlisberger, Barnard 등이며, ① 인간은 기본적으로 사회적 수요에 의하여 움직이며 타인과의 관계를 통하여 일체감을 얻으려고 한다. ② 산업화·분업화로 인하여 일 자체에서 만족감을 구하지 못하고 직장 내에 형성된 사회관계에서 구하게 된다. ③ 사람은 관리층이 제시하는 유인이나 통제보다도 동료관계를 더 중요시한다. ④ 사람은 감독자가 부하의 사회적 수요를 충족시켜 주는 정도에 따라 관리층에 순응한다. ⑤ 합리적 인간관이 인간을 기계시한 것이라고 한다면 여기의 사회적 인간관은 인간의 사회성·집단성 및 대인관계를 보다 폭 넓게 감안·고려한다. 이와 관련이 있는 인간관이 Z이론(Theory Z)이다. 그 내용은 ① 개인보다 집단을 중시하며 여기의 집단을 가족만이 아니라 그것을 초월한 직장인, 마을인, 국민에까지 확대하고 있다는 점에서 개인을 강조하는 서구인과 다르다. 그러므로 이들은 개인으로서의 참여보다 집단에의 귀속을 중시하고 있다. 따라서 집단으로서의 일체감·협동심이 높아질 수 있다. ② 이러한 동료 간의 관계가 믿음(trust)·친밀성(intimacy)의 관계를 맺고 있으므로, 상하관계도 일방적인 지배복종이 아니라 온정주의적인 정조관계로 형성되고 있다는 것이다. 이러한 점에

인간(complex man)[8]의 5종이다(박동서, 2005). 이를 유민봉(2010: 401)은 다음 [그림 5-3]으로 쉽게 이해하도록 한다.[9]

그림 5-3 이론발전과 인간의 유형

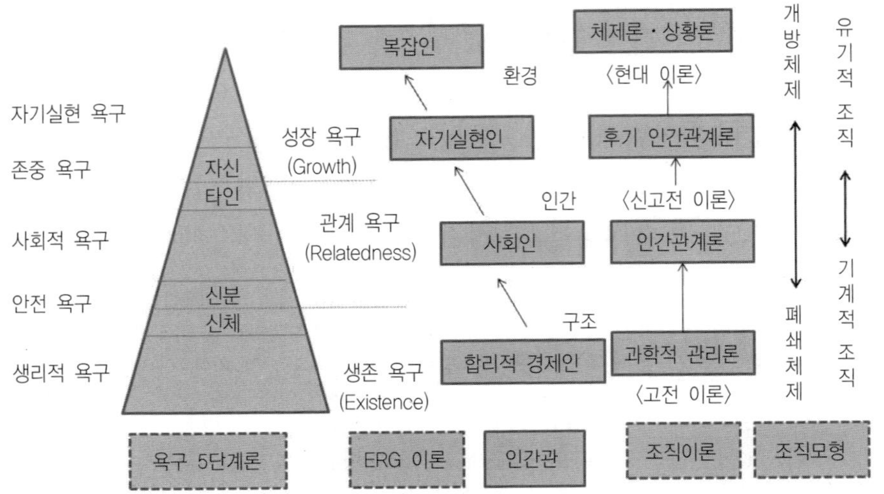

서 서구의 개인 간의 대립, 심한 경쟁, 계산에 입각한 합리주의와 다르며, 조직구성원 간의 심한 권력불균형에 입각한 지배복종과도 다르다. ③ 결정권이 상대적으로 각 계층인에게 분권화되어 있다(박동서, 2005).

7) 자기완성인(self-actualizing man)은 인간의 심리면에 착안한 것으로서 Argyris, Maslow, McGregor 등과 같은 심리학도들이 이에 속한다. 이의 주요내용을 약술하면 다음과 같다. ① 인간의 기본적인 욕구에는 단계가 있는 것으로 보고, 이를 마슬로우(A. H. Maslow)는 5단계로 나누고 생리적인 것부터 단계적으로 욕구를 충족시키려고 하며 여기에 제시된 자기완성을 최종적인 것으로 제시하고 있다. ② 인간은 일에 성숙하려고 하고 또한 그렇게 될 수 있다. ③ 인간은 원래 자율성과 자제력이 있다. ④ 이러한 인간의 자기완성의욕과 조직의 목표달성 간에는 내재적인 모순 · 갈등이 없다(박동서, 2005).

8) 이는 샤인(E. H. Schein)이 제시한 것으로서 그 내용은 다음과 같다. ① 인간은 복잡할 뿐만 아니라 고도의 가변성을 지니고 있다. ② 인간은 조직생활을 통하여 새로운 동기를 습득할 수 있다. ③ 인간의 동기는 조직의 성격 및 그의 조직 내에서의 위치에 따라 다르다. ④ 인간은 여러 종류의 관리전략에 대응할 수 있다(박동서, 2005).

9) [그림 5-3]에서 ERG 이론이란 욕구충족 5단계설을 단순화하여, 생존 욕구, 관계 욕구, 성장 욕구의 머리글자를 따서 붙인 이름이고, 조직이론이나 조직모형은 관리과학에서 많이 논의하는 이론의 내용을 요약한 것이다.

이 모형은 조직에서 인간을 어떻게 관리할 것인가에 초점을 두고 있는데 이를 관리가능한(manageable) 인간모형이라 부를 수 있겠다. 관리가능한 인간모형은 인간을 어떻게 목적에 알맞게 이용할 것인가에 초점을 두므로, 이 책에서 말하고자 하는 인간 본성 위에서 복지학을 전개하여 개성기술적 복지학에 알맞은 인간형을 정립하려는 의도와는 차이가 있다.

이 의도와 관련하여 다른 분야에서의 인간 연구를 살펴보기로 한다. 먼저, 경제학에서의 논의를 살펴보자.10) 경제학에서는 인간의 이기적 존재라는 가설을 수용한다. 인간이 이기적인 존재이기에 개인들 간의 상호작용에서 나타나는 '충돌'의 가능성은 완전한 시장이라는 상을 정립함으로써 가능했다. 완전한 시장이라는 상이 완성되면서 개인들 간의 상호작용을 '가격'을 매개로 이루어지게 된다. 개인이 자신의 행동에 대한 사회적 책임성을 어떻게 부여받는가의 문제는 얼마나 시장이 완전한지, 가격이 어느 정도나 행위의 효과를 반영할 수 있는지의 문제로 대체된다. 따라서 ① 완전한 시장+도덕성이 결여된 경제주체, ② 완전한 시장+도덕성을 갖춘 경제주체, ③ 불완전한 시장+도덕성이 결여된 경제주체, ④ 불완전한 시장+도덕성을 갖춘 경제주체라는 네 가지 모형 중에서 어느 하나에 해당되는 현실만 존재하게 된다. 경제학에서는 제도와 시장가치의 한계라는 관점으로 연구를 수행하였다. 이를 정리한 것이 다음 <표 5-1>이다.

표 5-1 경제학에서의 인간 연구

구 분	연 구	내 용
사례 연구	Upton(1973)	헌혈에 금전적 보상을 시행할 때 헌혈 참여도가 더 떨어진다는 보고
	Kunreuther & Esterling(1990)	미국 네바다 주에서 핵폐기물 처리장의 도입 문제를 금전적인 보상을 통해 해결하려는 시도가 오히려 도입을 반대하는 여론을 증대시킴으로써 더 큰 주민들의 저항을 불러왔다고 주장
	Frey & Oberholzer-Gee(1997)	스위스 핵폐기물 처리장의 도입 문제를 금전적인 보상을 통해 해결하려는 시도가 오히려 도입을 반대하는 여론을 증대시킴으로써 더 큰 주민들의 저항을 불러왔다고 주장
	Frey(1997)	정치적 참여 정도와 조세회피시도 간의 부의 상관관계

10) 이하의 서술은 최정규(2011)에서 그대로 인용한다.

	Barkema(1995)	관료적이고 비인격적인 관계에 기반한 조직에서는 물질적인 유인구조가 업무수행에 긍정적인 영향을 미치지만, 보다 밀접하고 인격적인 관계에 기반한 조직에서는 물질적인 유인구조의 도입은 업무수행의 동기에 부정적인 영향을 미친다는 보고
실험 연구	Deci(1971)	금전적 보상이 참가자들의 퍼즐 풀기에 덜 흥미를 갖게 함
	Hoffman et al.(1994)	최후통첩게임(ultimatum game) 실험에서 피실험자들이 실험의 환경을 어떻게 해석하는가에 따라 다른 행동양태를 나타낸다는 보고
	Gneezy & Rustichini(2001)	이스라엘 하이파 놀이방에서 학부모들이 아이들을 늦게 데려가는 데 대한 벌금을 부과했더니 오히려 늦게 데려가는 학부모의 비중이 현격히 증가함
	Fehr & Gaechter(2000)	모니터링을 도입했더니 팀 생산에서 자발적인 기여도가 오히려 감소했다는 보고
	Cardenas et al.(1999)	의사소통이 공공자원게임에서 협조적 행위를 증가시킨다는 보고

출처: 최정규(2011).

이어서 인문학에서의 인간에 관한 연구를 살펴보자. 인간의 본질 논의를 크게 나누어 자연주의적 인간해석과 현상학적 인간해석으로 나눈다(신오현, 1996).[11] 전자에 의하면, 정신이란 불변·불가분적인 신체가 아니라 정신현상의 집합에 불과하다는 것이다. 이는 근대의 경험주의와 실증주의의 산물이다. 여기에 반대하고 등장한 인간해석이 현상학적 인간해석으로 존재는 실체도 아니고, 단순한 현상의 집합도 아닌 현상하는 실체 또는 실체적 현상으로 이해한다(신오현, 1996). 그러나 현실적인 주장은 사람들로부터 '인간'이라는 보편적 속성을 찾는 것은 무리라는 주장이다(Trigg, 1988). 그럼에도 최소한의 공통성을 찾을 수 있으리라는 주장은 고대로부터 끊임없이 이어져 왔다. 예컨대, 셸러(M. Scheler)는 기독교적 전통의 신학적 인간관,[12] 그리스(Greece) 전통의 철학적 인간관,[13] 근대 자연과학적 인간관으로 나누어 본다. 신학적 인간관이 창조와 천국 및 타락에 관한 것이고, 철학적 인간관

11) 이에 대한 논의는 신체는 정신으로 환원된다. 여기에서는 정신의 본질에 관해서는 정신실체론적 인간해석에서부터 시작하며, 이를 비판한 현상론적 인간개념이다(신오현, 1996).

12) 여기에는 피조물로서의 인간, 하느님의 형상인 인간, 죄의 포로 속에 있는 인간, 희망 속에 있는 인간 등을 포함한다(신오현, 1996).

13) 여기에는 이성적 존재로서의 인간, 공동체적 존재로서의 인간을 포함한다(신오현, 1996).

은 이성의 소유에 있다고 보았다. 자연과학적 인간관은 에너지와 능력의 혼화(混化)의 관점이다(Scheler, 1927). 마르크스(K. Marx)는 사회성을 본질로 보는 인간관을 제시하였으나, 사르트르(J. P. Sartre)는 개개인 모두가 그가 원하는 존재와 행동을 스스로 결정할 수 있을 만큼 완전히 자유롭다고 주장한다. 이는 가능한 한 최대로 개인의 자유를 허용해 주어야 한다는 것을 제안하고 있다(Stevenson, 1974). 특히, 사회적 인간으로 보는 마르크스의 견해와 기독교적 인간관은 일치하면서도 서로 상치된다.

문학에서는 어떤 독특한 성격을 포착하여 대표화(代表化)하는데 지킬 박사와 하이드 씨, 나르치스와 골드문트, 햄릿형과 돈키호테형 등이 그것이다. 한편, 실존주의에서는 인간이란 기성품이 아니라 새롭게, 그리고 부단히 창조되어야 할 가능성에 주목한다. 즉, 인간의 참모습은 삶의 현장 속에서 역사적 여건에 따라 아무런 선입견이나 강요없이 가장 구체적으로 나의 삶을 선택하고 행동하는 것이다(신오현, 1996: 171－172).

대체적으로 사회과학에서 논의하는 인간은 사회인(social man)으로 경제인(economic man)보다 훨씬 복잡하다고 한다(嶋田, 2000: 61). 따라서 이 책이 취하는 인간관은 개인과 사회 사이의 관계에서는 물론이고, 인간에게서도 서로 모순적임을 보여준 Stevenson(1974)에 관심을 갖는다. 이 원형은 칸트, 피히테, 셸링, 슐라이어마허, 헤겔, 키에르케고르, 마르크스 등에서 볼 수 있다고 한다(이규호, 2005). 파스칼이 말했다시피 인간은 생각하는 갈대이므로 생각하는 활동의 위대성과, 천사도 아니고 동물도 아닌 중간자이기에, 이기적 존재이지만 때로는 이타적 존재이기도 하다(최정규, 2009). 이 두 명제에서 인간의 자기모순성이 나타난다(이석호, 2001: 69). 자기모순성이란 납세자의 위치에서 세금의 인식과 취약계층 입장에서의 세금 인식은 다를 수밖에 없다는 점을 의미한다.[14)]

14) http://www.nocutnews.co.kr/news/4433220을 참조하라. 이를 잘 나타낸 사례가 모법(母法)과 충돌하는 행정입법에 대해 '국회가 정부에 수정 · 변경을 요청할 수 있다'고 해서 위헌 논란을 빚고 있는 국회법 개정안이다. 먼저, 행정입법의 내용에 대한 주무장관인 정종섭 전 행정자치부 장관은 학자로서의 행정입법의 위헌성에 대해 헌법학자로서는 그의 저서 『헌법학원론』(2015)에서 국회법 개정안의 취지와 일맥상통하는 내용을 주장했다. 『헌법학원론』(2015)에 따르면, 정 장관의 학자로서의 소신은 「국회법」 제98조 제2항을 현재보다 강화할 필요가 있으며, 국회의 입법적 독점권을 보장하기 위해 정부에 대한 국회의 통제권도 강화해야 한다는 것이다. 정 장관은 국회법이 하위법령인 대통령령에 대한 통제력이 약하다는 판단을 깔고 통제권 강화를 주장했다. 그는

이와 같은 유형의 인간관은 2015년 6월에 전개된 개정 국회법에 대한 대통령 거부권 문제에서도 볼 수 있다.[15)]

이러한 인간관은 샤인(E. Shein)의 복잡인(complex man)과 유사하지만 그의 기본전제인 복잡성과 가변성을 제한하여[16)] 모순적 측면을 강조하는 유형이다. 즉, 모순성(矛盾性)이란 구조적 측면도 있지만 인간 고유한 속성에 기초한다는 점이다. 여기서 유추할 수 있는 것은 복지정책의 역할이란 이분법적 양자택일이나 이항대립적 사고 방식을 넘어서서 '양극의 조화'를 받아들이게 되는 단계, 즉 모순이 중화되는 범위 속으로 나아가도록 하는 데 있다. 따라서 화폐적 가치 또는 시장적 가치가 이들 가치 간, 또는 비화폐적가치 및 비시장적 가치와 병존할 수 있는 영역을 찾아야 한다. 예컨대, 납세에 지대한 공로가 있다면 그에 상응하는 비시장적 방법을 시행할 수 있고 또 하고 있다.[17)]

이 모순성이 중화되고 더 나아가 행복으로 상승될 수 있는 곳이 생활세계이다. 이 생활세계 속에서 인간은 진정한 행복을 추구할 수 있다. 다음 항에서 이에 대해 논의해 본다.

심지어 대통령령이 권한을 넘어서는 법률을 제정하고, 집행을 시도할 경우 국회가 탄핵소추를 통해 이를 사후 통제해야 한다고도 했다.

15) 이 기사의 출처는 http://www.hankookilbo.com/v/763d3695d58c4ca6afe256fc74afcf7d(한국일보, 2015.6.21.)이다. 제목은 "개정 국회법 논란 파국 막으려 … 김무성, 이번에도 靑쪽으로 가닥"으로 작성자는 양정대 기자이다. 내용은 다음과 같다. 김무성 새누리당 대표가 개정 국회법 논란과 관련해 결국 청와대와 보조를 맞추는 쪽으로 가닥을 잡았다. 그는 "박근혜 대통령 입장에선 위헌성이 분명한 법안을 결재할 수 없을 것"이라며 청와대의 거부권 행사를 당연시했고, "정부에서 확실하게 입장을 취하면 거기에 맞출 수밖에 없을 것"이라며 개정 국회법이 국회로 되돌아올 경우 폐기 수순을 밟겠다는 뜻도 분명히 했다. 이 같은 김 대표의 입장은 지난달 29일 유승민 전 원내대표와 의기투합해 국회법 개정안을 처리했던 것과는 모순되는 처사다.

16) 복잡인의 기본전제는 ① 인간은 복잡할 뿐만 아니라 고도로 가변성을 가지고 있다. ② 인간은 조직생활을 통하여 새로운 동기를 습득할 수 있다. ③ 인간의 동기는 조직의 성격 및 그의 조직 내에서의 위치에 따라 다르다. ④ 인간은 여러 종류의 관리전략에 대응할 수 있다(유민봉, 2012: 411).

17) 예를 들면, 차량 번호판에 납세에 지대한 공로가 있음을 나타내는 표지판 등도 가능할 것이다.

2 생활세계(Life-World)

1) 행복(well-being)의 근원

복지의 의미란 대한민국 헌법 제10조에 인간으로서의 존엄과 가치를 가지며 행복을 추구할 권리를 가진다라는 규정에 잘 나타나 있다. 이 인간의 존엄성과 행복추구권을 국가 정책으로 상승시켜 실현하는 것이 복지의 의미라고 천명하고 있다. 행복은 중요하고, 행복은 중요시되어야 하며, 행복은 개선될 수 있다라는 잠언이 있다. Thin(2012)은 행복이란 근본적으로 사회적이라고 주장한다. 행복은 두 가지 의미를 지니는데, 그 하나는 개인적이고 다른 하나는 사회적임을 함축한다. 먼저, 개인적 행복의 개념부터 살펴보자. 개인적 행복 그 자체도 두 가지로 나누어 볼 수 있다. 첫째는 표면적이고(shallow) 쾌락주의적인 의미(hedonistic sense)로 직접적인 신체적·정신적 경험을 의미한다. 이런 표면적이고 쾌락주의적인 의미의 추구는 지속가능성이 없으며(transient condition), 심층적 의미의 행복을 성취하는 데 방해할 수도 있다. 개인적 행복의 두 번째는 심층적 의미로서의 행복이다. 심층적 의미로서의 행복은 오랜 기간 동안의 만족(long-term satisfaction, contentment)을 의미하는 좋은 정신 상태(good spirit)를 지칭하는데, 이를 eudaimonia라고 한다. 현대적 의미로는 '건강한 상태와 건전한 일(being and doing well)'을 의미한다고 하겠다. 대체적으로는 후자의 의미로 행복의 개념을 받아들인다.

복지정책에서 행복의 문제는 두 가지 측면에서 의미가 있다. 그 첫째는 경제와의 관계이고, 그 둘째는 사회와의 관계, 즉 사회적 행복의 문제이다. 경제와의 관계를 살펴보면, 절대적 빈곤(absolute levels of deprivation)이 극복되면, 그 이후 경제적 요소가 행복에 영향을 주는 것은 생각보다 작다고 한다(Fitzpatrick, 2011).[18] 이를 비유적으로 설명하면 경제가 발전할수록 잃는 것도 많다는 의미이다. 이 점에서 행복의 둘째 측면, 즉 사회적 행복의 중요성이 도출된다. 경제적 요소가 행복에 영

18) 이에 관한 이론이 이스털린의 역설(Easterlin Paradox)이다(Fitzpatrick, 2011: 9). 이 이론에 따르면, 사회경제적으로 상위집단에 속하는 사람들은 하위집단보다 행복하지만, 일정 지점을 넘어서면 잘 사는 나라의 국민이 그렇지 않은 나라의 국민보다 더 행복하지 않다. 따라서 어떤 나라의 행복의 수준은 시간의 흐름에도 꽤나 안정적(stable)이라는 것이다.

향을 주는 것은 생각보다 작으며, 오히려 행복의 수준(well-being)은 자신의 비교그룹(comparison group)에 영향을 받는다는 점이다. 즉, 중요한 것은 객관적인 상태일 수도 있으나 다름 사람들의 행복 수준에 대한 자신의 인식에 의존한다는 것을 의미한다. 이를 각광현상(spotlight phenomenon)이라고 한다(Fitzpatrick, 2011: 11). 물론 행복을 강조하기에는 문제점도 많다. 예컨대, 행복을 강조하면 표층의 행복을 정당화시켜 줄 수도 있다. 따라서 행복을 논의함은 행복 그 자체의 논의뿐만 아니라, 또 하나의 필수적인 개념인 생활세계와 연결된다. 원초적인 행복은 국가성립 이전에도 가능했을 것이기 때문이다. 따라서 생활세계와 행복과의 관계를 살펴보아야 한다.

생활세계라는 개념은 현상학에서 유래하는데, 이는 객관세계(또는 과학세계)와 서로 대비되는 개념이다. 여기서 이 두 세계를 살펴보기로 한다. 생활세계(life-world: Lebenswelt)를 가장 간단하게 사람들이 살아가고 있는 그대로의 세계라고 뜻을 매길 수 있다. 객관세계가 추상화되어 있고 관념적인 것, 그리고 여러 가지 인문적인 것으로 포장된 것이라면, 생활세계는 그저 자연스러운 세계이다. 객관세계의 기초는 과학으로 과학은 '전체에서 어떤 부분을 끄집어내어 상세하게 분석하는 것'에 특징이 있다. 이는 객관세계가 생활세계와 분리되어 추상화의 과정에서 당사자의 특유한 것을 잡아내지 못한다는 말이다. 즉, 인간의 생활에 긍정적 영향도 있지만 부정적 영향을 끼치기도 한다는 뜻이다. 생활세계의 이론적 기반은 철학으로 볼 수 있으며 엄밀히 말하자면 현상학이 철학적 기반을 제공해 준다.

현상학은 생활세계를 지향하며, 사회복지도 그 원형은 이러한 생활세계 속에서 나타난다. 생활세계는 기본적으로 개별적 주체만의 공간이지만, 사회적 관계를 형성하면서 새롭게 구성·재구성된다. 따라서 일상적인 생활세계는 평범하면서도 소박하지만, 견고하고 당연하게 여겨지는 세계이며, 단일하고 지속적인 개인의 정체성을 형성하는 세계이다(김영수, 2012). 철학에서 논의하는 생활세계는 추상성이 높은 단계에서 논의하기 때문에(이종훈, 1992) 사회과학적으로는 받아들이기 어려운 점이 많다. 물론 최근에 이를 지역학과 결합시킨다거나(최경섭, 2010; Choi, 2007), 욕망과 관련시키는 논의(김영수, 2010), 의사소통으로 이해하는 논의 등은 추상성을 구체화를 통해 사회과학적 접근이 가능하도록 한다는 점에서 긍정적이다.

김영수(2012)에서는 인간의 생활세계는 세 가지로 구성되는데, 그것은 주체로서의 욕망, 욕망을 실현하기 위한 물질적 조건의 형성, 그리고 노동능력이다. 생활세계는 노동능력을 형성하기 위한 생활공간의 필요성, 생활공간을 유지하기 위한 수단과 장치, 그러한 수단과 장치를 소유하기 위한 화폐의 획득, 화폐를 획득하기 위한 노동능력의 실현, 노동능력을 재생산하기 위한 생활공간의 필요성 등으로 구성된다고 할 수 있다.

최경섭(2010)은 생활세계를 뿌리 내려 살고 있는 지역을 중심으로 논의되고 있다. 즉, 지역으로 구체화되는 생활세계는 결코 추상적이거나 이념적인 것이 아닌 우리에게 직접적으로 주어진 것이다. 그러므로 생활세계는 학문, 예술 등등 모든 고도(高度)의 지적(知的) 결과물들의 근본토대로서 기능한다(최경섭, 2010). 여기서 생활세계로서의 지역은 구역과는 다르다. 전자가 물리적이고 사실적이면서도 유동적·역동적이고 다양·다채로우며 수없이 많은 가능한 모습들을 잉태하고 있는 반면에, 후자는 물리적이고 객관적인 것이라고 정의되기 때문이다. 더 나아가 지역이란 '나'라는 주체 또는 '우리'라는 상호 주체가 함께 연루되어야만 발생하고 구성되는 정신적인 결과물이라는 점이다(최경섭, 2010). 따라서 공간적으로는 지역, 인간적으로는 우리라는 정신적 결과물을 공유하는 주체들, 시간적으로는 과거와 현재 및 미래가 얽혀 있는 것이 생활세계라 할 수 있다.

이를 사회과학적으로 승화시킨 슈츠(A. Schütz)에 따르면, 의식의 지향성이란 무엇에 대한 의식으로(being consciousness of something), 모든 경험이란 의식과 의식이 지향하는 지향적 대상에 의해 결정되고, 경험이란 조각조각 떨어져 있는 것이 아니라 그 속에 결합을 내포하는 동적인 전개이다. 새가 이 나무에서 저 나무에로 날아가는 것을 볼 때, 새와 나무만 경험하는 것이 아니라 이 나무로부터 저 나무로 라는 관계(from–to)도 동시에 주어진다. 즉, 항들뿐만 아니라 항들 간의 관계도 주어지는 근본적이고 원초적인 경험을 순수경험이라고 하며, 이는 유동적이고 변화이고 흐름이다(정윤정, 2011).

위에서의 연구를 기초로 하여 객관세계와 생활세계를 비교하여 표를 만든 것이 다음 <표 5–2>이다.

제4장에서 서술한 대로 생활세계가 사람과 사람과의 관계, 만남의 세계, 인정의 세계인 데 비해, 객관세계는 조직된 세계로 제도와 얽히게 된다. 여기서 복지의 원형(proto–type)은 생활세계로 이 복지의 원형을 연구하는 것을 현상학적 복지라고

표 5-2 생활세계와 객관세계의 비교

	생활세계	객관세계
인간	① 개별화된 인간 ② '나' 또는 '우리'라는 주체가 함께 연루되어야만 발생하고 구성 ③ 삶의 의지, 욕망, 감정 등을 가진 피와 땀이 흐르는 인간	① 표준화된 인간 ② 인간=Σ개인 ③ 삶의 의지, 욕망, 감정 등을 사상한 합리적 인간
공간	① 유동적/역동적이고 다양/다채로우며 수없이 많은 가능한 모습들을 잉태 ② '지역' 개념과 어울림	① 물리적이고 사실적 ② '구역' 개념과 어울림
시간	① 과거와 어울리는 시간 ② 전통, 권위 등이 개재되는 시간 개념	① 과거보다는 미래를 향한 단절된 시간 ② 전통, 권위 등이 개재되지 않는 시간 개념
구성	① 역사적이고 연속적인 흐름(이규호, 2005: 128) ② 체험으로 구성(이규호, 2005)	① 고정적이고 단절적인 구성(이규호, 2005: 128) ② 교육과 학습으로 구성
기반	의사소통행위	화폐와 권력
접근방법	① 사이 관계를 중시(이기상, 2014) ② 의미론 중시 ③ 비타산적인 접근	① 편익이나 비용 분석을 중시 ② 형식문법 중시 ③ 합리적인 접근
기반	현상학 · 삶의 철학(이규호, 2005)	과학이론

한다.

2) 현상학적 복지[19]

(1) 지금의 공적복지

공적복지의 핵심은 앞말인 '공공'과 뒷말인 '복지'의 결합이다. 공공성은 제6장에서 서술할 것이므로 여기서는 복지와의 문제를 살펴보기로 한다. '복지(福祉)'란 well-being으로 '행복한 삶'을 말한다. 행복한 삶의 원형은 생활세계에서 비롯하는데, 바로 이 명제에서 선진국일수록 생활세계가 제도에 둘러싸여 무너지고 있다는 점이다(滔垣, 2013). 생활세계가 제도에 둘러싸여 무너지고 있다는 것은 두 가지 문제가 발생한다. 그 하나는 이른바 근대화라는 흐름 속에서 사람과 사람과의 관계, 만남의 세계, 인정의 세계가 상실되고 있다는 점이다. 다른 표현으로 '나와 너'의

19) 이 부분은 강석주 외(2014)에서 필자가 집필한 부분을 옮겨 실었다.

관계가 아닌 '나와 그것'의 관계로 바뀌고 있다는 점이다(Buber, 1994). 그 둘째는 생활의 터전(場)이 과학적 방법 또는 합리적 방법으로 바뀐다는 것이다. 이 합리적 방법이 지배하는 세계에서는 효율이 중시되고 무엇이든지 수치로 대체된다. 이것이 일상의 생활세계와 조화를 이룬다고 할 수는 없다(滔垣, 2013).[20] 따라서 복지란 생활세계에서 그 원형을 찾을 수 있으며, 복지학의 목표란 이 생활세계의 회복이 되어야 한다.

행복이라는 것은 지극히 주관적이기 때문에 사실 쉽게 접근하기는 어려운 것이다. 여기서 행복이 주관적이라는 말은 현상학과의 관련성을 잘 표현해 준다. 즉, 현상학이란 의식에 부여된 현상과 그 구조의 서술만이 지향되기 때문이다(滔垣, 2013). 따라서 행복이 주관적이라는 말은 행복이 의식에 좌우된다는 뜻이 된다. 행복에의 접근방법을 부정적 명제인 '어떻게 해야 행복하지 않은 삶인가?'에 대한 접근과 긍정적 명제인 '어떻게 해야 행복한 삶인가?'에 대한 접근의 둘로 나눌 수 있다. 여기서 말하고자 하는 것은 '복지'에 대한 첫 번째 접근인 '어떻게 해야 행복하지 않은 삶인가?'에 대한 것은 제도적이고 공적(公的)인 부분으로 다른 말로는 국가지향적 복지이다(이광석, 2004). 이 속에는 생활정치, 생활임금(living wage)과 공정성의 제도화를 들고 있다.[21] 두 번째 접근인 '어떻게 해야 행복한 삶인가?'에 대한 것은 사적(私的)인 부분으로 시장지향성과 많은 관련을 가진다. 이는 이른바 상업적 복지공급(commercial welfare provider)의 문제로 경제학이나 복지학에서 많이 논의하였다. 이제 이 두 가지 접근을 동시에 이용해야만 행복으로 가는 징검다리 역할을 할 수 있다. 두 가지 접근이 균형이 맞아야만 하지만 사람이 행복한 삶을 만들어 가기에는 이 두 가지로는 뭔가 부족하다. 그것이 후술하는 생활세계의 복지이고, 진정으로 말하고자 했던 '공공복지'에 대해서 말할 수 있기 위해서는 이 부분이 필요하다. 이것을 사회지향성이라 할 수 있다.[22]

20) 稻垣(2013)에 따르면, 오늘날 테러나 경제불황의 근저에는 이러한 생활세계로부터 유리되고 생활세계를 파국으로 내몬 결과라고 한다.

21) The Independent(2006.1.16.)를 참조하라. 생활임금은 근로자의 적정한 생계 유지를 보장하는 임금으로, 1994년 미국 볼티모어에서 지역 시민단체와 공무원노조가 도입 논의에 불을 지핀 뒤 세계 140여 개 도시로 확산되었다. 국내에서 처음 이를 조례로 만들어 시행한 곳은 2013년 12월 경기 부천시다(한국일보, 2016.1.22. 참조). 이 장 제3절에서 자세히 논의한다.

22) 이는 후술하는 실현형태로 본 '사회적'의 의미의 절에서 서술하며, 제6장 제4절에서도 설명할 것이다.

지금의 공적복지는 사람의 행복한 삶에 집중해서 정책을 펼친다고 할 수 없다. 경제력이 없는 사람들에게는 살아가기에 불편함이 없을 정도의 연금과 몸이 아픈 사람들에게는 더 이상 몸이 더 아프지 않을 정도의 요양시설을 제공하는 것에 초점이 맞춰져 있다. 그러나 더 심각한 문제는 '행복한 삶(또는 복지)'이 정부의 정책에 의해서 완벽하게 이루어질 수 있다는 환상에 젖어 있다는 점이다. 물론 이러한 접근법(어떻게 해야 행복하지 않은 삶인가?)도 '어떻게 해야 행복한 삶인가?'라는 접근만큼이나 중요하다. 적절한 기반과 제도적 장치, 정책과 지원이 없다면 사람은 불행해질 것이다. 불과 몇십 년 전만 해도 국민연금제도는 생각할 수도 없었고 국민건강보험제도는 세계 강대국인 미국에서 이제야 도입되고 있다. 그 밖에도 어려운 사람들을 위한 제도적 장치들이 있고 일반국민들을 위한 사회보장정책도 있다. 게다가, 고령화 시대로 접어들면서 사회복지에 대해 관심이 급증하고 실제로 사회복지와 관련된 사업이 많이 생겨났고, 그에 따라 사회복지와 관련된 일자리도 많이 늘어났다. 하지만, 다른 사람의 행복을 위해서 일하는 사람(예컨대, 사회복지 공무원)은 그 자신의 삶이 불행하면서[심지어 사회복지 공무원의 자살도 많다] 다른 사람의 행복을 위해 일하는 것은 말이 안되는 것이다. 이런 일이 발생한 원인은 많이 있겠지만 가장 큰 원인은 사람을 사람으로 보지 않고 숫자로 보기 때문이다. 산업사회의 발달과 자본시장의 확대로 인해 많은 장점들이 있었다. 하지만, 그에 따라 많은 단점들도 있었지만 가장 큰 단점은 위에서도 말했듯이 사람을 숫자로 보는 것이다. 사람을 숫자로만 봤기 때문에 모든 복지가 돈과 관련되어 있어야 했고, 단지 정부의 정책에만 복지를 기댈 수밖에 없는 상황이 오고 말았다.

따라서 현상학적 복지를 실현시키기 위해서 하여야 할 일은[23] 생활세계의 회복이다. 우리 사회가 급격하게 발전하여 '자연스러운 것이 자연스럽게 망각'되어 버렸기 때문에 생활세계를 잊고 있었다. 생활세계를 지향하는 복지는 그저 자연스럽게, 당연한 듯이 서비스를 제공하고 제공받는 것이며, 객관세계 또는 과학세계를 지향하는 복지는 서비스를 제공하면 그에 상응하는 대가를 요구한다. 과학세계를 지향하는 복지의 사례가 현행 노인장기요양보험에서 요양보호사에게 임금을 제공하는 것이다. 옛날에는 자연스러웠던 행위가 사회가 급격하게 바뀌면서 그러한 행위를 하지 않거나 하지 못하게 되어버렸고, 결국에는 생활세계적인 처방보다 체계

23) 이 부분은 滔垣(2013)을 인용하였다.

적인 처방으로 덮여져 버렸다.

하지만, 생활세계적인 처방으로 생활세계 속에서의 복지를 창조할 수 있다. 이것이 복지국가를 넘어 복지사회(복지다원주의)로 나아가자는 주장보다 다 나은 방향이다. 예를 들면, 노인 측면에서 우리 사회는 노인을 공경하고 부양하는 것을 당연시하게 여겼던 사회였다. 이것을 지금으로 보면 생활세계적인 측면이다. 그래서 망각한 생활세계적인 방식을 다시 지금 사회에 환원할 수 있는 방법을 찾는 것이다. 물론 옛날과는 똑같이 되돌리지는 못하지만 이러한 측면만 잘 살린다면 현상학에서 이야기하는 생활세계적 복지를 펼칠 수 있다고 생각한다. 다시 말해, 국가가 제공하는 복지와 아울러, 일반시민이 함께 제공하는 복지가 잘 구현된 것이 공공복지라고 하면, 여기에 더해 현상학적 복지가 복지언어에서 지향하는 복지라고 할 수 있다.

(2) 현상학의 사회과학적 접근

현상학이란 철학자 후설(Edmund Husserl, 1859~1938)에서 유래하는 철학으로, 실러, 후설의 제자이자 '존재와 시간'으로 유명한 마르틴 하이데거(Martin Heidegger, 1889~1976), '실존은 본질에 앞선다.'라는 실존주의 철학의 대표 인물인 장폴 샤를 에이마르 사르트르(Jean-Paul Charles Aymard Sartre, 1905~1980), 현상학을 지각세계 관점으로 연구한 모리스 메를로퐁티(Maurice Merleau-Ponty, 1908~1961) 등이 발전시키고 해석학으로까지 발전하게 된다. 후설이 말한 '사태 그 자체로 돌아가라.'라는 말만 보면 언뜻 이해하기가 쉽지는 않지만 후설이 만든 '과학세계'와 '현실세계'의 구분을 보면 좀 더 현상학에 다가가기가 쉽다. 즉, 본질에 집중해야 한다는 것이다. 사실 현상학은 단순하게 생각할 것은 아니지만 어렵게 접근하기보다는 일단은 편하게 접근하는 것이 중요하다. 현상학에서 말하는 '에이도스(edidos)'라는 개념이 있는데 이것의 의미는 '보아서 알고자 하는 존재'이다. 에이도스라는 개념을 내세워서 현상학은 경험을 중요시 여긴다. 즉, 경험이야말로 앎의 근거가 된다는 것이다. 비유를 하자면 산에 가서 소나무를 봤다고 가정을 한다면 내가 봐서 인식을 했기 때문에 그 소나무가 존재한다는 것이다. 단순히 현상학만을 말하면 이해가 어렵지만 분석철학과 비교해보면 그 차이가 드러나기 때문에 현상학이 말하고자 하는 바를 알 수 있다. 분석철학은 언어에 중점을 둔다. 그렇다고 언어학과는 다르다. 언어학은 언어의 기호나 발음, 여타의 언어 그 자체에 중점을 두지만 분석철학의 경우는 언어가 전달하는 의미에 대해서 관심을 둔다. 예를 들어서, 빨간색 장미가 있다고 한다면 "꽃이 빨간색이다"라는 말은 장미가 빨간색이라는 객관적 사실을 가지고 있다는 것을 의미한다. 반면에, "꽃이 예쁘다"라는 말은 자칫, 꽃이 '예쁘다'라는 주관적 의견을 마치 장미에 원래 있던 요소처럼 말하는 것이다. 분석철학과 현상학을 지도에 비교해 보면 차이가 명확해진다. 먼저, 분석철학은 지도에서 쓰이는 기호들이 제대로 쓰이는가에 관심을 두는 것이라면 현상학은 지도 그 자체보다는 지도가 원래 나타내고자 했던 본래의 지형에 관심을 두는 것이다. 사실 우리가 사는 곳은 지도 안이 아니라 밟고 있는 땅, 즉 지형이다. 그런데 현상학의 관점에서 보면 현재의 과학은 우리가 살고 있는 삶[즉, 밟고 사는 땅]에 관심을 기울이지 않고, 과학 그 자체에 관심을 두고 있다는 것이다. 하지만, 후설이 이야기한 '사태 그 자체로 돌아가라.'라는 이 한 문장에 담긴 의미를 생각해보면, 복지가 발전해야 할 길이 공공복지와 함께(또는 공공복지를 넘어서) 현상학에 기초한 복지(현상학적 복지)가 그 길이다.

사회과학적인 연구에 현상학적인 방법으로 연구하는 경우가 많다. 이는 현상학이라는 학문 그 자체가 자신의 주관적인 개입 없이 실제 발생한 현상에만 관심을 두기 때문에 이러한 현상학적 연구방법을 선호하는 것이다. 현상학은 대상을 의식 또는 사유에 의해서 구성하는 논리적 구성주의에 서지 않고, 객관의 본질을 진실로 의식에서 포착하려는 데에 철학의 중심을 두는 것이다. 현상학은 때로는 본질과 의미의 논리에 대한 객관적 탐구로, 때로는 의식에 대한 심원한 심리학적 기술이나 분석으로, 때로는 생생하게 체험되는 실존에 대한 구체적 접근방법이다. 이렇듯 현상학은 지금 현재 직시하고 있는 '현상'을 중심으로 구성된다고 볼 수 있다.

이외에도 여러 가지 분야가 있지만 그중 심리학에서 현상학적인 방법을 쓴 대표적인 사례로 칼 로저스(Carl Rogers, 1902~1987)[24]의 현상학 이론이다. 이는 위

24) 미국의 심리학자로, 1931년에 콜럼비아 대학에서 임상심리학으로 박사학위를 취득하고, 1940년에 오하이오주립 대학의 심리학과 교수로 초빙되었으며, 이후 1945년에서 1957년까지 시카고 대학에서 심리학 교수와 상담소를 책임 맡아 일했다. 시카고 대학 시절 『내담자 중심 요법(*Client Centered Therapy*)』, 『카운슬링과 심리치료(*Counseling and psychotherapy*)』를 저술함으로써 뒷날 클라이언트의 중심의 치료로 개념화하였다. 현상학과 관련하여 그의 주요 저서로는 *A Way of Being* (1995)이 있다.

에서 고차원적으로 언급한 철학적인 내용과 어느 정도 일치하는 부분도 있겠지만 이 이론도 어디까지나 현상학의 핵심인 '있는 그대로의 현상'을 바탕으로 하여 정립된 심리학적 이론이다. 즉, 철학에서부터 시작한 현상학을 우리 사회에 실질적으로 쓰인 대표적인 심리적 접근방법으로 지금도 로저스의 현상학 이론은 상담에 자주 쓰인다. 이러한 특성을 가지고 있는 로저스의 현상학 이론에 대해 설명하면 다음과 같다.[25]

첫째로 현상학에서 인간관을 살펴보자. 인간은 본래 특정한 성격유형을 갖고 태어나는 것이 아니라, 다양한 주관적인 경험들을 통해 성격이 형성되는 것으로 본다. 미리 정해진 성격패턴은 없으며 그보다는 삶의 경험에 따라 각 개인의 성격이 달라질 수 있다. 성격발달에서 광범위한 선택과 가능성을 인정하고, 각 사람이 갖는 성격의 독특성을 강조한다. 그리고 각 사람은 자신의 경험을 독특하게 구성하는 틀을 갖고 있다. 따라서 각 사람은 다른 사람과 구별되는 독특한 성격을 갖게 되는 것이다.

현상학에서의 인간관은 인간의 성장과 자기실현을 강조하는 등 인간에 대해 매우 긍정적으로 접근한다. 프로이트가 인간의 본질을 '악하다' 혹은 '부도덕하다'고 본 것과는 달리 로저스는 천성적으로 선하다고 보았다. 로저스는 만약 인간이 다른 사람의 영향에서 자유로울 수 있다면 그것은 자아실현의 동기가 있기 때문이며, 좀 더 사회적이고 협력적이며 창의적이고 자기지향적인 인간이 될 수 있다고 보았다. 인간은 그 자신이 경험의 산물이기도 하면서 동시에 이러한 경험을 받아들이는 방법에 따른 산물이기도 하다. 따라서 삶은 성장하고 발전하는 기회의 총체다.

둘째로 로저스의 현상학의 주요 개념들을 살펴보자. 대표적인 개념들로는 '자기(self)', '현상학적 장(phenomenal field)', '자기실현 경향성', '완전히 기능하는 사람(fully functioning person)'이 있으며, 이 중 현상학적 장과 자기실현 경향성에 대해 설명하고자 한다.

현상학적 장이란 주관적 경험의 세계를 말한다. 같은 현상이라도 사람마다 그것을 경험하고 느끼는 방식에는 차이가 있기 때문에, 로저스는 인간(혹은 인간행동)을 이해하려면 사람들이 자신의 경험들을 어떻게 주관적으로 느끼고 경험하느냐를 이해해야 한다고 본다. 인간 행위를 객관적 현실이 결정하는 것이 아니라 우

---

25) 사회복지교육연구센터(2010: 174−180)의 일부 내용을 인용하였다.

리 자신이 현실을 보는 방식에 따라 우리의 행동이 영향을 받는다는 것이다. 또한 과거의 사건 그 자체가 아니라, 과거 경험에 관해 현재 어떻게 해석하는지의 여부가 바로 현재의 행동을 결정한다. 따라서 어떤 사람을 이해하기 위해서는 그가 현실을 어떻게 체험하고 있는지를, 즉 그의 현상학적 장을 알아야 한다.[26)]

자기실현 경향성을 설명해 본다. 인간은 자신을 유지하고 향상시키는 방향으로 자신이 지닌 모든 능력을 개발하려는 강한 성향을 가지고 있다. 유기체는 자기실현 경향성을 타고나는데 이는 개인이 가진 모든 생리적・심리적 욕구와 연관된다. 즉, 자기실현 경향성은 유기체를 유지하는 데 기여한다. 결국 유기체를 유지하는 것 이상으로 유기체의 성장이나 향상을 촉진하고 지지하는 것이 자기실현 경향성이다.

인간의 다양한 욕구와 동기는 자신을 유지하고 잠재능력을 개발하려는 자기실현의 일부일 뿐이다. 인간은 생물적 잠재능력을 성취하는 것뿐만 아니라 심리적인 잠재능력도 실현해야 하는 존재다. 이러한 자기실현 경향성은 복잡성이나 자기충족, 성숙을 지향하는 인간의 모든 노력을 포함하여 인생의 진보적인 추진력을 나타내는 것이다. 즉, 좀 더 능력 있는 사람이 되는 과정이다.

셋째로 현상학에 대한 평가이다. 현상학은 이론보다는 심리치료와 상담영역에 많은 영향을 미쳤다. 특히, 클라이언트중심치료는 정서적 장애를 가진 사람들의 치료에 유용한 것으로 평가되어 그동안 폭넓게 적용되었다. 치료적 관계의 구성요소로서 비위협적인 환경, 비심판적 태도, 공감과 진실성, 무조건적 긍정적 관심, 문제해결자로서의 클라이언트를 강조하였다. 또한 인간본성의 긍정적인 측면과 자기개념의 중요성, 개인 존재의 고유성, 개인의 잠재력과 내적인 욕구의 중요성을 강조하였다.

그러나 현상학도 비판을 받고 있다. 그 문제점으로 지적되는 것들은 클라이언트의 말을 비판 없이 그대로 받아들이는 순진한 현상학을 취했다는 비판을 받았다.

---

26) 예를 들면 철수, 영호, 그리고 민희가 길을 가는데 큰 개가 접근한다. 철수는 그 개를 '두려운 대상'으로 지각했고, 영호는 대수롭지 않게 생각했고, 민희는 큰 개를 멋지다고 생각했다. 철수는 벌벌 떨며 영호 뒤로 숨었고, 영호는 그런 철수를 "왜 그래?" 하고 밀치며 그냥 앞으로 갔고, 민희는 큰 개에게 다가가 쓰다듬으려고 손을 내밀었다. 큰 개가 다가오는 객관적 현실 자체가 세 사람의 행동에 영향을 미쳤다기보다, 동일한 현실을 지각하는 세 사람 각자의 주관적 방식의 차이가 결국은 행동의 차이에 영향을 미쳤다. 이때, '큰 개'라는 경험에 대해 이들 각자가 느끼는 방식이나 주관적 경험을 현상학적 장이라 할 수 있다. '각자의 주관적 경험방식이 다르니 행동이 다르다'는 말과 '각자의 현상학적 장이 다르니 행동이 다르다'는 말은 같은 말이라고 보면 된다.

또한 기본적인 인간본성에 대한 선한 측면을 너무 강조하여 인간의 악한 면과 부적응적인 인간에 대한 설명이 부족한 한계도 있다.

(3) 현상학과 사회복지와의 연관성

현상학은 다른 철학에 비해 사회과학적으로 많이 응용되었고, 또 응용할 부분이 있기에 더욱 각광을 받는다. 이러한 철학 분야를 사회복지에 적용하는 것이 가능할까?

지금 우리 시대의 사회복지는 대체로 국가의 주도 하에 운영되고 있는 것이 현실이다. 구체적으로 이야기하면 '헌법 제34조의 인간다운 생활을 할 권리'를 근거로 국가는 보건복지부의 주도 하에 다양한 복지정책을 수립하고, 이에 기초하여 사회복지서비스를 국민에게 제공하고 있다. 또한 국민의 생존을 보장하기 위해 공공부조법인 「국민기초생활보장법」을 실시하여 저소득층에게 최저생계비를 보장함으로써 그들의 생계를 보장하고 있다. 이렇듯 우리나라의 사회복지는 관 주도적인 성격이 크며,[27] 지금 현대 사회의 복지패러다임의 핵심인 복지에 대한 국가의 의무를 중요시한다는 점에서 찾을 수 있다.

그러나 국가로서는 지금 사회복지를 운영하는 데 커다란 한계에 봉착하게 되었다. 그중 가장 큰 문제가 우리 사회가 고령화 사회에 진입하였으며, 빠르면 5년 안에 고령 사회로 진입하게 될 위기에 처해 있다. 이는 필연적일 수밖에 없으며 어떻게든 대책을 강구해야 하지만, 현재의 복지예산으로는 이러한 근본적 문제를 해결하기가 어렵다. 이에 대한 해결 방향을 현상학적 방법으로도 도출이 가능할까?

현상학적으로 복지에 접근한다면 그 핵심은 "주체의식이 생활세계의 의미를 독해하다."이다. 여기서 주체의식이나 생활세계 및 의미는 모두 현상학적 관점을 말한다. 첫째가 주체의식이다. 이는 인간 존중의 의미이며, 객관학문에서 주장하듯이 하나하나의 인간은 결코 중화(neutralization)되지 않음을 뜻한다. 복지의 지향이 '인간다운 생활'이고 그것이 '행복한 삶'이라면 이에 가장 가까운 개념은 '생활세계 및 의미'이고 이를 추구하는 것이 현상학적 복지이다.

그러면 구체적으로 복지는 어떻게 이루어지는가? 앞서 서술하였듯이 제도적이고 공적(公的)인 부분의 복지와 사적(私的)인 부분의 복지가 사회복지를 이루고 있

27) 이를 이 책에서는 공적복지 또는 낡은 공공에 의한 복지라고 부른다. 자세히는 이광석 외(2015)를 참조하라.

다. 그러나 이 두 가지 접근만으로는 완전한 복지라고 말할 수 없다. 滔垣(2013)에 따르면, 이 두 가지에 사(私)의 연합체[또는 시민사회]가 함께할 수 있을 때를 '공공복지(公共福祉)'라고 한다. 여기에 더하여 생활세계가 함께할 때, 즉 이 세 방향의 접근이 균형이 맞아야만 사람이 행복한 삶을 만들어 갈 수 있다. 복지에 대한 현상학적 물음의 답은 위에서 설명한 세 방향의 복지가 서로 적절하게 합친 것이다. 복지의 핵심은 주체가 국가 또는 국민이라는 어느 한 쪽만을 지칭하는 것이 아니며, 국가뿐만 아니라 국민도 복지영역에 참여하는 복지다원주의나 복지사회도 아니다.[28] 이러한 패러다임은 국가의 복지재정을 완화시킬 수는 있겠지만 진정으로 추구하는 복지는 공(公) · 사(私) · 공공의 3원론에 입각하는 것이다. 이 방향이야말로 복지재정의 완화는 당연할 것이며, 국민 개개인의 생활 만족도도 이전에 비해 높아질 것이다. 이를 이 책에서는 '생활세계의 복지'라고 말한다.

3 사회적 행복(social happiness)

1) 삶의 질에 관한 관심

삶의 만족도에 관심은 2008년 세계 금융위기 이후 부쩍 커지고 있다. 경제 성장에 초점을 맞춘 정부 정책이나 제도만으로는 삶의 질을 담보할 수 없다는 인식이 확산되면서 나타난 현상이다. 이런 배경에서 OECD는 2013년부터 '삶의 질 지표'를 매년 발표하고 있고, 유엔도 올해 처음 행복 보고서를 냈다.

SBS 보도에 따르면, 창업자 저커버그(M. Zuckerberg)는 딸이 더 나은 세상에서 자라길 바란다며, 페이스북 지분의 99%, 우리 돈 52조 원에 달하는 재산을 자선 재단에 기부하겠다고 하여 세상을 놀라게 하였다. 딸을 사랑하기 때문이기도 하지만 다음 세대 모든 어린이들을 위한 도덕적 의무이기도 하다고 저커버그는 밝혔다.[29]

28) 이러한 논의는 제3섹터의 복지참여를 주장하는 "복지다원주의(welfare pluralism)", 1990년대 토니 블레어 총리의 정치노선인 앤서니 기든스의 『제3의 길(*The Third Way*)』에서도 언급된 바가 있다.

29) http://news.sbs.co.kr/news/endPage.do?news_id=N1003296178&plink=TEXT&cooper=DAUM&plink=COPYPASTE&cooper=SBSNEWSEND 이런 선행은 2010년 빌 게이츠는 810억 달러의 재산 가운데 이미 절반 이상을 기부했고, 워런 버핏도 매년 3, 4조 원씩 기부하며 전 재산 720억 달러의 99%를 사회 환원하겠다는 약속을 지켜가고 있다. 사우디의 알 왈리드 왕자도 전 재산 320억

우리나라에서도 지난 3월 조창걸 한샘 그룹 창업주가 4천 400억 원 규모의 주식을 공익재단에 기부하기로 했고, 이준용 대림그룹 명예회장도 지난 8월 2천억 원대 주식을 기부했다.[30)]

이런 조사나 이런 선행들은 무슨 의미를 가지며 어떻게 가능할까? 물론 한계효용체감의 법칙에 따르면 화폐도 상품이므로, 많은 돈은 화폐 1단위당 가치를 떨어뜨리기 때문이라고 말할 수 있다(화폐 1단위당 가치는 1/money로 표기된다. 이때 m이 많을수록 1/m은 작아진다). 그러나 사회적 행복은 그렇게 형이하학적으로 평가절하할 수 있는 것이 아니다.

행복이란 사람이 살아가는 인생의 목적이라고 할 수 있다. 오늘날 행복은 '주관적 만족감'으로 통용되고 있으며, 이는 기본적으로 사적이고 심리상태에 의존할 수 있는 개성기술적이며(idiosyncratic), 프라이버시와 관련된 문제로 보는 견해가 강하다. 정말 그러할까? 그러면 앞에서 본 사례처럼 왜 기부행렬이 이어지는 것일까?

아리스토텔레스에 따르면, 행복(eudaimonia)은 시시각각 변화하는 마음 상태에 따라 달라지는 행복감을 의미하는 것이 아니라, 어떤 사람의 삶 전체를 놓고 평가할 때 적용되는 말이라고 한다(김선욱, 2009). 즉, 행복이란 삶의 완전성을 이룬 상태로, 심리적 차원을 넘어선다. 그 의미는 이른바 무연고적 자아가 중요하기는 하지만 공동체적 자아라는 것을 함축하고 있다. 행복의 개념이 사적 행복을 넘어, 인류로서의 행복을 의미하거나 국가 정책목표인 공적 행복과도 어떤 관계가 있다면, '사적 행복'에 공공성만 갖추면 '공적 행복'이 되는 것이 아니다. 여기서 중요한 것은 정책에 요구되는 공공성과 행복의 사적 성격은 긴장관계에 놓인다는 점이다(Ryan, 2010). 사적 행복에 관해 공권력이 할 수 있는 것은 개인이 원한다면 행복을 추구할 수 있는 권리를 보장하는 것이며, 정부가 개인의 행복을 직접 증진시키는 것은 오히려 행복추구권과 갈등한다.[31)] 여기서 '사회적 행복'은 무엇을 의미하는가

달러의 사회 환원을 선언했고, 대만 기업인 '사무엘 인' 회장, 인도네시아 '다토 시리 타히르' 말레이시아 '빈센트 탄치옌' 회장 등도 재산 대부분을 기부하겠다고 약속했다.

30) 그러나 우리나라 부자들은 재산을 자녀에게 상속하는 경우가 많다. 재산이 1조 원 이상인 우리나라 갑부 35명 가운데, 상위 10명은 모두 부모의 재산을 물려받은 상속형 부자이다(SBS 보도 자료: http://news.sbs.co.kr/news/endPage.do?news_id=N1003296003&oaid=N1003296179&plink=REL4&cooper=DAUM&plink=COPYPASTE&cooper=SBSNEWSEND).

31) 그리고 공권력에 의한 행복의 정책적 증진이 자칫 '정치의 탈정치화'로 연결되지 않을까 하는 우려가 있다고 한다(Ryan, 2010).

하는 이슈를 살펴볼 필요도 있다.

2) 여러 철학들에서 보는 사회적 행복

(1) 사회적 행복의 전제

오늘날 대부분의 연구가 행복을 일상생활에서의 주관적 만족감, 즉 사적 행복으로 설정한다. 따라서 사회적 행복(social happiness)을 논의하기 전에 사회와 개인 사이의 결합을 먼저 살펴본다(塩野, 2006: 174－179). 개인은 사회 속에서 살아가고 사회에 의해서 제약을 받는다. 앞서 설명하였듯이 사회공동체에서 행복의 실현이 상당한 정도로 좌우되기 때문이다. 이를 그림으로 나타낸 것이 다음 [그림 5－4]이다.

그림 5-4 사회와 개인 간의 관계

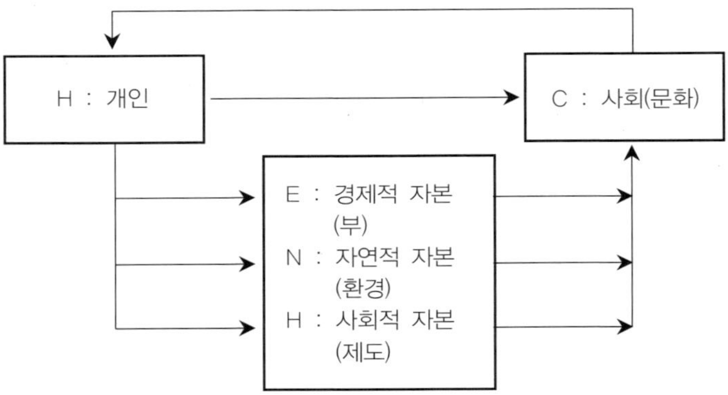

출처: 塩野(2006).

[그림 5－4]에서 의미하는 바는 사회는 개인의 터전이라는 점이다. 민주국가에서 '사회의 번영'과 '개인의 행복'이 어떤 관계인가? 둘의 조화라고 하는 데에 이의가 없을 것이다. 즉, 사회의 번영은 개인의 행복에 기초하여야 하고, 개인의 행복은 사회의 번영에 이바지하도록 조율되는 공동체를 지향한다.[32] 그렇다면 더더욱 사

32) 필자는 정부가 사회적 행복을 위해 무엇을 해야 할 것인가에 관심이 있다. 그러나 지면 관계상 이에 대한 연구는 다음으로 미룬다.

회적 행복의 개념이 필요하다. 이에 기초하여 이론체계를 세우게 된다. 가장 대표적이고 이해하기 쉽게 설명한 것이 퇴니스(F. Tönnis)의 게마인샤프트(Gemeinschaft)와 게젤샤프트(Gesellschaft)이다. 이 구분은 위에서 설명한 생활세계와 객관세계의 원형으로 보인다. 퇴니스의 이론을 더 살펴보자. 그는 인간행동의 동기를 선택의지와 본질의지로 분류한다. 전자는 합리적·계산적·목적지향적 의지이고, 후자는 자연적·실재적·유기체적 의지이다. 또 그는 개인의지와 사회의지를 구분하고 전자는 심리주의에, 후자는 제도주의에 대응한다고 보았다. 게젤샤프트는 독립한 개인들이 합리적 계산 아래에서 선택한 기계적 결합체이다. 사회의지의 관점에서 게젤샤프트는 개인들이 상호이익에 입각한 계약에 의해 구성된다. 한편, 게마인샤프트에서의 개인의지는 공동선의 지배에 대한 양해이고, 제도적 사회의지는 개인들의 사회적 공감의 결과로서 형성된 관습이다. 이를 표로 나타낸 것이 다음 <표 5-3>이다.

표 5-3 퇴니스의 게마인샤프트와 게젤샤프트

사회형태	개인과 사회 의지	개인 심리적 의지	사회 제도적 의지
게젤샤프트	선택의지: 합리적 의지	계산	계약
게마인샤프트	본질의지: 자연적 의지	양해	관습

출처: 塩野(2006).

퇴니스는 <표 5-3>에서 두 유형의 사회조직체가 공존한다고 본다.[33] 그 의미는 사회가 사회적 행복의 원천으로 개인적 행복의 총합은 아니라 그 총합을 넘어서는 어떤 것이라는 점이다. 즉, 행복이 개인적일 수도 있지만 근본적으로 사회적이라는 주장이다. 이에 관한 설명의 하나가 후술할 롤스(J. Rawls)의 정의 개념이다.

보다 중요한 것은 복지국가에서 국가의 목적은 복지 수혜자인 시민들의 삶의 질을 증가시켜야 한다는 것이다. 국가나 사회가 주도하는 총량으로서의 만족도를 넘어서 (실증주의에서는 보통 국가경쟁력이라는 이름으로 표현된다) 개개인의 의식이 '만족하다'는 인식을 그 최종 목표로 삼아야 한다. 사회적 행복을 달성하기 위해

33) 따라서 塩野(2006: 177-179)는 오늘날 자유주의와 공동체주의의 논쟁이 퇴니스 이론에 비추어 보면 잘못 설정된 것이라고 한다.

서는 인류 역사에서 행복의 개념이 어떻게 전개되어 왔는지를 살펴볼 필요가 있다.

(2) 공리주의에서의 행복

행복과 관련하여 제일 먼저 떠오르는 정치철학자는 벤담(J. Bentham)과 그를 계승한 공리주의자들이다. 하지만, 그들의 행복 개념은 '사적 행복'을 토대로 삼고 있다. 행복을 질적으로 차별화시킨 밀(J. S. Mill)의 경우에도 사적(주관적) 체험을 기준으로 삼는다. 이 사적 행복을 토대로 '최대 다수의 최대 행복'이라는 공적 행복을 추구한다(이재정, 2015). 공리주의를 잘 정리한 김영기(2013)의 글을 그대로 인용해서 보충하기로 한다.

벤담의 공리주의의 핵심 사상은 도덕의 최고 원칙은 가장 큰 행복을 산출해야 한다는 것, 즉 전체적으로 고통을 상쇄하고 난 나머지 쾌락의 양을 가장 크게 해야 한다는 주장이다. 이 원칙을 우리는 '공리의 원칙(principle of utility)'이라고 한다. 여기서 '공리(utility)'란 쾌락 또는 행복을 산출하는 것과, 고통이나 괴로움을 막아 주는 것 일체를 의미한다. 이 공리주의에서 사회적 행복이란 개념이 구체화된다. 그것은 양적인 측정을 통한 비교우위라는 개념이다. 따라서 사회적 행복을 극대화할 수 있는 행위, 정책, 제도가 정의로 상승된다. 이 방법이 경제학에서 사용하고 있으며, 가장 강력히 통용되는 사회적 행복의 개념이 된다.

그러나 오늘날 공리주의는 두 가지 결정적 반론에 직면한다. 첫째, 공리주의는 개인의 권리를 존중하지 못한다는 점에서 치명적 약점을 갖는다. 공리주의는 오직 만족의 총합에만 관심을 두는 까닭에 개인의 권리를 짓밟을 수 있다. 경제학적 행복의 개념이 갖는 문제는 바로 여기에 있다. 둘째, 공리주의는 하나의 가치로 환산될 수 없는 인간의 다양한 가치를 하나의 가치로, 예를 들어 쾌락으로 환산함으로써, 인간의 다양한 가치를 제대로 고려하지 못하고 인간의 존엄성을 저하시키고 있다는 비판이다.

그 사례로는 다음의 경우를 들 수 있다. 고대 로마에서는 콜로세움(Colosseum)이라는 원형경기장에서 그리스도인을 사자 우리에 던져놓고 군중이 그것을 보고 즐기게 했다. 그러나 콜로세움을 가득 메운 구경꾼들이 아무리 환호하며 집단적 황홀경을 느낀다 하더라도 이것을 옳은 일이라고 할 수는 없는 일이 아닌가? 아울러, 아무리 공동체 전체의 이익이 걸려 있다 하더라도, 죄 없는 사람을 희생시켜 공동체의 이익을 도모할 수는 없지 않은가?

또한 체코 정부가 흡연에 따른 의료비용 증가를 우려해, 담배에 부과하는 세금을 높이는 방안을 검토할 때, 담배 회사인 필립 모리스는 흡연이 체코의 국가 예산에 미치는 효과에 대한 비용-이익 분석을 통해, 정부로서는 흡연을 통해 손해가 아닌 이익을 본다는 분석을 내놓음으로서 이에 대응하였음을 볼 때 공리주의의 행복관은 상당한 문제가 있다고 하겠다.

(3) 자유주의(liberalism)에서의 행복

자유주의에서의 행복은 롤스(J. Rawls)에 의해서 전개되었다. 그는 정의를 말하였지만, 이를 통해 행복의 길로 인도될 수 있다. 따라서 자유주의에서의 행복도 같은 내용이라고 할 수 있기에 정의를 다루는 다음 항에서 논의를 전개한다.

(4) 자유지상주의(libertarianism)에서의 행복

익히 알다시피 자유지상주의는 시장의 자유를 지지하고, 재분배를 위한 조세정책이나 복지국가를 위한 '큰 정부'를 반대하며, 이른바 개인의 '절대적 자유' 또는 자기소유권(self-ownership)을 중시하는 입장이다(김영기, 2013). 자유지상주의에서는 시장을 행복의 중심 축으로 놓기 때문에 시장을 살펴보아야 한다. 시장에서의 교환은 복지(후생)를 증대시켜 주는 것은 분명하다. 문제는 개인적 행복이 아닌 사회적 행복을 증대시켜 주는가이다. 시장주의자는 '그렇다'고 답할 것이다. 왜냐하면, 교환을 통해 거래의 양 당사자 모두 부가이익을 창출하였기 때문이다. 그런데 여기서 '이익이 행복인가'에 대해서는 회의적이다. 바로 이 점에서 후술하는 행복지수(GNH)가 고안되었다. 뿐만 아니라 법경제학에서 말하는 굶는 아이와 개 중에서 누구에게 식량을 줄 것인가?에 대해 개에게 제공하는 사료가 장기적으로 생산을 증가시킨다고 주장한다. 시장에서는 가능할지 몰라도 받아들이기가 쉽지 않다. 그 이유는 결국 "행복은 인간적"이라는 전제가 있기 때문일 것이다. 따라서 대우받을 때나 인정받을 때 느끼는 심리적 행복을 설명할 수 없다. 뿐만 아니라 행복은 후술하는 바처럼 장기적 안정에 의존하고 장기적 안정이 가능할 때 이루어진다. 자기 소유권이 전적으로 개인에게 소유된다면 타투(tatoo)는 설명이 가능하지만(김영기, 2013: 153-154), 그렇다면 장기(臟器)도 자기 것이라고 마음대로 처분할 수 있는가?

(5) 공동체주의에서의 행복

자유주의자들은 내 책임은 내가 떠맡은 일에 한정된다고 생각한다.34) 이에 따르면, 우리는 자유롭고 독립적인 존재이며, 기존 도덕에 얽매이지 않고 스스로 목적을 선택할 수 있다. 그러나 자유에 대한 이런 생각에는 집단적 책임 의식이 들어설 여지가 없다.35)

샌델(M. Sandel)에 따르면, 현실 생활 속에서 우리가 갖게 되는 우리의 도덕적 책임(moral responsibility)에는 크게 세 가지 종류가 있다. ① 자연적으로 갖게 되는 의무인 자연적 의무(natural duties)는 보편적인 의무로서, 우리가 현실 생활에서 자기가 실제적으로 동의하지 않았다 하더라도 지게 되는 의무이다. ② 자기의 의사로 받아들인 책무인 자발적 의무(voluntary obligations)는 내가 구체적으로 맺는 특수한 관계에서, 내가 자발적으로 약속함으로써 지게 되는 의무이다. ③ 내가 맺고 있는 관계에서 오는 책무인 연대성의 의무(obligations of solidarity)는 내가 실제로 동의하지 않았다 하더라도 내가 놓인 특수한 상황이 나에게 그 책무를 부여하게 되는 의무이다. 그런데 자유주의는 이 세 번째 의무를 이해하고 받아들이지 못한다. 예컨대, 가족과 국가에 대한 의무, 자신의 동료에 대한 연대의 의무나 자기가 속한 조직체에 대한 의무, 역사적 기억에 따른 자신들의 조상의 책임에 따른 의무, 종교적 신념에 따른 의무 등이 그것이다. 그러나 이러한 의무들은 우리의 정체성을 형성한 공동체와 전통이 요구하는 도덕이다.36)

---

34) 이 부분은 김영기(2013)을 그대로 축약하여 옮겼다.

35) 선조들이 저지른 부당 행위에 내가 도덕적 책임을 져야 한다는 의무감도 없다. 내가 할아버지의 빚을 갚거나 잘못을 사죄하겠노라고 약속하는 것은 다른 문제이다. 이때 빚을 갚거나 사죄하게 되는 것은 내가 합의한 의무이기 때문이지, 세대에 걸쳐 이어지는 집단적 동질성에서 나온 의무가 아니다. 이런 약속을 하지 않는 한, 도덕적 개인주의자들은 앞선 세대가 저지른 죄를 보상할 책임감을 전혀 느끼지 않는다. 그 죄는 어쨌거나 그들의 죄이지, 내 죄가 아니니까. 만약 정의에 관해 생각할 때 이렇게 우리의 특정한 정체성을 배제해야 한다면, 오늘날 독일인이 유대인 대학살에 대해, 또 일본인이 한국의 식민통치나 정신대 문제에 대해 배상할 특별할 책임을 떠맡거나, 현세대 미국인이 노예제나 인종차별정책의 부당함을 배상해야 할 특별한 책임감을 느낄 이유는 없다는 것이다. 왜냐하면, 일단 독일인, 일본인, 미국인이라는 정체성을 배제하고, 나를 자유롭고 독립된 자아라고 생각한다면, 그 같은 역사적 부당함을 배상해야 할 책임이 다른 사람이 아닌 내게 있다고 말할 근거가 없기 때문이다(김영기, 2013).

36) 또한 만일 자유주의자들이 생각하듯이 우리 자신을 자유롭고 독립적인 자아로만 여긴다면, 우리는 낙태, 간통, 매춘, 장기거래, 조력 자살(assisted suicide) 등의 문제에 국가가 개입할 수 있다고 생각할 여지가 없다(김영기, 2013).

공동체주의에서의 행복을 공적 영역이라는 개념에서 살펴볼 수도 있다. 공적 영역이란 공동의 관심사에 대해서 각기 독립적인 의견을 가진 사람들이 모여, 자신의 의견을 피력하고, 다른 사람들의 생각을 듣고, 함께 토론하는 상징적 공간을 의미한다(이재정, 2015). 이에 기초하는 공동체는 그 행복을 이념적 차원과 실용적 차원으로 나누어 살펴본다.

실용적 차원에서는 공동체가 형성되면 지역의 문제를 해결하는 데 드는 비용을 줄일 수 있고 공동체 간 연대를 통해 사회적 관계의 확대가 가능하다는 측면이다. 공동체에 속하지 않은 개인은 생활주변의 문제를 공적 관계 속에서 해결해야 하므로 많은 거래비용(transaction cost)을 지출해야 하지만, 공동체 속의 개인은 구성원 간 형성된 친밀감이나 사회적 유대 등 사회적 자본의 형성을 통해 생활문제를 해결할 수 있어 문제해결의 비용이 감소한다고 한다(김희연 외, 2014). 또 공동체 활동의 가치는 시장에서 거래되는 재화와 서비스로 표현되는 경제적 가치뿐만 아니라 비(非)시장 방식으로 표현되는 유무형의 다양한 가치도 내포하고 있으며, 지역공동체의 구성원들 상호 간에 이타적 행위들을 공유하는 데서 오는 사회적 가치는 사회자본의 일종으로서 공동체 존재 의의의 중요한 부분이라고 한다(김희연 외, 2014).

이념적 차원에서는 국가의 정책과제로 실현해야 할 행복은 공적 보장의 성격을 가져야 함을 깨우쳐 준다. 그런 맥락에서 사적 행복을 추구할 권리를 보장하는 것에 머물러야 하고, 국민들 개개인의 사적 행복을 실현시키는 것은 공권력의 정치적 목표가 아니라고 한다. 마치 정부가 개인의 사생활에서 신앙의 자유를 보장하는 것과 신앙생활을 실현시키는 것은 전혀 다른 차원의 문제인 것과 같다. 행복추구권은 개인의 권리로 보장되어야 하며, 권리인 이상 그 권리의 행사 여부는 개인의 판단과 선택에 맡겨져야 한다. 이런 입장은 "헌법은 당신에게 행복을 추구할 권리만을 제공하는 것일 뿐, 당신 스스로 행복을 잡아야 한다"는 맥마흔(W. McMahon)의 글이 그 핵심을 잘 짚어준다(이재정, 2015).

행복은 기본적으로 개인의 주관적 느낌이라는 점을 부인할 수는 없다. 하지만, 그냥 주관적인 수준에서만 머물고 상호주관적인 인정을 받지 못한다면 여러 가지 문제가 발생할 수 있다. 어떤 사람은 도박이나 마약에서 주관적으로 최대의 행복을 느낄 수도 있고, 어떤 이들은 의학적으로 매우 병약한 상태임에도 건강하다고 느껴서 행복할 수도 있다. 행복이 주관성에만 갇혀 있다변, 논리적으로 비도덕적, 반사회적, 비사실적인 것에 대해서도 행복할 수 었다. 즉, 행복은 사회적으로 뿐만 아니라 당사자 자신에게도 매우 위험한 것이 될 수 있다. 이 같은 문제에 대해 공적 영역에서의 상호주관적 인정은 일종의 제어기능을 담당한다. 즉, 현상의 세계에서의 인간은 공적 소통을 통해서만 사적 주관성에 갇힌 삶을 해방시키고, 개인적으로 공동체적으로 안정된 삶을 영위할 수 있다. 이때 맛보는 해방감과 안정감은 인간에게 커다란 행복을 안겨주며, 이런 행복 없이는 아무리 서적으로 주관적으로 행복하게 느낄지라도 온전히 행복할 수 없다는 뜻이다(이재정, 2015).

3) 경제적 관점에서의 사회적 행복

경제적 관점에서의 행복이란 행복지수로 대표된다. 따라서 여러 종류의 후생지표의 개발이 시도되고 있다. 경제학에 근거를 둔 후생지표들은 성장이나 일자리 창출과 밀접한 관련을 맺고 있다. 그 전제는 그들이 생활수준을 향상시킨다는 데에 있다. 그러나 최근에 성장의 과실이 일부 계층에만 돌아가는 편중현상과 성장에 부수되는 생태환경의 파괴라는 문제점이 부각되면서 성장의 한계가 인식되고 있다.[37] 이제 경제성장을 나타내는 지표인 국내(민)총생산의 증가가 국민의 후생과 복지의 증진이 아니라는 점에 대해서는 공감대가 널리 형성되고 있다(심성재, 2015). 새로운 후생지표가 행복지수(GNH: Gross National Happiness)이다.[38] GNH는 부탄인의 총체적인 행복과 후생 수준을 구성하는 요소로 간주되는 9개의 규범적인 영역으로 구성되어 있다. 9개의 항목은 심리적 후생, 시간 활용, 공동체의 활력, 문화, 건강, 교육, 생태의 다양성, 생활수준, 통치이다.[39]

37) 이른바 '돈맛'이 환경생태계를 파괴하는 사례는 많이 있다. 최근의 사례는 다음을 참조하라. http://blog.naver.com/company_know?Redirect=Log&logNo=220561981529(2015.12.8)

38) 행복지수라는 참신한 아이디어의 포스터 모델은 부탄정부이다. 부탄은 히말라야 산맥 동쪽에 티베트와 인도와 접한 사방이 온통 산으로 둘러 싸여진 인구가 100만 명도 안되는 왕국이다. 1972년 당시의 통치자였던 지그메 싱계 왕추크(Jigme Singye Wangchuck) 전 국왕은 국민들이 물질적 풍요와 전통적 가치를 보존하는 국가에서 살 수 있는 경제를 국정목표로 설정했다. 그는 이러한 후생지표를 국민총행복이라고 명명하고 부탄왕국은 국민총생산에서 벗어나 국민총행복을 추구할 것을 역설했다. 이에 따라 부탄정부가 국민의 행복 증진을 위해 설정한 목표는 성장보다는 지속 가능한 경제발전, 환경 보호, 문화 진흥, 그리고 좋은 통치이다(김철환, http://www.washingtonmunhak.com/xe/good/70279). 이하의 서술도 김철환 교수의 글을 인용했다.

39) 영국에 본부를 둔 유럽 신경제재단(NEF)은 지난 해 국가별로 행복지수를 조사했다. 이 조사에서

통계개발원의 '주관적 웰빙의 요인' 분석에서도 소득의 절대적 크기나 직업의 종류보다는 소득의 안정성과 인간관계가 삶의 만족도에 더 큰 영향을 주는 요인임이 밝혀졌다. 이 조사의 결과를 나타낸 것이 다음 [그림 5-5]이다.

그림 5-5 삶의 만족도와 주요요인의 상관도(회귀분석)

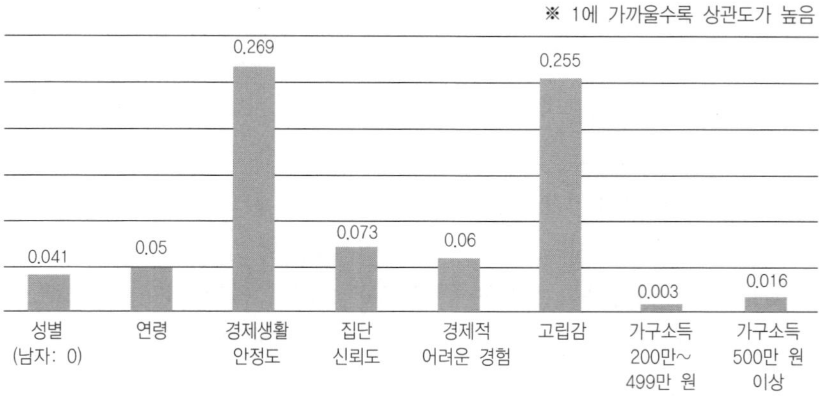

출처: 한겨레신문(2015.11.24).

[그림 5-5]에서 보듯이 삶의 질 측정은 전 세계적으로 보편화된 관심사이며 정책적 의제가 되었다(한겨레신문, 2015.11.24).

부탄은 1위를 차지했다. 1인당 국내총생산이 2,000달러에도 미치지 못하는 부탄은 응답한 국민 가운데 97%가 행복하다고 답변했기 때문이다. 부탄은 국내총생산(GDP: Gross Domestic Product)보다 국민총행복(GNH: Gross National Happiness)을 더 중시하는 나라이다. 한 푼의 외화가 아쉬움에도 나무를 잘라 팔지 않고 숲을 보호하는 나라, 그래서 호랑이 개체 수가 늘어나는 나라, 신호등을 거부하고 수신호로만 교통정리를 하는 나라라고 한다(한겨레신문, 2015.9.28, 박진도 교수의 글). 부탄에 비해 1인당 국내총생산이 10배나 높은 대한민국은 143개국 가운데 68위에 그쳤다(김철환 교수 글 인용). 참고할 사이트는 다음과 같다.

Andrew Leigh, Growth Matters, [Aurora Magazine, Issue 3, July 2006]; Gross National Happiness, The Center for Bhutan Studies.

http://navercast.naver.com/contents.nhn?rid=104&contents_id=6183

http://www.oecdbetterlifeindex.org/#/11111111111

http://www.happyplanetindex.org/data/

http://academic.naver.com/view.nhn?doc_id=41629761&dir_id=0&page=0&query=%EC%9C%A0%EB%9F%BD%20%EC%8B%A0%EA%B2%BD%EC%A0%9C%EC%9E%AC%EB%8B%A8%20%ED%96%89%EB%B3%B5%EC%A7%80%EC%88%98&ndsCategoryId=10309&library=98

4) 사회적 행복의 개념과 기능

(1) '사회적'의 기초, 그리고 역사성과 공동체성(共同體性)

사회적 행복을 어떻게 개념 지을 것인가는 쉽지 않은 시도이다. 지금까지의 흐름을 보면 만족도로서, 삶의 질로서, 행복지수로 측정하는 하나의 범주가 있고, 또 다른 범주는 사회적 행복을 사회적 자본(social capital)과 짝지으려 하는 것이 있다(심성재, 2015).[40] 또 사회적 기업과 연결하려는 시도도 있으며,[41] 자원봉사활동으로 대표화하려는 범주도 있다(김희연 외, 2014). 이 책에서는 사회적 행복이 어느 사회나 적용될 수 있는 보편적인 것이 있고, 그 사회에 고유한 것으로 사회공동체에 의존하는 것이 있다는 요지이다. 따라서 사회공동체가 바람직한 방향으로 나아간다는 의미는 전자에서는 가능하지만, 후자에서는 사회적 행복이 이루어졌다고 말하기 어렵다. 이어서 학자들의 논의를 짚어본다.

아렌트(H. Arendt)는 사적 행복과 다른 차원에서 공적(정치적) 행복이 존재함을 지적하고, 두 개념의 역사적 우여곡절을 추적한다(이재정, 2015; 김선욱, 2009). 고대에는 노동은 가정(oikos)에 속하는 사적인 문제였다. 그런데 이것이 중세를 거쳐 근대로 들어서면서, 가정을 의미하는 oikos가 어원인 경제(oikonome)가 가정을 넘어 공적인 공간으로 들어감에 따라, 본래적으로 사적인 것이 공적 관심을 획득하였다. 아렌트는 여기에 대해 '사회적인 것(the social)'이라는 이름을 붙였다. 한편, 정치적 행위는 공적 삶이고 공적 행복의 원천이다. 이는 정치적 자유를 경험하는 것과 연관이 된다(김선욱, 2009). 이를 그림으로 나타낸 것이 다음 [그림 5-6]이다.

이상에서 말하고자 하는 것은 행복은 사적(프라이버시) 행복과 사회적인 행복, 그리고 공적 행복으로 구분할 수 있다는 점이다. 즉, [그림 5-6]을 이 책에서의 논

---

40) 심성재(2015)에 따르면, 사회적 자본 이론은 1980년대와 1990년대 피에르 부르디외(Pierre Bourdieu), 제임스 콜만(James Coleman), 그리고 로버트 퍼트넘(Robert Putnam)과 같은 선구자들에 의해서 발전되었다고 한다. 콜만에 따르면, 사회적 자본이란 "첫째, 사회구조적 측면에서 구성되며, 둘째, 주어진 구조에 속하는 개인이나 집단이 특정한 행위를 하도록 유도하고 촉진해야 한다"(Coleman, 1988: S98). 이는 사회적 자본은 특정한 사회적 관계 안에서만 의미를 가질 수 있다는 의미를 함축한다. 예컨대, 사회적 자본의 가장 대표적인 예인 신뢰(trust)는 특정한 관계, 혹은 특정한 사회와 공동체를 벗어나는 순간 공허한 개념이 된다고 한다.

41) 실용적 연구는 사회적 기업과 자원봉사활동의 유용성을 화폐가치로 환산한 결과 2조 1,914억 원 이상이라고 한다(김희연 외, 2014).

그림 5-6 3영역의 분류

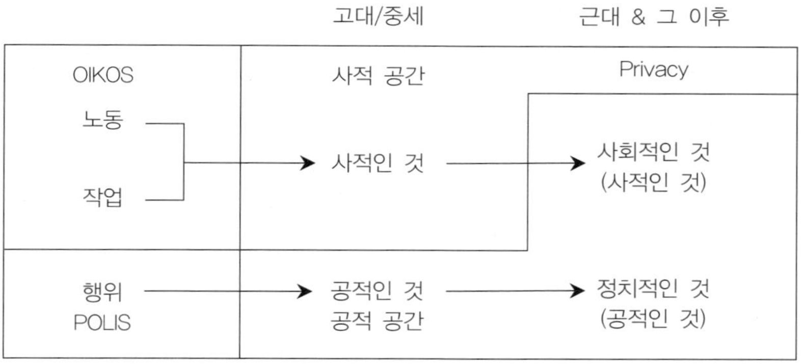

출처: 김선욱(2009).

의에 맞게 수정하여, 세 가지 층위의 행복 개념을 정립할 수 있다. 첫째, 전적으로 개별적 특성을 지닌 것은 사적 행복 또는 프라이버시의 행복이라고 말할 수 있는데, 이는 흔히 '만족도'라는 이름으로 개념화된다. 둘째, 노동과 작업이라는 활동, 혹은 경제 활동과 관련하여 얻는 행복은 사회적 행복이며, 셋째, 행위와 연결되는 것은 공적 행복(혹은 정치적 행복)이다. 뿐만 아니라 행복의 기준점이 되는 것은 사회공동체에 의존한다. 그 사회공동체는 역사적 성격이다. 더 나아가 당사자인 '나'의 행복은 나의 희생으로 인한 행복이 아니라 다른 사람의 희생으로 인한 것이라면,[42] 행복을 단순히 개인적 지표로 환원할 수 없음이 명백하다. 예컨대, 우리가 누리는 자유는 수많은 사상가와 그를 위한 투쟁의 결과이다. 따라서 나의 이 자유는 역사의 전개에 힘입은 것이다. 즉, 사회적 행복은 공동체의 역사성에 의존한다는 것이다. 또 사회적 행복의 체험 장소 역시 사회공동체이다. 행복은 체험의 흐름과 관계하므로 사회공동체 속에서, 그 체험을 향유할 때 사회적 행복이 실현된다고 할 수 있다. 철학자 딜타이(W. Dilthey)가 말하는 추체험이나 가다머(H. G. Gadamer)의 영향사 의식이라는 개념도 이를 달리 표현한 것이다(이유선, 2003: 112). 이를 그림으로 나타낸 것이 [그림 5-7]이다.

42) 익사의 위기에 있을 때 아무런 관계도 없는 타인이 생명의 위험을 무릅쓰고 구하는 행동을 통해 살아나 행복을 누린다면 그 행복이 구해준 타인과 관계없는 것인가?

그림 5-7 3층위의 행복

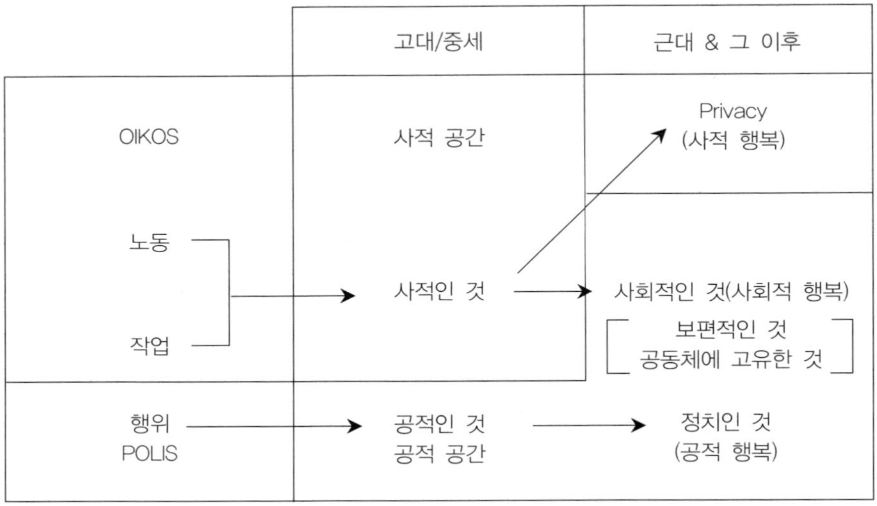

(2) 실현형태로 본 '사회적'의 의미

앞서 본 바처럼 김선욱(2009)은 사회적 행복을 경제 활동과 관련하여 얻는 행복으로 본다. 즉, 경제적 행복으로 본다는 점이다. 그러한 접근은 이웃에 대한 관심과 배려로 층간소음으로 인한 이웃 간 생활갈등이 완화되는 현상이나 무관심으로 인한 소외나 청소년범죄 등을 사랑과 협조를 통해 순기능을 하고 있는 공동체의 실제 사례를 설명할 수 없다. 즉, 지역사회가 직면한 문제를 국가나 정부기관에 맡기는 것이 아니라, 공동체가 자발적인 활동을 통해, 지역문제를 흡수하고 해결하는 건강한 '지역필터' 역할을 수행하는 것을 어떻게 볼 것인가? 따라서 이 책은 '사회적' 개념이 있음을 주장하는데, 이를 그림으로 나타낸 것이 다음 [그림 5-8]이다.

[그림 5-8]의 '사회적' 개념의 실현 형태를 보면 대체로 비영리이고 비공식적인 면을 나타내고 있으며, 이것이 의미하는 바는 보편적으로 공동체를 넘어 사회적 행복이 존재하는 것이 아니라 사회공동체에 의존한다는 점이다. 앞서 인용한 부탄의 사례는 이에 대한 뒷받침으로 보인다. 그러므로 사회적 행복을 증대시키기 위해서는 사회공동체가 바람직해야 한다는 의미이다.

사회공동체가 바람직하다는 것은 사람이 사람으로 인정될 때이다. 사람이 사람

그림 5-8 '사회적' 개념

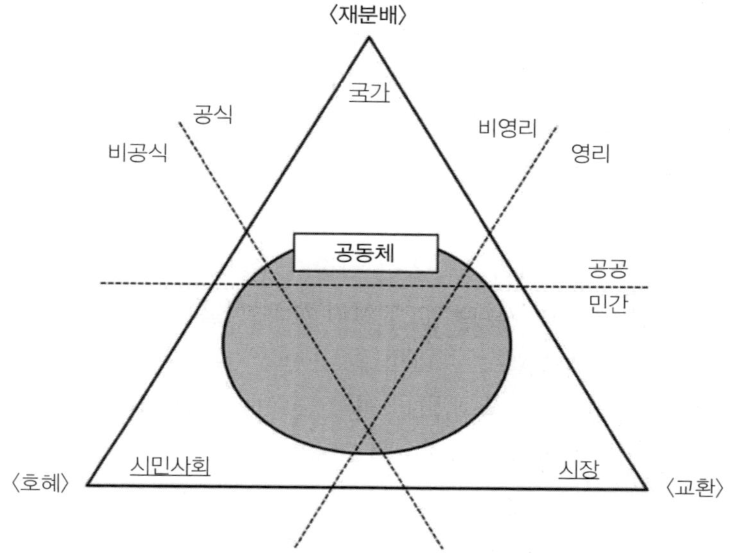

출처: 김희연 · 유영성 · 고재경(2014).

으로 인정되는 때는 서로 커뮤니케이션이 될 때이다.43) 커뮤니케이션이 된다는 것

43) 하버마스(Jürgen Habermas)는 상호주관적인 차원이 강조되고 있는 대화의 이상적 상황을 설정하면서, 거기에서는 네 가지의 타당성에 대한 요구주장이 채워져야 한다고 주장한다. 첫 번째는 발언의 이해가능성에 대한 요구주장을 들 수 있다. 즉, 우리가 언어로 표현하는 것은 모두 우리에게 이해될 수 있는 말 또는 단어로서 들어와야 한다는 것이다. 언어가 그 형태상의 차원, 기호론적인 차원, 문법상의 차원에서 언어로서 이해될 수 있는 것이어야 한다는 말이다. 두 번째는 명제의 진리성에 대한 요구주장이라 할 수 있다. 이것은 언어가 말하는 것, 예를 들어 "백조는 희다"라고 말했을 때, 그 말의 내용이 그것에 대해 이야기하고 있는 사태와 일치해야 한다는 말이다. "백조는 희다"라고 말할 때 백조가 실제로 희어야만 한다. 그래야만 그 말이 참이라고 할 수 있다. 세 번째는 말하는 사람의 진실성이 전제되어야 한다. 진리성과 진실성은 구별되어야 하는데, 이를테면 남을 속이기 위해서 전체의 맥락을 숨긴 채 부분적 진리만을 이야기할 수도 있는데, 이 경우 올바른 의사소통이라고 할 수 없다. 하버마스는 말하는 사람의 진실성을 중시한다. 왜냐하면, 사태에 관한 진리라는 것은, "백조는 희다"라고 했을 때, 거기에서 오직 백조의 흰만이 이야기될 뿐 그 외 나머지 사실에 대해서는 전혀 이야기되고 있지 않다. 즉, 거기에서는 하나의 사태에 대해 아주 일부분만이 이야기되고 있을 뿐이다. 따라서 그렇게 일부분에 대해서 말하면서 전체에 대해서 말하는 것처럼 말하는 사람이 사태를 왜곡시킬 수 있는 가능성이 있다. 그래서 말하는 사람의 진실성이 중요한 관건이 된다. 말하는 사람의 진실성은 진리성과 뗄 수 없는 관계에 놓여 있다. 네 번째로 하버마스는 명제의 정당성(올바름)에 대한 요구주장을 든다. 이것은 사회성과 관련이

은 사람들끼리 서로 소통한다는 의미이다. 사람은 혼자가 아니라고 느낄 때 행복한 감정을 느낀다. '인간(人間)'이라는 말 중에서 '간(間)'이라는 말은 '사이'라는 뜻인데, 풀어서 말해 보면 '사람과 사람 사이'라는 말이 된다. 인간이라는 그 조건에도 소통이라는 말이 들어가 있는 것이다. 혼자가 아니라고 느끼는 감정은 단지 혼자만 아니라면 된다는 뜻과는 다르다. 함께한다는 느낌은 표현을 해야 알 수 있고, 관심을 가져야 알 수 있는 것이다. 서로에 대한 관심을 가져야 인간으로서 '간(間)'이라는 단어가 빛을 발할 수 있는 것이다.

사람 사이에서 소통이 이뤄지고 있는 가장 흔한 방식은 대화다. 대화에서 중요한 것은 그것이 쌍방향이며 서로서로 동시에 두 역할을 다 한다는 말이다. 말하면서 듣고 들으면서 말하는 방식으로 말이다. 이 말은 또한 대화에 참여한 모두가 대화의 주체로서 다 평등하다는 뜻이기도 하다. 한편, 대화는 공감으로 이끈다. 공감을 강조하는 소통에서는 대화의 상대방에 대한 열린 마음이 중요하다. 아무런 선입견 없이 상대방을 동등한 대화의 상대로서 인격체로서 대하는 자세가 중요하다. 상대방의 눈높이에 맞추어 상대방의 관심과 이해(利害)를 헤아리고 상대방의 입장에서 대화의 내용을 알아들으려는 노력이 필요하다. 서로 생각과 신념이 다르고 사태에 대한 시각이 다르다 해도 상대방의 다름을 인정하고 수용하려는 열린 자세가 필요하다. 대화를 통해 합의와 일치에 이르게 되면 서로 사이에 신뢰감을 얻게 되어 친해지게 되고 사회적 결속감이 한결 더 강해질 것이다(이기상, 2015).

滔垣(2013)에서 더 나아가 사회적 행복에 대한 접근법은 행복 개념의 형성적 기능에 초점을 둔다. 다음 항에서는 이에 대해 논의해 본다.

(3) 행복 개념의 형성적 기능

이 책에서의 사회적 행복에 대한 접근법은 행복 개념의 형성적 기능에 초점을 둔다. 형성적 기능이란 '행복은 찾는 것이 아니라 만드는 것이다'라는 명제로 정의된다. 즉, 이미 있는 어떤 존재를 찾는 것이 아니며, 스스로가 만들어 가는 것이라

있다. 하나의 명제, 즉 "백조는 희다"라는 명제는 문맥(context)에 맞아야 하고 이 문맥은 전체 텍스트에 맞아야 하며, 전체 텍스트는 그것이 지시하고 있는 실제 상황인 삶의 맥락에 맞아야 한다. 정당성에서는 현재의 사회만이 문제되는 것이 아니라 사회의 정체성, 즉 역사도 문제가 된다. 다시 말해, 거기에는 역사와 문화가 그 밑바탕에 깔려 있게 된다. 이렇게 대화에는 여러 다양한 관계들이 서로서로 복잡하게 얽혀 있다(이기상, 2015).

는 의미이다. 예컨대, 모차르트나 베토벤이 없었을 때는 그만큼의 행복이란 존재하지 않았다. 모나리자나 다윗상이나 라파엘로가 그린 아테네 학당이 있기 때문에 그만큼 행복하다. 이를 사회적으로 상승시켜도 마찬가지이다. 6·25 전쟁과 같은 전쟁 시기에 아무리 개인적으로 행복한들 행복하다고 할 수 있겠는가? 마찬가지로, 범죄가 가득한 사회가 있다면 그 사회에 사회적 행복이 존재한다고 말하기는 어려울 것이다. 반대로 사회가 안정된 곳에는 약간의 어두운 그늘이 있을지라도 극복하리라는 믿음이 있다면 사회적 행복이 있다고 하지 않겠는가?

이에 앞서 먼저 인식을 어떻게 하는지를 탐구해 본다. 철학자들의 연구주제는 인식에 대한 것이었고 이 역사가 철학의 역사라고 해도 과언이 아니다. 플라톤은 보편적이고 절대적인 기준이 존재한다는 견해이다. 근대 철학에 와서 데카르트는 플라톤의 기준이란 다름 아닌 인식하고자 하는 세계에 대한 표상이라는 의미로 바꾸었다. 그런데 칸트에 와서는 그 표상이 형성되는 과정에서 인간이 수동적인 존재가 아니라 적극적인 역할을 한다고 바꾸어 버렸다. 그럼에도 보편적인 기준이 있다고 그는 주장했다. 지난 세기 언어적 전회가 이루어짐으로써 언어, 표상, 세계와의 관계로 전환되었고 상대주의가 큰 흐름으로 자리 잡게 되었다(김도식 외, 1999: 머리글).

이상의 전개는 행복에 관한 관념에도 같은 흐름을 찾을 수 있다. 플라톤의 보편적이고 절대적인 기준이 존재한다는 견해에 따르는 경향이 경제학에서 나타나는데, 이것이 바로 삶의 질을 측정하여 여기에 따르도록 하는 견해이다. 데카르트의 인식하고자 하는 세계에 대한 표상이라는 의미는 행복이란 절대적인 기준이 아니라 그에 대한 인식을 의미한다. 이것이 이른바 주관적인 행복에 대한 판단, 즉 만족도라는 이름으로 나타났다. 또 칸트의 견해, 즉 그 표상이 형성되는 과정에서 인간이 적극적인 역할을 한다는 주장은 행복이란 창조해 가는 과정으로 보아 마음먹기에 달려 있다는 점을 시사한다. 즉, 칸트 철학에 따르면, 행복의 창조에는 주체의 적극적 역할, 즉 나누고 배려함이 필요하다. 그 적극적 역할이란 참여와 교육의 중요성을 의미한다. 참여는 [그림 5-7]에서 공적 행복(정치적인 것)으로의 진행이다.

이상에서 논의한 바를 종합하면, 사회적 행복은 정의의 개념과 연결되며, 개인적 행복(만족도)과 구별되고 아렌트의 공적 행복과도 차이가 나는 개념임을 알 수 있다. 또한 삶의 질의 측정으로 나타내는 객관적·지표로 나타내는 것과도 차이가 난다. 한편, 공익이나 공공성이라는 개념과도 차이가 난다고 할 수 있다.

결국 칸트에 따르면, 사회적 행복은 형성적 기능에 있다. 사회적 행복의 형성적 기능이 이루어지기 위해서는 사적 행복과 공적 행복으로 이끄는 교육과 참여만으로는 부족하다. 그 이유는 사회적 행복이란 쌓아 놓은 것을 보고 있는 데에서 행복을 느끼는 것이 아니라 나눔과 배려에서 행복이 있다. 따라서 제9장에서 논의하듯이 "주체의식이 생활세계의 의미를 독해하다."라는 하나의 요소가 더 필요하다. 그것이 바로 현상학적인 복지이다.

그러면 사회적 행복을 실현시키기 위한 구체적인 제도들은 어떤 것들이 있는가? 첫째로 생활정치가 있다. 이른바 '민생(民生)'이라고 부르는 것으로 지금 영국에서는 보통사람들이 겪는 어려움들을 정치권에서 해결하려는 태도를 보이고 있다. 이를 위해서는 풀뿌리 활동가들(Grass-root activists) 양성이 중요한 이슈를 점하고 있다. 이를 통해 장삼이사(張三李四)들의 복지를 향상시켜 공동체를 건강하게 하는 방법으로 사회적 행복을 추구하는 것이다.

둘째로 생활임금제의 도입이다. 생활임금은 인간으로서 최소한의 품위를 유지할 수 있는 수준의 임금을 뜻한다. 당연히 최소 생계비 수준인 최저임금보다 높다.[44] 이를 그림으로 나타낸 것이 [그림 5-9]이다.

한국에서도 턱없이 낮은 최저임금을 보완하기 위해 서울시를 비롯한 공공부문에서 생활임금제가 도입되고 있다.[45] 고용노동부 소속기관인 최저임금위원회가 정

---

44) 영국 정부는 2015년 7월 8일 저임금 문제를 해결하고 저임금 노동자들이 경제 성장의 혜택을 더 많이 가져갈 수 있도록 25세 이상 노동인구에 생활임금을 도입하겠다고 밝혔다. 영국 정부가 제시한 생활임금은 당시의 성인 최저임금인 6.70파운드보다 7.5% 인상된 시간당 7.20파운드(약 1만 2,000원)이다. 영국은 향후 생활임금을 연평균 6.25%씩 인상해 2020년까지 시간당 9파운드까지 올릴 계획이다. 지난해 초 이후 물가상승률이 0.2~1.2%로 기록적으로 낮은 수준에 있고 향후 2018년까지 물가상승률 전망도 1% 후반에서 3% 초반에 머물고 있다는 점을 고려하면 파격적인 인상률이다. 생활임금 도입으로 임금 인상의 혜택을 받는 이들은 약 180만 명이다. 주로 음식·숙박업, 농업, 도소매업, 사회복지 분야 등에 종사하는 저임금 노동자들이다. 생활임금의 적용을 받지 않는 21~24세 인구는 최저임금 6.7파운드, 18~20세는 5.3파운드를 받고, 18세 이하와 수습직원은 각각 3.87파운드, 3.30파운드를 받는다. 즉, 25세 이상 노동인구는 이전 최저임금보다 50센트 오른 신설된 생활임금의 적용을 받는다(출처: 영국 최저임금위원회, http://biz.khan.co.kr/khan_art_view.html?artid=201604011622191&code=920100&med=khan&nv=stand 재인용, 2016.4.1).

45) 2013년 일부 지방자치단체가 생활임금제 시행에 나선 뒤 민선6기 지방선거를 거치면서 도입 지자체 수가 빠르게 늘고 있다. 전국 지방자치단체 243개 중 53개(22%) 지방자치단체에서 시행하고 있거나 2017년 이전에 시행할 예정에 있다. 서울시도 지난해 1월 생활임금조례를 제정해 광역지

그림 5-9 영국의 최저임금과 생활임금(2016.4.1.부로 시행)

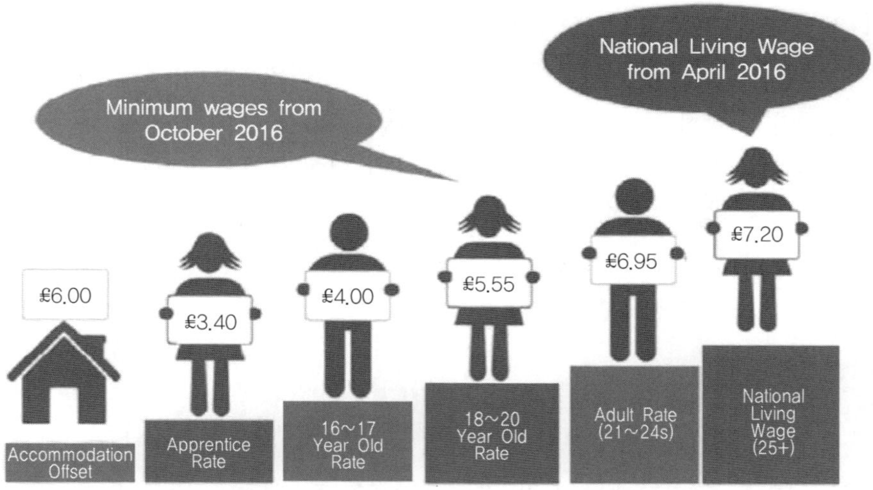

그림 5-10 서울의 생활임금제

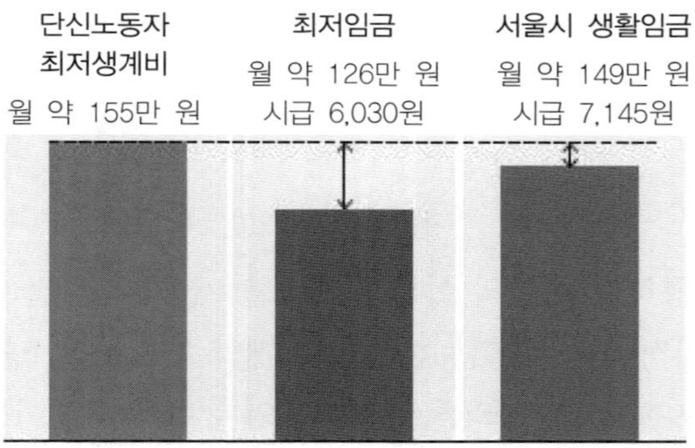

*서울시 생활임금은 3인 가구 지출모델 기준.
출처: 최저임금위원회, 서울시.

자체로는 전국에서 처음으로 생활임금제를 도입했다. 서울시의 생활임금은 최저임금보다 약 20% 높다. 서울 자치구의 생활임금조례 제정은 90%를 넘어섰다. 25개 자치구 가운데 성북구와 노원구가 2013년 1월 전국 최초로 직접고용 근로자들에게 생활임금을 적용하기 시작했다. 강남구와 중랑구를 뺀 23개 자치구가 생활임금제를 시행하고 있거나 시행을 준비하고 있다(한겨레신문, 2016.5.6).

하는 최저임금은 시간당 6,030원이다. 주 40시간 일하는 노동자 월급으로 환산하면 월 126만 270원이다. 지난해 최저임금 적용 기준인 '미혼 단신 근로자'의 생계비 155만 원에 훨씬 못 미친다. 현재의 최저임금으로는 한 사람의 기본생활조차 어렵다는 말이다. 그래서 나온 대안이 생활임금이다. 생활임금은 주거비 · 교육비 등과 물가상승률을 종합적으로 고려해 저임금 노동자가 최소한의 생활을 유지할 수 있는 임금 수준을 말한다. 이를 그림으로 나타낸 것이 [그림 5-10]이다.

셋째로 공정성을 보장할 수 있도록 제도화하는 것이다. 다음 항에서는 공정성의 기초인 정의에 대해 논의해 본다.

4 정의(Justice)

정의(正義)는 복지를 발전시킨 강력한 동력으로 인정을 받고 있다(George & Wilding, 1994). 따라서 정의가 무엇인가는 복지의 핵심가치로 여겨진다. 정의에 관한 개념에 대해서는 현대의 고전이라고 할 수 있는 롤스(J. Rawls)의 정의론과 샌델(M. Sandel)의 정의론을 살펴볼 필요가 있다. 따라서 먼저 정의의 개념을 살펴보아야 한다.

1) 롤스의 관점

(1) 전 제

정의의 논의를 통하여 복지의 이론적 기초를 제공해 준 철학자가 롤스이다. 현대 사회보장의 윤리적 기초로 기능하는 사회계약주의는 롤스의 착상에 힘입었다(塩野, 2006: 393-397). 그의 정의론은 공리주의를 반대하는 이들에게 이론적 근거를 마련해 주었다. 그는 정의(justice)란 철학적 진리나 종교적 신념이 아니라 사회적 합의의 대상임을 주장하였다. 그는 먼저 공정성으로서의 정의로 공정한 조건에서 당사자들이 일정한 정의의 원칙에 합의한다면 그러한 정의의 원칙은 정의롭다는 것이며, 절차의 공정성이 결과의 공정성인 정의를 보장한다는 것이다. 그의 입장에서 기회균등은 차등의 원리를 전제한다. 그러나 기회균등은 그러한 불평등이 정의의 원리에 조화를 이룰 수 있는 범위 내에서 가장 불우한 사람들의 편익을 최대로 할 것을 주장한다(이도형, 2004: 131). 정의의 원리를 발견하기 위하여 원초적 입장(original position)을 상정한다. 원초적 입장이란 사회에 참여하는 계약당사자들이 그 사회를 규제해 주는 정의의 원칙을 여러 대안들 중에서 선택하게 되는데, 이들 대안들을 평가할 때에 갖추어야 할 자격요건을 말한다. 여기에는 두 가지가 있는데, 그 하나는 당사자들의 인지상(認知上)의 조건으로서 무지의 베일(veil of ignorance)이라는 조건이고, 다른 하나는 동기상(動機上)의 조건으로 상호 무관심적 합리성(mutually disinterested rationality)이라는 조건이다. 전자는 어떤 합의된 원칙이 정의로운 원칙이 되기 위해서는 그 합의에 참여하는 사람들이 각자가 타고난 특정한 사회적·자연적 여건 등의 우연성에 대한 무지의 베일 속에서 이루어진다고 가정한다는 것이다. 그 의의는 당사자들은 제시된 대안들이 자신의 이해관계에 미칠 결과에 의해 유리한 흥정이나 결탁을 할 수 없음을 의미한다. 후자는 합의에 참여하는 사람들이 합리적 존재이며, 나아가서 이타적 존재가 아닌 상호 무관심적 합리성의 소유자들임을 의미한다.

(2) 롤스 정의론의 내용

앞에서 제시한 세 가지 제약, 즉 무지의 베일, 상호 무관심적 합리성, 불확실 상황 하에서의 의사결정에서 합의되는 원칙이 곧 사회정의의 원칙이라고 한다. 여기서 두 가지 유형의 정의의 원칙이 도출된다(김항규, 2010).

정의의 제1원칙은 평등한 자유의 원칙(principle of equal liberty)으로 모든 사람은 다른 사람의 유사한 자유와 상충되지 않는 한도 내에서 최대한 기본적 자유에 대해 평등의 권리가 인정되어야 한다.

정의의 제2원칙은 차등의 원칙(difference principle)으로서 사회적·경제적으로 인정될 수 있는 정당한 불평등(justifiable inequality)은 다음과 같은 조건 아래에서만 허용된다. ① 공정한 기회균등의 원리로서, 불평등의 모체가 되는 직위와 직무는 모든 사람에게 균등하게 공개되어야 한다는 조건이다. ② 불평등이 최소수혜자들의 편익을 최대화해야 한다는 조건이다. 이것은 사회정의의 문제가 크게 두 가지 측면을 가지고 있는데, 하나는 국민의 자유에 관한 문제요, 다른 하나는 사회적·경제적 가치들의 분배에 관한 문제임을 의미한다. 전자는 민주주의 이념과 일치하여야 한다는 것인데, 후자는 좀 더 복잡하다. 후자는 정당한 불평등의 기준을 밝히

그림 5-11 원칙들 간의 우선순위

출처: 塩野(2006: 114) 수정.

는 것으로 어떤 사회에서 사회적·경제적으로 가장 불리한 처지에 놓인 사람들의 이득을 증진시키지 않는 한 다른 가치의 평등한 분배는 그 의미가 제한적일 수밖에 없다는 것이다. 여기서 ①의 공정한 기회균등의 원리가 ②의 불평등이 최소수혜자들의 편익을 최대화해야 한다는 것보다 우선한다. 즉, 사회적·경제적 불평등은 기회균등이 보장된 전제 하에서 모든 사람에게 이익이 될 때에만 정당한 불평등이 될 수 있다는 점이다. 이를 그림으로 나타낸 것이 [그림 5-11]이다.

이 작동원리를 그림으로 나타낸 것이 다음 [그림 5-12]이다.

그림 5-12 정의와 그 작동원리

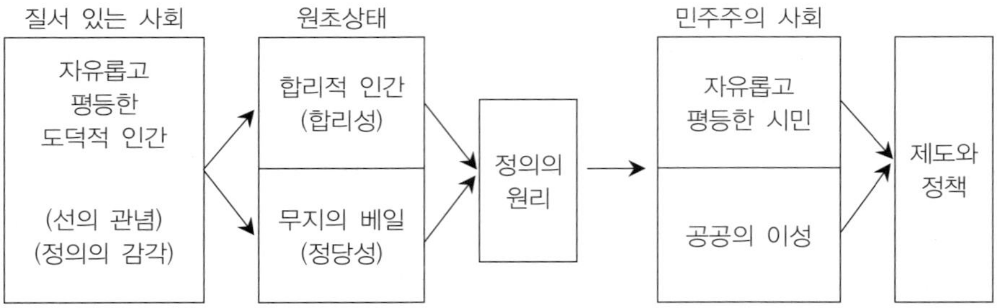

출처: 塩野(2006: 336).

2) 샌델의 관점

정의와 그 작동원리가 사회적 측면으로 확대된 것이 사회성으로 불리는 영역이다. 이 영역에서는 분담된 역할에 대한 자원의 욕구가 크고 각자의 욕구를 모두는 아니라 하더라도 어느 정도 충족시켜 주지 못한다면 복지는 실현되기 어렵다. 왜냐하면, 사회적 측면도 사적 자치의 원칙이 적용되는 영역인 사(私)적 영역에서 그 출발점을 잡고 이를 중심으로 논의되기 때문이다. 그렇지만 인간은 사회적 동물이라는 고전적 전제를 인정하고, 개인의 합이 "단순한 'Σ개인'이 될 때 나타나는 것"을 넘어서는 어떤 현상을 사회성이라고 할 수 있다. 사회적 측면에서의 복지를 뒷받침하는 논의는 샌델(M. Sandel)에게서 볼 수 있다. 그는 시장적 가치와 비시장적 가치를 구분하고, 시장적 가치가 비시장적 영역에 침투하는 현상은 정의의 개념에 어긋난 것으로 본다. 따라서 정의는 단순히 좌(left)도 우(right)도 아니며, 개인주의나 공동체주의처럼 어느 한쪽 극단으로 치우친 것이 아닌 개인의 자유를 바탕으로 한 공동선(共同善)이라는 것이다(권기헌, 2011: 86).

이것의 실현 원리가 공정성(fairness) 또는 공평성(equality)으로 나타난다. 공정이란 둘 또는 그 이상의 개인이나 집단, 지역들이 동등하게 취급받는 것을 의미한다. 이러한 공정은 '포괄적 공정'과 '제한적 공정', 그리고 '개인적 공정'과 '집단 간 공정'의 형태로 나타난다. 첫째로 제한적 공정이란 어떤 자격조건을 가진 사람들 가운데에서의 평등을 의미하는 데 비해, 포괄적 공정은 그 범주를 넓혀서 모두 동등하게 취급받아야 한다는 것을 말한다. 개인적 공정이란 어떤 개인들이 속하는 집단을 몇 개의 상호배타적인 하위 집단들로 나눌 때, 이들 하위 집단들 간이 아니라 각 하위 집단에 속한 개인들이 다른 개인들과 서로 동등하게 취급되는 것을 의미한다. 이 말의 현실적 의미를 다음 항에서 살펴본다.

3) 정의의 현실적 의미: 복지축소할 때 어느 기준?

복지가 확대되는 시기는 계층 간, 또는 구성원 사이에서 갈등이 상대적으로 적고 정의의 실현가능성이 높다. 그러나 오늘날 서구에서 보는 것처럼 복지가 축소하는 시기에는 갈등이 상대적으로 크고, 정의가 이슈로 될 가능성이 높다. 따라서 이 경우에 정의의 적용에서 우선순위의 기준의(반대의 의미에서) 확립이 필요하다. 이

표 5-4 사회에 대한 가치와 주요 우선순위 선정 기준

우선순위의 기준	사회적 가치관(정치철학)
* 평등주의(Egalitarianism)	○사회주의
* need에 따른 할당(Allocation according to need)	
* 구제의 원칙(Rule of rescue)	○공동체주의
* 접근의 형평성(Equality of access)	
* 일정수준의 최소한도(A decent minimum)	○자유주의
* Rawls의 최대최소(Rawls' maximin principle)	
* 자유지상주의(Libertarianism)	○신자유주의
* 건강수준의 최대화(Maximizing)	○공리주의
* 경제성 평가(비용편익분석 등)	
* 개인의 책임성	

출처: 서남규(2013).

에 대해서는 의료정책에서 많이 다루어졌다. 그 이론을 원용하여, 서남규(2013)는 <표 5-4>에서와 같이 우선순위 기준을 사회적 가치관(정치철학)에 따라 정리하고 있다.

우선순위 선정 기준에 대해, 앞서 연구를 시작한 스웨덴, 뉴질랜드, 영국, 미국 오리건 주 등에서는 상당한 발전이 있고 현재도 많은 연구와 변화가 진행되고 있다. 우리나라는 우선순위 문제에서 이제 시작하는 단계라고 할 수 있다. 우선순위 선정에서 중요한 것은 국민에 대한 정당성의 확보이다. 이 정당성은 국민의 동의가 필요하고, 이는 제도를 이끄는 가치와 국민의 의사결정에의 참여보장이 중요하다는 점이다. 이를 통해, 진정한 사회적 합의에 도출이 가능하고 이러한 과정을 밟아서 실제 자원할당에 적용되어야 한다(서남규, 2013). 그 의미는 정의의 기준도 보편적으로 적용되는 원리는 있겠지만 많은 영역에서는 사회 또는 공동체에 의존한다는 점이다.

제 3 절 복지패러다임과 복지언어

사회복지를 최우선으로 실현하는 국가형태를 복지국가라 할 수 있고, 이는 국가발전의 최후형태이다(김태성 · 성경륭, 2013). 복지국가의 개념에 대해서는 국가별, 시대적 상황에 따라 달리 정의되고 있기는 하지만 복지국가는 민주주의, 자유시장경제라는 공통된 가치를 내포하고 있다는 것이 일반적인 견해이다.[46)]

오늘날에는 복지국가의 부작용으로 제6장에서 보듯이 복지국가의 해체를 꾀하는 흐름도 나타났다. 복지국가에서의 대표적인 문제는 복지관료제 모델이다. 복지

46) 국가란 베버(Weber, 1968: 901)에 의하면, "독점적 강압력, 통일적 권위, 그리고 법률적 · 행정적 장치를 기초로 일정한 영토와 그 영토 내의 주민을 배타적으로 지배한 정치적 조직"으로 정의하고 있다. 이러한 국가의 유형중 복지국가는 지난 시절은 전쟁국가(Warfare State)에 대응하여 복지국가는 과거의 사회계층 간의 계급투쟁을 막고 경제와 복지가 선순환 관계를 확립한 국가형태이며, 이른바 시장의 난폭성을 완화하기 위하여 선호된 국가라고 하였다. 대체로 민주국가가 전환되는 경향성을 보이는 복지국가는 국가의 한 유형으로, 그 이유는 민주주의는 자본주의 경제체제의 주요 계급으로 성장한 노동계급의 조직화와 집단행동이 합법적으로 보장되었다는 점과 민주국가는 노동계급이 민주적 제도와 절차를 통해 합법적으로 국가권력을 장악할 수 있는 가능성을 보장했다는 점이다(김태성 · 성경륭, 2013). 복지국가에 대한 지금까지의 연구를 종합해 보면 복지국가의 발전은 다음 다섯 가지의 이론들로 설명할 수 있겠다. 첫째, 복지국가를 산업화의 산물로 보는 마르크스주의자 입장의 이론으로 서로 다른 정치이념과 정치문화를 가진 국가들도 산업화만 이룩되면 복지국가로 발전한다는 이론이다. 산업화는 산업화 이전에 없었던 새로운 사회문제, 즉 실업, 도시화와 범죄, 주택, 빈곤층의 집중현상 등을 초래하여 사회복지에 대한 욕구가 커져 국가는 이에 대응해야만 한다는 이론이다. 둘째, 복지국가의 발전을 독점자본의 필요성의 산물로 보는 이론이다. 이는 다시 도구주의 관점과 구조주의 관점으로 나누어지는데 도구주의 관점은 국가는 자본가 계급의 이익을 결정하는 도구에 지나지 않기 때문에 주요한 복지정책은 자본가 계급에 의해서 제안되고 결정된다고 보는 반면, 구조주의 관점은 국가는 자본가 계급의 단기적인 이익을 희생하더라도 자본주의 경제의 장기적인 안정과 강화를 위하여 어느 정도 자율성을 갖고 자본가 계급에 반하는 복지정책을 추진하고, 또 자본축적의 역할을 적극적으로 수행한다고 본다. 셋째, 복지국가 발전은 노동을 대변하는 사회민주세력의 전리품으로 보는 것으로 정치를 중요시 여긴다. 노동이 정치적 세력 확대를 통해 자본과의 계급투쟁에서 노동이 승리하여 복지국가가 발전한다는 설명이다. 넷째, 복지국가 발전을 민주정치 발전과정에서의 각종의 이익집단 정치의 산물로 보는 이론이다. 사회복지 발전은 다양한 이익집단들 사이에서 사회적 자원의 배분을 둘러싼 경쟁이 치열해짐에 따라 집단들의 정치적 힘이 중요해져서 정치가들이 이들의 요구를 수용해서 나온 결과라는 설명이다. 다섯째, 복지국가 발전을 국가구조와 관리자의 입장에서 보는 국가중심적 이론으로 앞의 네 가지 이론과는 달리 공급의 측면에서 복지를 설명하는데, 사회복지에의 수요의 변화에도 불구하고 국가는 국가 나름대로 사회복지 확대가 필요한 이유를 갖고 있다고 보는 이론이다(김태성 · 성경륭, 2013).

관료제는 복지의 전달과정에서 꼭 필요하지만 이 때문에 관료제화 현상이 발생한다. 예컨대, 수혜자나 공급자의 몫의 일부를 복지관료에게 이전시킨다거나 관료제 아래에서 고부담, 고급여, 고서비스를 하는 것 등이다. 이러한 복지관료제 모델을 수정하고 시민사회가 주도하는 수정된 복지 관료제가 작동한다면 중부담 고서비스를 할 수 있을 것이라는 주장도 최근에 나타나고 있다(稻垣, 2013). 그 결과로 복지를 국가의 책임으로부터 분리하려는 경향이 있다. 복지국가란 개인이 기업에 대한 의욕을 상실하지 않도록 하면서 국민 모두에게 최저기준(national minimum)의 생활을 보장하며, 자본관계 그 자체에는 손대지 않고 국가의 통제와 조정을 통해 분배관계를 변경함으로써 계층 간의 대립과 모순을 완화하여 현대 자본주의의 체제적 위기에 대처하고자 하는 국가, 즉 국민복지의 향상을 위해 자본주의 국가의 체제와 기능에 관한 지속적인 개선을 도모하는 적극국가라고 하겠다.

민주주의와 복지국가를 매개하는 여러 요인 중에서 마샬(Marshall, 1950)은 시민권의 개념을 논의하였다.[47] 그에 의하면, 국가의 변화과정에 자유권과 정치권의 확장으로 민주국가가 수립되었고, 이 민주국가에서 사회권이 확대되어 복지국가가 수립되었다고 이해할 수 있다(김태성 · 성경륭, 2013). 사회복지란 자본주의와 민주주의의 매개자로서 기능한다는 견해에 따르면(塩野, 2006), 복지철학의 흐름을 두 가지 기준을 이용하여 유형화할 수 있다. 그 기준은 선(善)을 지향하느냐 정(正)을 지향하느냐의 대립 구도이고, 다른 하나는 전체주의 대 개인주의의 방법론적 대립이다. 이에 따라 공리주의, 사회계약주의, 자유지상주의, 공동체주의로 나눌 수 있다. 또 공동체주의와 자유지상주의 사이에는 덕(德) 대 자유의 대립구도도 존재한다. 덕(德)을 최고의 가치로 존중하는 공동체주의는 공동선(共同善)의 추구를 목적으로 주장하기에 선(善) 계열이고, 자유를 최고의 가치로 간주하는 자유지상주의는 정(正) 계열에 속한다. 방법론적 측면에서는 공동체주의가 전체주의이고 자유지상주의는 개인주의이다(塩野, 2006: 80－81). 이상에서 논의된 그 기본적 구도는 다음과 같이 <표 5－5>로 요약할 수 있다고 한다(塩野, 2006: 81).

이에 따라 여러 유형의 복지패러다임이 전개된다. 시오노야(塩野, 2006: 384 이

47) 마샬(Thomas H. Marshall)은 시민은 재산권으로부터 시작하여 예약의 자유, 신체의 자유, 종교의 자유, 집회 및 결사의 자유에 이르는 자유권(civil rights)과 선거권 및 참정권 등의 정치권(political rights), 그리고 국가로부터 최소한의 생계를 보장받을 수 있는 권리를 핵심으로 하는 사회권(social rights)으로 점차 확대되었다고 한다(Marshall, 1950).

표 5-5 복지철학의 흐름

방 법 \ 가 치	선(善)		정(正)	
개인주의	A		사회계약주의 (정의)	자유지상주의 (자유)
전체주의	공리주의 (효율)	공동체주의 (덕)	B	

주: 빈칸 A에는 이론경제학의 시장균형론이 들어가고, 빈칸 B에는 역사학파 경제학인 제도진화론이 들어갈 수 있다고 한다(塩野, 2006: 172). 〈표 5-5〉에서 A와 B는 복지철학과 관계가 없으므로 언급하지 않는다.

하)는 복지패러다임의 전개를 위해서 공리주의, 사회계약주의, 자유지상주의, 공동체주의의 복지국가론이라는 4가지로 유형화하는데, 이를 에스핑-앤더슨(Esping-Andersen)의 유형과 비교하여 살펴본다. 에스핑-앤더슨의 유형은 복지패러다임을 세 가지로 나누는데, 보수주의적 복지체제(conservative welfare state), 자유주의적 복지체제(liberal welfare state), 그리고 사회민주주의적 복지체제(social democratic welfare state)가 그것이다.[48] 시오노야(塩野)의 복지패러다임과 에스핑-앤더슨의 복지패러다임을 비교하면 자유지상주의는 자유주의 복지체계와, 사회계약주의는 사회민주주의 복지체계와, 공동체주의는 보수주의 복지체계와 각각 어울린다(塩野, 2006: 439). 분배의 경제학에서는 보통 네 가지 유형의 복지패러다임을 전개한다. 그들은 평등주의적 복지패러다임, 자유지상주의적 복지패러다임, 공리주의적(功利主義的) 복지패러다임, 롤스의 최소극대화(最小極大化) 복지패러다임 등이다. 이 책에서는 평등주의적 복지패러다임과 자유지상주의적 복지패러다임은 평등과 자유라는 매개변인으로 보고 있으며, 효율을 중시하는 공리주의는 공정성 패러다임과 함께 패러다임으로 설명하고, 정의는 행복과 함께 복지의 핵심가치와 원리로 보

48) 보수주의적 복지체제는 프랑스, 독일, 이탈리아 등에서 나타나는 체제로 지위격차를 인정하고 계층과 계급에 따른 권리의 인정이 특색이다. 이 체제 아래에서는 사보험(私保險)이나 기업의 부가급여는 주변적 역할에 머무른다. 그 대안으로 가족제도의 유지와 보존에 초점을 두고 가족의 역할이 충분하지 않을 때 보충성의 원리에 따라 국가가 개입한다. 이에 비해, 자유주의적 복지체제는 복지의 상한을 설정하고 자산조사를 수반하는 공공급여, 낮은 수준의 사회보험, 최저수준만을 보장하는 전략 등을 통해 시장을 활성화한다. 사회민주주의 복지체제는 자유주의와 사회주의의 융합을 의미하는데, 복지와 일의 조화를 추구한다. 따라서 가족에 대한 의존을 극대화하는 것이 아니라 개인의 자립능력을 극대화한다(Esping-Andersen, 1990: 26-33). 이에 관한 부가적 논의는 제6장을 참조하라.

고 있다. 나머지 공동체주의는 공공성으로 변환하여 자유와 함께 매개변인으로 설명한다. 다음 [그림 5-13]은 사회보장의 이념구조를 표시한 그림으로, 이후 논의의 기본적 구도이다.

그림 5-13 사회보장의 이념구조

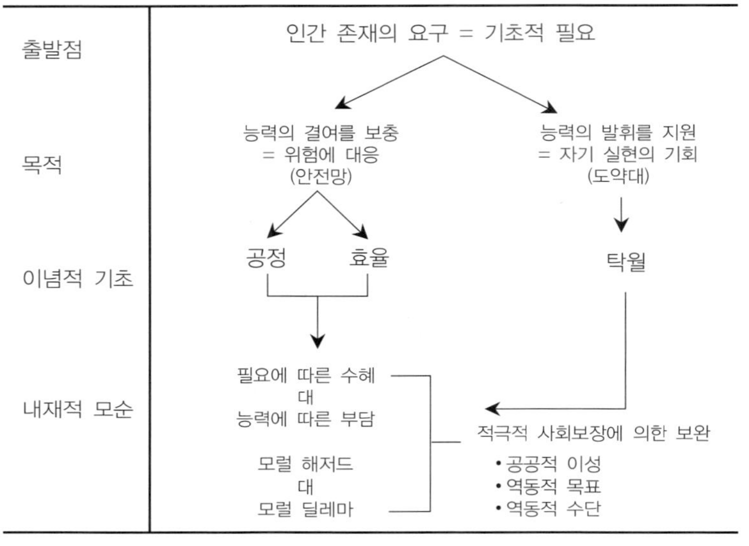

출처: 塩野(2006: 375).

위에서 본 [그림 5-13]의 이념적 기초에 따르면, 공정 쪽으로 움직이는 복지패러다임과 효율 쪽으로 움직이는 복지패러다임으로 나눌 수 있고, 그 대립의 근저에는 결국 복지학의 전통적 가치의 갈등인 효율성 패러다임과 인간다운 삶에 더 가까운 공정성 패러다임의 대립이라고 할 수 있다.[49] 이 두 패러다임을 양극단에 배치한다면 복지체제는 실제로는 연속선상의 어느 지점에 위치할 것이다.

49) 이를 경제학적 관점으로 바꾸면 경제학의 규범적 가치는 희소자원을 배분할 때에는 효율이고, 생산의 성과를 배분할 때에는 정의이다(塩野, 2006: 83). 이를 여기서는 효율성 패러다임과 공정성 패러다임으로 바꾸어 논의한다.

1 효율성 패러다임

공리주의는 벤담(J. Bentham, 1748~1832)과 밀(J. S. Mill, 1806~1873)을 대표로 하는 사상으로 '최대다수의 최대행복(Greatest happiness of the Greatest number)'이라는 말에 잘 나타나 있다. 공리주의에서 모든 인간 행위의 궁극적인 목적은 행복이며 그 행위들의 옳고 그름은 당사자의 행복을 증대시키느냐 감소시키느냐에 기초해 있다(Lamprecht, 1955). 여기서 행복을 쾌락과 자기이익·효용으로 환원하고, 또 그 비교가 가능하므로 어떻게 생겨났든지 간에 '행복 계산법'으로 계량적으로 측정가능하다고 생각했다. 더욱이 방법론적 개체주의에 입각하여 사회전체의 행복은 'Σ(개체의 행복)'으로 정의한다. 공리주의자는 '좋다'를 '그 무엇이든 최대다수의 최대행복을 가져오는 것'으로 정의한다. 따라서 최대행복의 원리(the Greatest Happiness Principle) 또는 유용성의 원리(Principle of Utility)에 비례하여 옳은 행위가 된다고 한다(이삭, 1983).[50] 공리주의에서는 어떤 일의 옳고 그름이 그 일에 의해서 사람들이 받은 영향의 좋고 나쁨에 의해서 판가름 나게 된다. 바꾸어 말하면, 선과 불행은 똑같은 존재인 것이다. 그러므로 공리주의자들에게는 사회 전체 후생의 증감에 입각한 공리의 원천(principles of utility)이 유일한 도덕적 기준이 된다(Lemprecht, 1955). 이와 같은 흐름과 달리, 공리주의 패러다임이 무척 불균등한 분배의 상태를 정당화시켜 줄 때도 있다. 벤담에서 보듯이 단순한 공리주의는 각 개인의 효용의 합을 사회적 후생의 수준으로 보고 이를 극대화시켜 주는 분배의 상태를 지지하게 된다. 만약 엄청난 소득을 얻고 있으면서도 소득의 한계효용이 전혀 떨어지지 않는 사람이 있다면, 공리주의의 원칙은 이 사람에게 더욱더 많은 소독을 분배해주도록 요구하게 된다(이준구, 2000: 192). 사회양극화는 그 이론적 기초를 여기서 찾을 수 있다.

경영학이나 행정학에서는 효율성 패러다임을 관리이론(management theory)에

50) 따라서 공리주의 패러다임은 평등한 분배에 상당히 호의적인 태도를 갖고 있다는 사실이다. 벤담이 한 사회의 행복의 총합을 계산할 때 "모든 사람이 한 몫으로서 포함되어야 하면 그 어느 누구도 한몫 이상으로 셈해져서는 안된다(Everybody to count for one, nobody for more than one)."라고 말한 것이 그 좋은 예다. 이 말에는 국왕, 귀족, 평민, 거지 할 것 없이 모두 똑같은 한 사람으로 취급되어야 한다는 지극히 평등주의적인 생각이 내포되어 있다(이준구, 2000: 192).

서 찾는다. 기업의 대규모화와 기계화는 관리이론을 낳았는데, 이들은 단일의 가치 기준으로서 능률성을 추구했고, 조직의 능률성을 향상시키는 데 공식적 구조와 과정을 중시했다. 또 환경의 영향을 고려하지 않는 폐쇄 체제적 관점에서 조직을 파악하고 있었다. 특히, 관리이론이 가정하고 있는 인간관은 합리적·경제적 인간이었다(김태룡, 2007). 복지학에서는 효율성 패러다임의 이론적 근거를 공리주의에서 찾는데, 이 공리주의는 파레토(Pareto) 원칙에 기초하고 있다(김항규, 2010). 파레토 원칙이란 A라는 어떤 이가 현상유지(status quo) 상황에서의 어떤 변화로부터 이득을 얻는다 하더라도 다른 어떤 이도 그로 인해 손해를 보아서는 안된다는 것이다.

공리주의 패러다임에서 문제점은 실천과정에서 개인의 권리가 침해될 수 있다는 사실이다. 한 사람으로부터 다른 사람에게 부를 이전시킴으로써 사회후생이 증가된다고 해도 그 과정에서 개인의 정당한 권리가 침해되는 결과가 빚어진다면 심각한 문제가 아닐 수 없다(이준구, 2000: 192). 실제 적용할 때에 개인 사이의 효용비교(interpersonal utility comparison)를 전제로 하고 있지만 행복을 측정하고 비교하기가 쉽지 않다는 점이다(Fitzpatrick, 2011). 앞에서 설명한 대로 쾌락은 표층적 행복(shallow happiness)과 심층적 행복(deeper happiness)으로 나눌 수 있다. 전자는 승진을 하거나 상을 받는 것과 같은 직접적인 정신적 또는 육체적 경험이지만, 후자는 비록 하루하루의 삶은 고달프지만 꿈꾸던 바가 실현된다면 그 의미 때문에 행복을 느끼는 경우로 이를 Eudaimonia(good spirit)라고 한다. 표층적 행복과 심층적 행복은 어떻게 비교되는가? 또 다른 문제점은 행복은 주관적이라는 것이다. 축구 경기에서 느끼는 쾌락과 좋아하는 교향곡을 들을 때 경험하는 환희가 비교될 수 있는가? 공리주의에 대한 더 강한 비판은 다음의 사례로 설명할 수 있다.

표 5-6 공리주의에서의 정책결정

구성원 / 정책대안	A	B	C
Ⅰ	100	50	30
Ⅱ	10	10	10
Ⅲ	200	150	25

출처: 김항규(2010: 326).

<표 5-6>에서 엄격한 의미의 평등을 기준으로 채택한다면 정책대안 Ⅱ를 선택하게 된다. 그러나 앞서 설명한 롤스의 차등의 원리에 따르면 정책대안 I을 선택하게 된다. 그 이유는 정책대안 I은 가장 빈곤한 C의 이익을 최대화해 주기 때문이다. 더 나아가 A, B, C 사이의 상대적 불평등 수준의 변화는 C의 이익을 증대시키는 조건에서만 정당화될 수 있다. 만약 공리주의 원리에 따를 경우에는 사회적 효용의 총계를 극대화해 주는 정책대안 Ⅲ을 선택하게 된다. 이 경우 A와 B에 비해 C는 현저한 불평등에 직면하게 되는데, 공리주의로는 이를 설명할 수 없다.51)

이에 대해, 밀은 벤담의 접근방법에서 더 나아가 고급 쾌락과 저급 쾌락의 구분을 제안했다. 그는 양뿐만 아니라 질에 따라서 쾌락을 평가한다. 그의 주장에 따르면, 배부른 돼지보다 배고픈 인간이 낫고, 무지한 바보보다 현명한 소크라테스가 낫다는 명언을 남겼다. 소크라테스의 쾌락이 바보의 그것보다 고급일 것이라는 것이 그 근거이다.

공리주의에서 사회보장이나 복지국가를 옹호하는 유일한 근거는 빈곤이 사회안정에 미칠 부정적 효과를 제거하는 데 있다. 따라서 공리주의에 의하면, 부유층이 빈곤층을 구제하는 것은 그들의 인권이나 행복을 위해서가 아니라 사회전체의 이익을 위해서 소수의 고소득층이 희생한다는 논리에 의해서만 정당화된다(塩野, 2006: 385).

효율성 패러다임은 이름을 달리하여 나타나는데, 예컨대, 사회서비스 전달에서의 품질관리를 공급자 주도형(Agency-directed)에서 소비자 중심형(Consumer-directed)으로의 방향을 제시하거나(이재원, 2008), 외국의 서비스 전달체계 개혁의 핵심이 직업훈련이나 고용과 관련된 것을 복지서비스와 연계시키거나 민간부문에

51) 공리주의에 대한 비판은 첫째, 도덕기준으로 효용의 최대화만 고려하고 자유와 같은 비효용적 가치에 의미를 부여하지 않는다. 둘째, 사회전체의 효용의 총계만 초점을 맞추고 분배의 평등이나 불평등은 고려하지 않는다. 셋째, 효용을 일원적으로 평가할 주체를 상정하고, 다양한 사회구성원들에 의한 집단적 선택과정을 무시한다. 따라서 복지국가에 대해 대단히 냉담하다는 사실을 시사한다(塩野, 2006: 384). 그 결과로 통상 비도덕적이라고 여겨지는 많은 행위들을 정당화할 수 있다. 향정신성 마약을 비밀리에 수돗물에 첨가시킨다면, 그리하여 이것이 전체의 쾌락을 증가시킨다면, 그런 사회는 더 향상된 사회가 될 것이다. 그러나 우리들 대부분은 수돗물에 마약을 탄 사람은 부도덕한 짓을 한 것이라고 생각할 것이다. 사실 많은 사람들은 진실을 말하는 것, 빚을 되갚는 것, 타인들을 정직하게 대하는 것 등을 주요한 도덕적 행위로 간주한다. 이런 사람들에게 공리주의는 절대적 의무의 개념을 거절함으로써 부적절한 도덕이론으로 보일 것이다.

의 아웃소싱이 특징인데 우리나라의 경우 연계나 조정이 없어 낭비적 요소가 많고 서비스의 효율성도 낮다는 주장이나(유길상, 2006), 영국의 공적 복지서비스의 전달체계의 핵심 키워드는 책임성의 문제와 연계의 문제이므로 우리나라의 전달체계를 이러한 방향으로 재조직화하여야 한다는 주장(이상일, 2004) 등도 모두 효율성 패러다임에 기초한다. 이상의 논의를 비유해서 말하자면, 정부가 국민에게 옷을 마련해 주려고 하였는데, 효율적으로 하기 위해 옷을 표준화하여, 표준화된 다양한 타입의 옷을 공급하여 국민의 몸이 옷에 맞도록 한다고 하겠다. 이에 대한 비판으로 이제는 국민의 몸에 맞는 옷을 공급하는 패러다임이 필요하다.

그러나 복지학의 효율성 패러다임은 복지학 발전에 공헌 또한 지대하다. 효율은 많을수록 좋다는 뜻을 포함하고 있는 양적 개념으로(Okun, 1975), 효율성의 대상은 'Σ개인'이 된다. 현실적으로는 'Σ개인'은 존재하지 않으므로 <표 5-6>처럼 구체적 개인의 집합을 사용하여 'Σ개인'을 구한다.[52] 즉, 'Σ개인'은 총화 대체로 연역적으로 구하게 된다.[53] 경제적 관점에서의 시장이란 'Σ개인'을 위한 장(場)으로서 기능을 한다[특히, 백화점을 생각해 보라]. 경제학에서의 시장이란 '다른 조건이 동등하다면(other things being equal)'과 같은 몇 가지 가정 위에서 논리적으로 분석한 시장이다. 마치 물고기를 연구하기 위해 물에서 물고기를 꺼내서 살펴본 것과 같다. 더욱이 주류 경제학에서는 시장 탈락자에게는 해결의 방법을 추구하지도 않고 관심이 없다. 인간은 개인의 개념화 또는 추상화로서 작동하고 구체적 개인(즉, 피와 땀이 흐르는 인간)에 관한 철학은 여기에 존재하지 않는다.

여기에서 개체로서의 환원과 전체로서의 구성의 문제가 생겨난다. 즉, ['Σ개인' ≠개별 개인] 관계가 성립한다는 점이다. 이는 두 가지 중요한 함축을 지니는데 그 첫째는 앞서 언급한 대로 '개념화할수록 체험에서부터 멀어진다'는 현상학적 명제에 합치된다(김홍우, 2009). 어떤 견해에 따르면, ['Σ개인'≠개별 개인] 관계에서 개별화 방법은 'Σ개인' 또는 인간으로서가 아니라 개인의 처지, 즉 행위자(agent)

52) 이는 Popper(1963)가 방법론적 개체주의를 따른 결과로 보인다. 이에 대한 필자의 해석은 한글판 번역서(이한구, 1997: 277, 283)에 기초하였다. 방법론적 개체주의의 의미는 강신택(1981)을 참조하라.

53) 이는 인간(의 본질)과도 구별된다. 전자가 '(그는) 누구인가'를 추구하는, 즉 존재하는 것에 무게 중심이 있는 데 비해, 개별 인간이란 '어떤 일을 하는가', 즉 행동하는 것에 무게 중심이 있다(Uchida, 2002: 30).

로서의 개인, 피영향자(patient)로서의 개인, 수혜자(benefactive)로서의 개인, 담세자로서의 개인, 도구(instrument)로서의 개인 등의 의미로 나누어진다(Lyons, 1991; Fillmore, 1988; 박승윤, 1990: 140). 앞서 언급한 경제적 관점에서의 시장이란 'Σ개인'을 위한 장(場)으로서 기능을 하지만 사회복지적인 시장은 개별 개인을 위한 장(場)으로서 기능을 한다. 즉, 5일장에서 보듯이 경제적 활동에 필요한 생활필수품의 구입은 물론이고, 시장에서 이루어지는 의사소통에서처럼 개별 개인을 위한 공간이다.

공리주의 패러다임에 기초하는 효율성 패러다임은 많은 문제점을 안고 있다. 그럼에도 불구하고 사람들이 공리주의에 대해서 강한 매력을 느끼게 되는 이유는 실용성이나 현실적 호소력을 갖고 있기 때문일 것이다. 정책의 기본지침을 보면 평등성이나 개인의 권리 혹은 자유와 같은 추상적인 구호가 아니라 사회의 후생을 증진시킨다는 구체적이고 실질적인 목표를 찾을 수 있기 때문에 더 큰 설득력이 있다.

2 공정성 패러다임

공정성 패러다임은 정의(正義)를 중심 가치로 여기고 각 개인의 능력에 따른 기여와 욕구에 따른 분배의 원칙에 기초한다(George & Wilding, 1976: 129-137). 공정성 패러다임은 드워킨(R. Dworkin)에 따르면, 평등한 배려(equal concern)임을 의미한다. 추상적 평등의 원칙(abstract egalitarian principle)이라고 하는 이 개념은 추상적 개념으로 평등한 몫을 나누어 주는 것과는 다르다(염수균, 2006). 복지와 관련하여 가장 주목할 만한 견해는 자원의 평등론인데(Dworkin, 2006), 그렇다고 총량 중심의 공리주의는 아니다. 앞서 설명한 공리주의가 사회적 총체적 효용이 극대화되도록 하는 이론인 데 비해, 공정성에 기초하면 복지를 통해 평등을 지향할 수 있다는 이론이다. 공리주의의 효율성 패러다임이 파레토 원칙에 기초함은 앞서 서술하였다. 파레토 원칙과의 차이점은 A라는 어떤 이가 현상유지(status quo) 상황에서의 어떤 변화로부터 이득을 얻는다 하더라도 다른 어떤 이도 그로 인해 손해를 보아서는 안된다는 것인데 비해, 롤스의 정의론은 현상유지 상황에서의 어떤 변화는 마땅히 가장 형편이 좋지 않은 사람에게 돌아가야 한다는 것이다(김항규, 2010).

롤스는 먼저 원초적 상황(original position)이라는 가상적 상황으로부터 출발하고 있다. 이 상태는 아직 아무런 사회질서도 세워져 있지 않았을 뿐 아니라, 모든 사람이 무지의 베일(veil of ignorance)에 가려 자신의 장래가 어떻게 될지 모르고 있는 상태로 설명되고 있다. 이 상황에서 사람들은 앞으로 사회가 어떤 기본질서를 갖게 될 것인지에 대해 원칙적인 합의를 이루게 된다(이준구, 2000).[54] 공정성으로서의 정의로 공정한 조건에서 당사자들이 일정한 정의의 원칙에 합의한다면 그러한 정의의 원칙은 정의롭다는 것이며, 절차의 공정성이 결과의 공정성인 정의를 보장한다는 것이다.

미래에 대한 불확실성 상황 하에서의 의사결정을 살펴본다. 롤스는 원초적 상황에서 사람들에 의해 선택되리라고 기대되는 정의의 원칙으로 다음 두 가지를 제시하고 있다. 첫째, 모든 사람이 다른 사람들의 자유와 양립할 수 있는 한에서 가장 광범위한 자유에 대해 동등한 권리를 가져야 한다. 둘째, 사회적 · 경제적 불평등은 다음의 두 조건을 모두 충족시킬 수 있을 때만 그 정당성을 인정받을 수 있다. 우선, 그 불평등성이 모든 사람에게 이득이 되는 것을 기대할 수 있어야 하며, 다음으로는 모든 사람에게 그 기회가 개방된 직위 및 직책과 결부되어서만 불평등성이 존재해야 한다. 평등주의적인 롤스의 정의관이 가장 선명하게 드러나고 있는 것은 두 번째 원칙, 즉 차등의 원칙(difference principle)이라고 불리는 것이다. 그는 이 차등의 원칙으로부터 최소극대화의 원칙(maximin principle)을 도출할 수 있다고 설명했다. 최소극대화의 원칙은 한 사회의 가장 못사는 사람에게 가장 큰 이득이 돌아가도록 사회의 기본구조를 짜야 한다는 내용을 담고 있다(이준구, 2000). 이상에서의 기대효용극대화의 원칙과 최소극대화(maxmin) 원칙 및 최대극대화(maxmax) 원칙 등이 도출된다(김항규, 2010: 315-325). 이를 예를 들어 설명하면 다음 <표 5-7>과 같다.

54) 무지의 베일로 인해 자신의 미래를 내다볼 수 없는 사람들은 사회질서의 선택과정에 불편부당하고 공정한 태도로 임하게 된다는 것이 롤스의 생각이다. 이 점에서 볼 때 롤스의 정의관은 사회계약론의 영향을 강하게 받고 있는 것으로 평가할 수 있다(이준구, 2000).

표 5-7 불확실성 상황 하에서의 의사결정

		장래 출현 가능한 상황			
		S1	S2	S3	S4
대안	I	4	4	0	2
	Ⅱ	2	2	2	2
	Ⅲ	0	8	0	0
	Ⅳ	2	6	0	0

이에 따라 위에서 제시한 세 가지 원칙에 따른 대안 선택 전략은 다음과 같다.

첫째로 기대효용극대화의 원칙이다. 이 원칙에 따르면, 모든 장래의 가능성은 같은 확률을 갖는다고 가정한다. 이에 따른 대안 선택은 <표 5-7>에서 모두 1/4이라 가정되므로, 기대이익(E)을 살펴보면 E(I)=4(1/4)+4(1/4)+0(1/4)+2(1/4)=2.5가 된다.

같은 방식으로 E(Ⅱ)=2.0, E(Ⅲ)=2.0, E(Ⅳ)=2.0으로 계산되고, 따라서 대안 I이 선택된다.

둘째로 최소극대화의 원칙이다. 이 원칙에 따르면, 각 대안들의 최저 이익을 조사하고, 이 최저 이익 중에서 최대의 대안을 선택하는 것이다. <표 5-7>에서 최저 이익은 E(I)=0, E(Ⅱ)=2, E(Ⅲ)=0, E(Ⅳ)=0이다. 따라서 대안 Ⅱ가 선택된다.

셋째로 최대극대화의 원칙이다. 이는 최소극대화의 원칙과는 반대로 각 대안의 최대 이익 중에서 최대의 것을 구한다. <표 5-7>에서 최대 이익은 E(I)=4, E(Ⅱ)=2, E(Ⅲ)=8, E(Ⅳ)=6이다. 따라서 대안 Ⅲ이 선택된다.

롤스는 원초적 입장에 있는 당사자들은 최소극대화의 원칙에 따라 결정하리라고 주장한다. 그 이유는 무지의 베일로 인해 위험을 피하려는 보수적 태도 때문이라고 한다.

롤스의 정의의 원칙은 제1원칙은 거주의 자유, 선거권 등 자유를 억압당하지 않기를 바라는 기본적 자유권이 보장되는 '자유의 원칙'으로 주로 정치적 자유와 관련이 있으며, 제2원칙은 두 가지가 있는데, 모든 사람에게 주어지는 '기회균등의 원칙'과 사회적 약자인 최소 수혜자에게 경제적 이익이 돌아갈 때에만 경제적 불평등이 정당화된다는 '차등의 원칙'이다. 만약 불평등으로 인해 최소 수혜자가 오히려 손해를 본다면 이것은 정당하지 않다고 보았다. 롤스는 사회적 약자의 처지를 악화시키지 않는 범위에서 일정한 소득 격차를 허용하고 있는 것이다(정현태 · 오윤수, 2009).

롤스의 복지정책이 가미된 자본주의체제나 민주적인 사회주의체제가 모두 정의의 원칙을 실현시키는 데 적합하다고 말했다. 자본주의체제의 골격을 그대로 유지하면서도 정의로운 사회의 건설이 충분히 가능하다는 설명은 온건하고 현실성 있는 방법에 의해 사회개혁을 시도하려는 사람들에게 큰 희망을 가져다주었다(이준구, 2000).

롤스의 이론에도 적지 않은 문제점이 내포되어 있다고 한다. 그것은 현실에 존재하지 않는 원초적 상황으로부터 정의의 원칙을 끌어내고 있다는 사실이다. 이 가상적 상황을 전제로 할 때 사람들의 정의의 원칙에 쉽게 동의했다 해도, 현실로 돌아와서까지 이를 준수하려 할지는 큰 의문이 아닐 수 없다. 다시 말해, 사회계약의 논리가 얼마나 현실성을 갖느냐가 문제된 수 있다는 것인데, 바로 이 점에서 롤스의 정의관은 매우 큰 취약성을 보이고 있다(이준구, 2000).

롤스의 정의의 개념이 사회과학에 들어온 것은[55] 당시에 사회과학의 핵심적인 특징 가운데 하나로 '사회적 평등(social equity)'이라는 개념의 출현이었다. 전통적 사회과학이 다음과 같은 두 가지 문제들 가운데 하나에 대답하려 하고 있다고 한다. 하나는 우리들이 어떻게 주어진 자원을 가지고 더 많은 또는 더 좋은 서비스를 제공할 수 있는가? 즉, 효율성(efficiency)이고, 또 하나는 우리가 어떻게 돈을 적게 사용하면서 우리들의 서비스의 수준을 유지할 수 있는가? 즉, 경제성(economy)이었다. 그런데 당시의 젊은 사회과학자들은 '이 서비스는 사회적 형평성을 제고시키는가?'라는 질문을 추가하였다. 사회적 형평성을 포함한 세 가지 질문이 롤스의 정의의 이론이 가장 적실성 있는 것으로 보였다. 다시 말해, 사회적 형평성이 효율성과 경제성에 이어 정책의 정당성에 추가되었고, 정부 안에서의 윤리, 정직성, 책임성이 또다시 강조되었으며, 시민들의 능동적이고 참여적인 측면이 강조되었다.

이어 제6장에서는 제5장에서 논의한 복지의 핵심가치가 구체화되는 매개변인으로서 복지원리를 논의하기로 한다.

55) 프레데릭슨(H. G. Frederickson)을 비롯한 행정학자들이 이 개념을 행정학에 도입하였다.

제 6 장 매개변인으로서의 복지원리

최근의 논의인 공공철학에 따르면 복지를 공(公)·사(私)·공공(公共)의 3원론에 입각하여 논의하는 새로운 관점이 등장하였다. 이는 지난 시절의 복지논의가 해결하지 못했거나 복지가 야기했던 문제를 해결하려고 하는 노력으로 보인다. 즉, 이전의 철학이 일과 생활의 단절이라는 2원론에 입각해 있다는 비판을 수용하고, 이를 극복하고자 하는 대안으로 제시되어 왔던 일과 생활의 조화(work−life balance)에서 한걸음 더 나아가, 활동과 참가가 전제되어야 함을 의미한다. 일과 생활 사이에 이 둘을 매개하는 참여가 생활에서 만족감을 주고, 제5장에서 서술한 사회적 행복으로 이어지는데, 이것이 바로 복지의 참다운 개념이다. 아울러, 새로운 사회적 위험(new social risk)을 해결하고 국제적 이주나 다문화사회의 환경 속에서 이들 그룹과 열등한 지위에 있는 집단(inferior status group)을 모두 포괄하는 새로운 모습의 복지가 필요하다. 이제 새로운 모습의 복지를 향하여 다 함께 더 나은 방향을 모색해 볼 때가 되었다고 판단된다.

제5장에서는 복지의 핵심가치를 행복을 추구하는 인간, 생활세계, 사회적 행복, 정의(justice)를 선정하였는데, 현실적으로 그만큼 중요한 것은 이들을 실현하기 위한 현실적 형태이다. 이를 여기서는 패러다임(paradigm)이라고 한다.[1] 이는 핵심가

1) 패러다임의 원뜻은 어떤 과학자 집단이 가지고 있는 신념·가치·기법 등의 집합체로서 정상과학에 기초하여 어떤 문제를 푸는 데 길잡이 노릇을 하게 된다(Kuhn, 1970: 175). 그러나 여기에서

치에 동행하는 원리와 이를 위한 절차들인데, 이를 논의해 보기로 한다. 즉, 어떤 패러다임을 받아들이느냐에 따라서 국가나 사회별로 복지영역에서 상당한 차이가 나고 국가나 사회별로 상당한 차이가 나도록 하는 요인이 무엇인가에 대한 연구가 매개변인에 대한 연구이다. 이는 '같은 표준으로 잴 수가 없다(incommensurability)' (이정민, 1989: 121)는 데 기초하는데, 원래 이 전제는 쿤(T. Kuhn)의 이론에서 유래한다(이정민, 1989: 121). 쿤 이론의 핵심은 현재 여기에 도달한 과학은 수 세기에 걸친 과학자들의 연구업적의 단순한 누적이 아니라는 것과, 과학자 집단(scientific community)은 일관된 과학관(view of science)을 지닌 단일집단이 아니었음을 패러다임과 과학혁명의 개념으로 설명한다. 즉, 과학혁명의 역사는 '과학혁명 I → 새로운 패러다임을 갖는 정상과학의 전통 수립 → 변칙성 및 정상과학의 위기 출현 → 과학혁명 II'라는 변증법적 과정으로 해석하고, 과학연구에 있어서의 과학혁명과 정상과학의 상호보완적 기능을 강조한다(조형, 1980).[2)]

'같은 표준으로 잴 수가 없다'는 전제와 이에 기초하는 매개변인이라는 개념은 차이가 나도록 만드는 요인에 관한 연구이다. 이런 의미에서 경제학적 접근과 다르다. 복지의 핵심가치와 원리인 행복을 추구하는 인간이나 사회적 행복 그 자체의 논의는 국가별로 상당한 차이가 있다. 예컨대, 경제학의 관점에서 발전한다는 나라들의 사람들의 삶은 어떠한가? 24시간 편의점에서 일하는 이들이 진정으로 행복한가? 과연 돈을 많이 벌기 위해 장시간 일에 빠졌다면, 정말로 행복할까? 유니세프(UNICEF)가 2007년에 발표한 선진 21개국의 아이들의 행복도 조사에서 아이들이 가장 행복한 나라는 덴마크였다고 한다(稲垣, 2013). 주당 2회 이상 부모와 함께 저녁식사를 한 아이들의 비율이 90%였었는데, 그 의미는 부모와 함께 있는 시간이 많을수록 아이들의 행복은 높아진다는 뜻이다. 사람들의 행복을 달성하도록 해 주는 것, 다른 말로 복지의 충실을 위해 정부와 행정, 그리고 시민사회가 맡아야 할 역할은 무엇인가? 그 함축적 의미는 행복이나 복지와 같은 개념이라도 국가별로 또

는 본문의 기술대로 핵심가치를 실현하는 현실적 형태로 이해한다.

2) 반증주의(falsificationism)를 취하는 포퍼(K. R. Popper)는 과학상의 변화가 합리적으로 재구성될 수 있는 것으로 발견의 논리 영역에 속하게 된다고 본다. 반면에 쿤(T. Kuhn)은 한 패러다임에서 다른 패러다임으로의 변화는 이성의 규칙을 넘어서는 신비적인 전환으로 발견의 심리의 영역에 속한다고 본다. 또 다른 차이는 포퍼에게는 과학이란 항구적인 혁명이고 비판이 과학의 핵심인 데 비해, 쿤에게는 혁명은 비정상적이며 비판은 정상과학의 시기에는 금물이라고 본다(이정민, 1989: 114).

사회별로 다르게 실현된다는 것이다. 뿐만 아니라 이 과정에서 경제성장이나 빈곤 극복과 같은 다른 필수적인 개념들과 연계된다. 즉, 매개변인이 산출된다. 여기서는 그 매개변인의 대표로 들 수 있는 것은 복지를 바라보는 관점인 복지주의와 시장주의, 자유와 평등, 복지원리로서의 사회통합, 공공복지, 통치기술로서의 실용이다.

유럽의 근대사회란 르네상스(Renaissance), 종교개혁(Reformation), 국민국가의 형성에 기초하는데, 현재 우리가 누리고 있는 복지국가의 기원은 유럽의 근대사회로부터 유래한다. 특히, 기독교 사상이 유럽 복지의 뿌리이자 기초이므로(최무열, 2008), 복지에 관해서 말하면, 전통적으로는 중세까지 로마 가톨릭교회가 빈곤한 자와 병자의 케어 등의 복지적 사업, 그리고 교육에 대해서 책임을 가지고 있었다. 16세기의 종교개혁의 의미는 그 이전의 중세의 로마 가톨릭교회의 반석이 붕괴되고, 종교개혁과 함께 가톨릭교회에서의 분리가 교회와 국가와의 관계에서 다양한 형태를 보여 주었는데, 이 다양한 차이가 복지의 모습에도 차이를 가져왔다. 그 차이는 북유럽(스칸디나비아 제국, 영국), 서유럽(독일, 덴마크, 벨기에 등), 남유럽(프랑스, 스페인, 이탈리아 등)으로 분류가 가능하다(稻垣, 2013).

국민국가의 형성은 대체로 사회계약설과 깊이 관련되는데, 인간은 죽음이 두려워 종교를 만들고 삶이 두려워 사회를 만들었다고 한다. 삶이 두려워 사회를 만들 때를 설명하는 이론이 사회계약설이다. 이 이론 속에도 여러 주장이 있으나 홉스(T. Hobbes)에 따르면, 자연 상태에서는 만민의 만민에 대한 투쟁이 생기므로 이를 예방하고자 자연 상태에서 국가의 상태로 이행하였다고 한다. 여기에서 국가와 시민 사이에는 어떤 계약이 성립하는가에 대해 묵시적 계약이 사회정책에서는 지지를 받고 있다. 이는 명시적 계약과는 완전히 대조되는 개념으로, 예를 들면 버스 운전자가 승객의 요금에 의해 일정한 정류소까지 이동함으로써 이루어지는 계약 형태라고 볼 수 있다(稻垣, 2013). 그러나 이러한 계약이란 수단적 성격이고 그 목적은 무엇인가?에 관한 담론, 즉 이 복지가 이룩하고자 하는 목적을 복지이념 또는 복지철학이라는 이름으로 논의하기도 한다. 이 책에서는 복지가 이룩하고자 하는 목적을 복지의 핵심가치라고 일컬었고, 이 핵심가치를 이룩하려는 것을 매개변인이라고 명명하였다. 이 장에서는 복지의 핵심가치를 실현시키는 매개변인을 차례로 논의해 본다.

제 1 절 복지를 보는 관점: 복지주의와 시장주의

궁핍과 질병 등 국민들의 고통을 제거하기 위해 국가가 개입하여 공적부조와 사회적 서비스를 제공하는 것을 주요책무로 삼는 국가를 복지국가라고 한다면, 이 국가는 국가구성원들의 경제사회적 안전과 평등을 증진하는 것을 최우선적으로 추구한다고 할 수 있다(김태성 · 성경륭, 2013). 그렇다면 경제적 안전과 평등은 무엇 때문에 필요한 것인가? 그것은 국민 개개인의 생존능력을 증가시키고, 궁극적으로는 개개인의 행복을 향상시키는 데 기여하기 때문이다. 이렇게 볼 때 국가의 복지개입을 통한 경제적 안전의 보장과 평등의 증진은 국민 개개인의 행복추구를 위한 필수적인 조건임을 알 수 있다. 복지국가의 사상적 기초는 '자유, 평등, 우애(유대)'를 기치로 내걸었던 프랑스 혁명에 의해 수립되었다고 볼 수 있다. 프랑스 혁명 이후의 100년이 '자유과 평등'의 정신에 따른 민주주의의 확립과정이었다면, 1880년대(비스마르크에 의한 복지프로그램 도입) 이후의 100년은 '평등과 우애'의 정신에 따른 복지국가의 수립 · 확장 과정이었다고 할 수 있다(김태성 · 성경륭, 2013).

그런데 논의되어야 하는 이슈는 구성원 전체의 복지는 시장에 맡겨두는 것이 나은가, 아니면 국가가 개입하는 것이 문제인가 하는 논쟁이다. 이 논쟁은 국가의 발전단계와 결합되는데, 국가개입(state-interventionism)과 불개입(non-interventionism)의 관점에서 다시 재정리할 수 있는데 개입형태/국가기능을 한 축으로 하고, 이의 하위분류로서 정부영역의 축소냐 확대냐(또는 큰 정부/작은 정부) 하는 기준과 국가와 개인(또는 시민사회)과의 관계에 있어 어디에 힘의 우위에 있는

표 6-1 국가개입의 견지에서 본 유형과 변화

		국가기능/개입형태	
		큰 정부	작은 정부
국가와 개인이나 시민사회와의 관계	약한 정부	복지국가	민주국가
	강한 정부	발전국가	약탈국가(또는 정복국가)[3]

출처: 김태성 · 성경륭(1999: 31-33).

3) 약탈국가(또는 정복국가)의 기능은 국가형성, 전쟁유발, 외부로부터의 보호, 그리고 추출이다(김태성 · 성경륭, 1999).

가(또는 강한 정부/약한 정부) 하는 측면을 결합하여 표로 나타내면 <표 6-1>과 같다.

국가의 발전은 약탈국가로부터 발전국가로, 나아가 민주국가로, 그리고 복지국가로 진행한다(김태성 · 성경륭, 1999: 31). 민주국가에서 국가기능은 두 가지 원칙에 입각하는 데 민주주의 원리는 공적 분야에서 작동하는 원리이고 사적 분야에서는 자유주의 원리인 바, 이는 재산권과 시민권의 보호와 법과 질서의 유지에 목적이 있다(김태성 · 성경륭, 1999: 31-33). 이는 달리 민주주의와 시장과의 관계로 달리 표현할 수 있다(김비환, 2004). 민주사회에서 시장과 만주주의는 가장 중요한 두 제도라 할 수 있으나 그 관계는 서로 다르다. 대체로 7가지의 유형으로 나뉘는 바, 그 각각은 다음과 같다. 첫째는 시장과 민주주의가 서로 지지하되 시장이 일차적 중요성을 갖는다. 둘째는 시장경제는 민주주의의 물적 토대인 경제성장을 위해 필수적이다.[4] 셋째는 시장은 민주주의에 대해 부정적인 영향을 미친다고 보는데 이른바 시장의 무정부성 명제이다. 넷째는 자유시장적 경쟁은 경제적 · 사회적 불평등을 심화시킨다.[5] 다섯째는 시장의 성향은 민주적 공(公)영역의 고유성과 순수성을 왜곡시킨다.[6] 여섯째는 시장과 민주주의는 서로 다른 가치를 반영하는 제도이므로 현실적으로는 균형을 이루어야 한다.[7] 일곱째는 시장보다는 민주주의적 자치원리가 우선적인 중요성을 갖는다. 따라서 시장과 자유주의에 대한 민주적 통제를 강화하여야 한다고 주장한다.

이들 견해 중 어디를 우선으로 꼽는가에 따라 세 가지 흐름으로 나눌 수 있다. 신우파란 시장에 우선을 두는 흐름(즉, 시장>민주주의)으로 자유지상주의자들(Li-

---

4) 시장경제는 경제성장을 가능케 하고 경제성장은 부의 분배를 둘러싼 갈등을 약화시킴으로써 민주적 절차에 의한 문제해결을 촉진한다고 본다. 또 권위주의 체제가 경제성장에 유리한 상황도 존재하며 시장경제는 부의 불평등을 심화시키기도 한다고 본다.

5) 그 근거는 첫째로 경제적 박탈 및 사회적 소외는 시민적 · 정치적 권리의 효율적인 행사를 저해한다. 둘째로 그 결과 국가의 감시체제와 억압기구가 확대될 수 있으며 포퓰리즘(populism)적인 정치동원이 쉬워진다.

6) 그 근거로는 시장의 속성에 적응된 시민은 정치적 선택의 공간에서도 사적인 이익을 추구하는 소비자로서의 형태를 보이며 공(公)영역을 사유화하려 한다. 또 사적 이익의 논리는 공적 영역을 식민화하려고 함으로써 공동선의 형성과 공적인 이해의 창출을 침식한다라는 것이다. 대표자는 아렌트(H. Arendt)라고 한다.

7) 두 변수를 독립변수로 간주하나 그들 간의 긴장에 주목하는 견해로 복지자유주의자들이라고도 불리우며 롤스가 대표적이라고 한다.

bertarian)이다.[8] 중도(Middle Way)란 둘을 균등하게 보는 흐름(즉, 시장=민주주의)으로 자유주의자들(Liberals)이다.[9] 사회민주주의란 민주주의에 우선을 주는 흐름이다(즉, 시장<민주주의).

민주국가에서 복지국가로의 전환은 노동계급의 성장과 그 권한의 확대에 기인한다. 즉, 민주국가 운영의 두 원리의 구조적 충돌을 해결하기 위해 복지국가가 출현하는데 그것은 국가에 의해 제도화된 조정원리가 존재하는 것이다. 제도화된 조정원리가 존재한다는 것의 의미는 민주국가보다 확대된 국가개입이 정당화되고 이 점에 있어 다시 발전국가와 궤를 같이한다고 볼 수 있다. 현재 우리나라는 복지국가의 단계라고 하기엔 미흡하다. 따라서 발전국가를 거쳐 현재 민주국가의 시대에 진입했다고 볼 수 있겠다(김태성·성경륭, 1999). 여기서 초점은 발전국가와 민주국가인데, 우리 사회의 갈등의 언저리에는 발전국가의 향수에 치중하는 세력과 민주국가의 지향에 무게를 두는 세력 간의 갈등이 존재한다. 즉, <표 6-1>에서 보듯 개인의 권리에 치중할 것인가?, 국가의 발전에 우선순위를 둘 것인가?에 대한 합의가 계속 지연되고 있다. 발전국가 단계인 경우, 국가발전을 위하여 국가개입이 그 특징인 데 비해(김태성·성경륭, 1999: 30-31), 발전국가 이후의 단계인 민주국가에서는 국가개입은 사적 분야에는 물론이고 공적 분야에서도 개입의 후퇴를 가져왔다.[10]

---

8) 이들은 시장을 우선하는 자유주의자들로서 시장제도야말로 자유주의 사회의 구성적 핵심요소로 본다. 또 민주주의는 시장제도로부터 파생되거나 시장제도를 보조하는 파생적·부수적 제도라고 주장하며 고전적 자유주의의 전통(로크, 스미스 등)을 계승하고 있다. 국가주의를 반대하고 법치주의에 의해 규제되는 제한정부를 지지하고 self-ownership을 중시한다. 시카고 경제학파, 오스트리아 경제학파, 버지니아 공공선택학파 등이 여기에 속하고 대표적 학자는 노직(R. Nozick)이다.

9) 자유로운 경쟁에 의해 사회의 기본가치들(부, 소득이나 권력 등)이 분배되는 철저한 업적주의 사회를 거부하고 부당한 불평등(undeserved inequalities)의 문제에 관심을 둔다. 이에 대해, 교정의 원칙(The principle of redress)을 도입하여, 사회의 효율성에 기반한 교정의 원칙이 적용되어야 한다고 주장한다. 차등의 원칙(difference Principle)이 대표적으로 사회의 가장 열악한 위치에 있는 자들에게 가장 큰 혜택이 돌아가도록 조정하여야 하며, 공정한 기회평등의 조건 하에서 만인에게 개방되어 있는 공직과 지위에 결부되어야 한다고 주장한다. 그 핵심은 시민들이 누리는 자유의 값어치(worth of Liberty)를 가능한 한 평등화하려고 한다. 롤스(J. Rawls)와 하버마스(J. Habermas)가 대표적인 학자이다.

10) 국가기능은 두 가지 원칙에 입각하는데 민주주의 원리는 공적 분야에서 작동하는 원리이고 사적 분야에서는 자유주의 원리인 바, 이는 재산권과 시민권의 보호와 법과 질서의 유지에 목적이 있다(김태성·성경륭, 1999: 31-33).

이념으로서의 복지주의[11]를 지향하는 흐름에 따르면, 원초적 입장에서의 차이를 시정할 수 있는 조직은 시장이 아니며 시장이나 사회에서 발생하는 복지그늘(diswelfares in society)의 보상(compensation)은 국가가 수행하여야 한다고 주장한다. 이들은 복지국가를 옹호하고 이를 지키려고 애쓰는 사회민주주의이다. 반면에, 복지의 원천은 시장이며, 시장은 자발적 질서(spontaneous order)를 창조하는 곳으로 시장 기능을 유지·발전시키는 것이 구성원의 복지를 증대시키는 방법으로 보고 있으며,[12] 따라서 복지국가의 해체를 꾀한다. 이들이 신우파(The New Right)이다(Giddens, 1994).[13] 이 둘의 흐름은 복지국가에 대한 태도에서 극명하게 차이가 나는데, 이를 표로 간단히 정리하면 <표 6-2>가 된다.

표 6-2 복지를 보는 관점의 비교

	복지주의	시장주의
복지국가 해체[14]	–	신우파(The New Right)
복지국가 옹호	사회민주주의	–

출처: George & Wilding(1994) 재정리.

이념으로서의 복지주의를 좀 더 자세히 논해 보기로 하자.[15]

먼저, 복지국가의 의미를 살펴보자. 복지국가란 정부가 그 구성원의 복지(well–

11) 복지주의(Welfarism)란 복지국가의 확립과 유지를 위해 노력하고 그에 걸맞은 정책을 개발하는 일련의 태도와 정책을 말한다[Dictionary.com Unabridged(v 1.1); Random House(2006)]. 여기서는 복지국가의 정책과 구별되는 일종의 주의로 다룬다.

12) 우파에서도 협력의 필요성은 인정한다. 다만, 협력(human corporation)의 추동력(powerful device)으로 가장 강력한 것은 이기심(self–interest)으로, 따라서 시장 기제가 이를 가능하게 한다고 주장한다(markets brings people together)(George & Wilding, 1994). 복거일에 따르면, 삶의 본질은 정보 처리로, 개체들은 유전자에 담긴 본능적 정보와 뇌에서 처리된 지적 정보를 이용해 환경에 적응하는 존재라고 한다. 이에 비해, 정부나 관료들은 정보를 독점하려는 경향이 있다. 정보 처리의 관점에서 시장의 우위를 주장하기도 한다(중앙일보, 2015.6.18).

13) 그러나 신우파든 사회민주주의든 그 공통점은 이론에서의 도출이다. 이와는 달리, 관찰의 결과에서의 도출에 기초하는 흐름도 있다. 이는 중도(The Middle Way)로 실용으로서의 복지를 주장한다(George & Wilding, 1994: 62).

14) 마르크스시즘(Marxism)도 여기에 해당하나 여기서 논의하는 복지 흐름과는 큰 관계가 없기에 이에 관해서는 논의하지 않는다. 자세히는 George & Wilding(1994)을 참조할 것.

15) 다만, 제3의 길은 제5절에서 후술하므로 여기서는 언급하지 않는다.

being)를 책임지는 국가 형태를 말한다(Abercrombie et al, 1988: 269; Pierson & Thomas, 2002). 그러나 이 복지국가와 밀접히 관련되는 (또는 유래하는) 기본개념(자유, 사회정의, 개인주의), 구성원 전체의 복지, 인류를 괴롭혀 온 역사적 불행의 문제, 욕구(needs)와 사회권 등이 논쟁의 대상이다. 이를 이념형으로 옹호하는 흐름이 복지주의인데, 사회민주주의[16)]가 그 대표이다. 복지주의를 반대하는 흐름이 신우파이고, 이는 시장을 신봉하므로 시장주의라고 할 수 있다. 기본적으로 신우파가 사회문제를 개인 책임으로 환원시키는 데 비해, 사회민주주의는 불평등한 사회구조에서 유래하는 사회문제는 사회책임이라는 태도를 취한다. 이를 정리하면 다음 <표 6-3>과 같이 된다.

표 6-3 두 흐름의 비교

	신우파	사회민주주의
자유의 개념	소극적 개념(강요가 없는 상태)	적극적 개념(할 수 있는 능력이 있는 상태)
사회정의	공허한 개념	(공적)복지를 발달시킨 강력한 동력
사회정의의 적용 (만약 존재한다면)	과정과 절차	결과에까지
사회의 존재와 책임	사회는 존재하지 않고 개인과 가정만 존재	사회는 존재하며 사회책임이란 불평등한 사회구조에서 유래한다면 사회(또는 국가)가 해결
사회병리에 대한 인식	필요	사회질서를 위협
사회병리에 대한 태도	언제나 있어왔고 제거는 불가능	완화를 위하여 국가개입 필요성
사회복지의 본질	자발적 질서를 유지하는 것	안정과 질서는 삶의 기초: 복지국가가 가능하게 해준다.
공동의 사회적 목적	공동의 사회적 목적 추구라는 명제는 수단에 있어서만 동의 가능	공동의 사회적 목적 추구 가능
사회적인 것과 경제적인 것의 관계	분리	통합기능
사회권의 권리성 여부	욕구의 권리 인정은 위험	인정

16) 사회민주주의라는 용어는 일반적으로 많이 수용되고 있다. 이에 대해, 민주사회주의와 차별화하려는 노력도 있으나(김교환, 1993), 둘을 섞어 쓰기도 하기에(Lowe, 1993: 18-23; Barr, 1998: 45) 여기서는 사회민주주의로 통칭한다. Dean(2006: 23)은 사회민주주의를 enthusiastic collectivism이라고도 부르고 그 특징을 egalitarian/republican이라고 지적한다.

개인과 사회를 지배하는 요인	경제적 요소	경제적 요소만이 아니다.
복지국가의 창조	불가능	가능하고 현실적
암묵적 지식과 이성	암묵적 지식의 우위17)	이성의 중요성
합리적 계획	치명적 오류	인정
인간본성	비관적 견해	낙관적 견해
사회질서	위험성, 불확실성이 필요하고 incentive의 중요성	국가적 통합, 개인적 책임, 사회개량을 통한 사회질서
사회불평등	불평등이 경제발전	사회적 평등의 확대는 긍정적
다른 분야의 복지공급을 차단할 가능성(물방울 효과)	인정	불인정
국가와 개인과의 관계	권리 강조	의무와 책임감
복지국가와 자유와의 관계	복지국가는 자유에 대한 위협	자유의 확대
재분배	강요된 것: 재산권 침해	사회통합을 위해 필요한 것
시장메커니즘에 대한 인식	대안이 불가능한 분배원리로 선택의 자유보장	부정적 효과 인정, 절제되지 아니한 자유는 불인정
시장메커니즘에 대한 태도	민주주의의 근본	사회질서를 위협하는 속성
복지국가에 대한 종합적 평가	재앙	혁명과 사회주의에로의 길 차단

출처: George & Wilding(1994)을 중심으로 정리.

구성원 전체의 복지(general welfare of its members)는 어디서 어떻게 이루어지는가? 신우파는 자발적 질서(spontaneous order)의 마당인 시장은 이기적 성격에 기초하여 협력으로 이끌고 사람을 엮어 준다(brings people together). 따라서 시장이 국가제공의 복지보다 도덕적으로 우위(morally superior)에 있으므로 이 작용원리를 유지하도록 하는 것에서 구성원 전체의 복지로 가는 지름길이라고 한다. 반대로, 사회민주주의는 인간 본성에 대해 낙관적 견해를 가지고 합리적 계획(rational planning)의 우수성을 믿으므로 국가복지의 가능성을 열어 놓는다(George & Wilding, 1993).

<표 6-3>에서 본 바처럼 이념에 기초한 흐름을 사회민주주의와 신우파의 둘로 나누어 좀 더 살펴보자.

17) 이 주장은 신우파가 신봉하는 경제학의 가정과 어긋나는 논리적 모순을 초래하는 듯하다. 그들의 가정은 개인은 합리적이라고 보기 때문이다.

1 사회민주주의

사회민주주의는 자유민주주의에서 실현된(triumphed in the struggle against monarchical political rule) 가치를 경제적인 영역과 사회적 삶에도 실현하려고 하는 이념이다(Furniss & Tilton, 1979: 35). 사회민주주의에도 자본주의적 요소와 사회주의적 요소를 결합시키는 데 있어서 다양한 조합이 있고 국가별로 상당한 차이를 보이지만[18](김교환, 1993: 208), 사회주의는 민주주의를 통해서만 실현되며, 민주주의는 사회주의를 통해서만 완성된다(김교환, 1993)고 주장하는 데에는 일치한다.[19] 이런 점에서 사회민주주의는 공산주의와 차별화된다. 이를 정리하면 다음 <표 6-

표 6-4 공산주의와 사회민주주의의 차이점

		공산주의	사회민주주의
세계관(철학)		① 변증법적 유물론 ② 혁명주의 ③ 계급적 윤리관	① 이상주의 ② 점진주의 ③ 보편적 윤리관
정치이론	국가관	계급국가관	민주국가관
	체제변혁 수단	프롤레타리아 혁명과 독재	민주적, 점진적 개혁
경제이론	기초이론	Marx 경제학	근대경제학
	자본주의 경제관	공황, 노동계급의 궁핍화, 자본주의 붕괴의 불가피성	민주주의에 의한 점진적 개혁의 가능성
	사회주의 경제관	경제기구 특히 생산수단의 공유화가 목표	사회주의 이념실현이 목표, 공유화는 부분적 수단

출처: 김교환(1993: 239).

18) 참고로 그 세 유형은 다음과 같다. ① 자본주의적 요소>사회주의적 요소: 독일 사회민주당, 오스트리아 사회당, 스웨덴 사회민주당, ② 자본주의적 요소<사회주의적 요소: 프랑스 사회당, 벨기에 사회당, 이탈리아 사회민주당, ③ 실용주의 노선: 영국 노동당, 덴마크 사회민주당, 노르웨이 노동당, 네덜란드 노동당, 핀란드 사회민주당(김교환, 1993: 208).

19) 자유주의는 스미스(A. Smith)와 리카도(D. Ricardo)에서 연원하는 이론적 체계를 갖고 있고(정치경제학 상으로는 The Classical), 사회주의는 마르크스(K. Marx)의 영향에 속해 있다고 할 수 있다(정치경제학 상으로는 The Critical)(Dean, 2006: 59-61). 이를 통시적으로 보면, 유럽의 정치지형과 관련이 있는데, 1848년이 기준이다. 그 이전에서는 보수주의(지주와 중산계층)와 자유주의의 대립 양상을 보였으나 그 이후에는 자유주의 기존 수혜층(보수주의와 중산층)과 사회주의의 대립 양상으로 나눌 수 있다(김교환, 1993).

4>와 같다.

복지주의 관점에서는 복지국가를 노동계급의 투쟁의 산물로 보아서(George & Wilding, 1994),[20] 전폭적인 지지(unreserved support of the welfare state)를 보낸다. 그 이유는 복지국가야말로 사회에 존재하는 고통과 결핍을 제거할 수 있으며, 사회복지서비스는 투자의 일종으로 경제의 번영에 자극제가 될 수 있기 때문이라고 한다(Barr, 1998). 마찬가지로 교육도 개인의 능력을 증진시키고 보다 더 박애주의적 사회(egalitarian society)를 창조하는 수단으로 보고 있다. 따라서 인간의 이기적 속성을 이타적 속성(altruism)으로 전환시킬 수 있으며,[21] 사회에서 복지그늘(dis-welfares in society)에 적절한 보상을 함으로써 사회통합을 이룩할 수 있다고 본다. 이런 방향에서 그들은 보편적 복지(universality)를 선호한다.

2 신우파의 견해

신우파는 1980년대에서부터 주류로 자리 잡은 흐름으로(Dean, 2004), 자유지상주의(Libertarian view)의 일종이다(Barr, 1998: 46-48). 이들은 복지국가라는 개념이 전쟁 중의 경험(war socialism)을 전후(戰後)에도 적용가능하다는 잘못된 생각에 기초하고 있다고 비난한다(Midwinter, 1994: 90-95). 그 근거는 개인적 차원, 경제적 차원, 국가적 차원으로 나누어 살펴볼 수 있는데, 우선 개인적 차원의 근거로는 복지국가는 자기책임의 원칙을 해치고 개인적 만족과 성장으로 이끄는 선택의 중요성을 간과한다. 또 하나 첨가할 것은 도덕적 해이(Moral Hazard)의 문제이다. 경제적 차원에서는 복지국가 체제에서는 이윤추구의 동기의 저하, 성장과 부의 창조보다 평등과 부의 재분배 강조 등을 문제점으로 지적한다. 국가적 차원으로는 복지국가가 비능률이라는 점과 비경제적이라는 것을 강조한다.[22] 이를 기초로 복지에

20) 이 견해는 Working-class power model이라 불리며 비정치적 요인에 의한 발달이라는 주장과 대조를 보인다.

21) 헌혈(give blood, save life)을 이런 관점에서 재조명한 티트머스(R. M. Titmuss)를 참고할 것(Titmuss, 1970).

22) 비능률적인 복지국가의 근거는 다음과 같다. ① 복지정책은 독점프로그램에 의해 진행된다. 이는 규모의 확대를 가져오고 비능률을 초래한다. ② 경쟁의 동력이 없으므로 개혁이나 능률을 향한 유인이 없다. ③ 정책수단의 문제로서 관료제의 병리와 자기이익의 추구를 들 수 있다. ④ 관료

서는 두 흐름이 어떻게 보는가를 <표 6-5>로 정리해 보았다.

표 6-5 복지영역에서의 두 흐름의 비교

	신우파[23]	사회민주주의
시 장	장려	억제
국가개입	최소화	최대화
사회보장지출	작음	큼
민간보험 비중	큼	작음
사회보장제도	공공부조	공공서비스
탈상품화	작음	큼
급여대상	빈곤자, 요구호자 중심	모든 시민
급여종류	극소화	극대화
급여수준	최저생계비	중간계급의 생활 수준
가족복지서비스	미약	강력
사회보험운영체계	분립적	통합적
본인부담(사회보험)	많음	적음
직업복지와 자원복지의 역할	강력	미약
복지에 대한 가족책임의 강조	강력	미약
복지의 재분배적 기능	미약	강력

출처: 조영훈(2002: 258), 김상균(1993: 130).

제 2 절 평등과 자유

복지국가를 자유와 평등의 조화라고 한다(Dworkin, 2005; 심연수, 1998: 40).[24]

제의 자기이익의 추구의 결과로 서비스 공급의 불충분성과 과잉이 나타난다. ⑤ 지출(또는 혜택)이 원하지 않는 사람에게 간다. ⑥ 빈곤을 억제하려는 정책이 빈곤을 양산한다. 비경제적인 복지국가의 근거는 다음과 같다. ① 중앙집권적 계획은 역동성을 잃게 하고 그 결과 경제를 해친다. ② reward-punishment axis가 성장으로 이끈다. ③ 세금은 국부 창출의 노력을 감퇴시킨다. ④ Mead의 견해에 따르면, 문제는 고율의 세금에서 기인하는 사적 분야의 부담이라기보다 일하는 것이 선택사항이라는 정부복지프로그램이 주는 메시지이다(George & Wilding, 1994).

23) 원래의 용어는 자유주의이지만 여기서는 포괄적으로 신우파로 바꾸었다. 이에 관하여는 이광석(2008)을 참조할 것.

그렇다면 복지원리의 하나로 평등과 자유를 논의하는 것은 당연한 귀결이라 할 수 있다. 복지정책의 저변에 깔려 있는 중요한 가치들 가운데 하나가 평등과 자유이기 때문이다.

평등주의는 모든 사람이 똑같은 도덕적 가치를 갖고 이 세상에 태어났다는 명제를 그 출발점으로 하고 있다. 이로부터 정의로운 분배는 모든 사람이 물질적 가치, 즉 재산과 소득을 고루 나눠 가진 상태를 뜻한다는 결론을 이끌어낸다. 그러나 모든 사람이 똑같은 도덕적 가치를 갖고 이 세상에 태어났다고 해서 이들이 물질적 가치도 똑같이 나눠 가져야 한다는 결론이 자동적으로 나올 수 있는 것은 아니다. 정의로운 분배가 되기 위해서는 평등한 분배뿐 아니라 다른 요건들도 고루 충족될 수 있어야 한다. 평등주의가 갖는 가장 심각한 문제점은 평등한 분배를 추구하는 과정에서 개인의 정당한 권리가 침해될 가능성이 있다는 사실이다(이준구, 2000: 188-192). 따라서 평등주의자들은 평등한 분배와 정당한 권리가 상충하는 상황에서 왜 평등성에 더 높은 우선순위를 부여해야 하는지를 설득력 있게 논증해야 하는 부담을 안고 있다. 뿐만 아니라 평등성에 대한 요구가 자유(liberty)와 상충될 가능성이 있다는 또 다른 문제점도 있다. 평등주의자는 이에 대해 만약 자유라는 개념을 좀 더 적극적인 의미로 해석한다면 아무 문제가 없을 것이라고 주장한다. 자유란 단순히 강제가 없다는 것 이상의 적극적인 의미를 포함하고 있어야 하며, 이런 관점에서 본다면 평등성에 대한 요구가 자유와 상충되지 않는다는 것이 그들의 주장이다(이준구, 2000: 188-192).

평등의 개념은 일반적으로 수량적 평등(numerical equality), 비례적 평등(proportional equality), 그리고 기회의 평등(equal opportunity)이다(송근원·김태성, 1996). 평등의 개념 가운데 가장 적극적인 것이 수량적 평등인데, 흔히 결과의 평등으로 불리는 것으로 모든 사람을 똑같이 취급하여 사람들의 욕구나 능력의 차이에는 관계없이 사회적 자원을 똑같이 분배하는 개념이다. 비례적 평등은 개인의 욕구, 노력, 능력, 기여에 따라 사회적 자원을 상이하게 배분하는 것으로 흔히 공평이라고 부른다. 그리고 기회의 평등은 세 가지 평등 가운데 상대적으로 가장 소극적인 것이라고 할 수 있는데, 결과가 평등한가 아닌가의 측면은 완전히 무시한 채 결

24) 실제 평등과 자유에 관한 논의는 사회철학의 주제로 너무 방대하여 간단히 서술할 수는 없다. 여기에서는 복지원리의 범위 내에서만 언급하기로 한다.

과를 얻을 수 있는 과정상의 기회만을 똑같이 해주는 개념이다. 따라서 과정상의 기회만 평등하다면 또는 평등을 이루는 과정이 자발적 의사에 의한 것이고, 공평하게 이루어지면 그것의 결과는 불평등하더라도 정당한 것으로 인정된다(Nozick, 1974). 우리 헌법에서의 기회균등은 평등권에 관한 핵심적 내용으로 기회균등에 어긋나는 것은 자의(恣意)로서, 어떠한 공권력의 발동도 허락되지 않는다. 즉, 평등권의 핵심 내용인 기회균등은 정의와 결부된다(허영, 2013: 518). 따라서 복지는 정의의 원칙에 기초하여 기회균등을 보장하도록 하여야 한다. 이러한 기회균등을 보장하는 방법으로는 기회평등을 통한 자유경쟁, 투표, 추첨의 방식이 있다(송근원 · 김태성, 1996).

복지정책을 논의하는 데 있어서 고려하여야 할 또 하나의 중요한 가치가 자유(freedom)이다. 복지정책과 자유와의 관계를 볼 때, 복지정책은 특정한 사람들의 자유를 제한할 수도 있지만, 사람들의 욕구를 해결함으로써 자유의 영역을 넓히고, 자유를 증진시킬 수도 있다(송근원 · 김태성, 1996). 복지정책은 분명히 그 소유자의 자유를 제한하는 측면이 있다. 첫째, 복지정책은 수혜자인 국민을 위하여 수혜자가 아닌 국민들에게 강제로 세금을 부과하는 것이 국민들의 사유재산권의 행사에 제한을 두는 것이다. 둘째, 공공재적 성격을 가지고 있는 재화나 서비스는 그 보편적 속성으로 인하여 이용하는 데 차별을 두지 않는다. 따라서 세금을 많이 낸 사람들이 적은 이득을 볼 경우 그 차이만큼 그 사람의 자유를 제한하였다고 볼 수 있다. 셋째, 복지정책은 사람들로 하여금 복지정책에 예속되게 만듦으로써 자유를 제한하기도 한다(Murray, 1984). 즉, 사람들이 복지정책에 의존하기 위해서는 일정한 조건에 따라야 하기 때문에 자유가 제한될 수 있다. 넷째, 복지정책은 기본적으로 평등 가치의 구현을 목표로 하는데 이 목표를 추구하는 과정에서 어떤 사람의 자유가 필연적으로 제한될 수 있다. 사람들은 기본적으로 다른 능력, 재능, 노력 등을 갖고 있기 때문에 부, 소득, 지위 등의 자원 소유에서도 차이가 존재하는데, 이 차이를 강제적으로 평등하게 만들기 위해서는 필연적으로 어떤 사람의 자원을 빼앗아 다른 사람에게 주어야 하기 때문에 자유를 제한하게 된다.

일반적으로 시장에서의 거래에 의한 자원의 배분은 거래 당사자들의 자유로운 선택의 결과이지만, 복지정책에 의한 자원의 배분은 개인의 자유로운 선택을 제한하여 이루어지는 경향이 있다(Friedman, 1962). 따라서 복지정책에 대한 중요한 비판의 논리 중 하나는 개인의 자유가 침해된다는 것이다(송근원·김태성, 1996). 한편, 자유에도 한계가 있는데 그 한계가 다른 사람에게 해를 주느냐(harm to others)의 여부(Mill, 1974)인데, 개인에게 미치는 해가 있고 사회에 미치는 해가 있다.

흔히, 자유의 개념은 다른 사람의 간섭 또는 의지로부터의 자유를 말하는 '소극적 자유(negative freedom)'와 자신이 원하는 것을 할 수 있는 '적극적 자유(positive freedom)'가 있다.[25] 복지학에서 어떤 자유가 바람직한가 하는 문제는 자유에 대한 가치관에 따라 다를 수 있으나, 적극적 자유를 높이는 것이 소극적 자유를 줄이는 것보다 사회적으로 바람직하다는 논리는 다음 두 가지 측면에서 타당성을 얻고 있다. 하나는 적극적 자유가 소극적 자유의 가치를 높일 수 있다는 점이고(Rawls, 1971), 또 하나는 소극적 자유로부터 감소되는 효용이 적극적 자유로부터 증가되는 효용보다 적을 수 있다는 점이다.

자유주의(liberalism)와 구별되어야 할 개념으로 자유지상주의(libertarianism)가 있다. 자유지상주의는 모든 사람이 정당하게 가질 권리가 있는 것들만을 소유하는 분배의 상태가 정의로운 것이라는 데 있다. 자유주의자들은 정의의 여러 요소 중 정당한 권리가 가장 우선되어야 할 중요한 요소라고 주장하고 있으며, 또한 정의라는 이름 아래 개인의 자유가 침해되는 일이 없어야 한다고 못 박고 있다(이준구, 2000). 자유지상주의는 노직(R. Nozick)의 정당한 권리의 원칙(entitlement principles)에 극명하게 압축되어 나타난다. 이 원칙은 어떤 사람이 정의로운 방법을 통해 특정한 물건을 취득해 소유하고 있을 때 그것을 "정당하게 가질 권리가 있다(be entitled to)"고 인정해 준다. 또한 어떤 물건을 정당하게 가질 권리가 있는 사람으로부터 올바른 방법을 통해 소유권을 이전받은 경우에도 역시 정당하게 가질 권리를 인정한다. 간단히 말해, 노직이 생각하는 정의로운 분배는 모든 사람이 정당하게 가질 권리가 있는 것만을 소유하는 상태를 뜻한다. 이와 같은 생각에서 결과의 정의보다 절차상의 정의를 더욱 중요시하는 태도를 찾아볼 수 있다. 그러나 많은 사람들이 절차상의 형식적 정당성이 분배의 실질적인 결과보다 더욱 중요하다는 그의 생각에 회의를 갖고 있다. 결과로서 나타난 불평등이 수없이 많은 문제를 만

25) 할 수 있는 능력이 있는 상태를 의미하는 적극적 자유는 기회의 균등(freedom come to involve the presence of real opportunities)과 자원과 서비스의 제공(the provision of resources and services)을 포함해야 한다고 주장한다. 신우파(The New Right)는 이에 반대한다(George & Wilding, 1994).

들어내고 있는 것을 보면서도 절차상의 정당성이 보장되었다는 사실 하나에 갈채를 보낼 사람이 과연 몇이나 될지 의심스럽다. 또한 자유지상주의자들이 말하는 '정당한 방법'이 과연 무엇을 뜻하는지 분명치 못하다는 문제점도 지적할 수 있다. 정당한 방법이란 상황에 따라 달라질 수 있는 만큼 특정한 상황에서의 정당한 방법이 무엇인지에 대해서는 많은 논란이 일어날 수 있는 것이다(이준구, 2000: 188-192).

제 3 절 복지원리로서의 사회통합

1 사회통합성의 개념

제5장에서 논의하였듯이 복지의 핵심가치 중의 하나가 정의이고, 정의의 실현형태가 공정성이다. 이에 기초하여 복지국가가 지향하는 또 하나의 원리가 사회통합이다. 우리나라에 국민기초생활보장법(1999)이 법제화되는 이유도 사회통합과 관계가 깊다.

개인의 합이 단순한 'Σ개인'이라는 차원을 넘는 어떤 성격이 있음을 주장하는 사회성을 공공의 관점으로 보면 공공성이라는 개념이 도출된다. 공공성이 사회성과 다른 차이를 보여 주는 하나는 사회통합이다. 로크우드(D. Lockwood)가 말한 가치에 대한 합의이자 사회화로부터 얻어지는 더 큰 사회로의 통합이 공공성에 어울린다. 정책의 관점에서는 사회통합이 발휘되는 과정에서 사회구성원의 불평등을 최소화하며, 변방으로 내몰지 않게 하는 사회의 능력을 말한다(Council of Europe, 2007). 일부 학자들은 소수자(minorities) 대책이 중심이 된다고 주장하기도 한다(Mudood & Salt, 2011: 8).

사회통합성에 해당하는 개념에 대해 파슨즈(T. Parsons)는 복수의 사람들 사이에 공통의 목표가 존재하며 그 목적을 달성하기 위한 각자의 역할이 분담되어 있고, 그 역할의 수행이 당연한 권리이자 의무임을 서로 인정하고 있으며 분담한 역할이 크든 작든 그 사람에게 욕구충족을 가져다주는 것으로 정의하고 있다(이철수 외, 2009). 로크우드는 가치에 대한 합의이자 사회화로부터 얻어지는 사회로의 통합으로 본다. 오늘날의 사회적 행위이론이나 체계이론의 입장에서는 사회체계 또는 하위체계 사이에서 발생하는 사회분화를 볼 때 다른 역할・기능을 갖는 새로운 체계로 통합하는 과정을 의미하는 것으로 보고 있다. 예를 들면, 정치체계는 다른 체계인 경제・문화를 정치적 국면에서 통합하며, 또 문화체계가 경제・정치의 여러 체계를 가치의 내면화(內面化) 국면에서 통합하는 예가 사회통합이라고 한다.[26) 일반적으로 넓은 의미의 사회통합과 관련된 개념으로는 사회적 포섭/배제(social inclusion/exclusion), 사회통합(social integration), 사회응집성(social cohesion)이 있으며, 여기에서 논의하는 사회통합성의 의미는 세 가지 모두를 혼용하고 있는 것으로 넓은 의미의 사회응집과 동의어로 간주한다(이재경, 2013).

사회응집성(social cohesion)이란 한 사회의 단위인 부분들이 서로 굳게 결합하는 경향으로, 특히 사회심리학에서는 집단이 집단구성원들을 끌어당기는 힘을 말한다. 이 개념의 본질적 기초는 집단구성원의 규범적 질서에 있기 때문에 응집성의 정도는 사회집단의 성격을 이해하는 중요한 요인이 된다. 사회적 응집성은 사회 내에서 규범과 가치를 공유하는 사람들 사이의 사회적 관계의 정도를 의미한다. 쉽게 말하면, 사회적 관계가 얼마나 공통의 정체성 및 가치규범에 기반을 두고 있는가의 정도라고 할 수 있다(안상훈・정해식, 2010). 사회적 응집성의 개념은 정체성, 가치, 규범에 기반한 사회적 관계가 공유되는 정도를 의미하며, 가용한 자원에 대한 공평한 접근, 인간 존엄에 대한 존중, 개인적・집합적 자율성, 책임 있는 참여와 같이 구성원 모두의 장기적 안녕(well-being)을 보장할 수 있는 사회의 능력이다 (Council of Europe, 2005: 23).

사회복지의 관점에서는 통합성이 발휘되는 과정에서 사회구성원들은 목적의식적으로 공동체적 목표나 과제를 달성하고자 협력적 제휴를 맺으며 이를 통해 자유로운 공동체의 주체로서 거듭난다. 따라서 사회적 포용성과 마찬가지로 사회통합성 개념도 공공재화와 서비스에 대한 접근을 규제하는 사회제도와 사회적 인프라

26) 파슨즈(T. Parsons)는 통합을 일컬어 다음의 상태 또는 그 상태로 인도하는 과정이라 하였다. 즉, ① 복수의 사람들 사이에 공통의 목표가 존재하며, ② 그 목적을 달성하기 위한 각자의 역할이 분담되어 있고, ③ 역할의 수행이 당연한 권리이자 의무임을 서로 인정하고 있으며, ④ 분담하고 있는 역할은 어떤 식으로든 그 사람에게 욕구충족을 가져다준다고 정의하였다(두산동아, 1996).

에 영향을 받을 수 있다. 따라서 복지국가의 제도적 배치형태에 따라 사회의 질의 다양한 영역에서의 주관적 평가가 구성된다고 정리할 수 있다(고형면, 2009: 399).

2 사회통합성의 구성요소

캐나다 문화유산부(Department of Canadian Heritage)는 사회통합성을 "모든 캐나다인 사이에 신뢰와 희망, 그리고 상호성(reciprocity)에 기초하여 캐나다 내에서 가치와 도전을 공유하고 동등한 기회를 부여받는 지역사회를 발전시키는 과정을 말한다."라고 정의하면서(Jeannotte, 2000; http://www.ccsd.ca/pubs/2001/si/sra542.pdf), 사회통합성의 구성요소를 <표 6-6>과 같이 제시한다.

유럽회의(Council of Europe)는 사회통합을 달성하기 위한 수단을 다음 <표 6-7>과 같이 제시하고 있다.

이상의 서술을 기초로 범주(category)별로 정리하면, 고용 및 노동정책, 사회보

표 6-6 사회통합의 구성요소

	정치적 응집력 (political cohesion)	경제적 복지 (economic well-being)	사회적 복지 (social well-being)	문화적 응집력 (cultural cohesion)
①	언론의 자유	안정되고 보장된 사회	사회 안전을 위한 보편적 체계	문화 다양성에 대한 적극적 태도
②	정보의 자유로운 흐름	물질적 복지의 보장을 위한 접근	주택, 의료, 교육에 대한 접근	유럽인으로서의 센스
③	정보에의 접근	시장실패를 교정하기 위한 규제	범죄와 부패로부터의 자유	
④	인권의 보호		지역사회와의 연계	
⑤	법의 지배의 적용		사회 내에서의 대화를 위한 체계	
⑥	국가와 시민 사이의 정치적 연계			
⑦	사회에의 참여			

출처: Jeannotte(2000: 9).

표 6-7 사회통합성의 달성을 위한 수단

구 분	하위분류 ①	하위분류 ②	하위분류 ③	하위분류 ④
고용 및 노동정책의 재구조화	유연성(flexibility)의 장려	활성화와 전이(transition)의 증진	고용 관련 권리와 책임의 균형	
사회보장 정책의 현대화	인구의 불균형과 가족제도의 변천에 대응	고용보험의 적정화와 활성화와 통합 증진	노령보험의 적정화	변화와 도전, 위험의 관리
의료와 건강보호 정책의 발전	건강정책의 초점 재조정	장기요양보험의 제공	의료민주화와 의료 거버넌스의 조정	
교육과 훈련의 발전	교육에서의 공정성과 형평성 제고	평생교육의 증진	더 나은 삶과 더 좋은 사회를 향한 교육 증진	다문화사회와 이주의 맥락에서의 교육 조정
주택과 환경정책의 발전	사회통합 차원에서의 주택정책	사회통합의 도구로서 지역정책		
적극적이고 통합된 사회증진	민주적 관여 능력의 증진	사회적 대화와 제도화된 시민 담론	다양성의 관리와 이주민의 통합차원의 관리	이주 관리

출처: Council of Europe(2007).

장정책, 의료와 건강정책, 교육과 훈련정책, 주택과 환경정책으로 구체화할 수 있다(Ratcliffe & Newman, 2011: 7).

'사회통합성'은 경제적 · 물질적 평등을 강조하던 기존의 평등 및 인권 · 시민권 논의와는 달리, '개인'을 대상으로 한 문화적 · 교육적 지원을 통해 응집 저해적 요소를 줄이겠다는 생각을 담고 있다. 국내 기업 및 사회의 필요에 의해 유입되어 정주 권리가 부여되거나 귀화하게 되는 외국인의 경우, 기본적인 사회적 · 문화적 권리를 보장함과 동시에 그들의 사회 적응을 지원하여 사회불안요소를 줄이겠다는 것이다. 1990년대 이후 북서유럽 정부 및 EU의 문서들에서 인구학적 변화에 따른 노동력 부족 문제, 특히 고급인력 이민의 필요성 등에 대한 언급과 더불어 이들 외국인을 대상으로 한 사회통합성 교육의 필요성에 대한 언급이 자주 등장한다. 이는 이주에 대한 경제적 접근을 대변하는 것으로서, 이주 외국인노동자 문제를 평등과 인권의 관점에서 접근하던 기존 입장으로부터의 변화를 반영한 것이다. 사회통합성은 평등을 위한 제도적 장치들은 물론이고, 이념 속에서의 통합, 외국인을 대상으로 한 교육 프로그램에 초점을 두는 경향이 있다. 교육 프로그램은 주로, 언어교육, 정착국의 역사 및 문화교육 등으로 이루어진다(정기선 외, 2010).

3 이념 속에서의 사회통합

첫째, 사회통합은 공유하는 국가나 지역의 비전을 창조(A shared national vision)한다. 통합(integration)이나 응집성(cohesion)을 언급하는 것은 정부가 해야 할 일을 설정하고, 중앙정부와 지방정부 사이의 관계를 정립하도록 하는 데 있다. 응집성은 지방정부의 전달체계에 의하므로, 지방정부의 역할이 크고 당사자 집단과의 협력에 의해 가시적 성과가 나타난다. 그럼에도 이 모든 일들은 전국적 프레임워크(national framework)가 필요하고 중앙정부는 이에 대해 분명한 지침을 내려야 한다(clear statement of integration and cohesion policy). 이 지침에는 장기적 관점이 담겨야 하고, 지속적으로 관심을 가지고 사회통합과 사회응집성을 이룰 수 있도록 중앙정부가 추동력(driving force)을 발휘해야만 가능하다. 더욱 이 지침의 근본적 접근은 지역사회에 의한 문제해결(whole community approach)이므로 소수집단이 극단화되지 않도록, 또 소수집단이 따돌림 당하지 않고 분리되지 않도록, 소수집단 사이에서 다리를 놓을 수 있도록(the bridges between them) 하여야 하며, 소수집단과의 관계 설정(특히, Muslim communities)이 필요하고 이를 위해 이들과의 많은 토론이 필요하다. 따라서 그 지침은 다양한 조직의 기대를 수렴함과 아울러 지방정부의 기대와 능력을 분명히 하여야 한다. 이런 지침이 없으면 응집성이 사그러들 것이고 정책 영역 사이의 혼선은 불가피할 것이다.

둘째, 사회통합은 가시적인 사회정의(Making social justice visible)를 만든다. 사회정의란 공정성과 경제적 성과를 함께 누리는 측면에서 정의되었다. 응집성이라는 관점에서는 지금까지 논의된 사회정의에서 한 걸음 더 나아가 자원의 배분에서 의심받는(being questioned) 지역사회에서 투명성(transparency)과 불평등(inequality)의 중요성을 반영해야 한다는 점이다. 즉, 불평등의 해소나 공정성의 증대가 먼저 지역사회에서 일어나야 한다는 관점이다. 이를 위해, 목표와 행동 간(targeted action)의 관계 설정이 필요하다.

이런 문제를 전담할 조직으로 CEHR(The Commission on Equality and Human Rights)을 설립하는 것이 영국의 태도이다. 이 조직은 기회의 균등이나 응집에 장애를 일으키는 처우를 조사·연구한다. 또한 지역사회에서 실제로 일어나는 일들에 자문을 통해 실제와 연구 간의 차이(narrow the gaps)를 줄이려 한다.

4 사회통합의 사회정책

영국의 저명한 사회정책학자 티트머스(R. M. Titmuss)의 말에 따르면, 경제정책이 양 당사자 사이의 이전(bilateral transfer)에 초점을 두는 반면, 사회보장정책은 개인의 정체성(identity)과 깊이 관련이 있다고 한다(Mule, 2006: 93). 그 개인이 속한 그룹이 특권층에 속하는지, 위험에 노출된 그룹인지, 그들이 더 잘 알기 때문에 정체성을 사회통합성과 결부시킬 수 있는 가장 좋은 장치가 사회보장정책이라는 것이다.

사회통합은 1970년대 말, 1980년대 초 복지국가의 재정위기를 거치면서 유럽 여러 국가들이 신자유주의적 관점에서 국가경쟁력 제고에 힘쓰기 시작하면서부터이다. 이들 국가들은 그간의 평등 및 인권 일변도의 관점에서 벗어나, 이를 '장기적 번영'과 국가경쟁력 제고를 위한 경제주의적 관점과 접목하기 시작했다. 이 과정에서 지금까지 주류를 이루던 평등과 인권에 대한 요구는 '포섭(inclusion)'과 '사회통합(social integration)'이라는 이름으로 대체되기 시작한다. 완전한 평등의 실현에 대한 이상에서 벗어나, 장기적인 경제적 번영과 인권의 관점을 결합할 수 있는 새로운 접근이 시도되었고, 그 결과 신자유주의적 경제 재구조화 과정에서 배제된 사회적 소수자들을 어떻게 포섭하여 사회응집성을 달성할 것인가에 대한 논의로 전환된 것이다. 사회통합성 정책은 경제적 번영이라는 신자유주의적 방향성 속에서 탄생한 것이다(김남국, 2010).

앞서 설명한 대로 복지국가라는 국가형태는 국가 발전의 최후 형태로 사회통합성을 성공적으로 수행한 제도로 인식되고 있다. 영국의 자유주의 전통은 소수집단(minorities)의 사회통합성은 사회정책으로 해결하므로 사회통합성을 논의하기 위해서는 먼저 복지국가를 살펴보아야 한다(Jones, 1977: 186 이하). 영국의 복지국가는 제2차 세계대전이 끝날 조짐을 보일 무렵, 전후의 영국은 어떠해야 하는가(postwar reconstruction)에 대한 관심이 증폭되었다. 즉, 베버리지 보고서(Beveridge Report)가 의미 있는 것은 영국인이 진실로 바라는 전후의 새로운 희망을 적절하게 제공해 주었다는 데 있다.

복지국가와 국가경쟁력과의 관계는 여러 견해가 있고 통일되지 않고 있다. 그 관계를 표로 나타낸 것이 다음 <표 6-8>이다.

여기에서의 문제는 다인종사회가 되면 복지국가 체제가 잘 작동되지 않을 수 있다는 점이다(Cadwell, 2010: 48). 일부 학자들은 미국의 복지국가 체제가 정착하지 못하는 이유를 여기서 찾는데,[27] 로버트 퍼트넘(Robert D. Putnam) 교수의 주장은 다인종사회 속에서 사는 사람들은 이웃에 대한 신뢰가 저하되며, 자신의 재정자원을 지역적 또는 사회적 목적을 위해 지출하지 않으려 한다는 것이다. 복지국가 체제는 인종적 동일성(ethnic homogeneity)에 기초하기 때문에(Cadwell, 2010: 49), 복지수혜자(welfare recipients)가 복지사회의 가치를 공유하지 않으면 그 사회가 복지국가 체제에 등을 돌린다.

표 6-8 복지국가와 국가경쟁력과의 관계

구 분	국가경쟁력에의 영향	
	부정적	긍정적
복지성과 (welfare outcomes)		① 질병에 대한 비용
		② 충분하지 못한 교육에 대한 비용
		③ 범죄에 대한 비용
		④ 불평등에 대한 비용
사회 프로그램	⑤ 부과방식 연금은 저축을 줄인다.	⑨ 여성에 대한 고용지원
	⑥ 고용보험과 건강보험의 축소는 노동공급을 줄인다.	⑩ 인적 자원은 교육과 훈련을 통해서 한다.
	⑦ 최저임금, 고용보호제도는 고용에 장애가 된다.	
	⑧ 공공영역에서의 사회서비스는 내부효율을 낮춘다.	

출처: Gough(1999: 90-104).

27) 대표적으로 하버드 대학교 Alberto Alesina 교수와 Edward Glaeser 교수, Robert Putnam 교수라고 한다(Cadwell, 2010: 48).

제 4 절 공적복지(公的福祉)

공적복지를 토론하기 전에 복지와 공공성을 먼저 논의하여야 한다. 복지에 비판적인 시각을 가진 학자들은 복지에서의 문제는 복지국가로의 지향 또는 복지의 제도화 때문으로 본다. 따라서 그 해결책으로 시장주의자들은 복지국가의 해체를 주장한다. 그보다는 약하지만 많은 복지학자들은 '복지국가보다는 복지사회나 복지다원주의를 지향해야 한다'라는 주장에 동의를 표한다. 즉, 복지는 국가뿐만 아니라 사회에서도 담당해야 함을 의미한다. 지금까지는 '복지국가'로서 국가에 기대하는 바가 컸지만, 21세기에 접어든 지금에 복지국가의 과부하명제(state overload thesis)[28]에 따라 다시금 '국가란 무엇인가'를 재고해야 한다. 왜냐하면, 국가의 능력은 모든 사람에게 보편적으로 복지를 제공해 주기에는 너무나 비효율적이고 불가능하다(George & Wilding, 1994). 따라서 복지사회 지향 또는 복지다원주의 지향이라는 주장은 국가중심에서 민간의 역량을 강조하는 방향으로 패러다임 전환이 필요하다라는 의미로 받아들인다. 또 국가권력은 국민들에게는 오히려 자유를 억제하는 방향으로 작용하였다는 비판도 진지하게 받아들여졌다. 이른바 복지관료제는 국민의 자유를 억제하는 기능을 하게 되어, 신우파는 선택의 자유를 제한한다고 주장한다. 이러한 관료제적 복지국가 문제를 해결하기 위해서는 하버마스(J. Habermas)에 따르면, 단순히 대표자를 선거하는 것을 넘어 정당성 확보와 시민 개개인의 역할이 중요해진 시기다. 자유주의 정치공동체가 전제로 하는 개인의 자유 존중은 자발적인 도덕률을 통해서 가능하다(稻垣, 2013).

그러나 재정적 지원을 동반하는 남을 위한 복지에로의 동기부여는 자발적인 도덕률에서 볼 수 있는 것보다 더 엄격한 논의가 필요하다. 어떻게 남을 위한 복지에로의 동기부여가 가능한가? 또 정부 또는 공(公)이 모두 공공성이 되는가에 대해 의문이 일어났다. 즉, 문제는 공(公)·사(私)의 구별은 많이 인식하지만, 공(公)과 공공(公共)의 구별의식은 미약하다는 점이다.

이 책은 여기서 정부성(governmentalness)의 개념의 도입이 필요하다는 견해를

---

28) 국가 과부하명제는 복지정책이 공공부문의 확대와 과도한 재정지출을 야기시켜 국가 재정부담이 과도하게 되어 유지될 수 없다는 주장이다.

갖고 있다. 왜냐하면, 정부성과 공공성의 혼동이 공공성 논의에 부정적 연향을 끼쳤다고 보기 때문이다. 정부의 기능(또는 국가의 기능)이 '위기관리의 기능'을 수행하는 것이라면 지금 신자유주의 시대에서 볼 수 있듯이 공공성을 훼손하면서도 자본축적 쪽으로, 강자 쪽으로 이동 중인 현상을 설명할 수 있다.[29] 즉, 정부 또는 공(公)이 늘 공공성과 일치하는 것이 아니라는 점이다. 따라서 이와 구별되는 개념으로 정부성이 필요하다. 다음 <표 6-9>에서 보듯이 정부성은 정부의 정책의 우선순위가 어디에 있는지[이를 정부의지라고 한다]와 이를 실행할 능력이 있느냐[이를 정부능력이라고 한다]에 의존하는 개념이다. 정부는 고유의 목적이 있고 관료에 의해 움직이므로 정부가 가끔은 공공을 위한다는 가정에 어긋나는 경우도 있고, 또 공익에 합치하지 않을 경우도 있을 것이다. 따라서 정책을 펴다보면 공공성에서 일탈할 경우도 있음을 의미하고, 여기서 공공성과 정부성을 구별할 필요성이 있다.

표 6-9 정부성과 공공성, 그리고 공공성의 영역

		정부의지(government will)	
		+	−
정부능력 (government capacity)	+	A(+, +)	B(+, −)
	−	C(−, +)	D(−, −)

<표 6-9>에서 전형적인 정부성은 A(+, +)인 정부의 의지와 능력이 있는 영역인 반면, 공공성의 영역은 A(+, +)는 물론이고, B(+, −), C(−, +), D(−, −)를 포괄한다. 특히, D(−, −)는 사(私)로부터의 공공성을 의미하고, 이는 민(民)의 공공도 존재한다는 점이다. 이는 후술하는 3원론에 중요한 의미를 부여할 수 있는데, 바로 여기에서 후술하는 '공공복지'의 개념이 도출된다. 결국 정부성은 정부나 공(公)이 행하는 사실적인 면에 강조점이 있는 반면에, 공공성은 정부나 공(公)이 아니라도 가능하다는 이야기이다. 또 가치와 결부시킬 수 있다. 따라서 지난 시절 국민연금제도의 개혁에서, 또는 수익이 나지 않는다는 이유로 공공의료를 포기한 진주의료원 사태에서 보는 것처럼, 복지가 정부성과 결부된다면 개혁이라는 이름

29) 요즘의 사례를 살펴보면 경제 살리기 위하여라는 이름 아래 물방울 효과(trickle-down effect)에 기초한 부자감세를 주장하면서 복지재원 마련을 위해 증세를 논쟁함은 정부가 결과적으로 강자를 편든다는 점이 잘 나타났다고 볼 수도 있다.

으로 그 취지를 훼손할 정도로 수혜의 정도가 줄어들 수 있지만, 공공성의 측면에서는 '최소한도'가 존재하여 그 취지를 훼손하기가 어려울 것이다. 이렇게 구별해 보면, 정부행위 중에서 그 일부만 공공성으로 판정되며, 그 반대로 정부행위가 아니라 할지라도 공공성의 영역으로 들어오는 것들이 있을 수 있다.

따라서 복지를 공공의 정신과 결합시킬 수 있는데,[30] 이를 稻垣(2013)은 공공철학의 관점이라고 한다. 이 관점은 공(公)·사(私)·공공(公共)의 3원론에 기초한다.[31] 이는 복지사회(복지다원주의)로 나아가자는 주장과 일맥상통한다. 공공철학에서는 민(民)을 2가지 부류로 나눌 수 있는데, 첫째로 시장 지향의 민(民)은 영리를 추구하며 복지국가로의 지향에 반대한다. 이것은 사(私)로 신자유주의를 반영하여 시장에서 가능한 것은 시장에 맡긴다. 시장은 모든 것이 금전적 가치로 환산되고, 경제효율이 최우선이다.[32]

둘째로 공(公)과 사(私)의 사이에 있고, 사에서 공으로 매개하는 역동적인 개념으로의 민(民)은 비영리를 추구하며, 복지국가 지향과 함께할 수 있다.[33] 즉, 또 다른 해석은 민간이라는 개념을 시장과 동등하게 취급해서는 안되며, 민간이라는 개념 속에 민영화라는 시장적 의미와 동시에 비영리라는 비시장적 의미도 내포하고 있다.

이 책은 위에서 언급한 복지의 개념들보다는 새로운 공공성의 개념에 기초한 복지가 올바른 것으로 보고 있다(稻垣, 2013).[34] 즉, 금전적 가치로 환산되지 않은 생활현장, 거기에 살고 있는 '주민', '시민'을 위한 행복이란 의미로 해석하는 편이 이해하기 좋다. 새로운 공공성이란 개념을 이해하기 위해서는 역사적으로 제3계급을 의미했던 퍼블릭(public)이라는 개념의 이해가 필요하다. 퍼블릭(public)을 '공적(公的)'으로 번역하는 것은 과녁에 벗어나며, '사람들의', '시민적인', '공유의', '열린'

30) 이를 제도화하면 공공의 복지라 할 수 있다.

31) 稻垣(2013)에 따르면, 서구의 근대 국민국가의 성립 이후, 이와 같이 '국가의' 권력적 모습과 '사람들의' 자유를 바라는 시민생활의 모습이 끊임없이 길항(拮抗)하고 있음에 주목하여야 한다. 퍼블릭이라는 말에 의해서 어떤 논자는 '국가적인 것'을 의미하고, 어떤 논자는 '시민적인 것'을 의미한다는 현실은 서양 역사의 어떤 면에서, 또한 어떤 지역에서 중점을 두고 있는가에 따라서 서로 다르게 전개된다(稻垣, 2013).

32) 이렇게 된다면 자유경쟁에 따른 약육강식의 세계가 되어 버린다. 실제로 부정적인 측면이 나타났으며, 그 예가 미국발 금융위기(2008)나 동양그룹사태(2013)이다.

33) 稻垣(2013)은 이를 제3섹터의 민(民)이라고 부른다.

34) 이 부분은 稻垣(2013)을 요약·정리하였다.

의 뜻으로 해석하며, 이것을 '공공'으로 표현하는 것이다.[35] 이를 그림으로 나타낸 것이 다음 [그림 6-1]이다(稻垣, 2013).

그림 6-1 Public의 개념과 분화

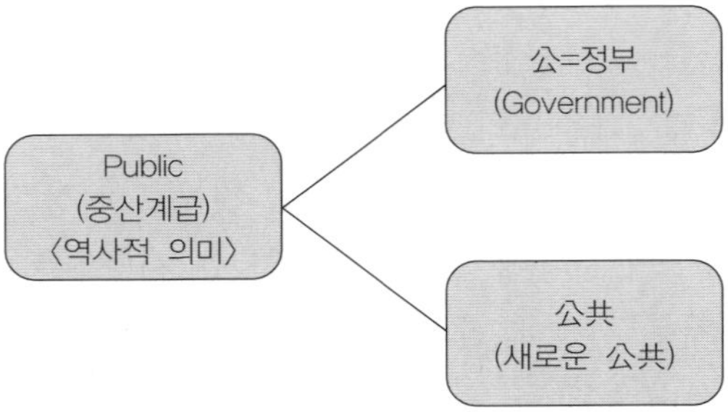

이 새로운 공공성을 위해서는 ① 자기의식을 가지고, ② 타자를 향한 신뢰와 사랑을 지니고, ③ 사회생활에서 도덕적 판단과 행위에 책임을 지는 성숙한 인격의 조건이 필요하다.[36] 물론 규모가 더 커지거나 더 제도화되면, '시민 참가형'이면서 더욱 입법과정도 담당하는 '토의민주주의' 내지 '숙의민주주의'가 되어야 한다(稻垣, 2013). 여기에 기초한 공(公)·사(私)·공공의 3원론은 다음 <표 6-10>과 같이 정리된다.

35) 稻垣의 견해와 게오르그 옐리네크(1851~1911)의 일반국가학에서 전개하는 이론과의 차이는 공·사 이원론을 부정하는 데 있다. 옐리네크의 이론을 살펴보면, 국민이 결성하는 '퍼블릭한 것'이 국가이며, 그 통치주체는 '퍼블릭'을 목적으로 국민이 결성한 사단법인과 같은 것이고, 그 정관은 헌법이라는 것이다. '퍼블릭한 것'은 국가에 의해서 일원적으로 회수되며(즉, 公), 국가 이외의 모든 것은 '사(私)'로 보는 철저한 공·사 이원론이다. 1900년에 저술한 『일반국가학』은 그의 대표적인 저서이다.

36) 새로운 공공성이란 공·사·공공의 삼원론으로 나아가는 것이며, 이를 위해서는 국가와 시민사회는 구별되어야 한다. 또한 국민이나 애국심에서 나아가 인류와 함께 공동체 의식을 가지며, 아래로부터 위로 자발적으로 보급되는 것이다. 새로운 공공성에서 중요한 것은 '정치적으로 논의하는 시민들의 대화'이지만, 이것이 기계적인 시스템으로 대체된 것은 현대 사회의 문제라고 진단한다. 특히, 눈 여겨 볼 만한 것은 새로운 공공성에서의 인간관이다. 즉, 공공철학이 철학인 이유가 인간관에 대해 깊이 고찰하는 점이기 때문인데, 새로운 공공성에서는 기계적 시스템에 적응하는 수동적 인간형에서 능동형 인간으로 지향하는 새로운 인간관이 필요하다고 지적한다. 새로운 공공성에 대비되는 낡은 공공성이란 공공을 국가와 동일시하는 것으로 이것은 국민이라는 개념에 기초한 것으로 애국심으로 미화될 수 있다. 또 위로부터 아래로 강제될 수 있다(稻垣, 2013).

표 6-10 복지를 바라보는 관점

		영 역	원 리
관점	공(公)	정부	정부성의 원리
	공공(公共)	사회$_2$('Σ개인'을 넘는 어떤 것)	공공성의 원리
		사회$_1$('Σ개인'의 단순 합)	사적 자치의 원리
	사(私)	민간	

이렇게 되면 복지사회 지향 또는 복지다원주의라는 지향을 넘어서야 한다. 하버마스의 이론에 기초하면, 복지에서 위에서 서술한 바처럼 체제에서의 복지, 즉 공적복지만으로는 충분하지 않고 이보다 더 필수적인 복지가 더해져야 한다. 이 표현의 함축은 우리의 생활세계가 권력과 화폐와 과학기술의 힘에 의해서 침식되고 있다는 데 문제의식이 있다. 국가에 회수되어 일원론적으로 되어 버린 공(公)과 공공을 시민 쪽으로 전환해 가려는 시도이다(<표 6-10>과 [그림 6-1] 참조). 시민적 공공성의 회복이야말로 공공복지의 필요조건이다. 이는 또한 이성의 복권(restoration of reason)이 필요하며, 이것은 성숙한 인격이 필요하다. 그것이 '공공복지'라는 관점에서 실천으로 이행할 수 있다(稻垣, 2013). 그러나 이 책에서는 이것으로는 부족하고 생활세계의 복지가 필요하다고 주장한다. 이것이 바로 복지언어의 관점이다. 즉, 제5장 제2절 '현상학적 복지'에서 제시한 사회지향성, 또는 생활세계의 회복을 통한 복지가 나아가야 할 방향이다.

하버마스는 2단계의 사회개념을 제시한다(Swingewood, 1994: 289-295; Habermas, 1992; 전태국, 1996: 519; Heath, 2011). 이에 따르면, 사회는 체계와 생활세계로 구성되며 체계는 '금전이나 권력과 같은 것을 매개로 한 일종의 자율적 행위체계'인데 비해, 생활세계는 '상징적 공간(symbolic space)으로서 문화전통, 가치, 윤리규범 등이 재생산되는 터전'(Swingewood, 1994: 289-295; Heath, 2011: 74-90; 김문조, 1990)이라고 한다. 따라서 이 견해를 받아들이면 생활세계 영역은 '언어적으로 달성된 합의'에 의해 조정되는 의사소통행위에 기초하는 데 비해,[37] 체계의 영역은

37) 하버마스의 의사소통행위이론에서 가장 중요한 개념은 의사소통적 합리성인데, 여기서 말하는 합리성은 고독한 주체가 객관세계의 어떤 것을 성공적으로 인식하고 조작할 때 성립하는 합리성이 아니라 언어 및 행위능력이 있는 주체들이 어떤 것에 관해 서로 이해를 도모할 때 성립하는 합의성이다(장춘익, 2011: 6).

권력과 화폐의 매개에 의해서 조종되는 목적합리적 행동으로 개념화된다(Fultner, 2011: 54-73). 또한 전자는 행동주체의 참여자 입장에서 접근한 것인 데 비해, 후자는 관찰자 전망에서 접근한 것이다(전태국, 1996: 519). 즉, 생활세계는 의사소통적 행동을 발전시키고 정치적·경제적 체계는 언어적 상호이해를 전혀 필요로 하지 않는 권력과 화폐의 매개를 통한 도구적 행동을 발전시켰다(전태국, 1996: 521). 체계와 생활세계의 관련성을 살펴보면, 생활세계는 체계에 대응하여 개인 및 가정으로 대표되는 사적 생활세계와 지역사회 및 매스컴으로 대표되는 공적 생활세계로 나눠지며, 생활세계와 체계는 화폐나 권력이라는 체계의 매체에 연계되어 있다(김문조, 1990). 이는 전통적인 마르크시스트(Marxist)의 하부구조(economic infrastructure)와 상부구조(ideological superstructure)의 재해석이다(Rodger, 2000: 38-39; 김문조, 1990). 이를 표로 나타낸 것이 다음 <표 6-11>이다.

하지만, 생활세계는 체계와 항시적 긴장관계에 있고 현대 사회에서는 더더욱 심화되고 있다고 한다. 그 이유는 생산과 수익성을 지배하는 체계의 명령에 따라 화폐와 권력이라는 체계의 조종매체가 국가의 역할과 결합하여 생활세계의 구조에

표 6-11 사회체계와 생활세계

생활세계의 제도적 서열	교환관계	매체로 조정되는 하위체계
사적 영역	노동력(P) → ← 임금(M) 상품 및 서비스(M) ← → 수요(M)	경제체제
공적 영역	조세(M) → ← 조직적 행위의 결과(P) 정치적 결정(P) ← → 대중적 복종	통치체제

출처: 김문조(1990).

침투하여, 언어적으로 매개된 상호작용을 왜곡하고 언어 속에 각인되고 있는 진리들이 갖는 합리적 · 보편적 요소들을 훼손하고자 한다(박지윤, 2011). 즉, 생활세계와 체계는 화폐나 권략이라는 매체에 의해 연계되는 데, 이때 경제적 · 정치적 하위체계가 각각 금전화(monitarization) · 관료화(bureaucratization)되어 화폐 및 권력이 본연의 매체적 역할을 벗어나 상징적 재생산이 진행되는 생활세계로 침범하는 현상을 생활세계의 내부 식민지화(inner colonization of the life－world)라고 한다(김문조, 1990). 하버마스는 이를 막기 위해 사람들이 의견을 내놓는 공간을 공론장(Offentlichkeit: public sphere)으로 명명하는 한편, 사적인 시민들이 공적인 사안들에 대해 이야기를 나누고 의견을 형성하여 정치에 참여하는 생활세계의 시공간적 조건을 공론이라고 명명하였다(Habermas, 1989). 공론장은 이성적이고 합리적인 토의에 의해서 공적 사안이 합의되거나 결정되는 시민의 정치참여 영역이다. 강제 없는 참여, 공적 사안에 대한 자유로운 대화, 이성적인 토론과 비판이 공론장의 특징이다. 공론장은 전통적으로 집단의 구체적 목표, 취향, 선호 등 교환의 장소를 제공한다. 공론장에서는 정치문제에 관한 합리적 · 비판적 담론이 활성화된다. 공론장의 논의 과정에서 비판적 · 합리적 토론은 개인에게 비판적 이성을 가지게 한다(박지윤, 2011; Goode, 2005; Habermas, 1989).[38]

하버마스는 대화에 있어서의 '공공의 이성', 즉 공공에 나타나는 이성을 가장 중요시해 왔다. 예로부터 정치적 논의에서 추구하는 이상은 공동선을 지향하는 것이었고, 이는 사람들에게 공유할 수 있는 선(善)이라는 규범이 있음을 전제로 한다.[39] 이 선은 토의와 대화의 과정에서 발견되는데, 그 이유는 이질적 타자와의 대화에 의해서 위화감과 적대심을 갖는 상대일지라도, '왜 이 사람은 이러한 사고를 할까'라는 타자 이해를 상상력과 함께 작용하도록 하기 위해서이다. 이 점에서 공공선택론과도 다르다. 공공선택론이란 공공성의 개념 안에 사적인 관념을 강하게 집어넣은 것으로 이것은 여기서 논의하는 진정한 공공성이 아니다. 진정한 공공성의 개념은 토론과 숙의(reflection)를 통해 일어난다.

공공성을 논의한 이유는 공공의 영역에서 복지를 얼마만큼 떠안는가(공적복지)

38) 그러나 현대 사회에 들어오면서 공론장은 훼손되기 시작한다고 한다. 그 이유는 공론장이었던 언론이 상업화하여 스스로 특정한 이해를 관철시키기 위해 정보를 제공하는 장으로 바뀌게 되었기 때문이라고 한다(박지윤, 2011; Habermas, 1989).

39) 이에 관해서는 제5장에서 논의하였다.

의 문제이다. 존슨(N. Johnson)과 앨콕(P. Alcock)에 따르면, 복지서비스의 공급은 네 가지 분야(sector)에 의한다고 한다. 곧 비공식적(informal), 자발적(voluntary), 상업적(commercial), 그리고 공적(public)[40] 분야가 그것이다. 자본주의 사회에서 이 네 가지의 배합은 꼭 필요하지만 시대에 따라 국가에 따라 차이를 보인다고 한다(Johnson, 1987: 2; Alcock, 1996: xv). 이 네 가지 중 어느 것에 중점을 두느냐는 사회정책이나 이데올로기, 또 복지국가 모델에 의해 결정된다고 한다. 이 책에서는 그들의 견해를 변용하여 사회복지란 복지의 총합으로 정의하고, 이 속에는 공적복지(公的福祉)와 사적복지(私的福祉: 민간복지)로 나뉜다. 이를 그림으로 나타낸 것이 [그림 6-2]이다.

그림 6-2 공적복지와 사적복지

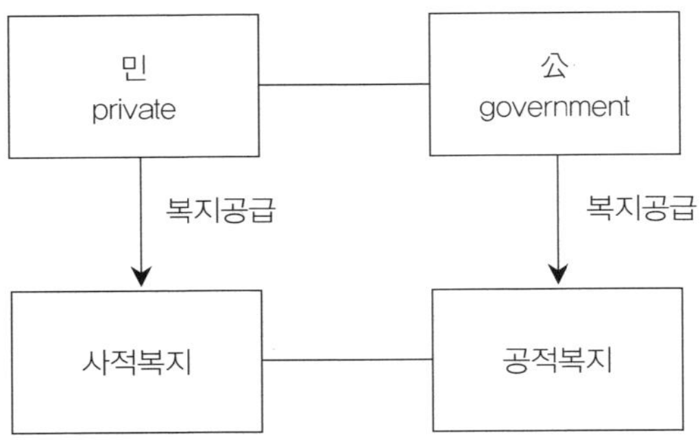

전통적으로 공적복지는 정부와 지방자치단체로부터의 지원을 의미하는 복지를 말한다. 후술하듯이 실용이란 이념으로 생성된 문제를 해결하고 국가 경영에서의 효율성 추구에 있어서 바람직한 사고방식임 보여주고 있다. 그 바람직한 사고방식이란 공공의 정신과 결합하는 복지이다. 이를 稲垣(2013)에 따라 공공철학의 관점에서 살펴보아서 그림으로 나타내면 다음 [그림 6-3]이 된다.

40) 비공식적(informal)이란 가족이나 친척, 친구나 이웃에 의해 도움이 제공되는 경우를 말하고, 자발적 분야란 조직화의 정도에 따라 비공식적 분야와 구별된다. 어떤 의미에서는 이 용어 자체가 상당히 모호한 개념이라고 한다(Johnson, 1987: 64-94). 상업적 분야란 사적, 시장메커니즘에 의해 규율되는 분야이며, 공적 분야는 국가기관이 제정하는 법적 체계(statutory system)에 의해 규율된다(Johnson, 1987: 64-94). 이들에 대해서는 제7장에서 상세히 기술한다.

그림 6-3 공공철학의 관점에서 공적복지

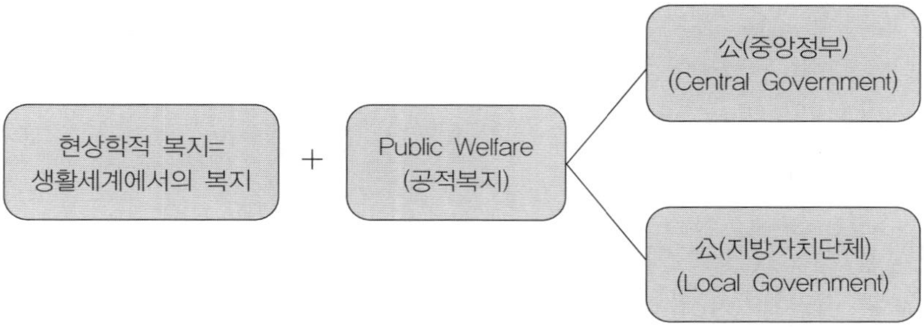

출처: 稲垣(2013) 수정.

복지 이슈를 복지발달의 관점에서 볼 수도 있고 복지체제의 관점에서 살펴볼 수도 있다. 복지발달의 방향은 변증법상 정(正)－반(反)－합(合)의 관점으로 이해된다. 영국의 사례로 설명하면, 복지국가로의 방향을 정(正)의 명제라면 대처주의(Thatcherism)는 반(反)의 명제이고, 제3의 길(The Third Way)이라는 이름은 합(合)의 명제로 볼 수 있고, 이는 다시 정(正)의 명제로 정립된다. 이때 정립된 새로운 정(正)의 명제는 이전 단계의 정(正)의 명제와는 다른, 한 단계 더 높은 차원으로 상승한 명제이다.

복지체제의 관점에서 자세히 살펴본 이론이 에스핑－앤더슨(Esping－Anderson)의 『복지자본주의 세 가지 세계(*Three Worlds of Welfare Capitalism*)』이다. 이 이론은 탈상품화 개념을 제시하였는데, 이는 탈상품화 지수에 의존하고 그 요소는 ① 사회보험(연금, 실업보험, 건강보험 등)의 지급의 표준순수입에 대한 비율, ② 지급자격을 얻기 위한 가입연수요건, ③ 재원 중 개인부담비율으로 구성된다. 탈상품화 지수가 높다는 것은 노령퇴직과 실업, 질병 때문에 노동력이 일시적 또는 항구적으로 '팔리지 않을' 경우에도 상당한 소득이 세금 내지 사회보험제도에 의해서 보상되고, 더욱 그 비용이 본인의 지출보다도 정부나 고용주에 의해 부담되는 정도가 높음을 의미한다. 이에 기초하여 복지국가 유형을 설정하는데, 자유주의, 보수주의, 사회민주주의로 나누는 데, 이러한 유형화는 대개 여러 국가를 그 성격상으로 분류하여 일반화하였다. 이는 단순하면서도 이해를 용이하게 하는 장점이 있다. 에스핑－앤더슨의 복지국가 유형으로 분석하면, 북유럽은 사회민주주의, 대륙의 서유럽은 보수주의,41) 남유럽은 자유주의에 가깝다. 어느 유형에 기초하든 공적복지가 필요하므로 이를 살펴보기로 한다.42)

1 전통적 공적복지

공공성을 제도적으로 이해할 수 있는 근거는 공공기관 또는 공공부문이다. 이를 그림으로 나타낸 것이 다음 [그림 6-4]이다.

[그림 6-4]에서 제도적 의미에서 공공성은 공적복지 논의의 출발점이 된다.

그림 6-4 공공부문의 영역

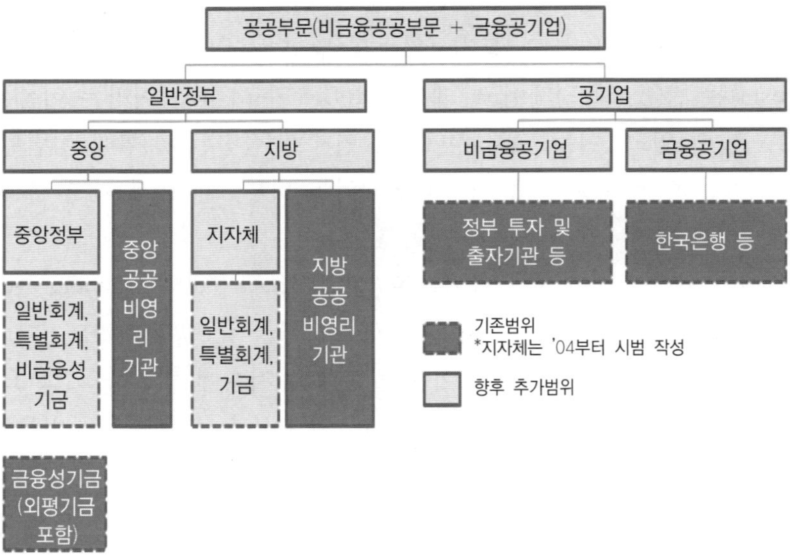

출처: 디지털예산회계기획단(2005).

* 일반정부(400개): 중앙정부(1), 지방정부(250), 공공비영리기관(149).

* 공기업(80개): 비금융공기업(65), 금융공기업(15).

---

41) 稻垣(2013)에 따르면, 서유럽은 보수주의보다는 네오 코퍼러티즘(neo-corporatism)이라 부르는 것이 타당하다고 한다. 한편, 에스핑-앤더슨이 대륙 보수주의의 배경을 '헤겔적 · 비스마르크적 국가주의', '가톨릭적 보완성의 철학'으로 표현하고 있다.

42) 이 부분은 이광석 외(2015)의 일부를 옮겨 실었다.

그러나 그것 자체가 공적복지와 밀접한 관계가 있다고 인정할 근거는 없다. 이런 관점에서 공적복지를 살펴보자. 제1장에서 설명하였듯이 복지는 근본적으로는 모순적 성격을 지니는데 담세자로서의 입장과 수혜자로서의 입장이 확연히 다르다. 따라서 복지국가란 지난 시절의 복지모순을 잠재화하여 국가경쟁력을 높였다.

그러나 공적복지제도를 위험하지 않도록 하기 위해서는 국가경쟁력과 함께 재생산에 필요한 정당화 사이의 균형이 필요하다. 그 구체적 모습을 제2장에서 설명하였던 국민연금제도로 살펴보자. 국민연금제도는 진정으로 필요한가라는 물음에 관점에 따라서 다른 답을 내어 놓을 수도 있을 것이나 그 긍정적 가치는 변화에 적응하는 데 있다. 제도의 속성은 주위 환경과의 양립불가능한 경우가 있는데, 그것은 동태성을 속성으로 하는 사회변화와 정태성을 속성으로 하는 제도 사이에서 발생하는 유형과, 제도를 바라보는 관점이 바뀌는 경우가 있기 때문이다. 시간이 핵심요소인 앞엣것부터 살펴보자. 사회현상은 단기에는 정태적이지만 장기로는 변화하는 속성을 갖는다. 시대의 변화는 동태적이라는 의미를 갖지만 제도란 시간적 흐름을 고정시키려 하는 것이다. 즉, 동태성과 정태성 사이의 불일치가 존재한다. 사회환경은 변하려 하지만 제도는 그 자체로 존속하려는 속성, 즉 지속성을 갖는다. 이 과정에서 고정시키려는 요소(확정성)와 지속하려는 요소(지속성) 간의 충돌—즉, 시간 요인에 의해—이 필연적이다. 이때 시간성이 단기이고 사회변화가 약하다면 동태성보다는 정태성을 보일 것이고 제도의 확정성과 지속성이 일치를 이룰 수 있지만, 장기로 갈수록 이들 사이의 일치는 기대하기 어렵다. 또 시간성이 단기라도 사회가 급속히 변화한다면 정태성보다는 동태성을 보일 것이고, 제도의 확정성과 지속성이 일치를 이루기 어렵다.

또 다른 문제는 제도를 바라보는 관점의 부정합성인데 국민연금제도도 똑같이 설명할 수 있으므로 이를 살펴보자. 국민연금제도에서 재정안정화와 노후의 생활보장(decent life for the elderly)과의 관계나 기여(contribution)와 급여(benefit)의 균형관계, 사회적 지속가능성과 재정적 지속가능성 등은 서로 부정합적인 관계이고 어느 한 나라의 연금체제가 꾸준히 이 둘을 충족시키기란 여간 어려운 일이 아니다. 사회적 지속가능성이란 연금제도의 본래적 기능인 소득보장적 역할을 제대로 수행해야 하고, 제도가 국민들에게 수용가능해야 한다는 의미이다. 이에 비해, 재정적 지속가능성은 고령화 및 경제 상황변화에 따라 국가 경제가 제도에의 재정적 부담을 감당할 수 있고, 제도가 장기적으로 재정적 건전성을 확보할 수 있어야 한다는 의미이다. 국민연금제도의 개혁 과정을 보면 이러한 제도 자체의 모순을 많이 내포하기에 폐지론이 상당한 힘을 얻는다고 할 수 있다.

일반적으로 사용되는, 이를 극복하기 위한 대안으로는 첫째, 제도를 사회환경의 변화에 맞추는 방법이 있고 국민연금의 개혁은 여기에 해당한다. 또 다른 방법은 제도를 그대로 두고 그 제도의 기능변화를 통해 사회환경의 변화에 적응하는 방법이다. 이 책에서는 연금개혁을 보기로 삼아 탐색해 보기로 한다.

여기서는 부과방식[PAYG(Pay-As-You-Go)]의 경우를 사례로 살펴본다(다만, 우리나라 국민연금제도는 적립방식이므로 이와는 좀 다르다).

표 6-12 PAYG(Pay-As-You-Go) 방식의 문제

기여(contributions)								
세대(cohort)	A	B	C	D	E	F	G	H
세대의 규모(cohort size)	2	3	4	5	6	5	4	3
개인당 기여(contribution per capita)	0	10	10	10	10	10	10	0
총기여(Total contributions)	0	30	40	50	60	50	40	0
급여(benefits)								
세대(cohort)	A	B	C	D	E	F	G	H
총급여(Total benefits)	30	40	50	60	50	40	0	0
개인당 급여(benefits per capita)	15	13.3	12.5	12	8.3	8	0	0
개인별 손익(Net individual gain or loss)	15	3.3	2.5	2	(1.7)	(2.0)	10	0

출처: Johnson(2006:175).

<표 6-12>를 보면 시작할 시점에서 A세대의 크기는 2이지만 기여는 없다. 그러나 규모 3인 B세대가 10의 기여[따라서 30]를 한 금액을 나누어 가지므로 개인당 15의 급여를 받는다. 따라서 손익을 따지면 15의 혜택을 입게 된다. 같은 방식으로 B세대는 C세대로부터의 금액을 나누어 가지므로 13.3을 가지고 3.3의 혜택을 입게 된다. <표 6-12>에서 보듯이 인구 규모가 커지면 큰 문제가 없으나, 인구 규모가 줄어들면 [<표 6-12> E세대의 경우] 기여액은 10이지만, 급여는 8.3에 지나지 않는다. 이렇게 계속되면 제도의 붕괴가 올 수 있다. 이는 경제적 관점에서

연금제도의 모순을 보여준다. 이를 수식으로 나타내면 다음과 같다.

$$L(wt) = P(wr)$$ {L: 노동인구[기여자 수]의 수}
{P: pensioner 수}
{w: 평균 실질소득, r: 평균대체율, t: 기여율}

이 식은 다음과 같이 변형된다. $P/L = t/r$

여기에서 복지제도의 공공성이 도출된다. 복지제도의 필요성을 인정한다면 경제적 접근만이 능사가 아니라는 함축이다. 경제적인 의미와 아울러 공공적 의미가 있기에 유의미한 제도를 창출하고 유지하려고 애쓰고 있다. 위에서 본 해결책은 우리가 겪은 실제 경험과도 일치한다. 다시 말해, 소득대체율을 낮추든지 기여율을 올리는 방법으로 여전히 연금제도가 존속하고 있다. 또 연금으로부터 급부를 받고 있어서 사회보험제도의 유용성을 경험하는 이들이 늘어나는 것은 긍정적이다. 이를 논의하는 이유는 나름으로 시대의 변화에 국민연금제도(넓게 말하면, 사회복지제도)가 적응하여 존재이유를 증대시키려 노력하였다는 것을 말하고자 함이다. 그렇지만 한국의 국민연금제도는 재정안정화와 적절한 노후보장 사이에서 고민하고 있다는 것은 사실이다.

지금까지 복지국가는 '권력장치에서 복지장치로'라는 표현이 어울릴 정도로 큰 역할을 하였다(滔垣, 2013). 그러나 그 문제점이 많이 노출되었다. 대표적으로 복지를 국가에 지나치게 의존한다는 점이다. 복지는 인간의 문제이다. 복지라는 말의 내용은 공공, 즉 사람이 함께 살아가는, 함께 지원하는, 함께 돕는 … 등등에서 보는 바처럼 함께(共)에 역점을 두고 있다. 그 주역(主役)은 지역에 살고 있는 인간 내지 커뮤니티, 혹은 이웃, 상부상조의 네트워크와 연대라는 의미이다. 그런데 지금까지는 복지국가라는 개념에 입각하여 복지는 국가가 담당하는 것이라고 생각하고 있다. 국가에 대한 지나친 기대가 있어서 그 부작용 또한 무척 커서 과부하 이론이 등장하였다. 이런 추세에 따라서 빈곤, 질병, 실업, 착취 등의 상황에서 누구로부터 도움을 받았는가가 이슈로 등장한다. 이를 구원의 동심원 이론(a concentric model of help)이라고 한다(김태성・성경륭, 2009: 66). 이를 '구원(help)' 대신에 '복지'로 대체시켜 복지의 동심원 이론으로 설명할 수 있다.

그림 6-5 복지의 동심원 이론

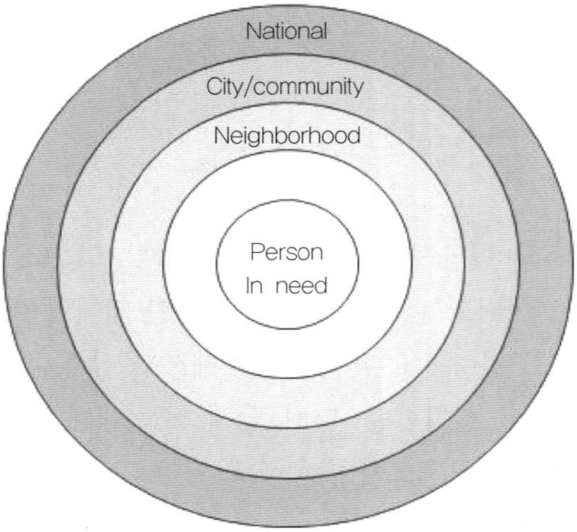

출처: Cummins et al.(2011:7) 수정.

즉, 이 모델이 설명하고자 하는 바는 어떤 경우든 개인의 생존문제는 1차적으로 자립(self-reliance)의 원칙에 의거하고, 만약 자립이 불가능한 경우에 개인은 자신의 생존을 유지하기 위하여 2차적으로 동심원의 내부에서부터 외부로 가족이나 친족, 이웃, 상부상조단체, 시장기구 등으로 복지제공의 통로가 확장되고 국가는 최후의 보루로(last resort) 기능한다(김태성 · 성경륭, 2009: 66-67). 지금은 국가가 최후의 보루가 아니라 첫 번째 구원(help)의 통로로 작용하기 때문에 문제라는 인식이다.

21세기에 접어든 지금, 복지국가보다는 복지사회(복지다원주의)로의 방향을 추구하려고 하며, 더 나아가서 이 책에서는 생활세계의 복지를 창조하려는 노력을 복지언어라는 이름으로 이론화한다. 즉, 복지에서는 우애와 같은 생활세계의 요소가 우선하고 법적 강제력은 멀리 있어야 한다.

2 새로운 공공복지

앞서 보았듯이 신우파는 영국의 대처리즘(Thatcherism)과 미국의 레이거노믹스(Reaganomics)로 대표되는데, 이 흐름은 복지를 자유시장에 너무 의존한 나머지 빈곤층의 증가를 초래하였다. 이러한 1990년대의 상황에 등장한 이념이 영국의 사회학자 앤서니 기든스(Anthony Giddens)가 제창한 『제3의 길(*The Third Way*)』[43]이었다. 여기서 '제3의 길'은 재분배가 아닌 자조를 보완할 것을 추구하였는데, 이는 지금까지의 복지패러다임이 국가의 징세와 재분배를 통해서 복지국가를 구축하는 방안과 매우 상반된다.[44] 稲垣(2013)에 따르면, '저부담－저복지'나 '고부담－고복지'의 문제를 극복하고, 이른바 '중부담－고복지'로 나아가기 위해서는 새로운 공공복지의 개념이 필요한 데, 이는 전통적인 공(公)의 개념과는 차이가 있다고 한다.

稲垣(2013)의 논의를 좀 더 전개해 본다. 낡은 공공이란 공공을 국가로 동일시하는 것으로 이것은 애국심으로 미화될 수 있다. 이에 비해, 새로운 공공이란 공·사·공공의 삼원론으로 나아가는 것이며, 자국의 국민에서 나아가 인류와 함께 공동체 의식을 가지는 것이다. 공·사·공공의 삼원론에서 공을 중심으로 하면 공리주의적 가치를 중시하는 반면에, 사를 중심으로 하면 자유주의적 가치를 중시한다. "관에서 민으로, 시장에서 가능한 것은 시장에"라는 구호는 이것은 신자유주의를 반영한다. 시장은 모든 것이 금전적 가치로 환산되고, 경제효율이 최우선으로 된다. 이렇게 된다면, 자유경쟁에 따른 약육강식의 세계가 되어 버린다. 실제로 부정적인 측면이 나타났으며, 그 보기가 미국에서 2008년에 발생한 금융위기이다. 이를 시장 지향의 민(民)이라고 할 수 있고 이는 영리를 추구하며, 복지국가 지향하는 데 대해 반대할 가능성이 높다. 물론 "관에서 민으로"라는 패러다임의 전환 필요성은 의미를 지니고 있다. 이때 민(民)은 비영리라는 비시장적 의미를 내포하는 동시에 공동체의 의미로, 복지국가 지향과 함께 할 수 있다. 즉, 공과 사의 사이에 있고, 사에서 공으로 매개하는 역동적인 개념이 공공이다.

지난 시절의 복지 논의는 사회복지라는 구체적 사실에서 논의를 진행하였고,

43) 영국의 전 총리 블레어 총리가 적극 채용한 이념이기도 한 이것은 북유럽형의 사회민주주의 이점과 대처리즘의 이점을 조합한 복지패러다임이다.

44) 이하 이 부분은 稲垣(2013)에 많이 의존하였다.

국내 단위에 초점을 두다 보니 앞서 설명한 바처럼 국가 기능의 확대를 가져 왔으나 정책의 조율은 상대적으로 쉬웠다. 이런 정부의 복지정책이 미래를 지향하면 기존의 패러다임에 기초한 복지정책은 그대로 실현되기는 어렵다. 이제는 최소한 국내에서는 활발하지 아니하였던 복지의 국제적 측면 등에 대한 논의가 복지의 한 영역으로 편입되어야 한다. 이는 이주민이나 다문화 가족을 이전의 복지 이론으로 포괄할 수 없기 때문이다. 즉, 이제는 지구촌이나 세계화의 시대에 접어들면서 새로운 모습의 사회복지가 필요함을 점점 더 인식해 가고 있다고 하겠다. 그동안 EU나 일본에서는 이러한 문제해결을 위한 일련의 노력을 해 왔다. 그 방향은 ① 정부역할을 강조하는 흐름에서 공공기관과 시민사회단체 역할을 강조하는 쪽으로, ② 경제정책과 사회정책의 선순환을 강조하는 쪽으로, ③ 사회구성원들의 사회적 책임감을 공유하는(새로운 사회책임 윤리) 쪽으로, ④ 가족적 연대, 우애의 윤리를 강조하여 적용대상 확대, 욕구를 반영한 보호체계, 공공고용지원서비스 개선, 주거보장 쪽으로의 흐름이었다. 즉, 기존의 사회복지 이론으로는 해결이 안되는 문제를 복지와 함께 논의하려고 하는 것이다(稲垣, 2013).

복지철학과 공공철학과의 접점에서 새롭게 조명되는 새로운 공공복지는 복지국가에서의 모델인 '생활과 일의 매개'를 넘어 공공활동의 필요성을 강조한다. 민주국가가 단순히 '국민주권'이라는 의미만 있는 것이라면 복지국가는 시민이 시민을 돌볼 수 있는 장치를 제도화하는 국가형태이다(<표 6-1> 참조). 이는 타인을 돌볼 수 있는 도덕(moral)을 요구하는 사회에 기초하는데, 이러한 돌봄은 먼저 안정된 고용조건, 최저임금제도 도입 등으로 갖추어진 노동현장에서 이루어져야 한다. 그 뿐만 아니라 노동시장 밖으로 관심을 갖게 하는 정책도 중요한 데 이를 '일과 생활의 균형(work life balance)'이라고 할 수 있다.[45]

일과 생활은 인간에게 중요한 의미를 지닌다는 부인할 수 없다. 일할 기회를 줌으로써 사람들의 생활을 풍요롭게 하고 이로 인해 시장이 필요하게 된다.[46] 여기

45) '일과 생활과 조화'라는 의미를 가진 이것은 시민의 각 개인이 생활을 의미 있는 것으로 충실케 하고, 일에도 보람과 책임을 갖고 동시에 가정과 지역, 다양한 시민그룹에 소속하면서 육아 시기, 청소년 시기라는 인생의 각 단계에 응해서 다양한 삶의 방식을 선택할 수 있으며 실현가능함을 의미한다.

46) 滔垣(2013)에 따르면, 현대 사회에서 신(神)은 시장이라 해도 과언이 아닐 정도라고 한다. 하지만, 생활의 가치 등 시장화에 익숙하지 않은 것까지 상품화되어 버린 것이 문제이다. 이는 샌델의 의견과 일치한다.

서 노동력을 상품으로 보는 경제학과, 상품이 아니라 일의 보람과 사는 보람으로 살아간다는 의미가 포함된 것으로 보는 복지학의 관점이 서로 차이를 보인다. 복지학에서는 일과 생활의 양쪽의 의미를 존중하면서[47] 더욱 일과 생활의 이원론이 아닌 양쪽을 매개하는 영역은 바로 활동이다. 결국 공・사・공공의 삼원론은 일・생활・활동 또는 공공에의 참가의 삼원론으로 변형할 수 있다. 따라서 만약 지역사회(시민사회)가 연약하다면 생활세계로 나아갈 가능성은 극히 적어진다. 이웃과의 네트워크, 주민환경, 커뮤니티를 의식적이든 무의식적이든 만들어 가는 과정 또는 그 결과가 생활세계의 형성이다. 이를 위해서는 수동적 인간형에서 능동형 인간으로 지향하는 새로운 인간관이 필요하다. 이러한 인간론에 대해 깊이 성찰하여야 하고 이 책도 제5장에서 이를 논의한 이유가 여기에 있다.

이와 관련하여 주목할 만한 것은 공동선이다. 예로부터 정치적 논의에서 추구하는 이상은 공동선을 지향하는 것이었다.[48] 대화에 기초를 둔 민주주의는 사람들에게 공유할 수 있는 선(善)이라는 규범이 있음을 전제로 한다. 이 선은 토의와 대화의 '과정'에서 발견되는 것으로 그 이유는 이질적 타자와의 대화에 의해서 위화감과 적대심을 갖는 상대일지라도, '왜 이 사람은 이러한 사고를 할까'라는 타자 이해를 상상력과 함께 작용하도록 하기 위해서이다.[49] 또한 대화에 있어서 공공의 이성을 중요시해 왔지만 대화의 '과정'을 통해 공공적 이성뿐만 아니라 공공의 장(場)에서 작용하는 감정, 즉 공공적 감정(public pathos)도 중요하다. 하버마스(J. Habermas)는 유럽에서 시민적 공공성의 이론과 실천을 지도하면서, 자기 이상을 통해 속박된 자신을 해방시킬 것을 강조한다. 민주주의제도 그 자체에 잉태되어 있는 위기가 겉으로 다 드러나고 있는데,[50] 다른 의미로는 시민적 공공성이 이룩

47) 현대인은 가정에서의 생활과 직장에서의 생활의 왕복 밖에 없다고 생각하는 경향이 있지만, 실은 그 사이에 생활과 밀착된 지역사회라는 환경이 있고, 우리들은 지역주민으로서의 일상생활도 누리고 있다. 일상의 장보기, 친구관계, 주민 돕기 자원봉사활동 등 이러한 생활들 자체가 시민활동의 현장이라 볼 수 있다.

48) 오늘날 권력의 '강제력'이 어디에 있는지를 많이 묻는다. 즉, 이 담론은 국가보다도 시장이 문제가 있다고 보는 것이다.

49) 이 점에서 공공선택론과 차이가 난다. 공공선택론이란 공공의 개념 안에 사적인 관념을 강하게 집어넣은 것으로 이것은 진정한 공공이라고 할 수는 없다. 진정한 공공의 개념은 토론과 숙의를 통해 일어난다. 따라서 논리와 진리를 가지고 공동선을 가져오는 것은 아니다(滔垣, 2013).

50) 최근 민주주의가 갖는 '자기단련'의 문제에 주목하여 종교문제에 대해 깊이 언급하고 있다고 한다(滔垣, 2013).

한 18세기의 계몽주의에 내재하고 있었던 '이성적 인간'의 한계가 오늘날 여실히 드러난다는 뜻이다. 이성의 복권(restoration of reason)을 위해서는 자기단련이 필요하며, 이것은 가능하다고 하버마스는 주장하고 있다(滔垣, 2013). 복지패러다임이 생활세계의 복지에 기초하기 위해서는 자기단련이 이루어져야 한다. 즉, 개인의 인격이 성숙해야 민주주의가 발전하며 동시에 공공복지도 발전하게 되어 있다. 또한 자기가 중요한 만큼 남도 중요하게 여긴다((滔垣, 2013).

개인을 이기적 존재로 전제하면 타자를 위한 복지에는 한계가 있다. 필요하다면 자신이 모르는 익명의 같은 시민을 도우는 것을 적극적으로 떠맡아 '공공의 이익'을 위해서 희생도 각오한다(예를 들면, 복지를 위한 증세 등)는 것은 자유주의의 정치공동체의 시민에게는 받아들여지기에는 상당히 무리한 요구이다. 타자를 위한 복지라는 발상이 동기부여에 직면하게 된다.[51] 이를 극복하기 위해서는 아래로부터 위까지 자발적으로 보급되는 '공공의 정신'이 필요하며, 이를 위한 제도적 장치가 숙의(熟議)민주주의, 즉 숙려(熟慮)와 토의와 협동이다.

제 5 절 통치기술로서의 실용

복지정책은 실제에 응용하려는 데 있다. 즉, 현실적 문제의 해결에 그 목적이 있었음을 의미한다. 그런데 복지정책에로의 접근에는 복지를 이념으로 접근하는 이념으로서의 복지주의가 일반적이다. 이에 관해서는 이미 앞에서 서술하였다. 그런데 이와는 다른 접근으로 통치기술로서의 실용으로 복지를 보려는 견해가 있다. 다음 항에서는 실용으로 접근하는 복지와 이념으로서의 복지주의의 개념과 역사를 이해하기에 가장 좋은 사례는 영국 복지국가의 발전이므로, 이를 통해 통치기술로서의 실용을 살펴본다.

51) 자유주의 정치공동체가 전제로 하는 개인의 자유 존중은 어떻게 타자를 위한 복지(공공의 복지)가 가능할 것인가? 하버마스는 자발적인 도덕을 영성과 관련시킨다. 서양에서는 복지를 영성으로 작용케 한 것이 기독교 사상이며, 기독교 사상은 원래 사랑을 최고 가치로 한다. 하지만, 지난 20세기 초반에는 이러한 사상이 붕괴되기 직전이었으나, 하버마스의 사상은 "남을 위해서 어떻게 할 것인가?"라는 물음에서 시작하여 기독교 사상을 되살렸다고 한다(滔垣, 2013).

1 실용주의(pragmatism)의 두 차원

우리의 귀에 익은 실용주의(Pragmatism)는 실용성, 편의성 등을 중요하게 여기는 태도나 경향 또는 가치관을 말한다(김동식, 2003: 29). 즉, 실용주의(Pragmatism)는 사유체계와 행동(belief－action) 간의 관계, 다른 표현으로 어떤 명제의 진리는 그것의 응용에 있다는 믿음이다(Palmer, 1991; Sahakian, 1968: 268). 그런데 실용주의는 우리가 사는 세계를 이해하는 포괄적 세계관인 동시에, 주관적 유용성이나 방법론을 강조하는 두 차원으로 나누어 볼 수 있다(이한구, 2008: 7－18).[52] 물론 논자에 따라 그 두 층위가 무엇이냐에 대해서는 의견이 갈린다[53](이수인 · 이수윤, 2000: 415). 영국의 복지 흐름을 살펴 볼 때, 복지에 관한 사상을 두 차원을 나눌 수가 있는데, 복지주의라는 이념과 통치기술로서의 실용이 그것이다. 이 둘 사이에서 정(正)－반(反)－합(合)의 관계로 복지발전이 이루어졌다. 즉, 통치기술로서의 실용으로 출발하였던 복지가 1970년대까지 복지주의라는 이념으로 이념화하였고, 대처(Thatcher) 정부의 출범은 그 반(反)명제로 복지국가의 해체라는 반(反)이념화이며, 1990년대의 제3의 길(The Third Way)은 변증법상 합(合)의 관점으로 이념으로서의 복지주의가 실용으로서의 복지로 변화하는 것으로서 이해된다.

이 책은 이념으로서의 실용주의(pragmatism as philosophical position)[54]와 통치기술로서의 실용(pragmatism as practicality)으로 나누어 고찰한다. 전자는 철학

52) 중국에서 홍(紅)과 전(專)을 비교하여 전자는 이데올로기를, 후자는 실용성을 더 강조하는 정치적 노선을 지칭하는 용어로 쓰인 경우나 조선시대의 실사구시의 정신을 일종의 실용주의라고 해석하는 경우도 실용주의가 서로 다른 두 층위로 되어 있음을 보여준다(김동식, 2003: 29－30).

53) 그 하나는 인간에게 성공을 가져다주는 유용한 관념만이 진리라는 측면에서 새로운 모험을 자극하는 성격이 있는 반면에, 다른 하나는 주어진 현재의 현실이 최선의 유용성을 내포하고 있으므로 현실을 무비판적으로 긍정하는 사상에 초점을 맞추기도 하고(이수인 · 이수윤, 2000: 415), 각자의 행동을 조정하는 공동의식(이수인 · 이수윤, 2000: 416)과 사적인 만족이라고 하기도 하고(Lamprecht, 1981: 651－653), 행위와 행위를 위한 규칙으로서의 관념이라고도 한다(Cornforth, 1985: 196). 또 자기완결(self－contained)적인 존재로서 순수경험의 개념을 도입함으로써 실용주의가 주관론적 관념론이라는 해석을 가능하게 하기도 한다(Cornforth, 1985: 196－197).

54) 이념으로서의 실용주의를 일부 논자는 보수주의로 다루고(이수인 & 이수윤, 2000: 414), 또 다른 논자는 진보주의로 다룬다(강영선 외, 1985). 또 주관론적 관념론으로 자리매김하기도 하고 실증주의의 한 변종으로 다루기도 한다(Cornforth, 1985). 이 책의 태도는 이와 관계없이 이념으로서 실용주의와, 통치의 기술로서 실용주의로 나눈다.

사상에서 오류가능성을 인정하는 다원주의 사조(an ethos of fallibilistic pluralism)(Bernstein, 1992b)인데 미국의 실용주의가 그 대표이다. 후자는 표방된 이념이나 주의가 있다 하더라도 통치의 기술로서, 또는 정책의 적용과정에서 그 상황에 맞게 변화시킨다는 의미이다.[55] 여기서의 이념이란 인간사회를 규율하는 원리들(principles) 또는 고도의 법칙(higher law)을 말하는 데, 이 특징은 가장 강력하고 타당하고 존귀한 것에서 유래하며 단순히 경험적인 것(mere empiricism)과 구별한다. 또한 이는 인간의 행동을 인도하는 성격과 개별적 사실을 통합하는 성격을 갖는다(Waldo, 1984: 156-162). 이념으로서의 실용주의는 19세기 후반~20세기 초반 미국에서 기원한다.[56] 실용주의는 경험론의 전통을 계승하여 진화론의 영향 아래 경험을 환경에 적응시켜(이삭, 1983: 226-227), 사상의 불변성을 부정하고 사상을 도구로 여기는 주의이다(탁석산, 2008: 126). 이런 관점에서 진리란 선험적으로 보편타당성을 띤 것이 아니라(Waldo, 1984: 84) 증명이 되는 것이어야 하며, 이론의 실천이나 실험을 통해서 검증되는 것이어야만 한다(강영선 외, 1985: 1172). 즉, 진리이기 때문에 유용한 것이 아니라 유용하기 때문에 진리라는 사상으로(이수인・이수윤, 2000: 414), 진리의 판단에 유용성이라는 기준을 도입하였는데 이 점은 공리주의와 상통한다[57](Waldo, 1984: 84). 이 사상은 사회구성원의 총복지가 극대화되도록 자원을 배분하는 데 있고, 이 과정에서 자유주의와 충돌(illiberal doctrine)을 빚기도 한다[58](Barr, 1998: 50). 미국의 실용주의는 "기본적으로 유용성이 진리라는

---

55) 이 책에서 이념으로서의 실용주의를 줄여서 실용주의로, 통치기술로서의 실용을 줄여서 실용으로 기술하기도 한다.

56) 기타 약간 다른 실용주의의 외연은 다음과 같다(김동식, 2003: 29). (i) 미국적인 생활양식이나 문화 등에 내재되고 그것을 주조한 미국인의 전형적인 사고방식이라는 의미에서의 프래그머티즘, (ii) 주로 미국에서 발전하였으나 다른 곳의 사상가들에 의해서도 지지를 받은 하나의 사상적 경향으로서의 프래그머티즘, (iii) 미국에서 1870년대 이후 태동되어 20세기 중반까지 발전되었고 1980년대 이후 다시 등장한 하나의 사상 운동으로서의 프래그머티즘.

57) Waldo(1984: 84)에 따르면, 실용주의는 공리주의 원칙인 최대다수의 최대행복을 다시 쓴 것에 불과하다고 한다. 물론 이때의 실용주의는 사회적 실용주의(social pragmatism)를 말한다. 한편, 공리주의가 윤리나 가치를 쾌락으로 환원하는 데 대해서 실용주의는 공리주의와 거리가 있다(김동식, 2003: 52).

58) 영국의 사상인 공리주의는 행위가 행복의 촉진에 기여하는 데 비례해서 올바른 것이 되며 행복의 촉진과 반대되는 역할을 하면 그릇된 것이라는 주의이다(이삭, 1983: 41). 사상사의 관점에서는 공리주의(Utilitarianism)는 개인의 행복의 총화로서 최대다수의 최대행복을 원리로 하여 입법 및 정치상의 개혁을 통하여 개인의 행복과 사회의 행복과의 조화를 시도하였다(이삭, 1983: 42).

진리관으로 진리에 대한 정의만 바꾸었을 뿐 여전히 철학에 속한다"(탁석산, 2008: 128). 이와는 다른 흐름이 전개되는데 이를 통치기술로서의 실용이라는 이름으로 살펴보고자 한다.

통치기술로서의 실용[59]은 여러 영역에서 다른 가치에 비해 실용성을 더 중시한다(김동식, 2003: 29－30). 즉, 철학이나 사상, 또는 진리관이 아닌 실천하는 방법론이나(탁석산, 2008: 134－135; 김동식, 2003: 55) 부분적이고 사실적인 것을 의미하고, 이들을 통해 관념을 해석할 수 있다(Cornforth, 1985: 192)는 경향이다. 특히, 의미 있는 경우는 두 원칙이 서로 충돌하거나 공존할 때(co－exist) 어떻게 해결할 것인가, 즉 대안 A, 대안 B, 대안 C, 대안 D, 대안 E 등의 여러 선택 수단(option)이 있고, 만약 대안 B를 선택했을 때 그 상층에 어떤 차이를 가져오느냐(Palmer, 1994: 276－285; Mills, 1966: 178; 탁석산, 2008: 159), 또는 목적이 주어졌을 때 누가 더 효과적으로 그 목적을 달성하는가(김수행 외, 2004: 25)로 정의할 수 있다.

통치기술로서의 실용을 말할 때 문제해결(problem－solving)에 초점을 둔다(탁석산, 2008: 36). 문제해결이란 어떤 상황에서 어떤 유산으로 문제가 발생했을 때, 어떻게 해결해야 할 것인가의 관점인데, 기든스(A. Giddens)는 "인간이 해결해야 할 문제들만 제기되고 있는 현실 앞에서 정치는 이념이 아니라 문제해결(problem－solving)의 도구(how to deal)가 되어야 한다."(주일섭, 2008: 67)는 견해와 상통한다. 문제해결의 도구를 세 가지 요소로 구성한다. 그 첫째는 주어진 환경을 받아들인다는 것이다. 둘째는 그 환경을 유지하려거나 변화시키려는 인간의 의지나 노력을 인정한다는 점이다. 셋째는 이를 위하여 동원 가능한 자원들은 무엇이며 어떻게 동원하여야 할 것인가라는 관점이다. 이들 요소들을 각각 상황성, 능동성, 도구성이라 이름짓는다. 즉, 상황성이란 현재라는 시점과 여기라는 이 공간에서의 문제는 무엇인가라는 문제의식과 그 상황에 따라 내용을 바꾸면서 적응하는 태도이다. 따라서 문제해결을 위해 역사적 유산의 재검토와 그에 따른 변화를 두려워하지 않는

이 사상은 20세기 초에 영국의 복지 개혁을 가져온 새자유주의(New Liberalism)와 맞닿아 있고, 오늘날은 신우파(The New Right) 사상과 관계있다고 한다(Barr, 1998: 48). 공리주의의 복지이론은 총복지를 극대화하기 위해서는 효율성 기준과 형평성 기준에 따라 분배되어야 한다고 한다(Barr, 1998: 50).

59) Waldo(1984: 84)는 practicality를 실용주의의 한 특성으로 파악하고 있다. 이 책에서는 이때의 실용주의를 통치기술로서의 실용을 의미한다고 본다.

다. 능동성은 역동성과 관련되는 요소로 바람직한 미래를 향한 인간의 의지나 노력을 말한다.

도구성이라는 것은 무엇이 아니라 어떻게(how to deal)라는 관점이다. 즉, 그 상황에서 적극적이며, 유효함이 입증되도록 수단을 동원하는 것을 의미하고, 일반 원칙을 상정하지 않음을 의미한다(탁석산, 2008: 140–145). 현재보다 더 나은 미래를 지향하며(김동식, 2003: 53) 이를 위한 도구가 되어야 한다는 사상이다. 이를 표로 나타내면 다음 <표 6–13>과 같다.

표 6–13 통치기술로서의 실용의 구성요소

<table>
<tr><td colspan="3" rowspan="2"></td><td colspan="3">문제해결 능력</td></tr>
<tr><td>상황성</td><td>능동성</td><td>도구성</td></tr>
<tr><td rowspan="4">문 제</td><td>시간적</td><td>역사적 유산</td><td rowspan="2">주어진 환경</td><td rowspan="2">–</td><td rowspan="2">–</td></tr>
<tr><td>공간적</td><td>여기에서의 문제</td></tr>
<tr><td colspan="2">바람직한 미래</td><td>–</td><td>인간의 의지나 노력/정책</td><td>–</td></tr>
<tr><td colspan="2">이를 위하여 동원 가능한 자원</td><td>–</td><td>–</td><td>무엇이 동원 가능하며 어떻게 동원할 것인가/정책수단</td></tr>
</table>

<표 6–13>에서 제시한 구도에 따라 실용으로서의 복지(welfare as practicality)를 살펴보는데, 실용으로서의 복지란 관찰의 결과에서의 도출에 기초하는 흐름이다. 실용으로서의 복지를 주장하는 흐름은 중도(The Middle Way)라는 이름으로 불리고 있다(George & Wilding, 1994: 62).[60)]

60) 이와는 약간 다른 관점에서, 복지국가 발전의 추동력이 무엇인가에 관한 논의가 많이 진행되어 왔다. 대체로 이데올로기(ideology) 관점에서 보는 견해와 기술결정론(technical determinism)의 관점으로 나누어지고 전자는 사회정의론(social justice)과 마르크시스트(Marxist)들이 주장하는 conspiracy 이론을 포괄한다(Barr, 1998: 40–41).

2 실용으로서의 복지: 중도(The Middle Way)[61)]

중도의 견해는 특정 이념이나 특정 이론이 지배하지 않고 실용에 따른다(George & Wilding, 1994: 62). 즉, 사회병리의 존재는 사회질서에 위협이 되므로 이에 대한 실용적 접근(a response to real current ills)이 필요하다. 이를 위한 국가 형태가 바로 복지국가이다. 그들은 건전한 이성에 기초한 사회적 재건설의 방식에 동의하지 않고 박애주의와 이상향적 정치태도를 지향하지도 않는다(George & Wilding, 1994). 다시 말해, 어떤 사회에서 문제가 제기되어 뭔가 조처가 필요할 때 국가의 자원이 구호를 필요로 하는 자에게 투입되어야 한다고 생각하는 흐름이 중도이다. 복지국가는 국민으로부터 충성확보의 필요성에 대하여 국민은 국가로부터 서비스와 급여를 요구한다는 묵시적 계약이론에 기초한다(Bruce, 1967). 통시적으로는 제2차 세계대전이 끝날 조짐을 보일 무렵, 전후의 영국은 어떠해야 하는가(postwar reconstruction)에 대한 관심이 증폭되었다(Henessy, 1989: 129). 즉, 베버리지(Beveridge) 이전에도 어떤 형태로든 복지국가로의 기대는 국민들 사이에 존재하였기에, 현대적 의미의 복지국가는 민주주의 체제 아래에서 국가와 국민 사이의 관계에서 형성된 자연스런 결과물로서 보고 있다(Hay, 1975; Gilbert, 1973; Fraser, 1973; Sullivan, 1996; Midwinter, 1994).

경제적 관점에서 볼 때, 이 흐름은 자유시장 경제를 신봉하지만 시장은 만능이 아니라는 견해를 취한다. 따라서 이른바 시장실패를 인정하고 국가개입은 시장실패에 대한 결과로 설명한다(George & Wilding, 1994). 예컨대, 저소득 노동자(lower paid workers)는 주택시장에서는 집을 구할 수 없다. 이는 사회안정과 질서를 위협할 수 있고 이를 차단하려면 사회개혁이 필요하다. 정부가 사회개혁을 국민에게 제공하지 못하면 국민은 사회혁명으로 되갚는다는 생각을 가지고 있다(George & Wilding, 1994). 이는 반집합주의(anti-collectivism)이지만 반개입주의(anti-interventionism)는 아니라는 견해로 강한 국가와 큰 국가 사이에 모순을 느끼지 않고, 계급

---

61) 중도(The Middle Way)를 이념으로 볼 때는 Conservative Collectivism(George & Wilding, 1994: 46), Social Liberalism or Reluctant Collectivist(Dean, 2006: 22)이라고도 하고, Liberal Collectivism으로 불리기도 한다. Barr(1998: 48)는 중도를 Libertarian view와 구별되는 Liberal theory로 보고 Utilitarianism의 일종으로 본다.

간의 전쟁을 피하려는(to prevent class war becoming a reality) 이른바 하나되기 국가형태(one nation)라는 개념으로 통한다(Jessop et al, 1988). 중도가 관심을 갖는 것은 새로운 사회질서의 창조나 추상적 선의 실현이 아니라 구체적인 악을 제거하고 사회의 개선이다. 국가는 이를 위해 노력하여야 한다는 견해를 가지고 있다.[62)]

3 적용과정에서의 굴절

1) 통시론적 고찰

이 항에서는 복지행정에서 이념으로서의 복지주의와 실용으로서의 복지와 관련하여 살펴보기 위해, 이들을 좀 더 발전시켜 통시론적 고찰은 베버리지 보고서(Beveridge Report)에서 시작하여 블레어(T. Blair) 정부까지의 영국의 사례를 살펴보기로 한다. 영국 복지행정과 실용주의의 발전과정을 여기서는 정책 기조의 승계와 단절을 기준으로 하는데 구체적으로 노동당 정부를 이어 보수당이 집권하였으나 그 정책 기조를 그대로 승계한 1951년과,[63)] 보수당 정부를 이어 노동당이 집권하였으나 그 정책 기조를 그대로 승계한 1997년을 기준연도로 삼는다. 단절의 관점에서는 대처(M. Thatcher) 정부에 의한 합의의 파괴를 기준으로 삼아 1979년이 기준연도가 된다[64)](김상수, 2008: 113－116). 즉, 새로이 집권한 정부의 정책기조의 승계와 단절을 기준으로 보면 이 과정에서 가장 흥미 있는 것은 두 번의 굴절이 있었고, 이는 둘 다 조어(coined words)를 통해 묵시적 정치 · 사회적 합의로 회자(膾炙)

62) 구체적 정책으로는 owner occupation in housing이나 support for the family as basic social unit 등이다.

63) 제2차 세계대전 이후의 애틀리(C. R. Attlee) 정부의 복지입법을 보수당과의 공감대 위에서 이루어졌다고 보는 견해가 다수이다(Barr, 1998: 34; 김상수, 2008: 110). 그러나 보수당의 지도부는 노동당과 공감대를 가졌다 하더라도 상당한 반발이 있었음을 주목해야 한다(significant, if not serious, opposition … from within Conservative ranks)(Sullivan, 1996: 64－66). 이는 1951년 이후의 보수당 집권기에 이 반대를 뿌리치고 복지국가 정책기조를 이어나갔음에 그 의미를 둘 수 있고 그 의미는 버츠켈리즘(Butskellism) 합의로 한 시대의 획을 그을 수 있었다.

64) 대처리즘(Thatcherism)의 시각은 이 합의를 부정하는 사상이다. 종래의 보수당은 노동당과 타협하여 합의의 정치(Consensus Politics)를 행함으로써, 결과적으로는 노동당의 지배를 허용했다고 믿는다. 이는 사회주의적인 국유화 정책으로 나아가고, 무거운 세금, 인플레 유발, 기업 활동 자유의 속박으로 이어져 영국 경제는 파탄났다고 생각한다(현외성 외, 1993).

되었다는 점이다. 그 하나는 버츠켈리즘(Butskellism)이라 부르는 합의로[65] 1951년부터 1973년 또는 1979년까지로 잡는다(Midwinter, 1994). 그 사이에 국가의 부담을 증대시켜 이른바 과부하(state overload)의 문제를 낳았고(기든스, 1994: 320-321), 이는 대처(M. Thatcher)의 개혁이라는, 지난 시절의 패러다임(paradigm)과의 단절을 경험하였다. 즉, 진리로 받아들여진 복지국가라는 이념화된 복지주의를 복지국가의 해체를 꾀하는 반(反)이념화로 전환시킨 것이다. 이 국가 운영의 방향은 노동당의 블레어 정부가 이어 받아 수정하였다. 즉, 이념화된 복지주의나 반이념화된

표 6-14 굴절의 과정

기 준	Beveridge Report	Butskellism	Thatcher Administration	Blatcherism
	제1의 굴절(복지에서 복지주의로)		제2의 굴절(복지주의에서 복지로)	
특 성	실용	이념화	반(反)이념화	실용화
상황성	전쟁	지속적 경제성장[66]	복지국가로 인한(?) 영국의 경제 후퇴	신자유주의적 환경에 적응한 정강정책
능동성	전쟁에서의 국력결집과 전후의 새 세계에 대한 희망	공고화 (Timmins, 1996)	강한 정부와 개인책임의 원칙 (Thatcherism)	적극적 복지
도구성	국가에 의한 서비스 제공	국가서비스 제공의 확대와 뿌리내림 (Sullivan, 1996: 72-84)	민영화를 비롯한 시장친화적 정책	welfare to work
흐 름	중도	사회민주주의	신우파	제3의 길
다음 단계로의 굴절을 위한 조건	여론의 지지와 합의의 정치	과부하 (state overload)	복지국가 재편에 따른 평가	-

65) 버츠켈리즘(Butskellism)이라 부르는 합의는 1951년부터 1973년 또는 1979년까지로 잡는다(Midwinter, 1994). Butskellism이라는 용어는 보수당과 노동당의 재무부 장관(Chancellor of the Exchequer: 보수당의 Rab Butler와 노동당의 Hugh Gaitskell) 사이의 정치적 합의를 말하고(the political consensus formed in the 1950s), 이는 두 정부 간의 정책적 수렴(convergence by referring to a fictitious Mr Butskell)을 의미한다. 이를 사회적 합의라는 용어를 쓰기도 한다(김수행 외, 2003: 25). Kanavagh (1987: 6)에 따르면, Consensus Politics는 policy coincidence와 구별해야 한다고 주장한다.

66) 1948년부터 1973년까지 연평균 2.8%의 경제성장이 있었고, 이 성장이 복지국가의 확대를 가능하게 했다(Timmins, 1995: 177).

대처리즘(Thatcherism)을 실용으로서의 복지로 굴절시켰다. 이를 블레처리즘(Blatcherism)이라는 합의로 부른다[67](김상수, 2008: 117-126). 여기서 또 다른 굴절을 볼 수 있다. 즉, 베버리지 보고서(Beveridge Report)에서 시작한 후 Butskellism라 회자되는 합의까지, 그리고 이를 해체하려는 대처(M. Thatcher) 정부의 노력에서 Blatcherism까지를 <표 6-14>처럼 정리할 수 있다.

그러나 정책 모두가 보수당과 노동당 사이에서 합의된 것은 아니다. 예컨대, 국유화정책에서는 확연한 정책 차이가 나타났다(Millward & Singleton, 1969: 22-29). 따라서 합의가 이루어졌던 과정을 짚어볼 필요가 있는데 이를 살펴보기로 한다.

2) 이념화: 실용으로서의 복지에서 복지주의로의 굴절

베버리지 보고서(Beveridge Report) 이전에도 주목할 만한 복지제도의 발전을 보면, 1906~1914년에 새자유주의(New Liberalism)의 철학에 기초한 자유당 정부에 의하여 연금, 실업, 건강 및 누진세 제도가 도입되어 복지발전에 획기적 기틀을 마련하였다.[68] 그 이후 제2차 세계대전까지의 발달은 주거복지제도가 도입되었고 실업보험에 발달이 있었다(Barr, 1998: 21-28). 1946~1948년에 노동당 정부에 의한 복지는 「Education Act」(1944), 「National Insurance Act」(1946), 「National Assistance Act」(1948), 「Housing Act」(1949) 등이 있으나 이들은 리모델링(remodelling)이고, 참신한 제도는 「National Health Service Act」(1946)이다. 즉, 여기서 의미하는 바는 복지의 발달이 누적적이라는 사실이다. 위에서 본 바처럼, 복지국가의 설계는 실용(practicality)에서 출발하였다(Lowe, 1993). 그런데 1950년대부터 1970년대에 이르기까지의 복지국가는 이념화된다. 그 과정에서 가장 중요한 계기는 합의의 정치(Consensus Politics)이다(Kavanagh, 1987: vii). "백 년에 한두 번만 일어나는 지적(intellectual) 분위기의 전환의 조짐이 있다. 영국과 많은 민주국가에게 영향을 주는 변화의 바람은 좌파로부터가 아니라 우파로부터 온다."(Yergin & Stanislaw, 1998: 94)는 말이 1950년대에 성립한다면 합의의 정치를 따른 보수당으로부터 변화의 바

---

67) 정확한 표현은 the supposed convergence of policies이다.
http://en.wikipedia.org/wiki/Butskellism#cite_note-1(2008.11.27).

68) 새자유주의(New Liberalism)란 1900년대 영국의 사회개혁을 이끈 사상으로 개인주의(individualism)를 사회정의와 관련하여 재해석하고 사회주의의 도전에 직면한 자유주의를 재구축하고자 하는 흐름이다. 이에 관해서는 Hay(1975)를 참조할 것.

람이 왔다. 즉, 우파가 한 일은 복지국가의 이념화를 주도한 일이었다.69)

합의의 정치의 내용을 살펴보자. 첫째로 정부가 어떤 목표를 달성하기 위해 경제에 개입할 수 있고 그 목표를 잘 달성할 수 있다는 믿음, 즉 혼합경제에 대한 지지이다. 이는 제2차 세계대전의 경험에서 유래한다. 둘째로 정부는 사회의 주요한 이익집단들(특히, 노동조합)의 역할을 인정하고 그 집단들과 협조한다. 즉, 조합주의(corporatism)를 채택한다. 셋째로 정부는 완전고용을 유지할 책임이 있으며 복지국가의 건설에 노력한다(김수행 외, 2004: 25).70)

제2차 세계대전이 끝난 이후 부(富)의 광범한 재분배와 사회보장을 강화하는 정책에 대해 집권당과 야당 사이에 베버리지 보고서에서 언급한 5대 악(five evils: want, disease, ignorance, squalor, and idleness)을 해결하기 위하여 온건한 정부개입을 핵심으로 하는 혼합경제(Keynesian mixed economy), 조합주의, 완전고용, 복지국가 등에 관한 사회적 합의를 신화의 차원으로(Kelly, 2002) 끌어올렸다. 이제는 그 신화(정치적 합의)에 대하여 보수당과 노동당 사이에 누가 더 효과적으로 달성하는가에 있었다(김수행 외, 2004: 25). 이런 기조 아래서 구성원 전체의 복지를 향상시키기 위해 점진적인 사회공학(piecemeal social engineering)의 가능성에 무게중심을 두었다(George & Wilding, 1994).

여기서 강조하고자 하는 점은 보수당은 1951년부터 1964년 사이의 집권기간에 1945년 노동당 정부가 시행한 정책의 뼈대(공유, 복지, 제국의 해체)를 그대로(substantially) 받아들였다(Kavanagh, 1987: 6). 이 시기는 복지가 국가의 이념으로 화해서 1979년 대처(M. Thatcher) 행정부가 여기에 도전할 때까지 영국에서 확립된 신화로서 영국 정치를 지배하였다. 그러면 대처 행정부의 도전, 그리고 뒤 이은 새로운 굴절[즉, 이념화에 대한 대안으로 다시 반(反)이념화와 실용으로의 굴절]이 왜 일어났는가? 이를 살펴보자.

---

69) 이에 관한 내용은 김수행 외(2003: 25), Lowe(1993: 22), Kavanagh(1987: 6) 등을 참고할 것.

70) Kavanagh(1987: 4)는 사회민주주의라는 용어를 네 가지 요소를 아우르는 개념(umbrella term)으로 쓰는데 혼합경제, 조합주의, 완전고용, 복지국가를 들고 있다. 이렇게 볼 때 묵시적 합의의 정치(Consensus Politics)가 실용으로서의 복지로부터 이념으로서의 복지주의로 전환시켰다는 이 책의 내용을 뒷받침하는 방증이 될 수 있다.

3) 반(反)이념화

반이념화의 흐름은 신우파(The New Right)의 사상에 기초하는데 그 기본적 근거는 다음 몇 가지로 요약할 수 있다. 앞서 살펴본 이념화한 데 대한 자본가계급의 상실감이다. "국유화와 복지제도 성장이 결합한 결과, 이전에는 사적 자본의 수중에 놓여 있던 많은 결정권과 자원을 국가가 이양받았다. … 완전고용의 문제는 경영자에서 노동자에게로 그 권력균형을 바꾸어 놓았다. 결과적으로 영국과 같은 나라는 더 이상 자본주의 국가라고 불릴 수 없게 되었다"(Giddens, 1994: 71). 그리하여 복지국가의 가치가 지켜야 할 이념으로 바뀜에 따라 중대한 주장 간에 변화가 일어났다. 보수주의자는 급진적이 되고 급진주의자는 보수적이 되었다. 사회민주주의의 강조점은 복지국가의 보호로 방향을 전환하였다(Giddens, 1994: 69). 따라서 보수주의자는 급진적이 되었다 함은 복지국가를 이념에서 반(反)이념으로 바꾸려는 노력, 즉 합의의 정치가 깨어졌다는 것을 의미한다(김상수, 2008). 왜? 이념화로 인한 문제점을 인식하였음에 기초한다. 대처 정부가 인식한 문제점은 종래의 보수당은 노동당과 타협하여 복지국가에 대한 콘센서스(consensus)를 공유하는 정치를 행함으로써, 국유화가 행하여지고 무거운 세금이 과해져서 인플레가 유발되었고 기업 활동의 자유가 속박되어 영국 경제는 파탄하게 되었던 것이다. 즉, 그녀는 전후의 콘센서스를 따른 종래의 보수당 노선을 부정하고[71](현외성 외, 1992), 집권한 보수당 정부가 수행해야 할 첫째 목표는 '영국의 경제 회복'이며, 이를 위해 노동조합의 약화였다. 고용노동자 1인당 파업에 의한 손실노동일수를 살펴보면 1970년대 보수당 집권 하에서 노동 분규가 급격히 증가하였고(0.17일에서 0.65일로 증가함) 반노동조합의 사회분위기를 형성하게 되었다. 이에 대해 대처 정부는 노동조합의 권한 약화를 꾀하게 되었고, 이를 위해 작은 정부이면서 강한 정부, 개인의 자유와 반집합주의, 시장경제에 대한 강조, 생활보장에 대한 개인의 1차적 책임, 탈사회화(민영화) 등을 추진하였다(현외성, 1992).

71) 도니슨(D. Donnison)에 따르면, 대처 정부가 부정(否定)한 전후의 콘센서스는, 첫째는 가난한 사람들을 원조하는 것은 정부의 제1의무라는 것이고, 둘째는 사회복지서비스를 더욱 확충함으로써 그 원조가 적어도 부분적으로 제공되어야한다는 것이며, 셋째는 영국이 결과적으로 사회복지서비스를 확충함으로써 보다 평등한 사회로 간다는 것이고, 마지막으로는 합리적이고 진보적인 학자들이 사회복지의 확충을 지향하는 연구를 수행하면서 사회복지서비스의 개발과 유지에 공헌하며, 서비스의 담당자를 교육한다는 데에 대한 콘센서스가 그것이다(현외성 외, 1992).

둘째로 복지국가 프로그램의 시행을 위해 사회지출이 지나치게 부담이 되고 있다는 사실이다. 사회 지출의 연간 증가율을 살펴보면 1950년대에서 1.10, 1960년대에서는 1.40, 1970년대 전반기에서는 1.50으로 나타난다(Lowe, 1993: 341)(여기서 1 이상의 수치는 주어진 프로그램에 대한 지출이 GDP보다 급속히 증가함을 의미한다).

표 6-15 사회 지출의 연간 증가율(GDP 대비)(1950~1977)

(단위: %)

	1950~1960	1960~1970	1970~1974	1974~1977
총사회지출	1.10	1.40	1.50	0.98
사회보장	1.25	1.42	1.17	1.25
인적 사회서비스	1.13	2.24	2.20	1.14
NHS	0.91	1.21	1.43	1.05
교 육	1.37	1.46	1.27	0.99
주 택	0.58	1.42	2.61	0.37
국 방	0.96	0.60	1.07	0.95
무역과 산업	3.03	2.40	0.17	–
고용서비스	0.62	2.11	1.56	2.54

출처: Lowe(1993: 341).

이를 보면 영역별로 보면 사회보장과 인적 서비스, NHS 등은 GDP보다 급속히 증가함을 나타내고 있다. 이른바 과부하(state overload) 현상이다.

셋째로 복지국가 프로그램의 시행이 만족할 만큼 효과를 나타내지 못한다고 판단했다. 1975년도 조사에도 1950년의 조사와 빈곤 비율이나 인구가 큰 차이가 없다. 이는 25년 동안의 복지프로그램으로 가난을 퇴치하는 데 실패하였음을 의미하는데, 이는 빈곤의 재발견이라는 이름으로 영국 사회에 충격을 주었다. 그 정책적 함축은 복지프로그램을 기능적이고 실용적으로 재검토하여 근본적으로 재설계해야 함을 의미한다. 이런 현상으로 말미암아 복지국가의 위기에 대한 논의가 계속되었는데 그 결론이 의미하는 바는 OECD 평균보다도 지출을 많이 하는 영국이 하층계층의 생활을 윤택하게 베풀어 주는 데 실패했음을 보여주고 있다.

그러나 신우파가 이 과정에서 공헌한 점은 첫째, 복지에 있어 경제의 중요성을 강조하고 불평등과 공적 지출의 감소가 경제발전을 가능하게 한다. 둘째, 관료에 대한 불신이다. 즉, 모든 관료는 자기 이익을 추구하기 위해 예산극대화 원리를 추구하는 자들이다. 셋째, 복지는 의존을 낳는다는 믿음이다. 이들은 복지제공에 있어 경제성, 능률성, 효과성, 그리고 목적이나 결과, 비용 등을 중심이슈로 복원하였으며, 자발적 영역(Voluntary sector), 사적 영역(private sector) 복지 공급의 중요성을 지적하였다는 것 등이라 할 수 있다(George & Wilding, 1993).

4) 복지주의에서 실용으로서의 복지로의 굴절

오랜 기간 동안 야당으로 있다가 집권에 성공한 노동당의 블레어(T. Blair) 정부는 대처(M. Thatcher) 정부의 정책기조[즉, 대처리즘(Thatherism)이라고 하는 신자유주의]를 받아들이면서 또한 수정하고, 그 위에서 대륙의 사회민주주의를 극복할 수 있는 제3의 길을 제창하였다.[72] 비록 사회민주주의의 전통적 가치와 목표를 달성하기 위해 새로운 수단을 쓴다고 주장하지만 이는 이념으로 보기에는 뭔가 부족함(Powell, 2005: 101)을 인정한 표현의 다른 측면이다. 이런 관점에서 이 흐름을 새로운 실용주의(new pragmatism)라고 부른다[73](Powell, 2005: 102). 즉, 이념으로서의 독자적 내용이 없이 선행한 두 흐름을 조합한 제3의 길은 이념으로서의 복지주의를 추구하면서도 한편으로는 복지주의를 통치수단으로 인식하고 정책에 반영시키려는 노력이 바로 실용화이다. 이를 다른 흐름과 비교하면 <표 6-16>과 같다.

<표 6-16>에서 대강의 내용은 정리되어 있으나, 구체적으로 정책이나 프로그램을 살펴보면 세 가지 방향으로 나눌 수 있다. 그 첫째는 일(work)과 복지를 결합한 이른바 welfare to work에 기초한 고용촉진적(employment-first) 방향, 둘째는 연금개혁에서 보듯이 사회적 약자에 대한 배려(김태성 외, 2005: 56), 셋째는 사

72) 원래 제3의 길이란 자본주의를 제1의 길, 공산주의를 제2의 길로 설정해 양자를 극복하려는 사회민주주의를 지칭한다. 그러나 기든스(A. Giddens)는 신자유주의를 제1의 길로, 사회민주주의를 제2의 길로 설정하여 양자의 극복을 모색한 것이 제3의 길이다. 제3의 길은 '사회민주주의의 두 가지 원칙인 복지사회와 생산수단의 공유화를 현실적으로 포기'했다고 중도좌파는 비판하고 있다고 한다(주일섭, 2008: 61-75). 예컨대, 엄격한 급여체제는 대처리즘을 답습하였다고 한다(김태성 외, 2005: 56).

73) 기든스에 따르면, "이것은 어떠한 이념과도 연결이 안되고 실용주의적 성격이 매우 강하다."고 설명한다(주일섭, 2008: 64). 제3의 길이 내용이 없으며 실용주의라는 주장은 Powell(2006)을 참고할 것.

표 6-16 제3의 길을 둘러싼 흐름의 상호 비교

차 원	구 사회민주주의	제3의 길	신자유주의
담 론	권리	권리와 의무	의무
	형평(equity)	형평과 효율	효율
	시장실패	시장실패와 정부실패	정부실패
가 치	평등(equality)	포용(Inclusion)	불평등
	안전(security)	적극적 복지	불안전(Insecurity)
정책목표	결과의 평등	최소한의 기회보장 (minimum opportunities)	기회의 균등
	완전고용	고용가능성	낮은 인플레이션
정책 수단	권리	조건(conditionality)	의무
	국가	시민사회/시장	시장/시민사회
	재정과 전달체계	국가/사적 재정, 그리고 전달체계	사적 재정/국가, 그리고 전달체계
	안전	유연한 안정성(flexicurity)	불안전
	위계질서	네트워크	시장
	높은 세금과 복지지출	투자 가능한 실용적 세금	낮은 세금과 낮은 지출
	높은 서비스와 급여	높은 서비스와 낮은 급여	낮은 서비스와 급여
	높은 현금재분배	높은 자산재분배	낮은 재분배
	보편주의	양쪽 다	선별주의
	높은 임금	최소임금과 세제혜택 (tax credits)	낮은 임금

출처: Powell(2006: 103).

회적 통합의 방향(Baldock et al, 2003)이 그것이다. 예컨대, 뉴딜 프로그램의 대상을 보면 18~24세 청년, 25~49세 장기실직자, 50세 이상 실직자, 실직자의 배우자, 장애인, 한부모(Lone parent) 등으로 목표 집단의 욕구와 특성에 맞는 프로그램과 각각의 프로그램에 따른 다양한 서비스를 제공하고 있다(김태성 외, 2005: 81). 이상에서 본 바처럼 이제는 복지주의가 실용화되어(Lavalette & Pratt, 2006) 복지의 개편을 추진하여 나름의 성과를 내고 있다.

제 7 장 사회복지 분야에서의 용어 혼용에 대한 연구

제3장에서는 일상언어를 분석하였으나, 제7장에서는 학자들의 학문언어를 분석해 보기로 한다. 후술하는 바대로 학문언어에서도 엄밀함이 없어서 많은 문제가 발생한다. 제3장에서 논의하는 바대로 언어의 부정확성이나 무의미성 등이 학문언어에서도 나타난다. 그 이유는 한국 사회에 가득 차 있는 언어의 중요성을 무시하고 언어에 대한 홀대에서 비롯하는 것이라 진단할 수 있다.

제 1 절 서 론

양차 세계대전 이래 미국의 헤게모니 아래 경제적 번영을 누렸던(Hayes, 1994: xi) 자본주의 경제체제는 1970년대 이래 경제적 어려움을 겪게 된다. 이에 대한 대안이 이른바 신우파(The New Right)였고(Hayes, 1994: xi), 이 사상적 흐름은 선진국에서 정치적·경제적 분야에서의 우경화의 형태로 나타났다. 그 시대의 경제적 불황에서 시작된 우경화는 공산권의 몰락이라는 정치적 이벤트에서 절정을 이룬다. 그런데 이 우경화 속에 분포하는 다양한 흐름을 모두 '신보수주의(신자유주의)'라는 표현으로 신보수주의와 신자유주의를 등치하거나, 또는 동일하게 범주화하는 데에 저자는 오래전부터 의아심을 가져왔다. 원래 자유주의와 보수주의 자체가 서로 다른 흐름이기 때문이다(Heywood, 1998). 서로 다른 흐름이라서 확연히 차이가 나는 분야는 용어의 섞임이 적은데, 신보수주의 외교정책을 취하는 부시(G. W. Bush) 행정부와 신자유주의 정책을 취했던 클린턴(B. Clinton) 행정부의 외교정책의 차이가 그 보기이다. 그러나 사회복지 분야의 경우 용어들의 섞임이 일반화되어 있다. 간혹 우파에 의해 주도한 것이 신보수주의이고, (중도)좌파에 의해 주도한 것이 신자유주의이기에 복지국가 해체의 입장에서 보면 최악에 대한 차악(윤소영, 2001)이라고 표현하여 구별하기도 한다. 또 다른 설명에 따르면(김성호, 조선일보: 2005.4.28), 신보수주의의 정치적 성공은 "그들이 신자유주의자이기 '때문'이 아니라 '그럼에도 불구하고'의 차원에서 설명되어야 한다."고 주장한다. 그들은 나름의 상당한 매력을 가지고 있는 데 "그 매력은 신보수주의가 규범적 가치를 경제적 가치에 앞세우는 데 기인한다."고 한다. "즉, 신보수주의의 정치적 성공은 자유시장(free market)의 자유를 옹호해서가 아니다. 프리섹스(free sex)의 자유를 규탄할 수 있었기 때문"이라고 설명하면서 구별하려 한다. 그러나 이런 구별하려는 노력보다 신자유주의와 신보수주의를 동일시하는 주장이 득세를 하고, 또 이에 대해 상당한 숫자의 저서나 논문에서 동의하는 듯하다. 이 책은 영국 복지 분야의 다양한 흐름을 신자유주의 모델, 신보수주의 모델, 사회민주주의 모델로 나누고 이를 살펴본 뒤 그 재편의 방법으로 제시된 신보수주의와 신자유주의[1])의 차이를 살펴보고 그 구별의 시안(試案)을 찾는 데 목적이 있고, 더 나아가 이런 용어들이 엄밀하게 사용되어야 한다는 함의를 담고 있다.

1) '신자유주의'는 '네오리버럴리즘(Neoliberalism)'이라는 영어를 그대로 번역한 것으로 여기 쓰인 '자유'라는 단어는 '리버티(liberty)'이고, 시장경쟁의 자유를 뜻하는 경제적 개념으로 사용되는 반면에 '프리덤(freedom)'은 구속으로부터 자유롭다는 정치적 개념으로 쓰인다고 한다(Pressian, 2007.3.23). 아울러 libertarian/liberal의 분류는 제5장을 참조하라.

제 2 절 사회복지 측면에서의 언어적 모호성

1 논의의 대상과 선행연구의 검토

제7장의 주제어인 신보수주의나 신자유주의는 관료들의 행동에 지침이 되는 이론들로서[2] 기능하고 있고, 여러 학문 분야나 언어공동체에서 두루 사용하고 있다. 먼저, 신보수주의와 신자유주의의 흐름에 관한 선행연구를 살펴보자. 영국의 복지를 연구한 국내 저작들로 그 나름으로 유용하다고 판단되는 견해들은 김수행 외(2004), 김성구 외(1998), 강상구(2004), 한국사회경제학회(1999), 안병영 · 임혁백(2000), 현외성 외(1992), 안병영(1992) 등에서 볼 수 있다. 연금의 변천과 관련하여서는 주은선(2001)에 잘 요약되어 있고, Lee(2002), 최원탁(2003) 등에서도 깊이 있는 연구를 보여주었다. 영국의 복지에 관해 영문으로 된 연구는 수없이 많지만 그 중 통시적인 연구로서는 Manning & Page(1992)를 들 수 있고, 연금에 관한 설명은 Blackburn(2002), Hill(2002), Hill(2007), Pensions Commission(2005), Dornan(2006) 등이 있다.

여기서 논의의 대상은 주로 영국의 복지 분야에서 신보수주의와 신자유주의인데 이 둘은 신우파(The New Right)라는 이름으로 함께 묶여지기도 한다.[3] 그러나 이 둘은 정치적 · 경제적 분야에서의 색채뿐만 아니라 기술적 성격을 띠는 연금개혁을 비롯하여 복지국가의 재편(restructuring) 방향에 있어서도 차이를 보여준다는 점이다. 그 차이를 살펴보는 것이 중요한데, 우리나라 연구 논문들은 대체로 이 책에서 전개하려는 방향과는 달리 신보수주의와 신자유주의를 구별하지 않고 발전과

2) 필자가 국가기록원(www.archives.go.kr; 검색일 2007.6.17)에서 조사한 바에 따르면, 14편의 글에 신자유주의를 언급하고 있는데 대부분은 국책연구기관에서 수행한 보고서나 논문 등에서 논하고 있다. 이 점은 '관료들의 행동에 지침이 되는 이론'이 행정언어이므로 이러한 관점에서의 접근도 가능하리라 생각된다. 다만, 여기서는 이런 관점에 치우치지 않는다.

3) 이 책의 초점이 신자유주의와 신보수주의이므로 신우파(The New Right)는 상론을 피하고 그 둘의 상위개념으로 규정한 Pearson(2006: 66)이나 Heywood(1998)의 견해를 수용한다. 신자유주의를 복지국가의 적응형태(welfare state adaptation)의 하나로서 사용하는 보기에 관하여는 Esping-Andersen(1996) 참조. 복지국가의 적응형태는 Scandinavian 방식, 신자유주의 방식, 노동감축 방식이 있다고 한다.

계승, 그리고 개혁의 입장에서 논리를 전개하고,[4] 그 둘의 차이에 눈감는 현상이 자주 보인다.[5] 그 결과 전통적으로 영국 보수당과 노동당이 추구하는 정강정책이 같은 것으로 생각하여[6] 복지의 분야에서는 두 흐름이 같다는 표현이 대종을 이루고 있다. 그렇다면 왜 그렇게 되었는가? 또 두 흐름을 구별하기 위해서는 어떻게 하여야 하는가? 그 목적을 위해서는 원인을 알아야 처방이 가능할 것이다. 이 책은 그 원인을 언어적 현상(모호성의 언어)에서 찾고 그 처방을 Locus와 Focus 이론에서 구하려 한다.

2 모호성의 언어(Vague Language) 이론

훔볼트(W. von Humboldt)가 말했듯이 언어가 우리에게 보여주는 대로 우리는 현실을 인식하고 언어를 엮어내는 바로 이 과정을 통해 언어에 의해 구속된다(이규호, 1989: 92). 즉, 모든 언어는 일정한 세계상(Weltansicht) 혹은 세계관(Weltanschauung)을 표현한다(이규호, 1989: 93). 그런데 정치적 슬로건으로 많이 사용되거나 복지현장에서 쓰이는 용어들은 여행용 가방(a kind of suitcase)처럼 그 속에 어떤 내용을 담아낼 수 있느냐에 따라 정의(定義)가 달라진다(Watson, 2006). 예를 들면, '못살겠다 갈아보자'라든가, '평화통일', '잘 살아 보세' 등이 그 부류에 속한다. 이런 보기들을 잘 설명할 수 있는, 또 설명하기에 유용하다고 생각하는 이론이 모호성의 언어(Vague Language) 이론이다.[7] 모호성이 일어나는 이유에 대해 울만(S.

4) 대표적으로는 현외성 외(1992: 53-60) 참조. 연금에 관해서는 주은선(2001) 참조.

5) 대표적으로 김성호의 글을 보라(조선일보, 2005.4.28). 국내 문헌을 살펴보면 신자유주의 용어가 애용되는 것 같다(안병영 · 임혁백, 2000; 김성구 외, 1998; 김수행 외, 2004; 한국사회경제학회, 1999). 신보수주의 용어를 애용하는 글은 안병영(1992), 현외성 외(1992) 등 참조. 특히, 강상구는 신자유주의 관점에서 통시적으로 잘 설명하고 있다. 그러나 이상의 글들은 둘의 구분없이 논리를 전개하는 것이 아쉬움이라 하겠다. 국외 문헌을 살펴봐도 이런 유형의 혼란이 눈에 띈다. 신자유주의로 통일시키는 문헌은 Lavalette & Pratt(2006)이 있고, 반대로 신보수주의로 통일시키는 문헌은 Stelzer(2004) 참조.

6) 복지정책에서 두 정당 간의 정강정책의 차이점과 차이를 두려는 노력에 관하여는 송호근 편(2001: 187) 참조.

7) 이 이론은 Ullmann, Peirce, Lakoff, Deese 등이 발전시켰다고 한다(Channell,1994). 이 글을 대상으로 한다면 vague words나 vague terms가 더 적합할 게다. 그러나 Vague Language라는 학술용어가 이미 정착되어 있으므로 이 용어를 사용한다. 아울러, 종교 경전이 시대적, 공간적 변화에도

Ullmann)의 견해를 소개한다(Channell, 1994).[8)]

울만은 네 가지 유형으로 분류하는데, 단어의 일반적 성격(generic character of words), 문맥에 의존하는 의미(context-bound meaning), 비언어적 세계에서 명확한 경계의 결여(lack of clear-cut boundaries in the non-linguistic world), 그리고 단어가 의미하는 바가 낯설 때(lack of familiarity with what the words stand for) 등이다.

이 이론에 비추어 보면 여기서 다루는 사회복지 분야에서의 용어 혼용은 어디에 해당하는가? 아마도 울만의 이론에는 "비언어적 세계에서 명확한 경계의 결여"에 해당할 것이다. 실제 언어에서 모호성을 완벽하게 피하기는 어렵다. 이를 언어 자체의 문제와 그 언어를 사용하는 인간의 문제, 상황성의 측면으로 나누어 볼 수 있다. 모호성이 나타나는 첫 번째는 언어자체가 혼란을 유발하는 (deceptive) 성격을 가지고 있다는 전제 아래에서 출발한다(Channell, 1994: 1). 같은 용어를 두고 서로 다른 해석이나 개념에 대한 풀이 또는 법체계에서 법조문에 대한 하위 법령을 통한 정의(定義) 등은 여기에 기인한다. 그 언어를 사용하는 인간의 문제는 "인간이 언어에 대해 다양한 믿음을 가지고 있고, 모호함은 피해야 한다는 믿음"이라는 것이다. 한편, 상황성(suitable to the situation: when, where, and why)과 관련이 있는 측면은 현재 직면한 상황을 언어적 맥락(the linguistic context)과 맞추려는 시도에서 나온다고 한다(Channell, 1994: 1-3). 이를 적용하면, 신자유주의와 신보수주의라는 혼용되는 두 용어는 그 의도하는 범위가 어디이며 그 핵심이 무엇이냐가 확정이 되지 않다는 언어 자체의 문제, 나름의 정의(定義)로 용어를 사용하는 글쓴이의 문제, 상황에 맞추려는 시도 등이 혼란을 일으킨다.[9)] 이런 현상은 행정이나 사회복지 분야에서 눈에 띄는데,[10)] 다음 절에서 이런 보기를 검토해 보고 위에서

불구하고 생명력을 갖는 것은 아마도 이들이 모호성의 언어(Vague Language)로 되어 있기 때문이 아닌가 한다. 대통령 선거를 앞두고 한나라당 후보 간에 '지지도냐 선호도냐'를 두고 논쟁하다가 '누구를 뽑느냐'로 중재안을 마련한 것도 모호성의 언어와 관계가 있다고 하겠다(http://news.-chosun.com/site/data/html_dir/2007/08/04/2007080400105.html 참고; 검색일 2007.8.10).

8) 이들의 주장은 일부는 White의 견해(1999)와 어긋나고 일부는 합치되는 듯하다. 딱히 맞추려면 White의 sixth argument인 pragmatism과 관련이 있을 게다.

9) 이 차이를 경제적 측면에서 윤소영(2001: 99-115)이 잘 설명하고 있다.

10) 지금 이슈가 되어 있는 FTA 추가 협상도 이에 연원한다고 할 수 있다. 이미 합의된 내용을 수정해야 하는데 "명시된 노동과 환경 기준을 위반하였다고 미국이 한국을 제재할 수 있는 최소 2가지 조건은 생산단가를 낮출 수 있을 정도로 노동과 환경 기준을 위반하여 생산한 물품을 미국으

언급한 모호성의 언어 이론을 가지고 설명해 보기로 한다.

제 3 절 사회복지 분야에서의 용어 혼용

1 용어 혼용의 몇 가지 보기

다른 학문 분야에서도 마찬가지이겠지만 사회복지 분야에서도 쓰이는 용어들의 정의나 관계가 애매하거나 모호한 것들이 있다. Rein과 Schmaehl(2004: 11－12)은 'public'과 'private'의 개념이 모호하다고 지적한다. 대표적인 보기는 사회복지라고 통칭되는 개념 속에 존재하는 welfare와 well－being의 구별의 어려움이다. 또 사회보장이나 사회복지, 사회사업의 관계에서 사회보장을 사회복지의 하위 구성요소로 보는 견해가 있는가 하면(김기태 외, 2002: 42, 313－317), 사회복지의 개념이 '협의', '광의', '최광의'에 따라 사회사업과 동의어가 되기도 하고, 사회보장과 동의어가 되기도 하고 이들을 포괄하기도 한다.[11] 한편, 사회보장이나 사회복지를 적극적·소극적 개념이나 고급·저급의 개념을 도입하여 해결하려고 하기도 하고, 범위의 문제로 환원하여 해결하려고도 한다(박승희, 2005: 60－65).

이와는 다른 이유로 혼용이 발생하기도 한다. 바로 앞서 도입한 모호성의 언어 때문에 발생하는 경우이다. Walker(2005: 4)는 "사회보장과 복지는 말장난(a play on words)으로 사람들의 흥미를 끌 수도, 속임수를 쓸 수도 있는데, 이는 다른 사람들에게 다른 일을 의미하는 말들을 사용하는데 기인한다."라고 정리한다.

이 책은 이를 언어의 측면과 복지의 측면으로 나누어 살펴본다. 위에서 본 바처럼 복지국가의 위기에 대해 그 비판 이론으로 등장한 이론들인 1980년대의 신보수주의와 이어서 큰 흐름을 형성한 신자유주의를 서로 다른 관점에서 조명하는데 일

로 수출해야 하고, 미국의 관련 산업에 '심각한' 피해를 입혀야만 한다."고 한다. 이때 '심각한'이라고 하는 언어해석은 행정언어의 측면이다. http://news.hankooki.com/lpage/opinion/200706/h2007062418030424370.htm(검색일: 2007.7.6)

11) 이에 대한 자세한 검토는 현외성 외(1998: 제2장)를 참고하라.

반적으로 언급된 흐름을 표로 나타내면 다음 <표 7-1>과 같다.

표 7-1 복지 흐름의 정리

복지 흐름	from	to
복지국가	Beveridge Report	복지국가의 재편에 영향
신보수주의	① 복지국가 사상의 해체적 승계 ② 서비스 국가로부터 권위적 국가로	신자유주의에 영향
신자유주의	신보수주의 사상과 전통적 자유주의	제3의 길에 영향
제3의 길	① 복지국가 사상의 발전적 승계 ② 신자유주의 비판 승계	To where?

주: Hill(1993; 1994), Lowe(1993), Alcock et al.(2003), 송호근(2001), 송호근 · 홍경준(2006), 임혁백(1998) 등을 기초로 작성.

그러나 두 흐름 모두 현실 속에서는 타협한 모습으로 적응적 변화를 추구한다. 후자의 경우, 복지국가의 완전한 해체가 불가능하므로12) 대체적으로는 복지국가의 축소의 시도로 나타난다. 전자의 경우, 복지국가의 부담을 완화하려는 복지국가의 개혁의 시도가 이루어진다. 다음으로, 언어의 측면에서 이처럼 서로 다른 개념이 혼용되는 이유는 신보수주의가 "정치경제적 측면에서 경제 강령을 볼 때 신자유주의의 일종으로 이해"될 만한 점이 있기 때문이다. 즉, "신보수주의가 마약 · 낙태 · 안락사 · 동성연애 · 가족해체 등의 규범적 가치와 경제적 가치"를 혼동하는 데 기인한다(김성호, 조선일보: 2005.4.28). 이상 언급된 내용을 기초로 하여 논의의 틀을 만들어 본다.

2 논의의 틀

행정이나 사회복지 분야에서의 이런 혼용을 모호성의 언어를 통해 살펴보는데 이를 세 방향으로 요약 · 정리할 수 있다. 첫째는 '국가 쪽으로'라는 방향을 설정할 수 있다. 그런데 여기에 속하는 요소가 정반대의 모습으로 나타나는데 권위적 요소와 서비스적 요소가 그것이다. 전자를 대표하는 것이 보수주의요, 후자를 대표하는

12) 이를 복지국가의 불가역성의 원리(irreversibility thesis)라 한다(김태성 · 성경륭, 1999).

것이 사회민주주의이다. 돌이켜 보면, 복지국가라는 단어는 후자의 요소를 강조하고 그 방향으로 나가는 대표적인 용어라 할 수 있다. 둘째는 '개인 쪽으로'라는 방향을 설정할 수 있다. 이는 자유주의가 대표한다. 셋째는 '시장 쪽으로'라는 방향을 설정할 수 있다. 이 방향도 자유주의가 대표한다고 할 수 있다. 여기서 문제가 발생한다. 신보수주의라는 이름으로 보수주의의 수정이 이루어지는데, 시장에 관한 관점을 부분억제로부터 장려로, 국가개입 또한 최소화로 태도를 바꾸었기에 용어 혼란의 씨를 잉태하고 있었다. 복지국가의 방향을 수정하게 하는 요소로 신자유주의는 자유주의에로 다가가, 국가기구 그 자체의 운영에 있어서 시장관계의 확대와 시장원리 도입되었다(하연섭, 2006: 6). 신보수주의와 신자유주의가 차이가 있음에도 그 둘이 혼용되어 사용되는 원인은 어디에 있는가?[13] 이를 신자유주의의 다양성에서 찾기도 한다(하연섭, 2006: 5). 이 견해는 상당한 설득력을 갖기는 하나 신보수주의와 신자유주의를 구별하지 않을 뿐만 아니라 신보수주의 측면을 고려하지 않으므로 선뜻 동의하기 어렵다. 이 책은 그들 용어가 일종의 모호성의 언어(Vague Language)이기 때문이라는 견지에서 그 원인을 찾는다.[14] 그리하여 앞서 언급하였듯이 신보수주의와 신자유주의 사조(思潮)에 내포되는 징표 중에서 '국가 쪽으로'의 영역과 '시장 쪽으로'라는 영역에서 두 사조가 서로 겹치기 때문으로 본다. 이를 표로 나타내면 다음과 같은 <표 7-2>가 된다.

표 7-2 논의의 틀

국가 쪽으로		시장 쪽으로	개인 쪽으로
권위적 국가	보수주의, [(신보수주의 + 신자유주의)에 의한 Vague Language)]	(신보수주의 + 신자유주의)에 의한 Vague Language	가족 중시 등의 가치관에서(신보수주의 + 신자유주의)에 의한 Vague Language
서비스적 국가	사회민주주의 [(+ 신자유주의)에 의한 Vague Language]		

13) 이와는 다른 분류법을 사용하는 이유는 이러한 혼용의 현상 때문이 아닌가 한다. 다른 분류법의 보기는 홍경준(2000)이나 박승희(2005: 182) 등을 참조하라.

14) 대체적으로 '신(neo)'나 '후기(post)' 등의 접사적(接辭的) 성격의 용어가 첨부되면 모호한 언어가 쉽다. '후기행태주의'와 '행태주의'의 관계를 생각해 보라.

여기서 '국가 쪽으로'는 복지예산의 비중으로 짐작할 수 있고(<표 7-6>과 <표 7-7> 참조), 권위적 국가인가 서비스적 국가인가는 예산의 구성요소로 판단할 수 있다.[15] '시장 쪽으로'는 개별가정의 소득으로 판단할 수 있다(<표 7-4>와 <표 7-5> 참조). 그러면 복지에서 구별해서 사용되어야 할 용어가 섞이게 된 과정을 통시적(通時的)으로 더 논의해 보자.

제 4 절 영국의 복지국가와 재편(再編)의 모습

1 복지의 공급자

복지공급자에 관하여는 제6장 제4절에서 언급한 존슨(N. Johnson)과 앨콕(P. Alcock)의 견해를 참고할 만하다. 그들에 따르면, 복지서비스의 공급은 네 가지 분야(sector)에 의한다고 한다. 곧 비공식적(informal), 자발적(voluntary), 상업적(commercial), 그리고 공적(public) 분야가 그것이다. 이런 도식을 동일 선상에서 볼 수 있도록 에스핑-앤더슨(Esping-Andersen)은 세 가지 복지모델로 정형화하였다.[16]

에스핑-앤더슨에 따르면, 사회적 위험(social risks)은 일반 사보험이 관련되는 자연적 리스크와 구별되는데(Ritter, 1983), 전자에 초점을 맞추면 계층이나 성, 연령 등의 여러 가지 이유 때문에 다양하며, 또 역사적으로도 변화해 왔지만 복지국가의 성립으로 우리보다 앞선 세대들에 비하면, 이 사회적 위험을 최소화하는 데 성공하였다고 한다(Esping-Andersen, 1999: 32). 특히, 노령에 의한 고통으로부터는 연금이 만족스럽지는 않지만 공헌을 해 왔음은 통시적 고찰에 의한 많은 저서들이 보여주고 있다(Thane, 2000). 제6장에서 논의한 대로 에스핑-앤더슨의 이론

15) 권위적 국가는 '법과 질서'에 우선순위를 두는 반면에 서비스적 국가는 '복지'에 우선순위를 둔다고 할 수 있다(김태성 · 성경륭, 1999; Pierson, 2006).

16) Esping-Andersen의 모델도 시장/제도/국가라는 세 요소의 조합방식에 관한 이론이라 할 수 있겠다. 세 가지 모델로 나누어 고찰해야 한다는 이 논문의 주장과 같은 취지의 견해로 김상균의 글을 참조하라(김상균, 1993).

모형에 따르면, 자유주의, 보수주의, 사회민주주의로 나누는데, 이러한 유형화는 대개 여러 국가를 그 성격상으로 분류하여 일반화하였다. 이는 단순하면서도 이해를 용이하게 하는 장점이 있지만 그 이후의 변화를 고려할 수 없다는 단점이 있다. 자유주의 모델이란 자산조사에 따른 부조, 많지 않은 소득이전, 급여혜택은 낮은 소득계층(통상적으로 working-class)에 초점을 맞춘다. 보수주의 모델에서 국가기능이란 사회적 지위격차(status differentials)를 유지하는 것이다. 따라서 재분배기능은 무시할 수준이다. 대신에 교회나 가족의 기능은 중시된다. 사회보험은 일하지 않는 주부는 제외되므로 가족부양급여는 이를 보완하는 기능을 한다. 사회민주주의 모델은 보편주의와 탈상품화(decommodification)에 기초하여 시장과 국가의 이중성(a dualism between market and state)과 노동자계층과 중산층의 이중성(a dualism

표 7-3 세 가지 모델의 비교

	자유주의	보수주의	사회민주주의
시장	장려	부분 억제	억제
국가개입	최소화	최대화	최대화
사회보장지출	작음	큼	큼
민간보험 비중	큼	작음	작음
사회보장 재원	일반 조세	사회보험료	일반 조세
사회보장제도	공공부조	사회보험	공공서비스
탈상품화	작음	중간	큼
급여대상	빈곤자, 요구호자 중심	피용자 중심	모든 시민
급여종류	극소화	필요 시 확대가능	극대화
급여수준	최저생계비	계급과 지위에 따라 차이	중간계급의 생활 수준
가족복지서비스	미약	미약	강력
사회보험운영체계	분립적	분립적	통합적
본인부담(사회보험)	많음	많음	적음
직업복지와 자원복지의 역할	강력	미약	미약
복지에 대한 가족책임의 강조	강력	강력	미약
복지의 재분배적 기능	미약	미약	강력

출처: 조영훈(2002: 258), 김상균(1993: 130).

between working class and middle class)을 극복하고 복지와 노동의 통합(fusion of welfare and work)과 자유주의와 사회주의의 통합(fusion of liberalism and socialism)을 꾀한다(Esping-Andersen, 1990: 26-29). 이 세 가지 모형을 비교하면, 사회권의 인용정도는 자유주의보다 보수주의, 보수주의보다 사회민주주의로 옮아 갈수록 강화된다. 완전고용정책의 중요성에 대한 인지정도의 경우, 자유주의와 보수주의에서는 미약하지만 사회민주주의 모델은 강력하다(김상균, 1993: 130-131). 이를 제6장의 <표 6-3> 및 <표 6-5>와 관련시키면 세 흐름으로 통합할 수 있고 <표 7-3>으로 정리할 수 있다.

대체로 공적 분야는 정부를, 상업적 분야는 시장을, 비공식적 분야는 개인이나 가족과 관련된 것으로 볼 수 있다. 다만, 자발적 분야는 파악하기 힘들기 때문에 논의가 더 진행되지 않은 듯하다. <표 7-3>에 나타나는 기준들을 각 사조(思潮)에 내포되는 징표로 볼 수 있다. 여기서 볼 수 있듯이 자유주의와 보수주의의 어긋남은 국가와 관련된 부분이고, 이 점은 사회민주주의 주장과 서로 교차하고 있다. 어쨌든 복지국가 성립은 에스핑-앤더슨의 세 가지 유형 중 사회민주주의 체제의 확립을 의미했다. 이 책에서 추구하는 바와는 초점이 서로 다르지만 에스핑-앤더슨 모델이 복지의 모형 연구에 기초를 제공한 것만은 사실이다.

2 영국의 복지국가와 사회민주주의 모델, 그리고 복지국가의 위기

복지국가가 국가 발전의 최종 단계인가라는 문제를 둘러싸고 '그렇다'라고 답하기도 하고(김태성 · 성경륭, 1999), '그렇지 않다'라고 답하기도 한다(Fukuyama, 1992). 여기서는 영국이 어떤 과정을 거쳐 복지국가에 다다르고, 또 그 수정은 어떠했는가에 초점을 두고 살펴보기로 하자.

영국의 복지국가의 기원을 구빈법(Poor Law)에서 찾기도 하고(Fraser, 1973; Gilbert, 1973), 1900년대의 사회개혁(Social Reform)에서 찾기도 한다(Hay, 1975: 11). 그러나 일반적으로 1940년대를 현대적 의미의 복지국가의 출발점으로 잡는다(Lavalette & Pratt, 2006: 10; Hills et al, 1994; Cutler et al, 1986). 이후 사회민주주의 모델에 기초한 복지국가에 대해 이른바 버츠켈리즘(Butskellism)이라[17] 부르는 국민의 합의(Consensus)가 성립되어, 합의의 붕괴(the Collapse of Consensus)가 있었던 1970년대까지 30여 년 동안 보편적 복지이념(universalism)으로 자리 잡았다. 합의의 붕괴 과정은 복지국가의 구조적 원천(structural sources)과 관련이 있다. 그 구조적 원천이 국민국가(nation-state)와 위기관리체제(risk management system: 특히, 대량실업의 관리)에서 나오는데(Giddens, 1994: 136-137), 점점 세계화되는 환경(Blair, 2004)과 위기관리체제의 위기(Giddens, 1994: 150; Offe, 1984) 앞에서 복지국가와 사회민주주의 모델에 상당한 회의를 가지게 되었다. 그러나 견고하게 뿌리박은 사회민주주의 모델의 해체란 쉽지 않았고, 보수주의와 자유주의로의 복귀도 쉽지 않았다. 사회민주주의 모델에 대한 비판 가운데 하나는 보편적 복지이념(universalism)이 국가에 대한 의존을 초래하여(Jones, 1994: 192-193) 개인의 윤리적 덕목을 떨어뜨리는 결과를 초래하였다는 것이다. 보수주의 모델의 초점은 바로 여기(국가에 대한 의존의 축소)에 있다. 한편, 자유주의 모델은 자유주의적 노동윤리에 적응하지 못하는 자에게 최저생계비의 급여 수준을 목표로 하는 사상이다(김상균, 1993: 130). 1970년대에 이르러 계속된 사회환경의 변화 앞에서 새로운 조정을 강요하였다.[18] 이에 대한 대안이 새로운 보수주의 모델(신보수주의)과 새로운 자유주의 모델(신자유주의)로 진행되어 왔고, 그 두 가지 파도를 신보수주의(Neo-Conservatism)와 신자유주의(Neo-Liberalism)로 정형화하였다. 영국에서 대처 정부의 등장으로 복지국가와 사회민주주의 모델에 대한 재편이 가시화한 후 블레어 정부로 이어지고 있다. 대처 정부에 의한 개혁과 블레어 정부의 개혁이 사회민주주의 유형의 개혁에는 뜻을 같이하지만 그 둘의 차이점이 있다. 또 복지서비스에 대한 지출을 억제하려는 정책이 재편의 모습이지만 통시적으로 어떤 변화가 어떤 분야에 더 현저했는가 하는 점을 중심으로 살펴보자.

17) 버츠켈리즘(Butskellism)이란 복지국가로의 사회적 합의를 말하는 데 영국의 두 정당이 이 합의를 정책화하였다. 이 용어는 보수당의 재무부 장관 버틀러(R. A. Butler)와 노동당의 재무부 장관 게이츠켈(H. Gaitskell)의 이름을 합성하여 회자된 것에서 유래한다(김수행 외, 2004).

18) Barr(1998: 35)는 영국의 경우 이 시점을 구체적으로 1976년의 경제위기로 잡고 있다.

3 신보수주의적 재편: 복지국가 축소, 다른 복지공급자의 역할 증대

위에서 살펴본 바처럼 신보수주의는 강한 국가의 부활이라는 의도 하에 교회, 시장, 가정 등의 여러 제도의 고유한 역할을 인정하고, 국가가 가졌던 부담을 나누어 가지려는 시도로 그 목적을 세 가지로 요약할 수 있다. 첫째로 일하려는 의욕의 진작과 급여의 의존효과 제거, 둘째로 꼭 필요한 사람들(the most needy)에게 급여가 제공되는 보다 효율적 체계, 셋째로 사회보험[19]에 있어 국가책임의 경감 등이 그것이다(Cochrane & Clarke, 1993: 57). 첫 번째 목표는 실업급여의 개혁으로 이루어졌는데 이는 구직노력의 증명제와 급여에 세금의 부과조치로 실현되었다. 한 가지 흥미로운 사실은 실업급여의 상대적 가치는 하락했으나 지출액은 1990년대 초까지 상승하였다(Cochrane & Clarke, 1993: 57). 두 번째 목표는 선별주의의 강화·확대로 특징지어진다. 이에 기초한 제도는 SERPS(국가비례소득연금: State Earning-Relared Pension Scheme)의 가치하락과 보충급여(Supplementary Benefit)의 재편, 저소득 가족에 지급되는 가족소득보충(Family Income Supplement)을 가족 Credit[20]과 아동수당의 동결 등으로 이루어졌다.[21] 세 번째 목표, 즉 연금의 민영화는 이루어지지 않고 적용제외 제도(Contract-Out system)의 도입으로 타협하였다. 이상의 제도개편을 다시 선별주의에 기초한 가족에게로 회귀와 시장으로의 회귀 둘로 나눠볼 수 있다. 전자의 보기는 두 번째로 선별주의로 선회를 말하며, 후자는 첫 번째와 세 번째를 말한다. 이러한 신보수주의 정책은 제솝(B. Jessop)이 말하는 이른바 Two-nation strategy에 기초하고, 또 그 결과 실현되었다(Jessop et al, 1988). 룬드(B. Lund)는 이를 다음 <표 7-4>와 <표 7-5>로 증명하고 있다.

<표 7-4>와 <표 7-5> 중 최하위 계층만 비교해 보면 12%에서 4%로 악화되었음을 알 수 있고, 이는 신보수주의의 복지에 대한 반감이 정책으로 전환되었음을 말한다. 신보수주의 시대에 예산 중 차지하는 사회보장비의 비중을 횡단 비교한

---

19) 사회보험 또는 연금이란 다음과 같은 세 가지 특징에 기초한다. 첫째로 이전에 납부한 기여금과 관련되며, 둘째로 불확실한 특정상황에 기초하며(예컨대, 실업이나 노령 등), 셋째로 다른 가족구성원의 소득에 의해 변하지 않는다(Baldwin & Falkingham, 1994: 27).

20) 16세 미만의 아이를 키우고 있는 부모가 일정시간 이상 일하는 경우 그 가정에 일정한 금액을 보조하는 제도이다(김수행 외, 2004: 38).

21) 이들 제도의 성공적 효과는 Cochrane & Clarke(1993: 57-59)를 참조하라.

표 7-4 최상층에 대한 %로서 자녀를 가진 하층계층의 십분위 수의 소득(1996/1997)

	최하위계층	차하위계층	3차하위계층	4차하위계층
원천소득(pound)	4	7	12	19
원천소득 + 현금급여	12	16	20	25
가처분소득	14	20	23	28
간접세 후 소득	11	17	19	25
현물급여 후 최종소득	25	29	30	34

표 7-5 최상층에 대한 %로서 자녀를 가진 하층계층의 십분위 수의 소득(1978)

	최하위계층	차하위계층	3차하위계층	4차하위계층
원천소득	12	28	34	39
원천소득 + 현금급여	24	30	36	40
가처분소득	31	35	39	44
간접세 후 소득	29	34	37	41
현물급여 후 최종소득	39	40	43	46

출처: Lund(2002: 184).

표 7-6 GDP 대비 사회보장비지출의 비중

(단위: %)

국가명	1980	1985	1990	1993	1인당 GDP (1993년, $)
프랑스	23.46	27.00	25.95	28.73	21,690
독일	24.98	25.51	23.83	28.27	21,259
일본	11.09	12.08	12.37	12.44	33,604
스웨덴	30.42	31.64	32.62	38.03	21,176
영국	18.32	21.04	19.78	23.42	16,332
미국	12.44	12.98	14.12	15.64	24,575
이탈리아	18.23	21.60	23.03	25.00	17,261
OECD 평균	18.83	19.80	–	22.42	–
한국	–	–	3.68	4.21	7,554

출처: 박찬용(1998: 55).

내용은 <표 7-6>에 제시되어 있다.

이상 살펴본 바처럼 복지예산의 감축을 통한 '시장 쪽으로'의 방향 전환이 신보수주의를 모호성의 언어(Vague Language)로 이끌었음을 알 수 있다. 다음은 신자유주의적 복지국가 개혁을 살펴보자.

4 신자유주의적 복지국가 개혁

영국에서의 신자유주의적 복지제도 개혁은 제3의 길로 표현되기도 하고, 신보수주의적 개혁이 표방했던 two-nation strategy에 대응해 one-nation strategy로 불리기도 하고 exclusiveness에 대해 inclusiveness라 부르기도 한다. 이는 블레어(T. Blair) 자신이 강조했던 자유주의와 사회민주주의의 결합이며, 가진 자와 그렇지 않은 자들 간의 연합(Savage & Atkinson, 2001: 12)이라고 할 수 있다. 하지만, 그 기본적 사고(思考)는 개인에 책임을 강조하고 있다. 이에 따르면, "사회보장은 일을 할 수 없는 자에게, 또 그들을 위해서 제공되는 것"이라고 선언한다[22](Savage & Atkinson, 2001: 11).

예를 들어, 영국의 연금개혁(2003)의 경우 가난한 연금소득자와 낮은 소득계층 연금 수혜자에 관심을 집중하고 있다(Hill, 2002). 중간계층을 위해서는 stakeholder 연금을 통해 사적연금에 대한 대안이 될 수 있을 정도로 설계하는데, 이는 책임을 개인에게 넘기는 현상으로 볼 수도 있다(최원탁, 2003). 여기에 가입하지 못하는 계층[23]을 위해서는 국가2층연금을 도입한다. 즉, 그 방향은 개인책임의 증대와 빈곤자, 요구호자 중심이라는 자유주의 체계로 회귀하고 있다. 그럼에도 전체 예산 중

22) 구체적으로 8가지의 원칙을 제시하고 있다. 첫째, 복지국가는 근로할 수 있는 사람이 근로할 수 있도록 지원해야 한다. 둘째, 국가와 민간부문은 은퇴 및 각종 위험에 대비한 사회보장에서 협력관계를 이루어야 한다. 셋째, 현금급여뿐만 아니라 지역사회서비스도 높은 수준으로 제공되어야 한다. 넷째, 장애인은 품위있게 생활하는 데 필요한 지원을 받아야 한다. 다섯째, 복지체계는 가족과 아동을 지원하고 아동빈곤을 퇴치하여야 한다. 여섯째, 사회적 소외(social exclusion)를 퇴치하고 빈곤한 사람들을 지원하는 구체적 조처를 취해야 한다. 일곱째, 복지체계는 투명성을 가져야 하며, 급여수급 방법은 명확하고 법적으로 강제될 수 있어야 한다. 여덟째, 복지전달 체계는 신축적이고 효율적이며 쉽게 이용할 수 있어야 한다(이영찬, 2000: 291-292).

23) 여기서 중간계층이란 연봉이 9,000파운드에서 18,500파운드로 잡고 있고, 여기에 가입하지 못하는 계층이란 연봉 9,000파운드 이하를 말한다(Hill, 2002).

복지에 쓰이는 예산은 상당히 높은데 이는 다음 <표 7-7>에서 보여준다.

표 7-7 영국 정부 예산 지출 현황(2004~2005)

		% total spending	% GDP
Social Spending	Social Security	28	12
	Health	17	7
	Education	13	5
	Housing and Environment	3	1
	Personal Social Services	5	2
Other Spending	Defence	6	2
	Law and Order	6	2
	Industry, Agriculture and Employment	4	2
	Transport	3	1
	Others(e.g. sport and culture, international development, etc.)	10	4
	Debt Interest	5	2
Total Public Spending		100	41

출처: Dean(2006).

이상을 종합하여 고찰하여 보면 두 조류는 같은 점을 많이 공유하므로 구별하지 않고 혼용되고 있다. 그 이유는 둘 다 선택의 증진, 시장화/민영화를 통해 작은 정부를 추구하는 점에서 볼 수 있기 때문이다. 이런 현상이 모호성의 언어(Vague Language)로 이끈다.

제 5 절 신우파(The New Right)와 신자유주의, 그리고 신보수주의

사회복지 분야에서 모호성의 이론과 밀접하게 관련되는 개념이 신우파, 신자유주의, 그리고 신보수주의이다. 이를 동일하지만 차원을 달리하는 개념으로 보는 견해가 있는데(Barr, 1998; 박승희, 2005) 이 견해에 따르면, 자유주의를 다양하게 분류하고 신우파=신자유주의=신보수주의라는 등식이 성립한다(박승희, 2005: 176-183).[24] 반면, 신우파 속에 서로 모순되는 두 흐름이 있다는 지적은 일찍부터 있어왔다(안병영, 1992; 현외성 외, 1998).[25] 신보수주의적 흐름과 신자유주의적 흐름이 그것이다. 또 다른 흐름은 사상의 전향이라는 측면에서 파악하는 견해로서 1960년대와 1970년대의 신자유주의자들이 그 이후의 시기에 신보수주의자로 탈바꿈하였다는 주장이다(Wolfson, 2004: 215-216; 소에지마, 2001). 먼저, 여러 학자들의 견해를 서술하고 이들을 개념의 Locus와 Focus의 이론(Henry, 1980: 27; Golembiewski, 1974: 24-25)을 이용하여 살펴보기로 하자.[26]

1 여러 학자들의 구별

1) Atkinson과 Savage의 견해

앳킨슨(A. P. Atkinson)과 새비지(R. R. Savage)는 신우파에는 다양한 흐름을 포괄하는 '두루뭉술한 범주(umbrella category)'로 인식한다(Atkinson & Savage, 1994: 3). 이 속에 하이에크(F. Hayek)로 대표되는 오스트리아 학파(Austrian School)와 프리드먼(M. Friedman)으로 대표되는 시카고 학파(Chicago School), 털럭(Gordon Tullock)과 부캐넌(James M. Buchanan)으로 대표되는 버지니아 학파(Virginia School)를 신자유주의 범주로 넣고 이들 학파를 검토하고 난 후, 신자유주의는 개인의 우위성에 기초한 선택이라든가 개인의 자유(freedom/liberty), 최소국가(a limited or minimal state), 자유시장(free market)[27]으로 정의한다(Atkinson & Savage, 1994: 6). 한편,

24) 이와는 다른 견해를 기든스(A. Giddens)에서 볼 수 있는데, 신우파=신자유주의로 보고 보수주의는 이와 분리한다(Giddens, 1994: 8-9).

25) 안병영은 신보수주의와 신우파를 대치시킨다. 그에 따르면, 신우파는 서로 상충되는 두 흐름, 즉 고전적 자유방임주의와 권위주의적 보수주의를 지적하고 전자는 최소국가(minimal state)로 후자는 강한국가(strong state)로 부각된다고 한다(안병영, 1992).

26) Henry(1980)에 따르면, Locus는 '제도적 장소(institutional where)'이고 Focus는 '특정화된 주제(specialized what)'로 뜻매김하지만 여기서는 그 둘의 구별이 영역의 차이(정치적/경제적)인가 아니면 강조점의 차이인가에 따라 재분류한다.

27) 이들에게서 공통으로 나타나는 사상은 시장 또는 자본주의는 자유보장을 위해 최선의 제도(best system)라는 것이다. 그 이유는 개인의 선택과 자신의 이익을 추구하는 것을 허용하기 때문이라고 한다(Atkinson & Savage, 1994: 6).

신보수주의는 국가기능인 법과 질서의 유지, 도덕의 증진, 또 가정의 역할을 중시한다. 그들은 신자유주의자와는 달리 집합주의를 강조한다는 점에 있고 복지와 관련하여서는 자산조사(means-test)와 같은 선별적(selective) 방법을 선호한다. 또 개인적 선택과 행동에 영향을 주기 위해 국가개입(예컨대, 상당한 수준의 보조금)을 인정한다(Atkinson & Savage, 1994: 8; 안병영, 1992: 86). 이들의 견해는 보다 자유롭고 보다 개방적이고, 그리고 보다 경쟁적인 경제를 위한 사례를 주장하는 자유주의적 경향과 사회전체를 통한 사회적 · 정치적 권위를 회복하는 데 보다 관심을 갖는 보수적인 경향이 우파를 구성한다는 주장(Pierson, 2006: 65)과 같은 맥락이다.

2) 소에지마의 견해

정치 · 외교적 측면에서 신보수주의와 신자유주의를 구분하고 그 둘 속에 서로 다른 사상을 가진 집단이 존재한다는 소에지마의 견해는 들을 만하다. 예컨대, 같은 신보수주의자 속에도 복지를 중시하는 흐름은 '근본보수파'로부터 신랄한 공격을 받았음을 지적한다(소에지마, 2001: 27). 그러나 개략적으로 말해서 그는 신보수주의를 '질서 아래에서의 자유'라는 하이에크의 말을 이용해서 요약하고 도덕적 가치(moral values)와 가족적 의무감(family responsibility)에 기초하여 가족, 종교, 지역사회(공동체) 등을 중시하는 사상(소에지마, 2001; Riddell, 1983: 7)이라고 한다.[28] 이 흐름은 "사회복지를 위한 증세에는 반대의사를 표명한다. 즉, 사회복지 중시=중과세=관료국가의 비대화로 이어지고 그 복지에 사용되는 돈은 누가 지불하는가 하는 점에서 반복지와 감세를 주장한다"(소에지마, 2001). 그 근간을 이루는 것은 소련을 증오하는 강경한 반공정신이며, 미국의 세계경찰의 역할을 인정한다.[29] 경제학적 관점에서 소에지마는 하이에크나 프리드먼을 이 부류에 넣는다(소에지마, 2001: 52). 이에 동의하면서도 이와 경쟁적 관계에 있는 유파가 신자유주의인데(소에지마, 2001), 이는 최소국가(minimal state)로 표현되는 바처럼 국가의 임무를 시장에 적응하지 못하는 자들에게 초점을 맞추려는 사상이다. 원래의 신자유

28) 이들 중의 한 유파(流派)가 프리드먼(M. Friedman)인데 그들을 자유보수주의라고 지칭하기도 한다(소에지마, 2001). 명칭에서 보듯이 그들이 신자유주의로도 신보수주의로도 분류되는데 소에지마는 그들 역시 신보수주의 범주에 넣는다.

29) 이를 정치적 글로벌리즘(globalism)이라 한다(소에지마, 2001). 물론 보수주의의 한 흐름은 고립주의를 선호하기도 한다(모로아, 1982; 소에지마, 2001).

주의는 미국의 자유주의가 유럽의 자유주의와는 달리[30] 경제에 대한 개입과 책임의 폭을 확대시키는 의미(Yergin & Staislaw, 1998: 14-15)이지만,[31] 논점이 되는 신자유주의는 "복지정책과 평등주의에 반대하고 더 이상 정부에 의존해서는 안된다."는 점에서 프리드먼의 주장과 같다. 구체적 정책으로는 1980년대 불황에 허덕이는 미국 경제를 회복시키는 방법으로 미국의 일본이나 동아시아에 대한 무역적자를 초기에는 외교교섭을 통한 정치적 압력으로 줄여보겠다는 외교전략을 말한다(소에지마, 2001). 나중에는 일본과 동아시아 여러 국가의 금융부분에 직접 공격을 가하는 금융봉쇄전략(소에지마, 2001: 107-109)을 통한 산업지배로 나아간다.[32]

3) Hayes의 견해

헤이스(M. Hayes)에 따르면, "신우파 내의 신자유주의와 신보수주의 두 조류는 비록 관련은 있지만 분리할 수 있으며, 분석하면 서로 다른 뚜렷한(analytically distinctive) 사회적 이미지를 갖고 있다."(Hayes, 1994: 3)고 한다. 복지제도와 관련될 수 있는 범위에서 살펴본다면 신보수주의적 관점은 사회적 질서를 강조하고 자유는 주어진 사회질서와 확립된 사회제도에 의존한다. 또한 사회를 유기체적 관점에서 보기 때문에 사회는 단순한 개인들의 집합 이상이며 강한 국가에 초점(임혁백, 1998)을 두고 국가는 부모의 권위를 갖는다. 가정은 기본적 사회단위로 인정되며 가정 내 역할 분담은 당연한 것으로 여긴다. 따라서 전통적 의미의 가정을 지키기

30) 따라서 미국의 자유주의는 보수주의일 수가 있다. 유럽의 자유주의는 국가역할의 축소를 의미한다는 점에 있어 보수주의와 구별된다. 이 점에서도 신자유주의와 신보수주의라는 두 사상에 혼동을 일으킬 소지가 있다. 이를 다시 미국식 자유주의(국가개입적 자유주의), 유럽식 자유주의(시장의 무제한 확장의 신자유주의), 그리고 복지자유주의로 나누기도 한다(한국사회경제학회, 1999; 김수행 외, 2004; 안병영·임혁백, 2000).

31) 우리말로 번역되는 신자유주의는 영어로는 두 가지로 표현된다. 그 하나는 New Liberalism이며, 또 하나는 Neo-Liberalism이다. 전자는 역사상에 자주 언급되는 표현인데 대표적으로는 1900년대 초에 영국에서도 나타나 사회정책에 큰 영향을 준 흐름이다. 소에지마에 따르면, 하이에크의 신자유주의는 New Liberalism로서 conservative 이론가임을 지적한다(소에지마, 2001). 한편, 본 논문에서 초점으로 살펴보는 신자유주의는 후자, 즉 Neo-Liberalism이다. 이를 혼동해서는 안된다.

32) 이 과정을 윤소영은 다음과 같이 설명한다(윤소영, 1999: 18-21). 레이건 정부 아래에서 신보수주의 정책은 화폐주의적 고금리 정책이었고, 이는 1982년과 1987년 두 차례의 외채위기를 발생시킨다. 이후 화폐주의는 새고전파(New Classicals)로 변모하면서 경제정책 무용론을 주장하게 된다. 반면, 새케인스주의는 저금리정책에 의해 주식 및 부동산시장을 부양하여 금융주도 하에서 클린턴 정부 때 이윤율을 1970년대로 회복하는 '좋은 시절'이 도래한다.

위해 국가의 도움이 필요하다고 한다. 자유시장경제는 필요적 요소이기는 하지만 충분한 요소는 아니다. 따라서 정치적 내용이 필요한 데, 예컨대 빈곤과 실업과 같은 것을 수요공급의 법칙에 맡겨놓는 것은 부적절하다고 생각한다. 즉, 보다 높은 차원의 가치 때문에 자유시장경제에 제한을 가하는 것을 인정한다. 즉, 사회통합을 확실히 함으로써 자유시장경제를 반석에 올려놓는다고 믿는다. 이에 비해, 신자유주의의 기본 철칙은 자유시장이며, 진보는 자유시장이 만들어내는 경이를 인정할 때 이룩된다고 한다. 여기서 (이윤추구를 위한) 경쟁과 사유재산권이 도출된다. 그들에게 자유시장의 완전성(perfectness)은 문제가 되지 않는다.[33] 따라서 사적 자치의 확장인 기업이나 기업가는 창조의 원동력이며 체제를 작동하게 하는 힘이다. 그러나 무엇보다 신자유주의자에게 중요한 개념인 자유는 귀중하지만 부서지기 쉬운 상품(precious and fragile commodity)이며, 번영과 복지(well-being)로 가는 기본 도구이다. 따라서 국가의 역할은 두 가지로 한정할 수 있다. 첫째는 진보와 번영의 engine으로서의 시장의 보호, 둘째는 국가활동은 개인의 자유를 훼손해서는 안된다는 것으로 자유는 시장에 의존한다고 보고 있다.

4) Giddens의 견해

신자유주의가 보수주의와 큰 관련성이 없고 서로 다른 조류임을 주장하는 학자는 기든스(A. Giddens)로(Giddens, 1994: 8-9),[34] 신자유주의를 다른 평자(commentator)와 견해를 약간 달리한다. 그는 원형상(原形上) 뚜렷이 구별되는 사상은 현재 사회민주주의와 신자유주의인데(Giddens, 1998: 6-7), 신자유주의는 최소정부, 자율적 시민사회, 시장근본주의, 강한 경제 개인주의(economic individualism), 불평등의 수용, 사회안전망으로서의 복지국가 등을 그 구성요소로 한다고 보았다.

---

33) 따라서 하이에크는 "불완전한 시장이라도 어떤 알려진 대안보다 더 좋은 결과를 낳는다."고 주장한다(Hayes, 1994: 28).

34) 기든스의 저서들 속에는 본 논문의 주제와 관련하여 일관되지 않은 모습을 보인다(Giddens, 1998; Giddens, 1994). 신자유주의를 본문처럼 설명하기도 하고, 한편으로는 보수적(conservative)인 것과 자유지상주의적(libertarian)인 것이라는 두 흐름을 갖고 있다고 설명하기도 한다. 이는 이들 용어들이 이 책에서 주장하듯 '모호성의 언어'의 특성을 갖고 있기 때문으로 본다. 한편, 그는 서구의 사회주의를 사회민주주의로 본다(Giddens, 1998: 4). 그 특징은 사회경제생활에 국가의 일상적 개입, 시민사회에 대한 국가의 우위, 완전고용, 평등주의에 대한 집착, 혼합경제 등을 그 특징으로 한다(Giddens, 1994: ch. 2).

즉, 신자유주의는 경쟁적 시장경제체제는 개인적 자유를 위한 주요요소이며, 경제적 개인주의는 최소국가 상황 내에서 민주주의를 성공시킬 수 있는 열쇠라고 생각한다(Giddens, 1994). 한편, 기든스는 신보수주의가 그 철학적 연원을 보수주의에서 출발하였음을 명백히 하고 그 특징으로는 세 가지를 언급하는데, 개인에 대한 국가의 우위성, 도덕의 중요성과 가족 가치의 발견이 그것이다. 신보수주의는 자유민주주의적 자본주의에 대해 온건한 정열을 갖고 있는 사상이라고 정리한다(Giddens, 1994: 39-46). 그들은 사회질서의 근원은 전통에서 발견되는 것이라고 말하는 데서 각 개인 자신의 동기에 따라 행동하는 수많은 개인들의 자발적이고 의도하지 않은 조정의 결과라고 주장하는 신자유주의와 구별된다. 복지국가에 대해서는 호의를 보이지 않고 복지제공은 시장에 맡겨 놓아야 한다고 주장한다(Giddens, 1998). 그는 신자유주의의 공세 앞에 사회민주주의의 방어를 위해 제시한 노선이 제3의 길이다[35](Giddens, 1998).

5) 경제학적 관점

신보수주의는 확대된 국가기능이 강한 국가의 달성을 방해한다고 생각함으로써 케인스적 개입국가의 해체를 노렸는데(임혁백, 1998), 이를 위해 의존한 학설은 정통보수주의 학설[36]이 아니라 통화주의나 공급경제학에 기초하였다(현외성 외, 1992: 145). 이에 비해, 경제학적 관점에서 신자유주의의 정당성의 근거는 새케인스주의가 제공한다고 한다. 이 점에서 통화주의와 공급경제학이 이론적 근거를 제공하는 신보수주의와 구별된다. 윤소영(1999: 91)에 따르면, "새케인스주의란 결국 노동력의 평가절하를 통한 고용안정과 사회안전망을 통한 사회보장의 평가절하를 두 축으로 하는 중도좌파적 구조조정이라 할 수 있다."고 한다. 또한 그는 우파[37]의

35) 윤소영은 이러한 노선을 사회자유주의라 이름하며 신자유주의적 적응으로 생각하고 있다(윤소영, 1999; 2001). 이런 주장은 일부 학자들에 의해 지지되고 있다(김수행 외, 2004). 이와는 다른 견해는 Barr(1998)를 참조하라.

36) 윤소영에 따르면, 이 범주에 속하는 것은 독일의 역사학파 경제학과 사회적 시장경제라고 한다(윤소영, 2001: 112). 덧붙여 그는 화폐주의 계열의 학파를 보수주의로 보는 듯하다(윤소영, 2001).

37) 여기서 좌·우파를 언급하는 이유는 그 기본적 가정에서 정치적 이데올로기로는 비록 좌·우파 구별이 아직은 유효하다 하지만(Bobbio, 1996) 복지에 있어서는 좌·우파가 서로 수렴하므로 좌·우파 구분을 기준으로 삼아 복지제도를 살펴보려는 태도는 복지제도 개편을 일목요연하게 파악할 수 없다고 보기 때문이다.

공세에 대응하여 좌파에 의해 주도된 견해로 보는데, 이는 우파에 의해 주도되었던 신보수주의와 구별되는 것으로 보고 있다.

이상을 정리하면, 그 둘의 구별이 영역의 차이(정치적/경제적)인가 아니면 강조점의 차이인가에 따라 재분류할 수 있겠다. 여기서 전자를 Locus로 후자를 Focus로 보면 다음과 같은 <표 7-8>로 나타낼 수 있다.

표 7-8 여러 학자들의 견해 비교

학 자	Locus or Focus	신보수주의	신자유주의
Atkinson & Savage	Locus	① 법과 질서의 유지, 도덕의 증진, 가정의 역할을 중시 ② 국가개입을 인정	개인의 우위성, 선택의 자유, 최소국가, 자유시장
소에지마	Focus	① 질서 아래에서의 자유 ② 가족, 종교, 지역사회(공동체) 등을 중시하는 사상	① 최소국가 ② 국가의 임무를 시장에 적응하지 못하는 자들에게 초점을 맞추려는 사상(복지정책과 평등주의에 반대)
Hayes	Locus	① 사회를 유기체적 관점: 강한 국가, 사회적 기본 단위로서 가정과 가정 내 역할 분담에 초점 ② 자유시장경제는 필요적 요소이기는 하지만 충분한 요소는 아니다.	① 자유는 번영과 복지로 가는 기본 도구로서 시장에 의존 ② 국가의 역할은 두 가지로 한정: 첫째는 시장의 보호, 둘째는 국가활동은 개인의 자유를 훼손해서는 안된다.
Giddens	Locus	개인에 대한 국가의 우위성, 도덕의 중요성과 가족 가치의 발견	개인적 자유와 경제적 개인주의
경제학적 관점	Focus	통화주의나 공급경제학에 기초	새케인스주의에 기초

2 모호성의 언어(Vague Language)를 넘어서기 위하여

신자유주의란 "경제논리(economic logic)가 비경제적인 정책영역(non-economic policy domains)까지 삼켜버리는"(Phillips, 2006) 성격을 갖고 있지만, 위에서 살펴본 것처럼 신보수주의와 신자유주의는 구별가능하고 또 구별하여야 한다. Allmendinger (2006), Heywood(2004), Pierson(2006) 등의 견해에 따라 정치적으로는 보수주의,

경제적으로는 자유주의로 규정함은 간단하기는 하지만 그러나 또 한편 그 기준이 무엇인지 분명하지 않은 것도 사실이다. 이 책은 이 기준을 통한 구별을 위하여 다음 네 가지 관점을 도입해 볼 수 있겠다. 여기서 그 관점이나 가정은 인간에 관한 가정, 사회에 관한 가정(가정에 관한 가정 포함), 시장에 관한 가정, 그리고 국가에 관한 가정 등이다. 첫째로, 인간에 관한 가정은 '이기적인가(또는 이타성을 갖는가)'와 '이성적(또는 합리적)'인가? 둘째로, 사회에 관한 가정은 '사회유기체설과 사회명목론 중 어디에 입각하는가' 하는 점과 '가정 내의 관계는 어떠한가'이다. 셋째로, 시장에 관한 가정은 '필수불가결/합리적인가'의 관점과 '정의가 인정되는 영역'인가 하는 관점에서 살펴볼 수 있겠다. 마지막으로, 국가에 관한 가정은 강한 국가/약한 국가 조합과 큰 정부/작은 정부 조합으로 나눌 수 있겠다. 이를 표로 나타내면 다음 <표 7-9>와 같이 된다.

표 7-9 여러 사조(思潮)의 비교

		인간에 관한 가정	사회에 관한 假定 (家庭에 관한 假定 포함)	시장에 관한 가정	국가에 관한 가정
보수주의		① 불완전한 존재: 사회에 대한 의무와 책임감 ② 성악설에 기초: 인간성에 대한 비관적 견해 ③ 통제와 처벌이 필요	① 사회유기체설에 입각 ② 불평등과 특권층의 인정 ③ 가정은 사회의 기반으로 전통적 가족제도 옹호38)	① 필수불가결은 아니나 합리적 ② 관습은 이성보다도 더 합리적	강하고 큰 국가 (strong and big state)
자유주의39)	고전적 자유주의	① 이성적 ② 이기적(egoistical), 자율적이고 고립된 개인(self-reliant & isolated atoms) ③ 효용극대화(utility-maximizer)에 기초	① 사회명목론에 입각 (society itself doesnot exist) ② 사회진화론 (Social Darwinism)	합리적 (self-regulating mechanism)	최소국가 (minimal state)

38) 따라서 이들의 주장은 이혼은 어렵게, 비정통적(非正統的) 유형의 가족형태(예컨대, gay나 lesbian couples)에는 국가의 도움을 반대한다(Abercrombie & Warde, 2006).

39) 이를 liberal과 libetarian으로 나누기도 하고, (Continent) Liberalism과 American Liberalism으로 구

현대 자유주의	① 개인의 사회적 책임 ② 성선설에 기초: 인간성에 대한 낙관적 견해 ③ 이타성(altruism) 인정	① 국가의 개입 (state intervention) ② 복지에 대한 정부책임	합리적이지만 시장의 실패 인정	① 복지국가 ② 경제에 대한 관리와 규제
신보수주의	① 보수주의 승계 (과거로부터 물려받은 지혜로서의 전통과 그 부활) ② 자유주의 요소 수용	① 전후(post-war) 사회의 문제점은 너무 많은 자유를 허용하였기 때문 ② 사회유기체설(대처는 개인과 가정만 존재한다고 주장)	합리적	강한 최소 국가[40] (strong but small state)
신자유주의	① 고전적 자유주의의 부활 ② 인간의 불완전성, 인간이성의 한계 (Hayek, 1967) ③ 자유주의적 개인주의	① 가정은 다양한 사회의 트렌드가 만나는 접점이라는 주장과 자유주의적 개인주의는 가족의 분열에 영향력을 증대 ② 성에 있어서의 증가되는 평등에 주목하고 성 역할의 변화, 가정과 직업 사이의 변화하는 관계 인정	합리적	최소국가 (minimal state)
사회민주주의	① 인간의 합리성으로 전통과 독단을 제어할 수 있다(cybernetic model of social life) ② 인간의 이타성 인정	① 사회의 구조적 불평등성 인정: 사회의 평등성과 통합, 민주주의적 신념 추구 ② 가정은 사회의 기반이며 성의 역할 분담에 기초[41]	비합리적 (시장의 난폭성)	큰 국가 (big state)

출처: Viereck(1956: 13-14, 16), Hayek(1967), Abercrombie & Warde(2006: 288), Heywood(1998), George & Wilding(1994), 김기태 외(2002), 김비환(2005), 복거일(1990), 송호근(1992) 등 종합.

* 가족에 관한 보수주의의 기술은 Abercrombie & Warde(2006: 288)에는 신자유주의라는 항에서 설명한 것이고, 신자유주의에 관한 기술은 Giddens(1998)의 기술을 필자가 조정하여 옮겼음.

별하기도 한다(Yergin & Stanislaw, 1998). 복거일(1990)에 따라 전자를 보수주의로, 후자를 자유주의로 정형화하여 살펴볼 수도 있지만 여기서는 Heywood(1998)에 따라 고전적 자유주의와 현대적 자유주의로 나눈다.

40) 이런 측면에서 behaviorism과 post-behaviorism과의 관계와는 다르다고 생각한다. 즉, behaviorism과 post-behaviorism과의 관계가 비판과 수정이라면, conservatism과 Neo-conservatism은 범위의 확장에 해당한다고 말할 수 있겠다.

41) 이 말은 남성 가장과 여성주부 모델(male breadwinner/female housewife model)을 말한다.

위에 적은 대로 몇몇 중심 사상들을 일별해 보았다. 그중 신보수주의와 신자유주의의 구별은 Focus와 Locus의 차이로 설명할 수 있겠다. 전자의 Locus는 국가를 중심으로 한 기존제도인 데, 후자의 Locus는 개인이나 시장이다. 즉, 신보수주의가 기존제도(국가, 가정, 교회) 등의 방어에 초점을 두는 사상(Jary & Jary, 1991: 114)으로 지난 시절의 확립된 제도(established system)인 복지국가는 국가의 과부하(overloaded) 상태라는 인식에서 출발한다. 그 해결방법으로 강한 최소국가를 제시하며 가족과 시장 또는 기업, 그리고 국가가 복지문제(또는 노인 문제) 해결에 책임을 공유해야 한다는 믿음을 갖고 있다. 이는 최소국가를 주장하는 신자유주의와 차별을 보인다. 한편, 신보수주의의 Focus가 강한 국가를 형성하기 위하여 국가가 맡지 않아도 되는 부분의 축소(예컨대, 가족의 책임존중)를 통한 공적 부분과 사적 부분의 관계의 재정립을 의도하는 것이지만, 신자유주의의 Focus는 개인의 자유에 따르는 개인책임의 강조에 있는 것이다. 전후(post-war) 사회의 문제점을 두고 너무 많은 자유를 허용하였기 때문이라는 신보수주의 주장은 신자유주의 Focus와 묘한 대조를 보인다. 따라서 신보수주의 복지정책은 전반적 국가부담의 축소를 이룩하려고 하는 반면, 후자는 위험부담도 개인에게 맡겨놓는 정책을 취하고 있다. 개인 책임의 강조와 함께 자유를 누리지 못할 가능성 있는 상태의 계층에 대해서만 국가의 관여라는 것이다. 이런 맥락에서 보면, 신자유주의 정책을 취했다는 김대중 정부 아래서 사회보장제도가 비교적 전진했다는 평가를 받는 이유를 알 수 있다.

3 두 흐름의 차이가 잘 나타나는 분야

대체로 신보수주의의 현실 실현형태가 영국의 보수당 정부이고 신자유주의의 실현형태가 노동당이라는데 대체로 일치하는데, 전자는 대처리즘(Thatcherism)[42]이고 후자의 대표는 블레어(T. Blair) 정부(Atkinson & Savage, 2001: 7)라고 한다. 다음 <표 7-10>을 보면서 설명해 보면 신보수주의는 법과 질서유지(Law, order and protective services)의 영역에서 잘 나타난다. 이를 보수당 정권 아래의 예산지

42) 대처리즘을 통화주의에 기초한 자유시장주의와 강한 국가로 요약하기도 한다(Jessop et al., 1988: 7).

표 7-10 신보수주의적 요소의 비교(billion pound)

	1978~1979 (%)	1990~1991 (%)	성장률(%)	연평균 성장률(%)
주택(Housing)	11.6(7.0)	4.9(2.5)	−58	−4.8
교육과 과학(education and science)	24.7(14.9)	28.4(14.5)	15	1.3
건강 및 사회복지서비스 (Health and Personal social services)	23.4(14.1)	33.0(16.9)	41	3.4
사회보장(Social security)	43.0(26.0)	58.8(30.1)	37	3.0
상공업, 동력, 고용 (Industry, energy, trade and employment)	10.5(6.4)	7.4(3.8)	−29.5	−2.5
방위(Defence)	19.0(11.5)	21.8(11.2)	14.7	1.2
법과 질서유지 (Law, order and protective services)	6.4(3.9)	11.4(5.8)	78.1	6.5
전체 공공경비 지출 (Total national public expenditure)	190.1	216.1	13.7	1.1

출처: Hill(1993: 203).

출을 나타낸 것을 다음<표 7-10>에서 살펴보자.

신보수주의 정부 집권 하에서 방위 부문은 연평균 성장률이 1.2%이고, 법과 질서는 무려 6.5%이다. 그러나 복지 부문 중에 주택 부문은 연평균 성장률이 −4.8%이다. 한편, 사회보장 부문이 증가 추세를 보이는데 이는 의도하지 않은 결과로 앞서 언급한 복지영역의 불가역성의 원리 때문이다. 이제는 좀 더 장기적인 관점에서

표 7-11 복지서비스 지출, 1981~1995(bn pound)

	1981	1991	1995
Social Security	61	83	102
Health	26	35	41
Education	28	33	38
Public Order	9	15	15
Housing	14	10	10
Total Social	138	176	206
Total All	230	257	304
Social Security as % of all	60%	68%	68%

출처: Abercrombie & Warde(2006).

복지서비스에 대한 지출을 살펴보자.

<표 7-11>에서 대처(M. Thatcher) 집권기인 1981년과 1991년을 비교해 보면 사회보장비의 증가가 있지만, 메이저(J. Major) 집권기인 1991년과 1995년을 비교해 보면 정체하고 있음을 보여준다.

제6절 결 론

신자유주의와 신보수주의라는 용어가 어느 분야에서 사용되느냐에 따라 같은 뜻이 되기도 하고 다른 뜻으로 쓰이기도 한다는 점에 이 책을 착안하였다. 영국의 복지 분야에서는 두 용어가 섞이는 모습을 보여주는 데 주목하여 먼저 그 원인을 살펴보고 왜 섞이는지를 설명하였다. 그 섞이는 이유를 모호성의 언어(Vague Language)의 이론으로 설명하고 섞이게 된 과정을 설명하였다. 즉, 원래 보수주의와 자유주의는 이런 섞이는 현상이 나타나지 않았으나, 영국에서 복지국가의 성립과 위기, 그리고 재편 과정을 거치면서 주로 '시장 쪽으로' 움직이는 과정에서 모호성의 언어(Vague Language) 현상이 발생했다고 주장하였다. 그러나 이는 개념의 정확성 측면에서 바람직하지 않으므로 이를 극복하기 위한 시도로 여러 학설을 검토하였다. 이 결과, 이 책은 인간에 관한 가정, 사회에 관한 가정, 시장에 관한 가정, 국가에 관한 가정의 네 기준에 비추어 그 차이점을 밝혀 놓았다. 이에 기대면 시장에 대한 가정을 빼고는 차이점을 보여 준다. 이 차이를 Focus와 Locus의 차이로 설명하였다. 즉, 신보수주의의 Locus는 국가를 중심으로 한 기존제도인 데, 후자의 Locus는 개인이나 시장이다. 또 신보수주의의 Focus가 강한 국가를 형성하기 위하여 공적 부분과 사적 부분의 관계의 재정립을 의도하는 것이지만 신자유주의의 Focus는 개인의 자유에 따르는 개인책임의 강조에 있는 것이다.

이 책은 각 분야에 필요 이상의 모호성의 언어(Vague Language)가 쓰이고 있음에 대한 정의(定義)의 엄밀성으로 바꾸려는 작은 노력이며 이론 구축의 기초가 될 것이라고 판단된다.

제 8 장 사회복지 전달체계

제 1 절 서 론

한국에서의 복지발전은 위기에 의존한다고 한다(Lee, 2004). 그중 하나의 위기가 1997년의 외환위기(이른바 IMF 위기)이고, 외환위기 이후 사회안전망 확보를 위해서 국민기초생활보장제도가 출현하였고, 국민연금제도는 국민 모두를 대상으로 제도를 정비하였다. 이어서 노인장기요양보험제도와 같이 새로운 제도가 출현하여 한국에서의 복지발전을 한 단계 더 끌어 올렸다. 이러한 제도의 출현이나 발전과 아울러 복지 관련 재정과 복지 관련 사업의 예산규모가 대폭적으로 확대되어 왔다.

그럼에도 기대한 만큼의 성과는 나타나지 않아, 이는 제1장에서 논의한 대로 복지정책의 모순성에 기인한다는 주장으로 비화(飛火)했다. 복지모순(welfare contradiction)의 이론은 비효율성이 이슈가 될수록 설득력을 얻을 것으로 보인다. 복지정책의 비효율성 문제를 해결하기 위해서는 전달체계의 개선이 우선되어야 한다는 주장이 힘을 얻는 바, 전달체계 개편은 양적 팽창으로부터 질적 전환을 위한 진통이라 할 수 있다.

이러한 추세에 대해 경상북도를 중심으로 한국의 복지전달체계와 영국의 전달체계는 어떠한가에 대해 살펴보고 나아갈 방향을 논의하였다. 그동안 영국의 사회복지 전달체계는 이 문제를 먼저 고민하고 보다 나은 대안을 찾으려 노력해 왔다. 영국 사회서비스 전달체계의 개혁은 정부가 서비스를 직접 제공하는 대신, 서비스 제공이 가능하도록 하는 역할을 맡고 있음을 보여주었다. 이에 대해 한국은 너무 많은 프로그램이 일선에 제공되지만 담당 공무원은 부족하고 업무량은 과다하여 이른바 깔대기 현상이 일반적이다.

제 2 절 사회복지 전달체계 개편의 관심과 선행연구

과거 서구의 여러 국가들은 국민의 노후를 포함한 사회적 위험을 국가가 어느 정도 보장하려고 시도했다. 이런 노력은 제2차 세계대전 이후 '요람에서 무덤까지(from the cradle to the grave)'라는 표어로, 출생부터 사망까지 모든 국민의 최저생활을 국가가 보장해 국민의 불안을 해소하겠다는 것이 복지국가의 약속이었다. 즉, 국가가 책임지는 사회보장제도로 구체화하였다.

하지만, 이 같은 표어는 점차 빛을 바랠 수밖에 없었다. 사회보장제도에 과도하게 의지하는 일부 국민들의 풍조와 늘어나는 수명 등으로 정부의 지출은 천문학적으로 증가해, 더 이상 사회보장제도를 유지하기가 힘들어졌기 때문이다. 여기에 사회행정, 즉 복지행정의 중요성이 대두되었다. 서구의 이런 과정은 우리에게도 귀감으로 작용한다. 사회행정(social administration)은 사회문제와 그것에 대한 사회적 대처방법에 관한 것으로(Brown, 1977), 그 정책수단에서 구하는 방법과[1] 기관에서 구하는 방법(Hill & Bramley, 1986: 4), 전달체계에서 구하는 방법(Baldock et al., 2003: 249－254; Sauber, 1983)으로 나눌 수 있다. 사회행정을 전달체계에서 구하는 방법을 취하면 사회복지의 궁극적인 목적은 복지서비스의 고객(client)에게 효율적인 전달체계를 마련하여 직접적인 서비스를 제공해 주는 것이다. 이런 맥락에서 사회복지서비스의 전달체계가 어떻게 구축되어 효율적으로 운영되느냐 하는 것은 매우 중요하다.

1) 여기에는 규제(regulation), 현물급여(services in kind), 현금급여(cash benefits) 등으로 나눌 수 있다(Baldock et al., 2003: 12).

최근 들어 사회복지서비스 또는 지역사회복지서비스에 대한 사회적 관심이 높아가고 있다. 이에 발맞추어 한국에서도 국민기초생활보장제도가 강화되고 노인장기요양보험제도가 실시되었다. 그리고 주민복지 · 문화센터 등이 도입되었고, 최근 주민센터를 행정복지센터로 전환한다고 한다. 그 의의는 사회복지서비스 분야에서는 이용자들의 접근성과 효율성을 높일 수 있는 방안으로 전달체계의 개편 논의가 진행되는데 있다고 하겠다. 요즘 논의되는 전달체계 개편은 양적 팽창으로부터 질적 전환을 위한 진통이라 할 수 있는데, 한편으로는 복지시책의 비효율성 문제를 해결하기 위해서는 전달체계의 개선이 우선되어야 한다는 문제의식의 발로라고 할 수 있다.

이러한 추세에 대해 영국의 전달체계를 벤치마킹할 필요가 있다. 영국은 1980년대부터 사회복지에서 변화를 추구하였다. 이 변화는 새로운 원칙의 확산과 함께 전달체계의 변화로 나타났다. 먼저, 새로운 원칙의 확산이란 "예방이 사회적 재난(social casualties)의 구제보다 낫다."라는 원칙(Baldock, 2005: 374)의 수용이다. 이 원칙은 정상화(normalization), 사회통합(social integration)의 이념과 결합하면서 영국에서는 지역주민의 복지증진을 위해 기존의 지역사회보호(community care)의 형태를 더욱 발전시켰다(McDonald, 2006: xix). 영국의 사회행정은 이를 위해 복지의 지방분권화와 계약요소의 도입, 복지 관련 서비스의 통합, 평가를 중시하는 추세로 나가고 있다. 보수당정부권화와 사회서비스 행정에 혼합경제복지(a mixed economy of welfare)를[2] 도입하여(Clarke, 2005: 212) 민간 부문의 참여를 확대하는 이러한 정책 기조는 제3의 길의 이념을 중시하는 신노동당 정부로 이어졌다. 즉, 신노동당 정부는 공공과 민간의 협력관계를 규정하는 여러 가지 제도적 장치를 마련하여 더욱 하향 분권화하였다. 이러한 변화를 먼저 살펴보고 그 의미를 추출하여 한국의 지방행정에 대입해 보려함이 제8장의 목적이다.[3]

공공부문의 전달체계에서는 중앙부처와 일선(street-level)의 기능이 분화된다. 대체로 중앙부처는 정책과 관련되는 일을 수행하고 일선에서는 서비스 제공을 담당한다(Wilson & Game, 2002: 113).[4] 그들 간의 연결을 전달체계라 하는데 그 유

2) 복지다원주의(welfare mix)라고도 하는데 복지공급자들이 함께 분담하여 자신의 집이나 지역사회에 있는 자립할 수 없는 이들에게 복지를 제공하는 것을 말한다(Ungerson, 2005: 200).

3) 한국의 지방복지서비스는 경상북도를 중심으로 그 의미를 짚어본다.

4) 여기서 정책과 관련되는 일(produce policy)이라 함은 누가, 어떤 서비스를, 누구에게 제공할 것

형은 다음의 세 가지 유형으로 나눌 수 있다.5) Type A는 중앙부처의 수립된 정책을 지방자치단체를 통해 제공하는 유형으로 보건복지부·여성가족부 등 중앙부처 → 시·도 → 시·군·구 → 읍·면·동 → 수혜자의 과정을 밟는다. 이와는 약간 다른 유형이 Type B로 중앙부처가 직접 특별지방행정기관을 통해 제공하는 유형으로 고용노동부·보훈처 등 중앙부처 → 특별지방행정기관 → 수요자의 과정이며, Type C는 중앙정부가 별도의 공공기관을 설립하여 제공하는 유형으로 국민연금관리공단 등 공공기관 → 수혜자의 과정으로 정리된다(보건복지부, 2007).

이런 이슈를 살펴보기 위해서는 기준이 필요한데, 사회복지 전달체계의 분류와 관련이 있는 기준을 살펴보자. 먼저, Gilbert & Sprecht(1974: 118-122)는 이상적인 서비스의 전달체계의 기준으로 서비스가 통합되고(integrated or fragmented), 계속성(continuous)이 있으며, 접근이 용이하고(accessible), 책임성(accountable)이 있을 것 등의 원칙을 제시하고, 적시성(timeliness)이나 지속성(sustainable) 등을 첨가한다.

Walker(2005: 88-92)의 기준은 자격에로의 통로(route to entitlement)이다. 급여를 받는 자격을 기여, 시민권, 자산조사(means-test)로 나누고, 이 자격들에 해당하느냐 그렇지 않느냐에 따라 최종적으로 급여 여부가 판단되도록 한다. 이를 실행하는 조직을 중심으로 사회보장행정(social security administration)을 구성하고 있는데(Walker, 2005: 92-110), 그들은 각각 중앙정부(national government), 중앙정부의 하부기관(sub-national government), 사회적 파트너십(social partnerships), 사보험, 정부기관의 대리행위(agency relationship or contractors) 등이다.

Knox와 Carmichael(2005)는 북아일랜드의 행정의 목표를 '시민에게 수준 높은 공공서비스를 전달하는 현대적이고 효과적인 시스템'을 정착하는데 두고 개혁의 관점에서 다루었다. 이 책은 복지행정에만 초점을 둔 것은 아니나 행정개혁 속에 보건·복지의 영역을 다루고 있다.

인경석(1998: 306)은 네 가지 기준을 들고 있는데, 첫째는 사회복지, 보건의료,

인가, 그리고 그 재원(財源)은 누가 담당할 것인가의 문제이며, 서비스 전달을 담당하는(do the actual providing) 주체는 지방정부로 20세기 이래로 그 중요성이 증가되었다(Wilson & Game, 2002: 113).

5) Type D는 지방자치단체가 자체 시책에 따라 제공하는 유형으로 (시·도) → 시·군·구 → 읍·면·동 → 수요자의 과정이다(보건복지부, 2007). 이를 포함하면 네 가지이다.

주거, 고용 등의 문제에 포괄적으로 접근하고 대상자의 상담에서 구체적 서비스의 제공에 이르기까지 통합화하여야 한다는 기준과, 가급적 지역사회 주민들이 생활을 유지하는 가까운 장소에서 서비스가 제공되어야 한다는 지역화, 공공복지 인력은 관련 자격을 갖춘 자를 채용해야 한다는 전문화, 그리고 주민의 참여를 촉진하여야 한다는 것이 그 내용이다.

현외성(2008: 243-250)은 전달체계의 수립과 평가의 기준으로 통합성과 지속성, 접근성, 책임성, 전문성, 효과성과 효율성으로 정리하고 있다.

그 외의 선행연구를 더 살펴보면, 사회서비스 전달에서의 품질관리를 연구한 이재원(2008)은 공급자 주도형(Agency-directed)에서 소비자중심형(Consumer-directed)으로의 방향을 제시하고 소비자중심형은 소비자주의(Consumerism)와는 다른 개념임을 주장하였다. 외국의 서비스 전달체계를 연구한 유길상(2006)은 외국의 서비스 전달체계 개혁의 핵심은 고용, 직업훈련 고용 관련 복지서비스의 연계와 민간부문에의 아웃소싱이 특징이고, 우리나라의 경우 연계나 조정이 없어 낭비적 요소가 많고 서비스의 효율성도 낮다고 주장한다. 우리나라의 복지와 관련된 중앙정부와 지방정부의 관계 재형성을 연구한 이원희(2008)는 재정과 예산의 관점에서 분석하고 참여정부에서는 복지, 경제, 교육, 국방의 순서로 예산이 배분되었고, 이 과정에서 지방자치단체의 부담이 늘어나고 있음을 밝혔다. 그 대안으로 복지재정의 재설계를 주장하고 전달체계와 관련하여서는 주민복지생활지원 업무를 중심으로 재편성을 주장하였다. 노인장기요양제도의 전달체계를 연구한 심의보(2008)는 행정개입 모형으로부터 지역사회중심 케어매니지먼트 모형으로의 이동을 주장하였다. 영국의 공공복지서비스의 전달체계를 연구한 이상일(2004)은 전달체계 발전의 핵심 키워드는 책임성의 문제와 연계의 문제라고 주장하고, 우리나라의 전달체계를 이러한 방향으로 재조직화하여야 한다고 주장하였다. 그 밖에 캐나다 노인복지서비스 전달체계를 연구한 곽병훈(2008), 가족복지 서비스 전달체계 수립을 연구한 송다영(2005), 보건복지행정에서 중앙정부와 지방정부 간의 기능과 재정분담 관계를 연구한 박혜자(2008) 등이 있다. 실용적 필요성 때문에 연구한 결과들은 행정자치부(2005), 보건복지부(2007/2008/2009) 등에서 정리를 하고 있다.

제 3 절 영국의 사회복지 전달체계

영국의 복지전달체계는 서비스 전달에서의 편의성을 꾀하기 위해 통합성에 초점을 두고 있어서, 특히 보건과 복지서비스의 통합은 영국 복지정책의 주요한 과제가 되어 왔다. 최근에는 서비스 이용자 중심(users first)의 통합 서비스를 지향하는

그림 8-1 영국의 사회행정

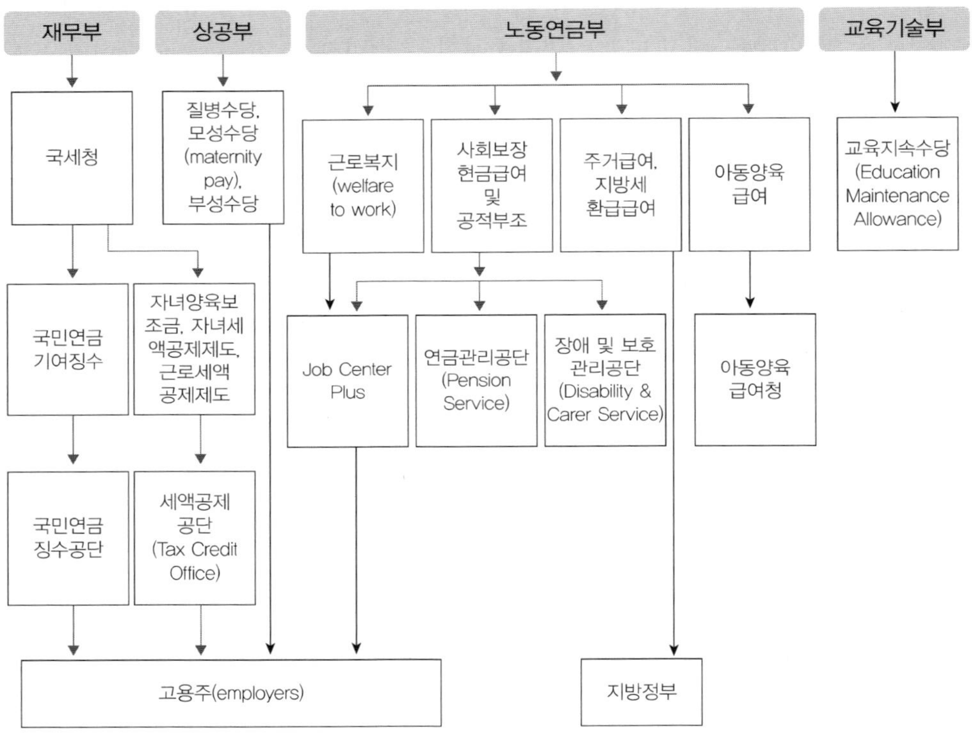

주1) 노동연금부 공무원은 131,000명이다(Walker, 2005: 239).

주2) 지방정부는 사회서비스부(Social Service Department)를 설치하고 사회보장과 사회복지서비스 간의 연계 업무를 담당한다. 그 내부에 사회복지급여에 관한 자문 담당자를 배치하거나, 서비스 대상자를 위한 복지급여 관련 상담서비스를 제공하고 있다(이상일, 2004).

출처: Walker(2005: 109).

one–stop service가 더욱 강조되고 있다. 영국의 전달체계를 나타낸 것이 [그림 8–1]이다.

이제 영국의 지역사회보호의 전달체계에 중점을 두어 살펴보자. 영국의 개혁 이전에 사회복지 전달체계를 지배한 원리는 관료행정(bureaucratic administration)

표 8–1 영국 사회복지 전달체계의 변화

<table>
<tr><th>핵심적인 주제</th><th>개편 전</th><th>개편 후</th></tr>
<tr><td>목표</td><td>지역사회 속에서의 보호
(care in the community)</td><td>지역사회 보호(community care: 지역사회보호란 지역사회가 보호의 중심으로 사회적 통합을 이루는 기제)[6]</td></tr>
<tr><td>국가 역할</td><td>직접적 제공을 통한 서비스 장려</td><td>서비스를 가능하도록 하는 역할(service enabler)</td></tr>
<tr><td>서비스 구매자와 공급자의 분리</td><td>불가</td><td>분리</td></tr>
<tr><td rowspan="2">관점</td><td>정부 중심</td><td>개인 책임</td></tr>
<tr><td>시민권</td><td>기회의 균등 및 도움이 가장 필요한 자(those most at risk)에게 희소자원이 배분되도록 함</td></tr>
<tr><td>목표집단(targeting)</td><td>균등하게 배분
(equally targeted)</td><td>목표집단에게 배분(targeted on those in greatest need)</td></tr>
<tr><td>용어</td><td>client(client의 개념은 수동적이고 의존적임)</td><td>consumer 또는 service user(그 의미는 받은 서비스의 질에 대해 목소리를 낸다는 것)</td></tr>
<tr><td rowspan="3">서비스 전달체계 전환의 방법</td><td rowspan="3">국가 영역이 독점</td><td>자발적 및 사적 영역의 이용</td></tr>
<tr><td>직불제(direct payment)의 확대</td></tr>
<tr><td>intermediate care 도입</td></tr>
<tr><td rowspan="2">결과</td><td rowspan="2">–</td><td>재가보호(domiciliary care) 및 시설보호(residential care)의 발달</td></tr>
<tr><td>care management의 발달
(person–centred approaches)</td></tr>
</table>

출처: McDonald(2006) 정리.

6) 이를 부연 설명하면, 시설에서의 보호(care in institutions)보다 지역사회에서의 보호(care in the community)가 낫고 더 나아간 것이 지역사회 보호(community care)이다(Baldock, 2005: 374). 대인서비스(personal social service)를 받아야 할 노인들이 시설에 입소하는 이유는 지역사회(또는 자신의 집)에서는 그러한 서비스를 제대로 받을 수 없기 때문이다. 따라서 지역사회에 살고 있으면서 케어서비스(care services)나 사회적 지원(social support)을 필요로 하는 이에게 제공되는 서비스를 개발하여 제공하는 것이 정책목표를 달성하게 된다(Pierson & Thomas, 2002: 97).

과 전문가의 지식(professional expertise)의 결합으로 Bureau-professionalism이라고 불렀다. 1980년대부터의 개혁에서 그 핵심 메커니즘은 서비스고객 평가(assessment)와 사례관리(case management), 서비스 구매자와 공급자 간의 분리, 그리고 혼합경제복지의 장려이다.7) 그 핵심적인 주제는 서비스 공급은 국가 영역에서 다양한 영역[특히, 제3영역(the independent sector)]으로 옮기고(Clarke, 2005), 사회보호의 혼합경제(the mixed economy of care) 실현, 서비스 이용자에게 선택의 자유를 더 넓혀주고 서비스에 불만이 있는 경우 그 불만을 더 잘 수용할 수 있는 구조를 의미하는 소비자주의(consumerism), 기준의 설정과 감독을 강조하는 서비스 질 관리(quality mechanism)8) 등이다. 그 변화의 대강을 비교하면 <표 8-1>과 같이 이야기할 수 있겠다(McDonald, 2006).

이를 간단히 윌슨과 게임(Wilson & Game, 2002: 22-24)은 다양성과 혁신(diversity and innovation), 계약, 경쟁 및 능력부여(contracting, competing, enabling), 그리고 질의 추구(the quest for quality)로 요약한다.9)

또 하나의 특징은 복지재정 효율적 집행 및 서비스 질적 수준 제고를 위하여 급여와 서비스 간 전달체계를 분리하여 성공적으로 운영 중이다(보건복지부, 2009). 이를 표로 간단히 하면 다음 <표 8-2>가 된다.

이제는 복지행정 일선에서의 특징을 살펴보자. 앞서 언급한 구매자와 공급자 간의 분리는 공급자 간의 경쟁으로 인해 서비스 비용을 낮추고 서비스 목표를 구체화시킬 것으로 기대되었다(Twigg, 1999). 이는 지역사회보호(Community Care) 개혁의 중요성을 일깨웠다. 지역사회보호 개혁은 지역사회보호 수행과 관리를 위

7) 서비스고객 평가는 서비스 중심의 접근이 아닌 욕구 중심의 접근을 증진하고, 사례관리는 서비스 고객의 선택과 욕구에 반응하는 적절하고 개별화된 서비스 패키지 제공을 극대화하기 위한 것이었다. 서비스고객과 보호자의 욕구들 간의 균형을 이루는 것은 사례관리자의 주요한 업무가 된다.

8) 이는 어떤 의미에서 아이러니(irony)라고 한다. 왜냐하면, 준시장(quasi-market)에 경쟁을 촉진함으로써 시장 기능의 효율성을 신뢰하는 방향과 어긋나기 때문이다(McDonald, 2006: 3).

9) 물론 이런 개혁에 따라 정치적 기능(political function)의 견지에서는 선출된 정부(elected governments)와 지역(communities) 사이에 긴장도 나타난다(Wilson & Game, 2002: 366). 덧붙여 영국의 사회행정에서 특징 있는 제도는 영국 지방정부의 콜센터이다(보건복지부, 2009). 모든 민원은 Contact Centre로 일원화하고 이중적 구조로 처리하고 있는데, 1단계로는 생활민원과 복지민원으로 분리하여 생활민원은 직접처리 또는 해당과(교통과, 환경과 등)에 연계하고, 복지민원은 Contact Centre 내 복지서비스팀에서 담당한다. 2단계는 복지민원은 단순정보제공과 사례관리 대상자로 구분·처리하는데, 단순정보제공은 In-touch Service(말벗되어주기, 주기적 안부묻기 등)로 연계하고, 사례관리는 지역별 Case Management Centre에 의뢰한다.

표 8-2 공공부조 · 복지서비스의 특성과 행정 · 재정적 책임

	공공부조	복지서비스
대상자 선정	국민적 권리(National Min, 평등성)	지역적 특성, 개인적 욕구(다양성)
급여수준	사후적, 보충성, 최소보장	사전적, 충분성, 소비 장려(복지 · 산업 · 고용 관련)
운영주체 (기획 및 전달)	국가, 공공부조청, 공공부조사무소	지자체 및 민간 합동(자체 사업기획 및 시행)
재원	전액 국고(국가책임)	국가 포괄보조금, 지방 및 민간재원

출처: 보건복지부(2009).

한 선두기관으로 지방정부 사회서비스부가 직접적인 서비스제공자가 아닌 조직가와 구매자의 역할을 수행하도록 요구하였다.[10] <표 8-3>은 이와 관련한 발전과정을 표로 나타낸 것이다.

표 8-3 행정일선을 위한 법과 제도의 발전과정

연 도	정부 문서 또는 법 이름	내 용
1990	NHS 및 지역사회보호법[National Health Service and Community Care Act(NHSCCA)]	서비스 전달체계의 중요성을 인식하였던 법으로 이 법의 밑바탕은 1989년의 백서이다. 이 백서의 정식 명칭은 White Paper: Community Care in the Next Decade and Beyond이다.
1996	지역사회보호와 직접지불에 관한 법 [Community Care(Direct Payments) Act, CCDPA]	사회서비스부(social service部)가 18세부터 65세 사이의 이용자에게 직접 서비스를 제공하지 않고서비스 구입에 필요한 현금을 지급할 수 있도록 하였다(Pierson & Thomas, 2002: 97-98).[11]
1998	보호자를 위한 보호(Caring about carers: a National Strategy for Cares)	보호자를 위한 지원, 보호, 그리고 정보 제공에 대한 국가책임을 한층 더 강화하였다(DH, 1999)
2000	보호자 및 장애아동법(Carers and Disabled Children Act)	보호자의 서비스 접근에 대한 권리

출처: Department of Health 정리.

10) 또한 지방정부는 중앙정부로부터 사회보장 재원을 넘겨받아 시설보호(Residential Care)와 재가보호서비스를 제공하기 위한 예산도 확보하게 되었다(Audit Commission, 1997).

11) 직접지불이란 보호서비스 구입에 따라 노인이 직접 지불할 수 있게 하는 제도를 말하고(이재원, 2008), 원래 이 법은 18세부터 65세의 장애인을 규정하였으나, 2000년에 65세 이상이라도 혜택을 받도록 하였다.

영국 정부가 지역사회보호에 정책의 초점을 두는 이유는 복지재정의 절감인데, 재가노인복지서비스를 통해서 문제를 해결하는 것이 시설에 수용하는 것보다 복지 예산을 절감할 수 있다고 판단하고 있기 때문이다.12) 지역사회보호를 위한 일선에서의 복지제공을 간단히 정리하면 다음 <표 8-4>가 된다.

표 8-4 영국의 일선에서의 복지제공

종 류	내 용	
제공자에 따른 분류	공식적 서비스 (formal services)	지방정부(사회서비스部)
		비정부공공조직
		초정부기관
		Quangos
	비공식적 서비스 (informal services)	가족, 친척, 친구, 이웃에 의해 제공되는 서비스
제공 장소에 따른 분류	재가보호	가정보호서비스(Home Help Services), 식사서비스, 사회사업, 보호자지원서비스 등
	주간보호	지방정부, 보건당국, 자원봉사단체 및 민간단체에 의해 다목적으로 개조된 센터, 주간병원, 지역회관, 노인시설, 병원 병상 등의 장소에서 제공13)
	시설보호	장기보호와 단기보호휴식서비스

출처: Counsel and Care(2007).

위에서 언급한 영국 복지전달체계의 개편의 의미나 시사점은 복지서비스가 필요한 사람들을 위하여 서비스에의 접근이 용이하고, 서비스의 제공과 관리에서 지속성을 유지하도록 하는 데 있다. 이를 위해서는 영국은 최근 복지의 지방분권화와 지역사회보호(Community Care)를 강조하여 최종 수혜자에게로 가까이 다가가도록 하기 위해 지역으로 내려옴을 의미한다. 또 복지서비스와 공공부조의 분리라는 방향으로 나간다. 아울러, 서비스 전달체계에서 국가영역의 독점에서 자발적 및 사

12) 재가노인복지서비스란 타인의 보호가 필요한 노인에게 곧바로 병원이나 요양원에 입원하여 보호를 받는 것이 아니라, 가급적 오랫동안 자기가 살던 동네의 자기 집에서 살 수 있도록 여러 가지 여건을 마련하여 보살펴 주는 것을 말한다. 즉, 노인을 시설에 입소시키기 위해서는 시설건축비와 유지관리비, 인건비 등 막대한 예산이 소요되지만 재가노인서비스의 경우는 그렇지 않다.

13) 1996년의 경우 지방정부가 전체 주간보호소의 63%를, 자원봉사단체가 33%를 운영하고 있다(Victor, 1997). http://www.eldercareteam.com/public/department39.cfm

적 영역을 이용하는 데 있다. 그 결과, 영국의 사회복지 공무원이 담당하는 사람(caseloads)이 30~100인인데 비해(오스트레일리아 경우는 160인), 우리나라는 250인이나 된다(Walker, 2005: 243; 부록의 <표 8-9>에서 기초수급자/복지직 공무원도 비슷한 결과임). 여기에 우리나라의 문제가 있다. 이제는 한국의 복지전달체계를 살펴보자.

제 4 절 한국의 사회복지 전달체계

1 한국에서의 개편 논의

한국에서의 전달체계 개편 논의는 차상위계층 등 보편적 복지 확대, 예산급증에 대응한 복지행정체계를 효율화할 필요성뿐만 아니라, 희망복지지원단의 설치와 관련하여 일선공무원들의 문제점 지적(비현실성, 기존의 주민생활지원국 체제와 대비하여 개선의 곤란이 예상되는 점 등)이 계속됨에 따라 이에 대한 추진전략 및 대안이 필요했기 때문이다(보건복지부, 2009).

사회복지 전달체계 개편에 관한 논의는 1980년대에 사회복지전담공무원제가 도입되고 일선의 복지전담기구의 설치 필요성이 제기되어 왔으며, 크게 두 차례의 사회복지 전달체계의 개편 시도가 있었다. 1995년부터 4년여 동안 전국 5개 시·군·구에서 실시된 보건복지사무소 시범사업을 평가한 결과,[14] 대체로 실패로 평가되어 전면적으로 시행되지는 못했으며, 두 번째는 2004년에 사회복지사무소 시범사업이 전국 10개 시·군·구에서 2년 동안 시범적으로 시행되었으나,[15] 2005년

---

14) 추진기간은 1995년 7월~1999년 말까지였으며, 시범지역은 전국 5개소(서울 관악구·대구 달서구·경기 안산시·강원 홍천군·전북 완주군)였다. 추진목적은 "저소득 지역주민들에게 보건의료와 사회복지서비스를 포괄적으로 제공하기 위하여, 현행 보건소 조직 내에 사회복지 담당 부서를 신설하고 보건의료 및 복지서비스 기능을 연계하여 수행한다."였고, 평가결과는 복지업무 수행의 효율성 및 서비스 제공의 효과성이 제고되었으나, 주민접근성의 문제가 나타났고 보건 복지서비스의 연계 및 통합제공 측면에서는 뚜렷하게 효과를 측정할 수 있는 서비스 제공은 미흡했던 것으로 평가하였다.

7월 중간평가 후에 실패로 규정하고,16) 2006년 4월에 주민생활지원국, 과, 담당의 신설을 골자로 하는 지방행정조직 개편안이 제시되어 현재에 이르고 있다. 우리나라의 사회복지 전달체계 변화과정은 <표 8-5>와 같이 정리할 수 있겠다.

표 8-5 사회복지 전달체계 변화과정

	보건복지사무소	사회복지사무소	지역사회복지협의체	희망한국21
등장목적	전통적 사회복지행정 체제를 혁신해 보는 차원에서 등장	고령화 사회로의 진입에 따라 사회복지 서비스 욕구가 급증하면서 사회복지서비스 전달체계를 정비해야 한다는 사회적 욕구 등장	주민들의 욕구는 다양화되고 있으며, 시민사회가 성숙되면서 지역사회 운영전반에 대한 민간, 주민참여 욕구에 대응하는 제도적 기제로 등장	각 지역의 주민생활 지원 관련 기능을 강화하고, 읍·면·동 사무소를 '주민복지 문화센터'로 전환하여 일선창구로서 현장서비스를 제공하기 위해 등장
시행시기	1995.7~1997.6	2004.7~2006.6	2005.7~현재	2006.7~현재
지속되지 못한 이유	복지행정 조직의 이원화, 접근성의 감소, 보건과 복지전달체계 통합의 상승효과 미흡 등의 문제점이 제기됨에 따라 시범사업을 정식사업으로 전환할 만큼의 가시적 효과를 제시하지는 못함	시범사회복지사무소의 시험사업은 제대로 평가되기도 전에 발표한 '희망한국21'에 의한 사회복지 전달체계의 개편안에 의해 무의미하게 됨	현재까지 지속되고 있음	현재까지 지속되고 있음
운영 시스템	중앙집권적 구조 유지		네트워크 거버넌스 시스템 유지	

출처: 임태경(2009).

15) 시범시행 기간은 2004.7~2006.6이며, 시범시행지역(전국 10개 시·군·구)은 서울 강서구, 서초구, 부산 부산진구, 사하구, 광주 남구, 강원 춘천시, 충남 공주시, 경북 안동시, 충북 옥천군, 울산 울주군 등이다.

16) 보건복지부의 평가 결과(2005.7)는 기획, 발굴, 상담, 조사 등에는 강점이 있으나, 관리, 지원, 연계, 협력 등에 있어서는 부족한 것으로 평가하고 있다. 즉, 부처 간 업무조정 및 협력관계 형성이 원활하지 못하고, 접근성의 문제 및 탄력적 인력배치와 조정의 곤란, 그리고 수급자와의 대면접촉이 어려워서 효율적인 복지서비스 집행은 물론 양질의 복지서비스 제공이 불가능하다는 최종 판단을 하고 있다.

복지행정체계 개편의 목표 및 목적을 보통 복지재정의 효율적 집행과 수급자 만족도 향상에 두지만(보건복지부, 2009), 이를 위한 전달체계 구축은 여전히 미완성된 형태로서, 복지사각지대 상존, 복지인력의 절대부족에 따른 찾아가는 복지 곤란, 위기가정 발굴취약, 담당자의 업무과중, 부정수급 사례 발생 등 제도상의 여러 가지 문제점이 나타나고 있다. 이를 정리하면 다음 <표 8-6>과 같다.

표 8-6 복지사업의 현황 및 문제점

	관 점	문제점	결 과
1	국가	복지재정은 급속히 증가하지만 광범위한 복지사각지대 잔존, 부정・과오・중복 수급자 등이 증가하는 경향	복지제도 및 국가에 대한 국민신뢰에 문제
2	지방자치단체	지방비 매칭으로 과도・불균등한 복지재정의 부담	지방재정의 건전성 저하, 지역특성을 고려한 자율적 복지시책 시행 곤란, 지역 간 형평성 문제가 발생
3	담당 공무원	업무과다와 근무여건이 열악함으로 시간적 여유가 없고, 업무에 대한 불만	사기 저하로 수급자 만족도가 저하하고 수급자에 대한 관리소홀
4	민간부문	복지욕구 대비 서비스 과부족 및 체계성・통합성 미비와 공급자 중심으로 수급자의 만족도가 저하	지역사회로의 통합 약화

출처: 보건복지부(2009).

이들 문제점의 원인으로 보건복지부는 복지행정 및 전달체계 전반의 비효율성, 전근대성에서 비롯된다고 진단한다.[17] 여기서 첫째와 둘째 문제는 보건복지부에서 제시한 중앙과 지방 간 복지사업에서의 역할 분담과 복지사업을 공공부조와 복지서비스로 분리하려는 방안을 제시하며, 셋째 문제는 전달체계에서의 깔대기 현상을 제거해야 한다는 의미이며,[18] 넷째 문제는 민관협력체제 구축을 함의한다. 즉,

17) 구체적으로 보면 첫째로, 업무처리절차 및 정보체계의 낙후성으로 ① 사업마다 따로 신청－조사－급여－사후관리 실시, ② 확인조사는 변동분만 고려하지 않고 매회 전수조사 실시→불필요한 업무부담, ③ 조사 결과에 대해서는 정보시스템별・면별 별도 입력→업무배가, ④ 단순 정보(수급자 수 등) 외에 정책정보(통계, 추계, 성과분석) 활용 곤란→비과학적 행정 등이며, 둘째로는 공공・민간 전달체계의 비전문성 및 분절성, 인프라 부족인 바, 그 세부적 사항은 ① 공급자 및 일반행정 중심으로 대국민 접점에 대한 조직・인력・예산 지원 부족, ② 공공 내부 및 민간 간 수직・수평적 분업 및 협력 관계가 불명확・중복 등, ③ 전담공무원: 인력부족, 시간적 여유 부족, 사기저하, 전문성 재충전 기회 미흡 등을 들고 있다.

이 책에서는 역할 분담, 깔대기 현상 제거, 민관협력을 제시하고자 한다. 그러면 실제 일선에서의 문제는 어떠한가? 이를 다음 항의 경상북도를 중심으로 살펴본다.

2 경상북도 읍 · 면 · 동사무소의 사회복지 전달체계 현황

여기서는 경상북도의 시 · 군청과 읍 · 면 · 동사무소[19] 등 일선 행정기관의 사회복지업무를 담당 인력과 조직현황별로 살펴보고, 주민과의 접점(front−line)에 있는 읍 · 면 · 동사무소 복지 담당 공무원의 업무현황을 살펴본 후 최일선 공무원의 이른바 '깔때기 현상'의 실태를 파악해 보고자 한다. 깔대기 현상이란 위에서는 많은 정책이 쏟아지지만 일선에서는 깔대기 모양으로 한두 사람 밖에 없어 엄청난 업무부담이 있는 것을 일컫는다.[20]

1) 읍 · 면 · 동 공무원 현황과 사회복지업무 담당 공무원 현황

2009년 6월 말 현재 경상북도 내 355개 읍 · 면 · 동의 공무원 정원은 5,415명으로, 읍 · 면 · 동 평균 15.3명으로 집계된다. 이 중 사회복지업무를 담당하는 공무원은 사회복지직과 이외 직렬의 공무원으로 나눌 수 있는데, 사회복지업무를 담당하는 공무원의 총수는 사회복지직 공무원 542명과 행정직 등 사회복지직은 아니면서 사회복지업무를 담당하는 공무원이 707명으로 모두 1,249명의 공무원이 읍 · 면 · 동사무소에서 사회복지업무를 담당하고 있는 것으로 나타났다.[21]

앞서 언급한 읍 · 면 · 동사무소 소속 사회복지직 공무원 총수는 542명이며, 읍 · 면 · 동 평균 1.53명이며, 읍 · 면 · 동 전체 공무원 정원 5,415명의 10% 수준이

18) 복지직 인력이 단 1명만 있는 동과 읍 · 면은 각각 45.9%, 59.5%이며, 복지직 인력이 1~2명뿐인 곳은 모두 1,747개 동(82.9%), 1,111개 읍 · 면(92.9%)이라고 한다(보건복지부, 2009). 또 복지전담 공무원이 전혀 배치되지 아니한 동이 51개소, 면이 20개소로서 전체의 2%이다(이태한, 2009: 12).

19) 경상북도의 23개 시 · 군의 최일선 행정조직인 읍 · 면 · 동사무소 수는 355개로 읍(邑)이 36개, 면(面)이 202개, 동(洞)이 100개, 출장소가 17개이다. 이 중 포항시가 34개로 가장 많고, 상주시가 28개, 안동시가 27개이며, 읍 · 면 · 동 수가 적은 시 · 군은 울릉군이 4개로 가장 적고, 영양군이 6개, 군위 · 청송 · 고령 · 칠곡군이 8개이다.

20) http://parkgeunhye.or.kr/board/Mboard.asp?exec=view&strBoardID=News&intSeq=144885

21) 읍 · 면 · 동의 사회복지업무 담당 공무원이 1,249명임을 감안하면, 355개 읍 · 면 · 동에는 평균 3.5명의 공무원이 사회복지업무를 담당하고 있다(부록의 <표 8−8>을 참조하라).

다. 따라서 사회복지직 공무원은 보고서 작성, 대상별 급여지급 등의 과중한 업무로 인해 지역 내 기초수급자 가정을 방문하여 상담하면서 서비스를 지원하는 것은 현실적으로 상당한 어려움이 있다. 공무원 이외 복지업무 담당 인력으로 읍・면・동 공무원 이외에 720명의 행정인턴, 민생안정요원, 장애인 도우미, 의료급여관리사 등이 계약직, 일용직의 신분으로 부족한 사회복지업무 담당 공무원의 업무를 보조, 지원하고 있는데, 행정인턴 263명, 민생안정요원 70명, 장애인 도우미 144명, 의료급여관리사 35명, 기타 일용직 도우미가 224명이 있다. 이상의 현황에서 보듯, 사회복지업무 담당 공무원의 견지에서는 시간적 여유가 없고, 업무불만과 사기저하, 수급자 관리 소홀로 이어지고(보건복지부, 2009), 더 나아가 일선 근무 중에서 인격적 모욕을 당하는 일도 많이 나타난다[22](부록의 <표 8-8>과 <표 8-9>를 참조하라).

2) 읍・면・동사무소의 사회복지업무 현황

읍・면・동사무소의 사회복지 업무를 보기 전에 먼저 시・군청 조직을 살펴보자. 경북도내 23개 시・군의 사회복지 관련 조직은 '희망한국21 프로젝트'에 의해 1995년부터 사회안전망 전달체계를 정비하였다. 현재 시・군청의 사회복지 행정조직은 주민생활지원과・사회복지과 분리형과 주민생활지원과 통합형으로 구분할 수 있다.

첫째, 주민생활지원과・사회복지과 분리형으로, 국(局)이 설치된 10개 시(市)에는 모두 주민생활지원국이 설치되어 있다. 이 중 포항시는 주민생활지원과, 사회복지과, 여성가족과 등 3개 과로 구성되어 있으며, 영주시와 영천시는 주민생활지원과(또는 주민복지과) 1개 과가 설치되어 있고, 나머지 7개 시는 모두 주민생활지원과와 사회복지과 등 2개의 사회복지업무 담당 과(課)조직이 설치되어 있다. 한편, 13개 군(郡)지역은 상대적으로 규모가 큰 의성군과 칠곡군은 주민생활지원과와 사회복지과(또는 노인여성복지과) 등 2개 과로, 나머지 11개 군은 주민생활지원과가 설치되어 있다. 시・군청의 주민생활지원과와 사회복지과 조직에는 각각 4~7개의

22) http://www.ksswa.or.kr에 들어가면 복지공무원의 호소에 다음과 같은 글이 있다.
CCTV와 전화녹음 장치 설치 건의 부탁드립니다. 건의하여 상부에서 결정되면 시・군에서 예산 세워 설치해주겠지요. 정말 이건 복지가 아닙니다. 출근만하면 쌍욕을 들어야 하니… 그래도 밥줄이라 그만두지 못하는 제 자신이 참으로 한심하네요.

계(係)조직이 편성되어 있는데, 주민생활지원과에는 대다수 시·군이 복지정책, 서비스연계, 생활보장, 통합조사, 민생안정 T/F팀 등이 편재되어 있고, 사회복지과에는 사회복지, 노인복지, 장애인, 여성아동 등의 계(係)가 편재되어 다소 차이가 있다.

둘째, 주민생활지원과 통합형으로 앞에서 살펴본 주민생활지원과와 사회복지과 기능이 통합된 형태로, 주로 시(市)지역보다는 군(郡)지역에서 나타나는데, 주민생활, 생활보장, 통합조사, 서비스연계, 노인복지, 장애인, 여성아동, 청소년 등의 업무가 동일 조직에 편재되어 있다.

이제 읍·면·동사무소의 사회복지 관련 업무현황을 살펴보자. 시·군마다 조금씩 상이하지만, 대체로 읍(邑)은 총무, 주민생활지원, 재무, 민원, 산업, 건설 등 4~6개의 계(係)로 편재되어 있고, 면(面)은 총무, 주민생활지원, 민원, 산업 등 3~4개의 계(係)로, 그리고 동(洞)은 총무, 주민생활지원 등 1~2개 계(係)로 편재되어 있다. 읍·면·동사무소 공통적으로 주민생활지원계가 설치되어 있는 것을 알 수 있다(부록 <표 8-10>을 참조하라). 이러한 가운데 읍·면·동사무소에서 담당·처리하는 사무를 당해 자치단체의 조례로 정하고 있다.[23] 그러나 실제로 사회복지 관련 업무의 대부분을 읍·면·동사무소에서 처리하고 있는 것이 현실이다.[24] 읍·면·동마다 행정여건이 다소 차이는 있지만 대체로 읍·면·동사무소에서 사회복지 담당 공무원이 처리하고 있는 사회복지 관련 업무는 단위사무는 12개 분야 201개인 것으로 파악되고 있으며, 단위업무는 계속 증가하는 추세에 있다(부록의 <표 8-11>을 참조하라).

---

23) 경상북도 경산시의 경우, '경산시행정기구설치조례'에

- 제20조(직무) 읍·면·동은 행정의 능률과 주민편의를 도모하기 위하여 가족관계등록(동의 경우에는 제외한다)·주민등록업무, 민원서류 발급, 통·반 조직 운영 등 지방행정의 기초사무를 관장한다.
- 제21조(읍·면·동장) 읍에는 읍장, 면에는 면장, 동에는 동장을 두며, 읍·면·동장은 시장의 명을 받아 소관 사무를 통할하고, 소속직원을 지휘·감독한다.

24) 우리나라는 중앙정부, 광역자치단체, 기초지방자치단체의 단위업무 구분이 명확하지 않은 가운데, 특히 기초자치단체인 시·군청과 그의 하부 행정조직인 읍·면·동과의 업무 구분은 더욱 불분명한 것이 현실이다. 이 대안이 보건복지부 전달체계 개편안이다(보건복지부, 2009).

제 5 절 결론 및 정책적 함의

우리나라는 외양 면에서는 상당한 복지 발달이 이루어졌다. 국민기초생활보장제도나 노인장기요양보험제도 등이 도입되어 정착되었다. 그러나 기대한 만큼의 성과는 나타나지 않는데, 이는 복지시책의 비효율성 문제에 기초한다. 복지시책의 비효율성 문제를 해결하기 위해서는 전달체계의 개선이 우선되어야 한다는 주장이 힘을 얻는 바, 전달체계 개편은 양적 팽창으로부터 질적 전환을 위한 진통이라 할 수 있다.

이러한 추세에 대해 우선 영국의 전달체계는 어떠한가에 대해 살펴보았다. 영국의 사회복지 전달체계의 특징은 서비스 공급을 제3영역에 맡기고, 정부는 서비스 발전을 부추기는 역할을 떠맡는다. 또 서비스가 가장 필요한 사람에게 제공되도록 하는 대상집단을 관리하고, 서비스 이용자에게 선택의 자유를 더 넓혀주고, 기준의 설정과 감독을 강조하는 서비스 질 관리에 특징이 있다. 우리나라의 문제는 중앙과 지방 간 복지사업에서의 역할 분담과 공공부조와 복지서비스로 분리하는 문제, 전달체계에서의 깔대기 현상, 민관협력체제 구축의 문제로 요약하였다. 따라서 복지전달체계의 정책적 함의는 역할 분담, 깔대기 현상 제거, 민관협력을 제시하고자 한다.

1 역할 분담과 복지사업의 분리 방안

먼저, 보건복지부(2009)에서 제시한 역할 분담의 핵심은 읍・면・동사무소를 '복지센터(centre–link)'화하여, 삶의 5대 필수요소에[25] 대한 통합적인 지원을 실시한다는 점이다. 시・군・구는 동사무소 지원업무와, 앞서 영국에서 본 콜기능[26]의

25) 복지, 보건, 고용, 주거, 보육과 교육을 말하며 베버리지 보고서(Beveridge Report)로 일반화되었다.

26) 시・군・구 통합민원실에 부가하여 콜센터 설치하는 바, 콜은 8대 서비스를 포함하여 모든 분야를 망라하므로 지방자치단체 및 주민 입장에서는 모든 민원의 통합처리가 가능하다(보건복지부, 2009; 이원희, 2008).

강화, 사례관리 기능을 맡도록 한다(보건복지부, 2009). 중앙 및 시·도는 재정의 효율적 집행 및 부정수급 방지·징수 및 사각지대 해소, 권리구제, 조사 담당 공무원의 업무를 지원한다. 또 현재 복지사업은 공공부조와 복지서비스가 섞여 있고, 공공부조와 서비스에 구분없이 기획은 국가, 재정은 매칭, 전달은 지방·민간이 담당하는 체계를 전환하여, 공공부조는 국가가, 복지서비스는 지방이 책임지고 집행하는 방식으로 진행되어야 한다(보건복지부, 2009). 이를 표로 나타내면 다음 <표 8-7>이 된다.

표 8-7 복지사업의 중앙·지방·민간 간 역할 분담 방안

<table>
<tr><th colspan="2" rowspan="2">구 분</th><th colspan="2">공공부조</th><th colspan="2">복지서비스</th></tr>
<tr><th>현 행</th><th>변 경</th><th>현 행</th><th>변 경</th></tr>
<tr><td colspan="2">성격</td><td colspan="2">자산조사에 기인한 보충적 급여</td><td colspan="2">높은 현장성을 바탕으로 소비장려·사회서비스 산업 진흥, 일자리 창출에 기여</td></tr>
<tr><td colspan="2">특색</td><td colspan="2">① 사각지대 해소 및 권리구제, 부정수급단속 등 엄정한 집행이 필요
② 국가책임 아래의 수직적·통일적 집행조직이 적합</td><td colspan="2">① 지역적 특성·개별적 욕구에 기반
② 지역차원의 수평적 네트워크 조직이 적합 (즉, 다양한 민간조직, 자원봉사, 지역주민, 물적자원 등이 결합)</td></tr>
<tr><td rowspan="3">개편방향</td><td>정책기획</td><td>국가</td><td>국가</td><td>국가</td><td>지자체(국가적 신규사업은 국가)</td></tr>
<tr><td>재정</td><td>국가(78)+지방(38)</td><td>국가(100%)</td><td>국가(50)+지방(50)
(+민간재원)</td><td>국가(포괄보조금)+
지방(+민간재원)</td></tr>
<tr><td>전달체계</td><td>지방</td><td>국가
(공공부조사무소)</td><td>지방+민간</td><td>지방+민간</td></tr>
</table>

출처: 보건복지부(2009) 수정.

그러나 앞서 언급한 지방행정조직이 개편되어(주민생활지원국, 과, 담당의 신설) 현재에 이르고 있고, 특별지방행정기관이 일반행정으로의 통·폐합 요구가 거센 시점에서(이원희, 2008) 보건복지부의 독자적인 전달체계 구상은 실현되기가 쉽지 않고 중·장기 방향으로 인식하고 있다. 따라서 이 책은 실현가능한 방안을 추구하는데 그것이 바로 깔대기 현상의 제거이다.

2 깔대기 현상 제거

앞서 <표 8-6>에서 언급하였듯이 우리나라 사회복지 공무원은 과중한 업무로 여러 문제가 발생한다. 이러한 문제들을 해결하기 위한 노력의 결과물이 통합 DB 구축이었다. 그동안 사업별, 시·군·구별로 관리하던 정보를 중앙에서 통합 구축하여 1회 조사로 개인별 소득·자산 데이터를 축적, 사업별 및 시·군·구별로 공동으로 활용할 수 있게 되었다(보건복지부, 2009). 따라서 사업별 소득인정액 산정방식[27]에 따라 소득인정액 및 급여액이 자동 산출되며, 급여이력이 지속적으로 관리되므로 중복 및 과잉급여 방지에 활용할 수 있다(보건복지부, 2009).

좀 더 나은 방향은 사회복지 공무원이나 전문가를 늘리는 방안이 추진되어야 한다. 특히, 수요확대가 예상되는 구직지원, 위기가정에 대한 기초상담을 담당하는 인력의 보강이 필요하다(이태한, 2009). 이를 통해 현재 자산조사 중심에서 서비스 중심으로 사회복지 공무원의 업무를 전환할 수 있고,이를 바탕으로 수혜자와 전달자간 깊은 인간적 관계가 이루어질 수 있다.[28]

3 민관협력 체제 구축

마지막으로, 복지전달체계의 정책적 함의는 앞서 영국에서 보았듯이 지역사회 보호 중심으로 이동하여 지역사회에 통합하고, 지역특성에 따른 차별화된 접근이 필요하다(이태한, 2009). <표 8-1>의 영국 서비스 전달체계 전환의 방법은 국가영역이 독점하던 체계로부터 자발적 및 사적 영역의 이용이 그 핵심이다. 이는 지금까지 복지전달체계 비판의 핵심이었던 관(官) 주도의 현금성 복지급여 중심의 일방적인 복지정책이나 민간과 공공 간, 민간기관 간에 서로 유기적으로 연계되지 못하는 비효율성을 해소할 수 있다. 이는 행정의 말초신경에 해당하는 읍·면·동 사무소 사회복지업무 담당자들이 해결해 줄 수 없는 부분,[29] 특히 복지대상자의

27) 기초생활보장 소득인정액=(실제소득-가구특성 비용-소득공제)+(재산-기초공제액-부채)×환산율.

28) http://parkgeunhye.or.kr/board/Mboard.asp?exec=view&strBoardID=News&intSeq=144885

발굴, 민간 복지자원의 연계 및 지원 방안에 유효할 것이다(이태한, 2009). 우리 상황에 맞는 지역사회 중심의 복지체제를 구축하고, 지역사회가 보호의 중심으로 사회적 통합을 이루는 기제를 마련하여야 할 것이다.

29) http://kr.img.search.yahoo.com/search/images?p=%EC%A0%84%EB%8B%AC%EC%B2%B4%EA%B3%84+%EB%AC%B8%EC%A0%9C&b=1&oid=6_20091008134333159j3_57042877&subtype=com&target=detail&top=frame

표 8-8 경상북도의 읍·면·동 및 사회복지업무 담당 인력 현황

시·군별	읍·면·동수(개)					사회복지업무 담당 인력					
	계	읍	면	동	출장소	계 (명)	공무원			*공무원외 담당 인력	결원, 휴직
							소 계	사회복지직 외 공무원	사회 복지직 공무원		
계	355	36	202	100	17	1,862	1,249	707	542	528	85
포항시	34	4	10	19	1	147	94	36	58	41	12
경주시	25	4	8	13	–	164	111	72	39	51	2
김천시	22	1	14	7	–	138	102	74	28	29	7
안동시	27	1	13	10	3	132	98	53	45	32	2
구미시	28	2	6	19	1	152	93	57	36	51	8
영주시	19	1	9	9	–	91	72	48	24	19	–
영천시	16	1	10	5	–	94	65	41	24	28	1
상주시	28	1	17	6	4	99	61	31	30	36	2
문경시	16	2	7	5	2	68	47	22	25	19	2
경산시	15	2	6	7	–	109	71	32	39	37	1
군위군	8	1	7	–	–	32	26	16	10	5	1
의성군	18	1	17	–	–	98	86	62	24	–	12
청송군	8	1	7	–	–	36	19	9	10	15	2
영양군	6	1	5	–	–	45	36	21	15	8	1
영덕군	11	1	8	–	2	69	39	18	21	29	1
청도군	11	2	7	–	2	40	23	8	15	15	2
고령군	8	1	7	–	–	35	27	17	10	8	–
성주군	10	1	9	–	–	45	29	17	12	13	3
칠곡군	8	3	5	–	–	56	34	19	15	12	10
예천군	12	1	11	–	–	58	30	13	17	25	3
봉화군	10	1	9	–	–	68	35	16	19	30	3
울진군	11	2	8	–	1	73	47	24	23	23	3
울릉군	4	1	2	–	1	13	4	1	3	2	7

주) * 공무원외 담당 인력이란 공무원이 아닌 신분으로 사회복지업무를 보조·지원하고 있는 계약직, 일용직의 행정인턴, 도우미, 의료급여관리사 등을 말함.
출처: 경상북도 사회복지과(2009.6.30 현재).

표 8-9 시 · 군청 · 읍 · 면 · 동사무소의 사회복지 조직 현황

2009.6.30 현재

시 · 군별	인구수(명) ('09.6월 말)	기초수급자		읍 · 면 · 동 공무원 정원(명)	사회복지직 공무원	
		인원(명)	인구대비 (%)		공무원수	정원대비 (%)
계	2,670,040	127,826	4.79	5,415	542	10.0
포항시	508,891	20,389	4.01	527	58	11.0
경주시	268,271	9,897	3.69	442	39	8.8
김천시	136,698	6,964	5.09	336	28	8.3
안동시	166,823	10,282	6.16	348	45	12.9
구미시	396,221	9,172	2.31	372	36	9.7
영주시	113,776	7,024	6.17	232	24	10.3
영천시	103,258	7,853	7.61	264	24	9.1
상주시	105,689	4,956	4.69	394	30	7.6
문경시	74,909	5,163	6.89	208	25	12.0
경산시	236,701	9,850	4.16	285	39	13.7
군위군	25,093	1,514	6.03	115	10	8.7
의성군	59,506	3,601	6.05	296	24	8.1
청송군	27,098	2,243	8.28	140	10	7.1
영양군	18,608	2,154	11.58	124	15	12.1
영덕군	42,090	3,741	8.89	155	21	13.5
청도군	44,380	2,595	5.85	175	15	8.6
고령군	34,628	2,501	7.22	110	10	9.1
성주군	44,987	2,291	5.09	154	12	7.8
칠곡군	117,245	4,958	4.23	161	15	9.3
예천군	47,632	3,336	7.00	194	17	8.8
봉화군	34,468	2,498	7.25	167	19	11.4
울진군	52,629	4,473	8.50	165	23	14.0
울릉군	10,439	371	3.55	51	3	5.9

출처: 경북도청 사회복지과.

표 8-10 시 · 군청 · 읍 · 면 · 동의 사회복지조직 현황

시 · 군별	시 · 군청			읍 · 면 · 동사무소
	국(局) 명칭	과(課) 명칭	[계(係)의 수], 명칭	
포항시	주민생활 지원국	주민생활 지원과	(4)복지정책, 서비스연계, 자활고용, 생활보장	읍 · 면 · 동: 주민생활지원계
		사회복지과	(4)사회복지, 장애인복지, 노인복지, 노인시설	
		여성가족과	(6)여성정책, 아동보육, 가족지원, 청소년복지, 드림스타트팀, 청소년수련관	
경주시	주민생활 지원국	주민생활 지원과	(4)복지기획, 통합조사, 서비스연계, 기초생활보장	읍 · 면 · 동: 주민생활지원계
		사회복지과	(6)노인복지, 장애인복지, 여성아동 복지, 보육, 종합장사공원 T/F팀	
김천시	주민생활 지원국	주민생활 지원과	(4)복지기획, 복지조사, 복지연계, 생활보장	읍 · 면 · 동: 주민생활지원계
		복지위생과	(6)장애인복지, 노인복지, 여성가족 복지, 위생관리, 위생지도	
안동시	주민생활 지원국	주민생활 지원과	(6)복지행정, 생활안정, 생활보장, 희망나눔, 여성복지, 새마을자원봉사	읍 · 면 · 동: 주민생활지원계
		주민복지과	(6)자활복지, 장애인복지, 아동복지, 노인복지, 노후문화, 장애인종합 복지관운영	
구미시	주민생활 지원국	주민생활 지원과	(5)총괄기획, 서비스연계, 사회보장, 통합조사, 민생안정추진 T/F	읍 · 면 · 동: 주민생활지원계
		사회복지과	(5)노인복지, 여성복지, 여성정책, 장애인복지, 보육	
영주시	주민생활 지원국	주민복지과	(8)복지기획, 경로복지, 재활복지, 여성정책, 생활복지, 통합조사, 드림스타트, 민생안정 T/F	읍 · 면 · 동: 주민생활지원계
영천시	주민생활 지원국	주민생활 지원과	(7)복지장애인, 서비스연계, 복지 조사, 생활보장, 노인복지, 여성가족, 드림스타트 T/F	읍 · 면 · 동: 주민생활지원계
상주시	주민생활 지원국	주민생활 지원과	(4)복지기획, 기초생활, 복지조사, 주민서비스	읍 · 면 · 동: 주민생활지원계
		사회복지과	(4)노인청소년, 장애인복지, 여성보육, 여성회관	
문경시	주민생활 지원국	주민생활 지원과	(6)주민생활, 위생, 서비스, 통합조사, 경로복지, 여성보육	읍 · 면 · 동: 주민생활지원계
경산시	주민생활 지원국	주민생활 지원과	(5)주민생활기획, 주민생활서비스, 기초생활보장, 통합조사, 민생안정 T/F	읍 · 면 · 동: 주민생활지원계
		사회복지과	(5)노인복지, 외국인복지지원, 여성 아동, 보육지원, 드림스타트 T/F	

군위군	–	주민생활 지원과	(6)주민생활지원, 통합서비스, 생활 보장, 가정복지, 상수도, 하수도	읍・면: 주민생활지원계
의성군	–	주민생활 지원과	(4)주민지원, 생활보장, 평생교육, 정보통계	읍・면: 주민생활지원계
		노인여성 복지과	(4)노인복지, 여성복지, 고령친화, 위생	
청송군	–	주민생활 지원과	(5)복지기획, 복지지원, 노인복지, 여성청소년, 위생	읍・면: 주민생활지원계
영양군	–	주민생활 지원과	(4)복지정책, 노인복지, 통합서비스, 여성정책	읍・면: 주민생활지원계
영덕군	–	주민생활 지원과	(5)주민생활, 통합서비스, 노인청소년, 여성아동, 체육지원	읍・면: 주민생활지원계
청도군	–	주민생활 지원과	(5)복지기획, 생활보장, 서비스연계, 노인복지, 여성아동	읍・면: 주민생활지원계
고령군	–	주민생활 지원과	(6)주민생활기획, 복지조사, 생활보장, 사회복지, 여성가족, 노인복지	읍・면: 주민생활지원계
성주군	–	주민생활 지원과	(6)복지기획, 노인복지, 서비스연계, 통합조사, 장애인자활, 여성아동	읍・면: 주민생활지원계
칠곡군	–	주민생활 지원과	(4)주민생활기획, 기초생활보장, 서비스연계, 통합조사	읍・면: 주민생활지원계
		사회복지과	(4)주민복지, 위생관리, 노인복지, 여성아동	
예천군	–	주민생활 지원과	(5)주민복지, 서비스연계, 사회보장, 노인복지, 여성청소년	읍・면: 주민생활지원계
봉화군	–	주민생활 지원과	(5)복지기획, 통합조사, 서비스연계, 노인복지, 여성청책	읍・면: 주민생활지원계
울진군	–	주민생활 지원과	(6)복지기획, 노인복지, 아동청소년, 여성정책, 통합조사, 서비스연계	읍・면: 주민생활지원계
울릉군	–	주민생활 지원과	(6)부녀상담관, 복지기획, 생활보장, 노인복지, 여성청소년, 위생	읍・면: 주민생활지원계

주) 읍 – 총무, 주민생활지원, 재무, 민원, 산업, 건설 등 4~6개 계(係)제 운영.
면 – 총무, 주민생활지원, 민원, 산업 등 3~4개 계(係)제 운영.
동 – 총무, 주민생활지원 등 1~2개 계(係)제 운영.

표 8-11 읍 · 면 · 동 사회복지 담당 공무원이 처리하는 사회복지 단위업무 목록

번 호	범 주		보 기
	명 칭	종 류	
1	기초수급자 기본 법정급여 사무	8개	① 생계급여 ② 주거급여 ③ 교육급여 ④ 해산급여 ⑤ 장제급여 ⑥ 의료급여 ⑦ 정부양곡할인 ⑧ 신용회복, 개인파산 · 회생제도 지원
2	기초수급자 각종 감면제도 사무	11개	① 주민세 비과세 ② TV 수신료 감면 ③ 전기요금 할인 ④ 주민등록 발급 수수료 면제 ⑤ 복지전화 서비스 ⑥ 집전화 기본요금 감면 ⑦ 이동전화료 감면 ⑧ 인터넷요금 감면 ⑨ 음식물쓰레기 수거용 스티커 배부 ⑩ 종량제 봉투 지원 ⑪ 수도요금 기본료 지원
3	주거복지 사무	8개	① 영구임대 아파트 신청 ② 기존주택 전세임대 주택 ③ 다가구 매입임대주택 ④ 신혼부부 전세임대 주택 ⑤ 전세자금 융자 ⑥ 저소득층 주거환경개선 사업 ⑦ 소년소녀가장, 교통사고 유자녀 전세임대 지원 ⑧ 저소득층 월동생계비 지원
4	영유아 복지 사무	11개	① 보육료 지원 ② 아이돌봄 서비스 ③ 아동 인지능력향상 바우처 사업 ④ 보육시설 미이용 양육수당 지원 ⑤ 산모도우미 파견 ⑥ 미숙아 및 선천성 이상아 의료비 지원 ⑦ 소아 아동암 의료지원 ⑧ 드림스타트(영유아 복지, 교육, 보건지원) ⑨ 임산부, 영유아 보충영양관리 사업 ⑩ 셋째 이후 자녀 보육료 지원 ⑪ 농어촌 소규모 어린이집 설치 · 운영

5	아동 · 청소년 복지 사무	12개	① 아이돌봄 서비스 ② 인터넷 수능방송 ③ 초등학생 치아 홈 메우기 ④ 천사계좌 장학금(중학생) ⑤ 디딤돌 장학금(대학생) ⑥ 신입생 교복지원 사업 ⑦ 방과 후 공부방 사업 ⑧ 결식아동 급식지원 ⑨ 소년소녀가장 지원 및 관리 ⑩ 아동발달 지원계좌 사업 ⑪ 입양아동 양육지원 ⑫ 교육청 주관 저소득 유아 학비지원 조사, 통보
6	융자제도 관련 사무	6개	① 생업자금 융자 ② 주민소득 및 생활안정자금 융자 ③ 희망키움 뱅크 ④ 장애인 자립기금 ⑤ 전세자금 융자 ⑥ 재산 담보부 생계비 융자지원 사업
7	노인복지 사무	23개	① 기초노령연금 ② 경로당환경개선 사업 ③ 푸드뱅크 및 푸드마켓 사업 ④ 무의탁 노인 건강음료 배달사업 ⑤ 노인돌봄서비스 바우처 ⑥ 독거노인 생활지도사 파견사업 ⑦ 독거노인 주거환경개선 사업 ⑧ 분묘개장, 매장, 화장신고 ⑨ 노인요양시설 기능보강 사업 ⑩ 사회복지법인(노인) 설치 및 운영 ⑪ 사할린 한인 지원 ⑫ 재가노인 지원센터 운영 ⑬ 노인복지지설 설치 및 운영 ⑭ 노인주간 보호사업 ⑮ 재가 장기요양기관 설치 운영지원 ⑯ 노인일자리 사업 ⑰ 노인복지관 운영지원 ⑱ 결식우려 노인 무료급식 지원 ⑲ 기타 지역복지관 서비스(세탁, 밑반찬 지원, 목욕, 병원 동행, 이미용서비스 등 5종)
8	장애인 복지사무	78개	① 장애수당 지급 ② 장애아동 부양수당 ③ 중증장애인 활동보조 ④ 발달장애 아동 지원 바우처

			⑤ 장애인 보장구, 재활기구 보조 ⑥ 전동휠체어 배터리 지원사업 ⑦ 가사간병 서비스 ⑧ 장애인 재활시설 입소 신청 ⑨ 독거 중증장애인 야쿠르트 지원 ⑩ 차량 무료점검 서비스 ⑪ 이동서비스(나드리 콜택시) ⑫ 장애인 주간보호시설 이용 ⑬ 장애인 행복텃밭 사업 ⑭ 장애인 등록 및 진단비 지원 ⑮ 장애인 고속도로 통행료 할인카드 발급 ⑯ 장애인생산품 판매지원 ⑰ 장애인 재활치료 사업 ⑱ 장애인 감면시책(장애인자동차 표지발급, 통행료 할인, 자동차세 감면 등 56종) ⑲ 지역 장애인복지관 서비스(세탁, 독거중증장애인 밑반찬 지원, 이미용, 이동목욕, 방역서비스 등 5종)
9	자활 취업복지	7개	① 자활근로사업 ② 근로장려금 지원 ③ 무료직업훈련 ④ 자활센터 운영비 지원 ⑤ 자활센터 건립 ⑥ 기술교육 알선 및 이수자 취업장려금 지원 ⑦ 집수리사업단 운영
10	건강지원 서비스 사무	5개	① 정신질환자 방문지원 ② 심리치료, 적성검사 ③ 암환자 의료비 지원 ④ 치매환자 관리 ⑤ 저소득층 건강보험료 및 장기요양보험료 지원
11	다문화 가정 관련 사무	12개	① 다문화 가정 주거환경 개선 사업 ② 다문화 가정 지원 ③ 다문화가족 실태조사 ④ 친정부모 및 부모초청 사업 ⑤ 결혼이민가족 분기조사 ⑥ 결혼이민자 여성 및 배우자 건강검진 ⑦ 결혼이민 가족 의료비 지원 ⑧ 농촌결혼이민여성 모국방문 지원 ⑨ 외국인 결혼가정 무료공연 지원 ⑩ 다문화 가정 자녀 그림책 지원 ⑪ 결혼이민자 전통혼례 지원 ⑫ 이주여성 정착금 지원

12	기타 복지서비스	20개	① 긴급복지지원 ② 전기 등 위험가구 점검 ③ 무료법률상담 ④ 한시생계보호 지원 ⑤ 재해구호 지원 ⑥ 불우이웃돕기 결연·후원, 성금 ⑦ 응급구호비 지원 ⑧ 재해·재난피해자 긴급구호물품 지원 ⑨ 일군위안부 지원 ⑩ 가정·성폭력 피해예방 ⑪ 양성평등 사회실현 관련 사무 ⑫ 저소득 모부자 가정 지원 ⑬ 모부자 시설 관리운영 ⑭ 기초수급자 월동난방비 지원 ⑮ 저소득 가구 컴퓨터 지원 ⑯ 결혼중개업 관리 ⑰ 건강가정지원센터 운영 ⑱ 기초수급자 정기방문 상담 ⑲ 기초수급자 전출입 관리 ⑳ 복지대상자 자격증명서 발급

출처: 경상북도 사회복지과(2009.6.30 현재).

제 9 장 패러다임의 전환

제 1 절 현재의 복지모습으로서의 복지언어

이 앞의 장(章)들에서 복지를 대상으로 연구하는 학문이 복지학이고, 그 복지학의 기초와 개념들의 관계를 연구하는 것이 복지언어라고 설명하였다. 물론 전통적으로 복지언어는 복지에 대한 용어 등을 다루어 왔다. 이 책에서도 제3장은 이에 대한 논의이다. 더 나아가 복지에 관한 용어가 혼용되고 있음도 제7장에서 살펴보았다. 이 장에서는 복지 관련 법령에 있는 복지용어에 대해 제1절에서 논의해 보고, 제2절에서는 복지언어의 철학적 지향점인 사회적 행복을 다시 한 번 강조하고, 제3절에서는 그 학문적 지향점인 정합성 및 복지학의 과학철학과 인문학주의를 살펴본다.

현재의 복지모습은 어떤 모습일까? 이를 잘 나타낸 것이 복지 관련 법령체계이다. 사회복지법령 중에서 법령별로 어떤 언어들이 쓰이는지, 어떤 중심성을 갖고 있는지는 현재의 복지모습을 보여준다. 즉, 현재의 복지모습으로서의 복지언어법령체계에서 찾았다. 이 복지법령이 어떤 복지언어를 갖고 있는지의 의미를 간단히 되풀이하자면, 첫째 명제는 복지의 연구대상은 삶의 양식이라는 점이다. 둘째 명제는 복지언어의 성격을 밝히는 것은 복지학이 무엇인가, 어떻게 그 기반을 갖는가를 밝혀야 한다는 점이다. 셋째 명제는 이를 위해서는 복지의 보편성은 무엇이며,[1] 한국에서 특유한 복지현상은 무엇인지를 밝혀야 한다는 것이다.

이에 따라 복지언어의 연구란 복지의 핵심가치를 밝히고 복지의 보편성을 차이 나게 하는 요소인 매개변인과 원리들은 무엇이며, 그에 따른 각국 나름의 복지현상은 무엇인가를 탐구하는 영역이다. 즉, 복지의 보편성은 어떤 핵심가치들로 구성되어 있으며(제5장), 어떤 매개변인과 원리들이 작용하여 각국의 복지현상이 나타나는가(제6장)를 앞서 서술하였다. 이제는 한국의 복지현상은 어떠한가?를 살펴볼 차례이다.

문제는 한국 고유의 모델이라 할 수 있는 것이 없고 모두 양극단의 중간에 위치한다는 점이다. 개인주의와 집합주의의 중간선상 어디에, 평등과 자유의 조화라기보다는 그 둘의 엉성한 결합, 시장주의와 복지주의 또는 국가개입주의의 어디쯤에 위치한다. 예컨대, 경제철학은 시장국가 쪽으로 움직이지만, 복지철학은 복지국가의 원리가 작동되는 복지국가 지향이다. 이 장은 복지현상을 잘 나타내는 법령을 살펴봄으로써 한국 현재의 복지현상을 진단해 보고자 한다.

표 9-1 고용보험법의 주요단어와 빈도수

단 어	빈도수	단 어	빈도수	단 어	빈도수
급여	249	실업	67	규정	29
고용	248	노동부장관	64	법	29
지급	162	근로자	63	수당	29
피보험	146	직업능력개발	52	사유	28
자격	145	직업안정기관	47	사항	28
수급	143	사업주	47	적용	28
개정	128	지원	43	훈련	28
대통령	99	육아휴직	36	이직	25
사업	89	금액	35	인정	25
구직	88	청구	33	보험법	24

1) 여기서 말하는 보편성이란 보편적 복지와 선별적 복지를 논의할 때 사용되는 보편성과는 의미가 아주 다르다. 여기에서의 보편성이란 복지를 논의할 때 꼭 필요한 원리를 지칭한다.

표 9-2 공무원연금법의 주요단어와 빈도수

단 어	빈도수	단 어	빈도수	단 어	빈도수
행정자치부차관	3	평균기준소득월액	8	연금부담금	13
책임준비금	3	연금기금	9	청구	13
유족연금특별부	5	유족연금일시금	9	수급자	14
재해보상부담금	5	유족보상금	10	순직유족급여	15
퇴직일시금	6	정관	10	퇴직수당	15
행정자치부	6	초과소득월액	10	공무상요양비	17
유족일시금	6	퇴직연금일시금	11	순직유족연금	17
사립학교교직원	7	임원	12	사망	18
유족급여	7	사망조위금	13	퇴직급여	18
장기급여	8	순직유족보상금	13	업무	21

표 9-3 국민건강보험의 주요단어와 빈도수

단 어	빈도수	단 어	빈도수	단 어	빈도수
공단	147	요양급여비용	42	국가법령정보센터	23
보험료	96	법	37	법제처	23
사항	75	요양급여	35	공무원	22
사람	71	피부양	35	절차	22
대통령	65	납부	28	기준	21
직장	59	국민건강보험법	25	사유	21
보험급여	58	규정	25	의무	21
요양기관	55	비용	25	징수	21
보건복지부	51	지급	24	가입	20
보건복지부장관	48	개정	23	근로	20

표 9-4 국민건강증진법의 주요단어와 빈도수

단 어	빈도수	단 어	빈도수	단 어	빈도수
개정	56	국가	17	군수	10
규정	44	건강	16	시장	10
보건복지부장관	36	기금	13	구청장	9
광고	23	관리	12	국가법령정보센터	9

보건복지부	23	내용	12	국민건강증진	9
대통령	22	본조신설	12	도지사	9
지방자치단체	22	부담금	12	법제처	9
국민	20	사업	12	운영	9
담배	18	경고문구	11	자료	9
보건교육	18	국민건강증진법	10	과태료	8

표 9-5 국민기초생활보장법의 주요단어와 빈도수

단 어	빈도수	단 어	빈도수	단 어	빈도수
급여	106	보건복지부장관	26	사업	15
수급자	84	부양	26	국민기초생활	14
보장기관	53	자활	23	보장법	14
전문개정	52	의무자	22	지역자활센터	14
법	34	특별자치도지사	21	국가법령정보센터	13
수급권자	33	지원	19	법제처	13
대통령	28	보건복지부	18	운영	13
구청장	27	도지사	17	보장비용	12
군수	27	법률	16	생계급여	12
시장	27	실시	16	생활보장위원회	12

표 9-6 국민연금법의 주요단어와 빈도수

단 어	빈도수	단 어	빈도수	단 어	빈도수
가입자	129	기금	56	보건복지부	29
대통령	101	장애	48	국가법령정보센터	28
공단	99	날	46	법제처	28
금액	94	자격	46	국민연금	27
연금보험료	90	수급권	41	사유	27
수급권자	87	유족연금	41	연금	27
급여	70	건강보험공단	33	사람	24
사항	70	보건복지부장관	32	업무	24
납부	66	장애연금	32	근로자	22
지급	65	국민연금법	29	반환일시금	21

표 9-7 군인연금법의 주요단어와 빈도수

단 어	빈도수	단 어	빈도수	단 어	빈도수
급여	94	상이연금	33	유족연금	20
사람	94	지급	60	장애	19
금액	89	법	27	유족	18
대통령	57	퇴역연금	27	사망보상금	16
전문개정	57	연금법	24	국가법령	15
기준소득월액	47	연금	22	법제처	15
복무기간	41	질병	21	사망	12
사유	39	공무상요양비	20	퇴역연금일시금	12
개정	34	국방부장관	20	평균액	12
권리	34	기여금	20	국가	11

표 9-8 긴급복지법의 주요단어와 빈도수

단 어	빈도수	단 어	빈도수	단 어	빈도수
지원	45	긴급지원심의위원회	10	국가	5
군수	25	금융정보	9	기관	5
사람	25	개정	8	지방자치단체	5
시장	25	보호	8	구호	4
구청장	24	비용	8	국가법령정보센터	4
전문개정	19	긴급복지지원법	6	국민기초생활	4
긴급지원 대상자	18	사회복지시설	6	도지사	4
위기상황	17	신용정보	6	법제처	4
법률	16	자료	6	보장법	4
긴급지원	10	정보	6	사회복지사업법	4

표 9-9 노인복지법의 주요단어와 빈도수

단 어	빈도수	단 어	빈도수	단 어	빈도수
노인	359	지방자치단체	34	도지사	20
개정	66	복지주택	30	보호	19
규정	52	시설	30	업무	19

구청장	38	보건복지부	29	가정	18
군수	38	설치	27	대통령	18
삭제	38	본조신설	26	복지법	18
시장	38	실종	26	국가법령정보센터	17
복지시설	37	이행강제금	24	보호전문기관	17
국가	35	운영	23	신설	17
사항	34	법	22	요양보호사	17

표 9-10 노인장기요양법의 주요단어와 빈도수

단 어	빈도수	단 어	빈도수	단 어	빈도수
장기요양급여	137	방법	38	보건복지부장관	25
장기요양기관	103	시설	38	재가장기요양기관	24
공단	98	등급판정위원회	37	장기요양급여비용	23
수급자	67	대통령	36	노인장기요양보험법	22
사항	63	장기요양	35	국가법령정보센터	20
시장	56	장기요양인정	29	내용	20
구청장	55	특별자치도지사	29	법제처	20
군수	54	특별자치시장	28	통보	20
보건복지부	51	국민건강보험법	27	장기요양보험료	19
개정	45	자료	26	절차	19

표 9-11 보호관찰 등에 관한 법률의 주요단어와 빈도수

단 어	빈도수	단 어	빈도수	단 어	빈도수
보호관찰	137	보호처분	12	소년교도소	8
보호관찰소	63	집행유예	12	재범	8
심사위원회	46	사회	9	사안조사	7
갱생보호사업	31	사회봉사명령	9	서면	7
법무부장관	29	수용자	9	수용기관	7
사회봉사	25	판결	9	정관	7
가석방	24	교도소	8	처우	7
보호관찰관	23	구치소	8	국공립기관	6
국가법령정보센터	17	목적	8	보호소년	6
법제처	17	선고유예	8	보호장구	6

표 9-12 사립학교교직원연금법의 주요단어와 빈도수

단 어	빈도수	단 어	빈도수	단 어	빈도수
연금	169	개정	46	사유	19
공단	108	사립학교교직원	41	법인부담금	18
법	106	개인부담금	40	국가법령정보센터	17
급여	98	금액	39	법제처	17
전문개정	86	요양	32	직원	17
교직원	78	유족	27	교육부장관	16
사람	63	기금	22	납부	14
지급	61	수급자	22	재해보상부담금	14
공무원	54	이사장	22	합산	14
대통령	47	재직기간	22	국가	13

표 9-13 사회보장기본법의 주요단어와 빈도수

단 어	빈도수	단 어	빈도수	단 어	빈도수
사회보장	65	시행	14	책임	9
지방자치단체	54	중앙행정기관	14	노력	8
국가	53	수립	13	보장	8
국민	33	기본계획	12	사회보장기본법	8
법령	20	비용	11	사회보장정보시스템	7
사회보장제도	18	대통령	10	사회보장통계	7
사회보장급여	17	사회서비스	9	국가법령정보센터	6
보건복지부장관	15	생활	9	법	6
수급권	15	정보	9	법제처	6
운영	15	제도	9	사회보장정책	6

표 9-14 사회복지공동모금회법의 주요단어와 빈도수

단 어	빈도수	단 어	빈도수	단 어	빈도수
모금회	57	보건복지부장관	11	국가법령정보센터	6
전문개정	38	임원	11	법인	6
공동모금재원	23	사람	10	법제처	6
기부금품	20	회장	10	사회복지사업법	6

회계연도	17	관리	8	보조금	5
법	15	목적	8	사회복지공동모금	5
정관	15	배분	8	사회복지공동모금회	5
분과실행위원회	14	사업	8	허가	4
운영	13	사회복지공동모금회법	7	감사	3
이사회	13	사회복지사업	7	과태료	3

표 9-15 사회복지사업법의 주요단어와 빈도수

단 어	빈도수	단 어	빈도수	단 어	빈도수
사회복지	248	시장	38	운영	24
시설	129	군수	37	지역	24
사업	84	제공	36	국가법령정보센터	20
전문개정	79	지방자치단체	36	법제처	20
사항	72	보건복지부령	35	보호대상자	19
법인	68	구청장	33	자료	19
개정	62	대통령	31	기관	18
서비스	62	법률	29	신설	17
법	49	보건복지부장관	25	재산	17
도지사	40	국가	24	보건	15

표 9-16 산업재해보상보험법의 주요단어와 빈도수

단 어	빈도수	단 어	빈도수	단 어	빈도수
지급	202	사업	57	심사	33
개정	147	사항	52	결정	32
공단	145	고용노동부장관	50	진폐	31
요양	145	수급권자	48	고용노동부	29
보험급여	108	산재보험	39	진폐보상연금	29
근로자	85	기준	37	산업재해보상보험법	28
대통령	82	평균임금	37	국가법령	27
급여	61	질병	36	법제처	27
법	59	유족보상연금	34	유족	27
의료기관	58	장해보상연금	34	정보센터	27

표 9-17 아동복지법의 주요단어와 빈도수

단 어	빈도수	단 어	빈도수	단 어	빈도수
아동	135	운영	33	아동복지전담기관	20
아동복지시설	53	업무	32	보호자	19
국가	46	지방자치단체	32	예방	19
도지사	41	시설	28	종사자	19
대통령	37	아동보호전문기관	28	피해아동	19
보호	37	교육	27	사람	18
군수	36	설치	27	아동복지법	18
시장	36	보건복지부장관	26	법령	17
아동학대	36	법	23	가정위탁지원센터	17
구청장	35	보호대상아동	23	치료	17

표 9-18 암관리법의 주요단어와 빈도수

단 어	빈도수	단 어	빈도수	단 어	빈도수
암	84	보건복지부	16	암환자	10
보건복지부장관	48	원장	15	이사회	10
완화	41	예방	13	제출	10
국립암센터	39	법	12	지역암등록본부	10
사업	27	암등록통계사업	12	국가법령정보센터	8
관리	21	암연구사업	12	방법	8
의료	21	말기암환자	11	법제처	8
의료전문기관	18	중앙암등록본부	11	의료기관	8
대통령	17	치료	11	지역암센터	8
업무	17	기준	10	지원	8

표 9-19 약사법의 주요단어와 빈도수

단 어	빈도수	단어	빈도수	단 어	빈도수
의약품	697	법	74	보건복지부	43
약사	260	의사	74	처방전	40
개정	224	보건복지부장관	54	시설	38
제조	203	허가	54	구청장	37

식품	117	업무	52	국가법령정보센터	37
약국	112	기준	50	군수	37
안전처장	110	신고	50	법제처	37
조제	104	의료기관	50	시장	37
총리	95	대통령	44	한약	36
품목허가	83	면허	43	도지사	34

표 9-20 영유아교육법의 주요단어와 빈도수

단 어	빈도수	단 어	빈도수	단 어	빈도수
어린이집	331	군수	54	정책	28
보육	291	비용	54	방법	27
개정	157	시장	53	교사	26
영유아	92	대통령	47	보조금	26
설치	90	도지사	43	본조신설	26
보건복지부장관	73	법	41	위원회	25
전문개정	66	업무	36	국가법령정보센터	24
운영	63	보호	32	법제처	24
보건복지부	58	교직원	30	지원	23
구청장	55	지방자치단체	29	공제회	22

표 9-21 의료급여법의 주요단어와 빈도수

단 어	빈도수	단 어	빈도수	단 어	빈도수
의료급여법	129	방법	19	개정규정	13
수급권자	65	대통령	17	기금	13
구청장	61	신청	17	국가법령정보센터	12
의료급여법기관	61	도지사	16	법제처	12
급여비용	51	위원회	16	절차	12
사람	46	금액	15	합병	12
전문개정	42	법인	15	사유	11
법	34	비용	15	규정	10
보건복지부장관	33	기관	14	기준	10
보건복지부	28	업무	14	내용	10

표 9-22 의료법의 주요단어와 빈도수

단 어	빈도수	단 어	빈도수	단 어	빈도수
의료기관	197	인증	45	병원	23
개정	149	진료	45	도지사	22
보건복지부장관	98	한의사	39	의료행위	22
보건복지부	95	대통령	29	법률	21
의료인	92	의료	27	시설	21
의사	91	자격	26	의학	21
사항	68	개설자	24	개설	20
환자	63	국가법령정보센터	24	구청장	20
면허	51	법제처	24	규정	20
의료법	46	업무	24	종합병원	20

표 9-23 인공조명에 의한 빛공해 방지법의 주요단어와 빈도수

단 어	빈도수	단 어	빈도수	단 어	빈도수
빛공해	29	대통령령	7	군수	2
조명환경관리구역	26	공무원	3	기준	2
도지사	21	구청장	3	방지대책	2
인공조명	17	국가	3	빛공해방지지역위	2
환경부장관	14	국가법령정보센터	3		
조명기구	11	법률	3		
환경부령	9	법제처	3		
빛공해방지계획	8	조명시설	3		
지역	8	중앙행정기관	3		
국민	7	지방자치단체	3		

표 9-24 장애인고용촉진 및 직업재활법의 주요단어와 빈도수

단 어	빈도수	단 어	빈도수	단 어	빈도수
장애인	187	직업생활	20	직업적응훈련	11
고용노동부장관	95	직업재활법	20	본조신설	10
대통령령	45	국가	19	지방자치단체의	10
장애인의	43	고용장려금	17	취업알선	10

고용촉진	36	국가법령정보센터	17	범위	9
직업재활	36	법제처	17	비율	9
근로자	28	고용노동부장관의	12	삭제	9
부담금	28	고용노동부령	11	상시	9
공무원	25	보건복지부장관	11	시설	9
법률	21	지방자치단체	11	신설	9

표 9-25 장애인 등에 대한 특수교육법의 주요단어와 빈도수

단 어	빈도수	단 어	빈도수	단 어	빈도수
특수교육대상자	36	진단	12	의무교육	8
특수교육대상자의	34	장애학생	10	중학교	8
대통령령	32	학교	10	직업교육	8
교육	30	심사청구	9	특수학교	8
교육감	29	유치원	9	특수학급	8
특수교육	25	일반학교	9	고등학교	7
국가	17	특수교육법	9	교육기관	7
보호자	16	국가법령정보센터	8	교육지원	7
지방자치단체	16	법제처	8	규정	7
담당	12	요구	8	기준	7

표 9-26 장애인복지법의 주요단어와 빈도수

단 어	빈도수	단 어	빈도수	단 어	빈도수
장애인	197	군수	28	비용	18
지방자치단체	76	시장	28	운영	18
국가	73	구청장	27	방법	17
개정	55	법률	23	기준	16
장애	54	지원	22	사업	16
장애인복지시설	42	장애인복지법	20	정책	16
대통령령	37	국가법령정보센터	19	서비스	15
보건복지부령	33	법제처	19	성범죄	15
보건복지부장관	29	보호	19	교육	13
조치	29	본조신설	18	범위	13

표 9-27 장애인연금법의 주요단어와 빈도수

단 어	빈도수	단 어	빈도수	단 어	빈도수
장애인연금	34	제공	16	국가법령정보센터	5
구청장	23	조사	12	규정	5
군수	23	보건복지부장관	11	법제처	5
수급권자	23	공무원	8	보건복지부령	5
시장	23	수급권자의	7	수급권	5
법률	18	장애인연금법	7	수급자의	5
수급자	18	결정	6	벌금	4
대통령령	17	금액	6	수급권자 등	4
지급	17	절차	6		
사항	16	정보	6		

표 9-28 정신보건법의 주요단어와 빈도수

단 어	빈도수	단 어	빈도수	단 어	빈도수
개정	117	도지사	26	청구	16
정신질환자	71	국가	21	치료	16
구청장	51	지방자치단체	21	보호	13
군수	50	심사	20	서면	12
시장	48	시설	19	정신보건시설	12
정신의료기관	43	대통령령	18	정신요양시설	11
보호의무자	34	법	17	전문개정	10
정신건강의학	32	본조신설	17	정신질환	10
보건복지부령	28	국가법령정보센터	16	지역사회정신보건사업	10
보건복지부장관	28	법제처	16	보고	8

표 9-29 청소년보호법의 주요단어와 빈도수

단 어	빈도수	단 어	빈도수	단 어	빈도수
청소년	230	군수	24	청소년유해업소	12
매체물	91	시장	24	고용금지업소	9
청소년유해매체물	69	청소년보호위원회	19	법인	9
대통령령	61	약물	18	피해	9

여성가족부장관	50	국가법령정보센터	16	학대	9
법률	46	법제처	16	공무원	8
호의	32	인터넷게임	15	배포	8
행위	31	청소년유해환경	15	선도	8
청소년유해약물 등	28	청소년유해표시	14	시행	8
구청장	24	청소년유해약물	13	업무	8

표 9-30 최저임금법의 주요단어와 빈도수

단 어	빈도수	단 어	빈도수	단 어	빈도수
최저임금	36	최저임금안	9	법제처	5
개정	32	결정	8	수급인	5
전문개정	31	도급인	8	직무	5
고용노동부장관	26	과태료	7	출석	5
임금	26	근로	6	공익위원	4
근로자	22	범위	6	구분	4
대통령령	16	사업	6	근로기준법	4
최저임금액	14	최저임금법	6	근로자위원	4
심의	13	국가법령정보센터	5	생계비	3
법	12	금액	5	수당	3

표 9-31 한부모가족지원법의 주요단어와 빈도수

단 어	빈도수	단 어	빈도수	단 어	빈도수
복지	37	군수	14	교육	9
전문개정	29	대통령령	14	본조신설	9
한부모가족	28	시장	14	국가법령 정보센터	8
국가	21	금융정보	13	법제처	8
보호대상자	20	여성가족부장관	13	보호	8
지방자치단체	19	자료	13	신용정보	8
법	18	여성가족부령	11	조사	8
법률	15	특별자치도지사	10	청소년	8
한부모가족복지시설	15	한부모가족지원법	10	모자가족	7
구청장	14	관계	9	방법	7

이상의 자료는 개별 법률에서의 빈도수를 조사한 것이다. 다음 [그림 9-1]은 법률과 주요단어 사이에 존재하는 네트워크를 보여주고 있으므로, 상이한 법률 사이에서 어떤 단어를 공통적으로 쓰는지 알 수 있다. 예를 들면, 개정이라는 단어는 많은 법률과 연결되는데 이는 법률의 개정절차, 또는 개정의 이력에 대한 내용이 개별 법률에 있기 때문이다. 한편, 보험급여, 지급, 금액 등은 공무원연금법, 고용보험법 등과 연관되어 있다.

[그림 9-1]은 크게 세 개의 군집으로 이루어진 것으로 여겨지는데, 왼쪽 상단의 의료 및 보건과 관련된 약사법, 의료법, 정신보건법 등의 그룹이 발견된다. 오른쪽 중간에는 고용보험법, 산업재해보상보험법, 공무원연금법 등이 직업 관련 보험 및 연금의 그룹으로, 하단에는 연금 및 의료보험과 관련된 군인연금법, 국민건강보

그림 9-1 법률과 주요단어 간 네트워크

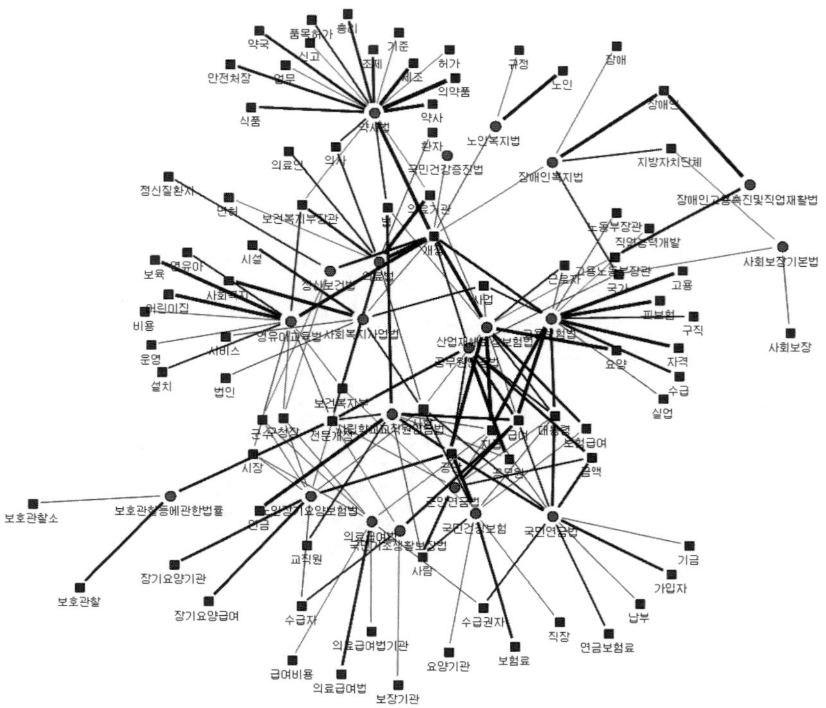

*가장 흐리고 가는 링크가 50회, 가장 굵고 진한 링크가 679회임.

험법, 국민연금법, 의료급여법의 하나의 군집을 이루고 있다. [그림 9-1]에서 특히 재미있는 것은 장애인과 노인 등 사회적 약자를 다룬 별도의 법들이 변방에 위치하고 있다는 점이다. 그 함축은 이들 법들이 중앙에 위치할수록 복지국가의 징표임을 인정한다면 우리의 법제는 아직 복지국가로의 길이 멀다는 점을 시사한다.

다음 [그림 9-2]는 주요단어가 매개하는 법률 간 네트워크를 보여주고 있다. 연결이 없는 작은 노드는 사회복지법 그룹에서 상대적으로 소외되어 있는 법이라 할 수 있다. 반면, 영유아 교육법, 약사법, 의료법으로 구성되는 네트워크와 산업재해보상보험법, 고용보험법, 공무원연금법 등으로 이루어진 네트워크가 연결되면서 중심을 이루고 있다.

네트워크에서 중요한 노드를 판별해내는 데에는 일반적으로 중심성이라는 지

그림 9-2 법률 간 네트워크

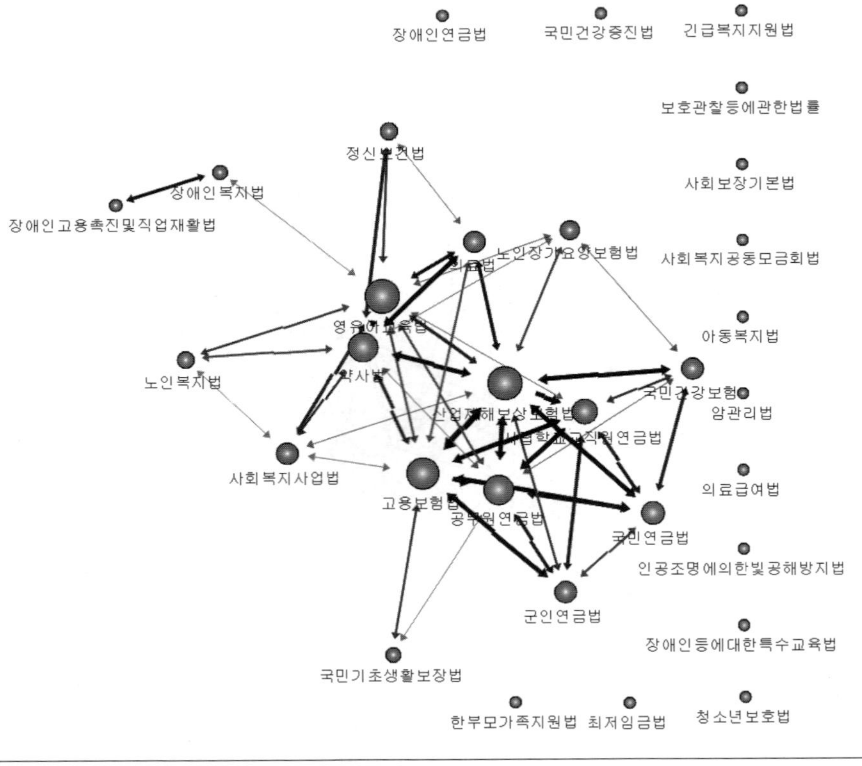

표를 활용하고 있다. 중심성에는 연결중심성, 매개중심성, 근접중심성 등의 개념이 있는데, 일반적으로 연결중심성이 가장 많이 쓰이는 개념이다. 연결중심성은 노드에 연결된 링크의 수로 계산되며, 네트워크에서 연결중심성이 높다는 것은 다른 많은 노드와 연결이 많다는 것을 의미한다.

다음 [그림 9-3]은 앞의 네트워크에서 연결중심성이 높은 법률을 동심원의 중앙에 배치하고 있다. 사회복지 관련 법률의 연결망에 있어, 고용보험법, 영유아교육법, 산업재해보상보험법, 약사법, 공무원연금법 등이 중요한 법률로 나타났다. 반면에, 국민건강증진법, 긴급복지지원법 등을 중요성이 떨어지는 것으로 나타났다. 이때 공통된 단어를 기반으로 이루어진 네트워크이므로, 네트워크에서의 중요성

그림 9-3 법률별 중심성 수치에 따른 동심원

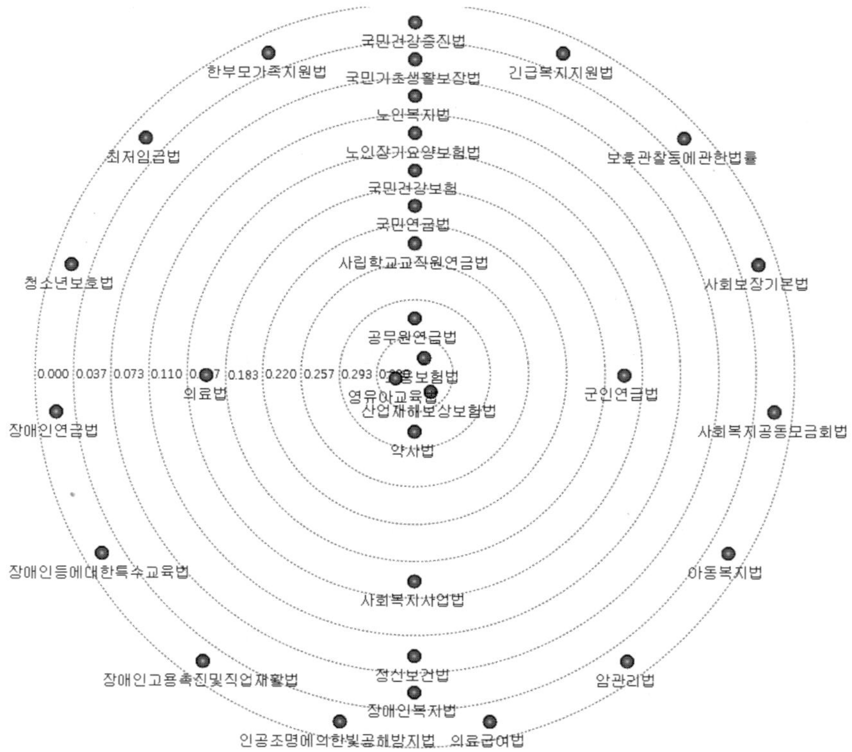

은 전체 단어 풀(pool)에서 공통적인 단어를 많이 가지고 있다는 것으로 해석할 수 있다.

제3장에서 논의하였듯이 복지언어에서 가장 중요한 사실은 복지수혜자가 사회적 약자로, 교육수준이 낮을 가능성이 많아 쉬운 언어의 사용이 진정으로 그들에게 도움이 된다는 것이다. 이와 같은 단순한 진리는 현행 복지 관련 법령에서의 언어를 살펴보면 많이 왜곡된다. 예컨대, 원격의료, 피부양과 같은 어휘는 그나마 상대적으로 알기 쉽다. 그러나 포괄수가제나 평균 기준 소득월액, 책임준비금처럼 일반인에게 어려운 어휘도 많다. 따라서 법령의 의도가 국민에게 전달되지 않고, 그 중간에서 이를 해석해 주는 집단이 나타날 수 있다. 여기서 포괄수가제를 치료비정액제로 바꾸어 주는 것과 같은 쉬운 복지언어의 필요성이 나타난다(이광석, 2016). 쉬운 복지언어는 복지영역의 법령이 굴절되는 것을 막고 중간에서 해석해 주는 집단을 통과하지 않고, 국민이 직접 자기의 권리와 의무를 행사할 수 있다. 앞서 제3장에서 설명한 영국이나 미국의 '쉬운 언어 운동'이 의미하는 것은 모든 사람은 투명하고 간결한 언어로 국민과 고객에게 자기 의사를 전달하여 권리를 보호하고 의무를 분명히 하는 장점이 있다.

또한 집단구성원 용어(jargon)나 속어(slang) 등을 과도하게 사용하여 어려움을 불러일으키지 않으려면 쉽고 단순한 어휘들과 문장들이 필요하다. 이런 접근은 시민들, 유권자들 및 공무원, 그리고 공공 서비스의 수혜자들에게 도움을 준다. 왜 이를 거듭 강조하는가? 그것은 바로 이런 접근의 언어생활이 국민의 행복한 삶으로 인도해 주기 때문이다. 이제는 이에 대한 논의를 해보기로 한다.

제 2 절 사람은 어떻게 해야 행복한 삶을 살 수 있는가?

이 앞 장들에서 거시적으로는 복지국가가 상당히 위기에 빠져 있음은 이미 많이 언급되었고, 그 대안으로 복지사회론이나 복지혼합 등이 제시되었다. 또 미시적으로는 복지 관련 법령에서 쉬운 언어의 필요성을 언급하였다. 미시적 측면은 제3장의 논의를 참고하기로 하고 여기서는 거시적 측면을 강조한다.

稻垣(2013)에 따르면, 주체가 의식을 가지고 세계의 의미를 독해해 가는 인식론과 존재론을 바탕으로, 타인과의 사이에서 끊임없이 대화하면서, 보살피고 보살핌을 받는 것이라고 한다. 여기서 가장 중요한 말은 "주체의식이 생활세계의 의미를 독해하다."이다. 주체의식이나 생활세계 및 의미는 모두 현상학적 관점을 말한다. 이런 연유로 현상학적 복지를 제5장에서 논의하였던 것이다. 과학으로는 전체를 이야기할 수 없으므로, 그 전체에서 복지와 관련된 부분을 꺼내어 논의하는 것이 복지학이다. 이에 비해, 생활세계는 전체이다.

제5장에서 서술하였듯이 복지에 대한 첫 번째 접근인 '어떻게 해야 행복하지 않은 삶인가?'에 대한 것은 제도적이고 공(公)적인 부분이다. 다른 말로는 국가지향적 복지이다(이광석, 2004). 두 번째 접근인 '어떻게 해야 행복한 삶인가?'에 대한 것은 사적(私的)인 부분은 시장지향성과 많은 관련을 가진다(稻垣, 2013). 그러나 이 접근만으로는 완전한 복지라고 말할 수 없다. 이 책이 추구하는 복지는 생활세계가 함께하는 복지로 이때에 진정으로 사람이 행복한 삶을 만들어 갈 수 있다.

그것이 바로 현상학적 철학에 기초한 복지라고 주장한다(稻垣, 2013).

현상학적 철학이 제시한 것은 두 방향의 과정이다.[2] 먼저, 개인부분에서부터 보면, 각 개인은 가정이 있다. 그 가정에서부터의 복지가 중요하다. 사실 가장 가까운 관계라고 할 수 있는 부부 사이나 부모와 자식들 사이에서부터 복지가 중요하다. 부모와 자식들 간의 복지라고 하면 부모가 자식을 먹여 살리는 것이나, 반대로 자식이 자라서 단순히 부모를 봉양하는 것으로 생각하기 쉽지만 여기서도 두 가지를 생각해야 한다. 단순히 먹여 살리는 것과 봉양은 첫 번째 접근방법에 지나지 않는다. 두 번째 접근방법도 관심을 가져야한다. 예를 들어, 봉양하는 자식의 입장에서 부모가 병이 들어서 요양원시설에 맡길 수밖에 없는 상황이 온다고 할 때, 요양원시설을 이용하는 것은 부모이지만 요양원시설을 고르는 것은 자식이다. 이렇게 생긴 상황적 차이를 소통을 통해서 해결해야 한다. 물론 단순히 시설을 고르는 것은 돈이나 제도적 측면이 개입될 여지가 많다. 하지만, 요양시설 선택이 끝나고 난 뒤부터는 관심의 문제만 남는다. 요양시설에 있는 사회복지사들의 일만이 복지가 아니라 요양시설에 있는 부모를 만나러 와서 소통하는 것 또한 복지로, 사회적 행복으로 가는 길이다. 이것을 좀 더 확장시켜서 지역사회의 일을 생각해 보자. 예를

2) 이 부분은 稻垣(2013)을 인용하였다.

들어, 한 동네에 쓰레기 버리는 곳이 있는데, 지역 주민들이 관심을 가지고 쓰레기를 줄이려는 노력과 분리수거를 잘해내고 종량제 봉투라는 제도를 잘 실시하면, 그 지역사회는 쓰레기 문제에 있어서는 복지가 잘되고 있다고 할 수 있다. 또한 그 지역사회의 아이들에게 관심을 가지면 아이들에게 위협이 될 수 있는 과속운전이 줄어들 수 있고, 또한 아이들에게 직접적으로 해를 가하려는 범죄자들로부터 아이들을 지킬 수 있다. 왜냐하면, 그 지역사회가 공적인 영역인 경찰에게만 치안을 기대는 것이 아니라, 지역사회 그 자체에서 치안이 이루어지기 때문에 이중보호를 할 수 있다.

사람들은 흔히 "고비용은 고복지를 불러오고, 저비용은 저복지를 불러온다."라는 말을 한다. 그러나 고복지는 단순히 고비용만으로 해결할 수 있는 것이 아니다. 고복지를 이뤄내기 위해서는 비용도 비용이지만 시민들의 의식수준이 같이 수반되어야 한다. 즉, 높은 의식수준과 적절한 비용이 들어가야 고복지가 나오는 것이다.

많은 사람들이 복지에 관심을 많이 가지고 있고, 그에 따라 복지에 대한 다양한 정책과 시도가 나오고 있다. 그때 여러 가지 정책과 복지 시스템이 결합하면 '공공복지(公共福祉)'가 이루어질 것이다. 하지만, 그러한 와중에 다시 복지는 '생활세계'가 아니라 복지라는 '과학세계'에 빠져들고 있다. 복지가 다시 '생활세계'로 돌아가기 위해서는 지금 바로 내 옆에 있는 사람에게 관심을 가지고, 시민의식이 높아질 때, 이 책에서 강조하는 사회적 행복이 이루어진다. 사회적 행복은 개인적 행복의 기초로 작용한다. "사람이 어떻게 해야 행복한 삶을 살 수 있는가?"에 대한 답변은 사람마다 다르다. 사람마다 좋아하는 것이 다르고, 주관적인 효용이 다르기 때문에 정확한 답은 없다(滔垣, 2013). 하지만, 이것은 분명할 것이다. 사람이 사람으로 인식될 때가 사람이 숫자로 인식되는 것보다는 행복할 것이다. 그 의미는 보편적으로 공동체를 넘어 사회적 행복이 존재하는 것이 아니라 사회공동체에 의존한다는 점이다. 그것은 개인에 대한 서로의 관심과 적절한 정부의 정책적 지원이 이루어지는 것이라는 滔垣(2013)에서 더 나아가, 이 책은 사회적 행복에 대한 접근법으로 행복개념의 형성적 기능에 초점을 둔다. 형성적 기능이란 "행복은 찾는 것이 아니라 만드는 것이다."라는 명제로 정의된다. 즉, 이미 있는 어떤 존재를 찾는 것이 아니며, 스스로가 만들어 가는 것이라는 의미이다. 사회적 행복은 형성적 기능에 있다. 즉, 교육에서, 또 참여를 통해서, 주체가 의식을 가지고 생활세계의 의미를 독해할 때에 사회적 행복으로 이끈다는 것이다.

이 책에서는 생활세계의 회복과 사회적 행복을 복지가 지향해야 할 가장 바람직한 대안으로 꼽았다. 이 책에서 말하는 '생활세계가 함께하는 복지'란 앞서 설명한 국가가 지향하는 복지, 시장이 지향하는 복지, 민이 지향하는 복지와 아울러 사회지향성이 전제되어야 한다는 뜻이다. 滔垣(2013)이 주장하는 '공공복지'에 알맞은 복지라고 할 수 있기 위해서는 이 세 방향의 접근(즉, 국가가 지향하는 복지, 시장이 지향하는 복지, 민이 지향하는 복지)이 균형이 맞아야만 한다. 滔垣(2013)은 그 핵심을 시민사회 또는 사(私)의 연합체로 보고 있다. 어쨌든 개인에 대한 서로의 관심과 적절한 정부의 정책적 지원이 이루어지는 것이 공공복지의 실현에 이바지한다는 지적은 들을 만하다. 다음 절에서는 복지언어의 학문적 지향인 복지학에서 과학철학과 인문학주의의 융합에 관해 논의해 본다.

제 3 절 복지학에서 과학철학과 인문학주의의 융합

복지학(또는 복지정책학)이란 복지과학과 아울러, 복지과학의 철학까지 아우르는 어떤 것을 의미한다. 여기서 앞서 설명하였던 이른바 과학주의(scientism)와 인문학주의(human studies)를 새로이 논의할 필요성이 있다[제1장을 참조하라]. 전자는 과학주의의 원류(源流)로 사회과학에 영향을 지대하게 미친 논리실증주의와 행태주의를 포괄하며, 후자에는 현상학, 해석학, 비판이론 및 포스트모더니즘과 포스트구조주의들이 속한다(김욱동, 1992). 이 둘의 유용성은 이미 확인되었지만 어떻게 관계를 맺을까에 관한 전개가 부족하다.

과학주의도 그러하지만 과학주의의 원류인 논리실증주의나 논리경험주의는 논리주의를 경험의 영역에 적용하는 것을 말한다. 그러나 근본적으로 논리적인 것과 경험적인 것을 일치시키기에 귀납의 문제(problem of induction)와 구획의 설정(demarcation)이라는 난관에 봉착했음은 이미 지적되었다. 일상적으로 말하자면, "새는 난다. 타조는 새다. ∴타조는 난다."로 결론지어야 한다. 이는 경험칙과 어긋난다. 여기서 의미총체론이 등장하게 된다. 뿐만 아니라 과학주의가 정당성을 너무 확신한 나머지, 다른 가능성을 인정하지 않을 때는 심각한 문제에 부딪힌다(in-tolerant, arrogant and closed-minded attitude). 그중에서 수량화되지 않는, 또 수량화될 수 없는 것을 무시한 것이 논리실증주의의 한계이고, 이 한계를 극복하려한 노력이 행태주의로 나타났다고 할 수 있다. 그러나 이를 본질적으로 비판한 흐름이 인문학주의이다.

반실증주의를 표방하는 인문학주의는 과학적 방법으로 설명불가능한 세계가 있고 과학적 방법으로 환원불가능한 영역이 있음을 주장하고, 의미나 이해의 중요성을 부각시킨다. 이른바 방법론의 다양성에 기초한 질적 연구 방법, 인간의 의식을 존중하고, 양적으로는 적지만(be in small numbers) 가치 있는 차이를 존중하고, 'Σ개인'이 아닌 '개별 개인'에게 보다 인간적 관계로 접근한다. 따라서 심층의 의미나 인간의 얼굴을 한 패러다임(human-faced paradigm)을 주장하는 흐름이다(Lynch & Cruise, 2006). 더 나아가 이른바 통약가능한 모델의 탐구는 인문학주의에서 가능할 것이라는 시사도 찾을 수 있다.[3] 여기서는 이를 논의해 본다.

행태주의가 외재주의에 입각하는데 비해, 현상학은 내재주의에 기초한다는 점에서 구별되고, 논리학과 같은 이성주의와도 구별된다(김지홍, 2002). 현상학의 내재주의적 성격으로 인해 인문학에서는 의식 그 자체에 대한 연구를 중심으로 하겠지만, 복지정책학에서는 의식 그 자체에 대한 연구보다는 정책 주체나 정책 대상들이 어떻게 정책결정이나 집행에서 합의를 도출하거나 파탄에 이르는가를 생생히 보여주는 '의식의 흐름'에 대한 연구가 더 어울리고 공헌할 가능성도 더 높다(James, 1990). 더욱이 생활세계라는 개념은 사회과학에서 논의되는 '공동체'라는 개념을 보충할 수 있을 뿐만 아니라 그것을 넘는 시사를 제공해 줄 수 있다.

과학주의가 유용함은 이미 많은 글들에서, 또 지금까지의 업적에서 입증되었다고 볼 수 있다. 그러면 인문학주의의 유용성은 어디에서 입증을 해야 하는가? 인문학주의란 인간경험을 의미체계로 보며 가치를 고려한다는 점이 특징적이다(Lynch & Cruise, 2006: 411-412). 따라서 그 유용성은 과학주의의 근거가 될 자락을 인식의 범위 내에서 설정하는 역할을 맡게 된다(김동식, 1995: 44). 최근의 파리 테러나

3) 사회학에서는 이 범주에 속하는 흐름을 언어분석 사회학과 현상학적 사회학으로 분류하여 검토하고 있다(김경동, 1981). 전자는 후기 비트겐슈타인의 삶의 양식(form of life)이라는 개념을 발전시킨 윈치(P. Winch)와 푸코(M. Foucault) 등이 속하고, 후자는 슈츠(A. Schutz)를 들고 있다.

PLO(Palestine Liberation Organization)에 의한 팔레스타인 국가 창설 과정 등을 설명하는 데는 과학주의로는 한계를 보인다. 또 개체주의로 환원할 수 없거나 인과율로만 다룰 수 없는 경우, 이른바 갑질 문화와 같은 사례에서 보듯이 구조에서 기인하는 경우에는 과학주의로는 그 본질을 파악하기 어렵고 인문학주의가 필요하다. 학문적으로는 인문학주의는 포퍼(K. Popper)에 따르면 과감한 가설이 가능하다는 점이다(Chalmers, 1982). 즉, 가설의 원천은 인문학에 힘입을 가능성이 높다. 또 반실증주의인 인문학주의와 실증주의의 과학적 방법 사이에서 존재하는 통약불가능성(incommensurability)을 통약가능하도록 한다. 그 사이의 틈새를 좁혀 통약가능하도록 한다는 말은 과학주의자와 인문학주의자 사이에는 객관성이라든가, 방법적 거리두기라든가 등의 개념에 있어서 차이이기 때문인데, 개념 정리를 통해 통약이 가능하도록 할 수 있기 때문이다(이구슬, 1996: 82).

인문학주의에서는 복지학이나 복지정책학을 어떻게 보는가? 여기서 제시할 수 있는 대표적인 이론은 비판이론으로, 권력을 행사하는 사람과는 전혀 다른 관점에서 자본주의 사회와 국가 위기를 논의한다. 정부에 대한 가설을 설정하는데, 정부란 위기를 관리하는 위기관리(crisis management)체제로 본다.[4] 사회전체는 경제체계, 정치행정체계, 규범적 · 합리적 체계 등 세 가지 유형의 하위체계로 이루어져 있고 상호 간에 의존 및 규제하는 원리들로 구성된다(제1장에서의 논의를 참조하라). 그렇다면 복지서비스의 제공이 왜 중요한가? 전체 체제가 선순환이 이루어지기 위해서는 경제체제는 정당화기능을 필요로 한다. 이것이 복지서비스로 세계 여러 나라에서 볼 수 있는 현상을 잘 설명하고 있다. 이 세 하위체계가 선순환구조가 작동하지 않을 때 정치행정체계는 신자유주의에서 보듯이 축적기능을 돕는 쪽으로(즉, 경제체제 쪽으로) 정책을 편다. 인문학주의의 관점에서 볼 때 이와 같은 거시적 현상의 본질에 더 쉽게 접근할 수 있는 장점이 있다고 하겠다.

과학주의와 인문학주의의 대립을 넘어서려면 어떻게 하여야 하는가? 이를 살펴본다. 논리실증주의는 경험성과 과학성에 그 기반을 두었고, 통일과학의 추구한 것이 후속 학문에 예상하지 못한 큰 영향을 미쳤다. 통일과학을 추구하는 과정에서

4) 위기는 두 가지로 나눌 수 있는데, 하나는 산발적 위기(sporadic crisis)로서 체제 내의 위기를 말한다. 다른 하나의 위기는 주목할 만한 사건을 만들어내는 구조, 즉 사회적 과정의 문법(grammar)을 지키지 않는 것을 말한다(Offe, 1984: 37). 여기에서 위기란 위기관리 체제의 위기(crises of crisis management)를 말하는 것이다.

쿤의 패러다임 이론이 나온 것이 그 영향 중 하나이다(홍성욱, 2015).[5] 카르납(R. Carnap)의 프레임워크(framework) 이론은 진리란 프레임워크 안에서의 진리임을 주장하였다(Reisch, 1991). 카르납은 쿤의 페러다임(paradigm) 이론이 논리실증주의와 경쟁하는 관계가 아니라 논리실증주의와 다른 언어(different language)로 이루어진, 논리실증주의의 변종으로 보아 넘긴다. 카르납은 이런 점에서 쿤의 패러다임과 비슷한 생각이라고 한다(Reisch, 1991; 홍성욱, 2015). 이것이 의미하는 바는 결과적으로는 논리실증주의에 대한 도전으로 이어졌으나, 그 원래의 의도는 논리실증주의의 다양화로 보았음을 의미한다(홍성욱, 2005). 또한 쿤의 이론으로 말미암아 실증주의를 재구축하고자 하는 포퍼(K. Popper)나 라카토스(I. Lakatos)의 시도는 물거품이 되었고, 그 이후에는 학문의 방향은 다음 <표 9-32>에서처럼 바뀌었다.

표 9-32 쿤 이전과 쿤의 이후의 비교

	쿤 이전	쿤 이후
과학철학의 경향	실재론(realism)	실재론에 의문 이후 구성주의 발달
과학과 사회	과학과 사회 사이에 뚜렷한 구분	사회 속에서의 과학
과학의 발전	누적적이고 연속적인 발전	혁명적이고 불연속적인 발전
관찰과 이론	관찰과 이론의 분명한 구분	관찰과 이론의 연결
과학활동의 본질	자연에 존재하는 것을 발견하는 것	과학의 패러다임을 만드는 것
과학의 주체	과학자 개인	과학자 사회
소통	과학자들 사이의 자유로운 의사소통	패러다임 사이의 공약불가능성
통일성	과학의 통일성을 믿고 이를 강조	통일성이 존재하지 않음
진보와 진화	진보는 있다.	진보는 없고 진화가 있을 뿐

출처: 홍성욱(2015).

패러다임 이론은 쿤이 스스로 인정했듯이 비트겐슈타인의 가족유사성이나 워

5) 쿤의 책은 통일과학의 국제백과사전(International Encyclopedia of Unified Science) 시리즈의 한 책으로 출간되었다(Kuhn, 1970). 이 과정에서 카르납은 호의적 비판과 격려로 쿤의 책이 세상에 나오는 데 일조를 하였다. "아이러니하게도 논리실증주의가 기대한 바와는 정반대로 그의 책은 논리실증주의의 철학적 기반을 부수고, 통일된(unified) 과학에 대한 신념을 깨뜨리면서 통일되지 않은(disunified) 과학의 토대를 제공했다."고 한다(홍성욱, 2005).

프(B. L. Whorf)의 언어상대성에 영향을 받았다. 즉, 쿤 이론의 철학적 바탕은 후기 비트겐슈타인의 언어게임이다. 이 두 개념은 명백히 정의하기 어렵지만, '진리'라는 개념은 '합의(consensus)'라는 개념으로 대치시키고, 언어공동체는 과학자 집단이라는 데 일치한다. 가족유사성이라는 개념은 물리학자가 물리현상을 설명하고, 생물학자는 생물현상을 설명하고, 사회학자는 사회현상을 설명하는 것을 아우른다. 이는 그들이 과학이라는 큰 언어게임 테두리 속에서 그보다 작은 서로 다른 언어게임을 하고 있음을 보여준다(Phillips, 1977: 78－97; 이정민, 1989). '진리'라는 개념을 '합의'라는 개념으로 대치시킨다거나, 언어게임이라거나, 가족유사성이라거나 하는 것이 과학주의에서 인문학주의로의 방향으로, 따라서 두 흐름의 대립을 넘어설 수 있음을 시사한다.

그 복지정책학적 의미를 살펴보면, 지금 지배적인 패러다임은 효율성 패러다임일 것이다. 복지정책학자들은 효율성 패러다임 속에서 문제풀이에 열중하고 있다. 이를 다중패러다임(multi－paradigm)으로 바꾸어 다양한 논의가 가능하도록 이끌어낼 때에 복지정책학의 발전에 이바지할 것이다. 그 가능성은 과감한 가설이 가능한 인문학주의에서 찾을 수 있을 것이다.

논리실증주의나 그것의 재구축 프로그램이 실패한 것과 과학적 방법에 대한 존중은 전혀 별개의 문제이다. 지난 세기(世紀)에 과학기술의 발전은 과학적 방법과 그에 힘입은 성과를 의심하여서는 안된다는 인식이 인문학주의자에게서 자리 잡게 되었다(김동식, 1995: 51). 이러한 반성 외에, 인문학주의에게 충격을 준 또 다른 흐름은 인지과학의 발달이다(김동식, 1995: 51).[6] 이런 분위기 속에서 인문학 속에서 과학주의를 추구하는 노력과 그에 따른 성과가 나타났다. 그 성과란 인문학주의와 과학주의가 점점 융합하는 방향으로, 패러다임이 움직이고 있다고 할 수 있다. 그 가시적 모습은 여러 가지이다. 철학에서는 도야(陶冶; Bildung) 개념의 도입을 통해, 즉 타자를 자신 속에 보존하는 것을 통해서 역사적이고 사회적인 사실을 총체적으로 파악하려 한다(박순영, 2012).

보다 가능성이 있는 모델은(아직은 인문학 전체를 대표할 만한 모델은 아니나) 촘스키(N. Chomsky)의 변형·생성 모델(transformational－generative model: T－G

6) 이 속에는 정보처리모델 이론, 컴퓨터 과학과 인공지능, 촘스키 언어학의 발달 등을 총칭한다(김동식, 1995: 52).

model)이다. 이 모델은 역사학의 브로델(F. Braudel)의 주장과도 합치되며(Braudel, 1997/2008), 경험적인 연구에 기초하고, 개별성과 보편성 모두에 대한 매우 명시적이고 체계적인 이론을 제공하고 있다(강명윤, 2007a). 이는 앞서 서술한 과학주의의 대표적인 모델인 D－N 모델과 대조된다(Itokonen, 1975: 382－384). 이를 사회연구에 적용하면, 사회구조란 두 개 수준의 구조적 규칙성을 보이는데, 하나는 그 구조에 참여하는 이들에게 의식되는 표면적 구조인 표층(surface structure)이고, 다른 하나는 일정한 근본적 행동들로 생산되고 그러한 행동들의 성격에 의해서 한정되는 드러나지 않는 심층(deep structure)이다. 이를 앞서 [그림 4－4]에서 표현한 바를 약간 고쳐 나타낸 것이 다음 [그림 9－4]이다.

그림 9-4 T-G 모델

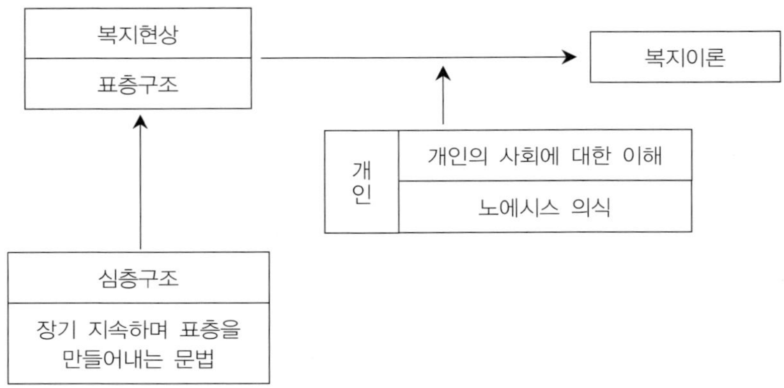

출처: Chomsky(1957; 1966) 수정.

이 모델에 의하면, 기저(underlying)에 심층구조(deep structure)가 있는데, 심층구조란 “시간이 지나도 변함없이 오래 장기적으로 지속되는 것”이며(김응종, 2006: 38), 의미를 창출하는 층위이다. 그 위에 표층(surface structure)이 있다.[7] 이 두 구

7) 역사학에서 브로델의 모델은 그 사이에 ‘콩종튀르’가 있다. 이것은 상승이나 하강과 같은 국면을 지칭한다(김응종, 2006). 여기서는 심층－표층만 언급하므로 본문에서는 생략하였다. 그는 “인간은 구조와 국면이 만들어낸 감옥에 갇힌 수인에 불과하다. 사건은 덧없고 개인은 무력하다. 사건과 개인은 존재했지만 존재하지 않았더라도 역사의 방향에는 변함이 없었을 것이다.”라는 관점에서 역사 흐름을 설명한다. 즉, 눈에 보이게 나타나는 사건은 큰 역할을 하지 못하는 것으로 본다

조를 연결하는 방법으로 변형(transformation)이라는 장치를 마련한다.[8] 이 방법론에 따르면 표층에 나타난 행위는 그 의미의 연원이 심층에 있고 변형과정을 통해 표층으로 옮아갔다는 것이다.

뿐만 아니라, T－G 모델의 기제는 생득적으로 인간의 경험을 초월한다는 관점에서 칸트의 견해와도 맞물리며, 노에시스 의식(noetic consciousness)이 어떻게 구성되는가에 관한 이론으로 언어현상을 의식(마음 또는 정신, mind)의 일부로 이해할 수 있게 하여 현상학의 하나로 간주될 수 있다(강명윤, 2007a).[9] 이 지점에서 구조주의와 현상학이나 해석학이 만날 수 있고, 또 이러한 이해의 바탕에는 심리철학이 자리 잡고 있다(강명윤, 2007a/2007b; 박순영, 2012). 이런 방법론은 T－G 모델을 은유(metaphor)로 삼고 사회체계의 구조적 유형을 서술하고 설명하려는 것이다(김경동, 1981). 그러나 T－G 모델은 인간의 내재적인 측면으로 더 깊이 심층을 설정하므로 사회과학에 응용하려면 보완이 필요하다. 그 보완이 비트겐슈타인의 언어철학으로, 다양한 세계관으로서의 표현이 언어게임이며, 언어공동체라는 문화적 문법에 터 잡고 있다는 점이다(polkinghorne, 1983: 149; 박순영, 2012).[10] 이는 고유한 속성을 가지면서 공동의 인간 행동방식이 있고, 그것을 통해 낯선 외국말을 해석할 수 있는 관련체계이다(비트겐슈타인, 1953: No.123, S.49; 이규호, 2005b: 147－148). 이는 앞서 '진리'를 '합의'로, 또 언어게임 및 가족유사성이 과학주의와 인문학주의의 대립을 넘어설 수 있음을 보여준다고 서술한 것의 되풀이이다.

복지정책학과 관련해서는 표층과 심층이 다르다는 것을 인식하고(Wittgenstein, 1953: Chomsky, 1957; Chomsky, 2006), 인문학주의에 대한 관심이 고조되어 왔었

(김응종, 2006: 113).

8) 변형은 윈치(P. Winch)의 규칙따르기(Winch, 1958), 설(J. R. Searle)의 지향성이론(Searle, 1983), 콰인(W. V. Quine)의 총체성 이론(Quine, 1961; 이정민 외, 1977; 강명윤, 2007a; 강명윤, 2007b) 등과는 잘 어울린다. 그런데 이를 넓게 잡아 해석적 방법으로 이해한다면 칼－오토 아펠의 철학(Reese－Schäfer, 1990), 하버마스의 의사소통행위이론(Habermas, 1987; 한상진, 1996; 정호근, 1996), 푸코(M. Foucault)의 담론이론(Foucault, 1971; 1977; 한상진, 1981) 등도 참조할 이론으로 보인다.

9) 언어를 현상학적으로 보는 관점에서는 촘스키(N. Chomsky)나 윈치(P. Winch)에서 보는 바처럼 언어를 규칙 따르기로 보지 않는다. 오히려 하이데거의 관점에서 세계를 둘러보기(circumspection; Umsicht)로 본다고 한다(강명윤, 2007a; Heidegger, 1979; 이기상, 2011).

10) 문화적 문법이란 어떤 집단이 공유하는 의식과 행위의 규칙들로 구성원들이 내면화하여 장기적으로 지속하며, 잘 변하지 않는 것을 말한다(정수복, 2007: 74－75).

다. 이른바 가치로의 접근법이 나타난 것도 주목할 만하다. 주체는 일정한 개념구조[렌즈로서의 언어]로서만 세상을 볼 수 있으며, 사고(思考)의 형식들이 시각을 결정한다. 일상적인 언어현상을 삶의 현상의 핵심으로 해석하고(이규호, 2005a/2005b), 복지정책의 고유한 제도, 규범, 문화를 복지언어로 볼 수 있다. 이는 전체 복지에서 부분문화를 구성하며, 복지언어는 복지에 관한 이해를 돕고 복지실무를 인도하는 수많은 가정, 관념, 접근방법, 두려움, 그리고 소망을 반영한다(강신택, 2010). 즉, 복지언어이론은 복지영역에서 나타나는 수많은 절박한 질문에 답할 수 있는 동력이 되어야 한다.

참고문헌

국내 문헌

강돈구 외(1990). 『해석학과 사회철학의 제문제』. 서울: 일월서각.

강명윤(2007a). 촘스키 언어학의 현상학적 해석. 『생성문법연구』, 17(1): 47－68.

______(2007b). 촘스키의 언어관을 다시 생각하며: 그 철학적 비판. 『인문언어』, 19: 213－231.

강상구(2004). 『신자유주의의 역사와 진실』. 서울: 문화과학사.

강석주 외(2014). 『사회복지정책론』. 서울: 퍼시픽출판사.

강신택(1981). 『사회과학 연구의 논리: 정치학·복지학을 중심으로』. 서울: 박영사.

______(2005). 『행정학의 논리』. 서울: 박영사.

______(2010). 행정학의 언어, 행정언어연구회 발표자료.

강영선 외(1985). 『世界哲學大事典』. 서울: 교육출판공사.

강준만(2007). 『역사는 커뮤니케이션이다』. 서울: 인물과 사상사.

고종석(2007). 『감염된 언어』. 서울: 개마고원.

고형면(2009). 사회적 응답을 통해 본 한국사회의 질: 2008년 촛불집회에 대한 분석을 사례로. 『사회와 역사』, 82. 한국사회사학회.

곽병훈(2008). 캐나다 재가노인복지서비스 전달체계의 정부 간 역할분담. 『사회보장연구』, 24(1). 한국사회보장학회.

권선필(2008). 행정학 연구에서 과학적 방법론의 진화와 질적연구방법론. 한국행정학회 하계학술대회 발표논문.

기든스, 앤서니(1994). 『현대사회학』(신광영 외 옮김). 서울: 을유문화사.

김경동(1981). 오늘날 사회학이론을 둘러싼 쟁점들(Ⅰ). 『현상과 인식』, 5(2): 84－128.

김교환(1993). 복지국가의 이념적 특성에 관한 연구. 『복지국가의 현재와 미래』. 서울: 나남.
김기봉(1998). 역사적 사실이란 무엇인가: 언어로의 전환 이전에서 이후까지. 제41회 전국 역사학대회 수록.
_____(1999). 언어로의 전환에서 문화로의 전환으로: 프랑스 혁명의 정치문화사를 중심으로. 『역사교육』, 71, 역사교육연구회.
김기태 외(2002). 『사회복지의 이해』. 서울: 박영사.
김대건 · 이명석 · 김근세(2012). 휴먼서비스 관점에서 본 고령화정책 프레임: 노인프레임에서 긍정적 고령자 프레임으로. 『한국행정학보』, 46(4). 한국행정학회.
김대성(2009). 행정이론에서의 언어적 전회: 행정담론운동을 중심으로. 한국거버넌스학회 동계학술대회 발표자료논문.
김덕영(2003). 『논쟁의 역사를 통해 본 사회학: 자연과학 · 정신과학 논쟁에서 하버마스 · 루만 논쟁까지』. 서울: 한울아카데미.
김도식 외(1999). 『언어 · 표상 · 세계』. 서울: 철학과 현실사.
김동식(1991). 로티의 반정초주의. 『철학과 현실』. 서울: 철학문화연구소.
_____(1992). 로티의 언어관과 그 문제점. 『철학과 현실』. 서울: 철학문화연구소.
_____(1995). 자연주의 인식론의 철학적 의의. 『철학적 자연주의』. 서울: 철학과현실사.
_____(2003). 『프래그마티즘』. 서울: 아카넷.
김문조(1990). 하버마스의 의사소통행위론. 『사회비평』(4호). 서울: 나남.
김병섭(2010). 한국행정학의 토착화: 제2세대의 역할과 공헌. 한국행정학회 하계 학술대회 발표 논문.
김비환(2004). 『자유지상주의자들, 자유주의자들, 그리고 민주주의자들: 기본권을 통해본 시장과 민주주의』. 서울: 성균관대 출판부.
김상균(1993). 한국복지정책의 특성과 전망, 한림과학원 편. 『복지국가의 현재와 미래』, 서울: 나남.
_____(2000). "한국 연금에 있어 Renovation and Restructuring". 『건강과 복지정책포럼』(vol. 45).
김상수(2008). 『보수와 진보』. 서울: 책세상.
김선욱(2009). 공적 행복의 해부: 미국 혁명, 2008년 촛불집회, 그리고 한나 아렌트. 『철학연구』, 87: 85-113.
김성구 외(1998). 『자본의 세계화와 신자유주의』. 서울: 문화과학사.
김성호(2005). 한국보수가 실패하는 이유. 『조선일보』, 2005.4.28 칼럼.
김수행 외(2004). 『제3의 길과 신자유주의』. 서울: 서울대 출판부.
김영기(2013). 정의란 무엇인가?: 샌델의 『정의란 무엇인가』 비판. 이광석 · 이성우(외), 『질적 평가를 위한 행정정의』. 서울: 조명문화사.
김영순(2012). 『복지국가의 위기와 재편: 영국과 스웨덴의 경험』. 서울: 서울대 출판부.
김영진(2005). 『시장자유주의를 넘어서: 칼 폴라니의 사회경제론』. 서울: 한울아카데미.

김영한(2003). 『하이데거에서 리쾨르까지: 현대 철학적 해석학과 신학적 해석학』. 서울: 박영사.
김용득(2006). 영국 커뮤니티케어와 이용자 참여 기제. 『복지동향』(통권 87호). 참여연대.
김욱동(1992). 『포스트모더니즘과 포스트구조주의』. 서울: 현암사.
김응종(2006). 『페르낭 브로델: 지중해・물질문명과 자본주의』. 서울: 살림.
김재철(2011). 하이데거 현상학 강의. 행정언어 강독자료.
김종술(1983). 『해석학 강의안』. 미출판 원고.
김종술(2008). 행정철학. 미간행프린트북.
김종술(2010). 행정언어와 질적연구방법. 행정언어연구회 발표 논문.
김주식(2003). 『의미론의 길잡이』. 서울: 한국문화사.
김지홍(2002). 내재주의 언어철학에 대하여. 『시학과 언어학』, 3: 150-198.
김태룡(2007). (개정판 2010) 『행정이론: 행정사와 이론을 중심으로』. 서울: 대영문화사.
______(2007). 『행정이론: 행정사와 이론을 중심으로』. 서울: 대영문화사.
김태성・성경륭(1999). 『복지국가론』. 서울: 나남.
김태성・류진석・안상훈(2005). 『현대 복지국가의 변화와 대응』. 서울: 나남 출판.
김학은(2002). "연금이 지녀야 할 원칙". 『에머지』(vol 3).
김항규(2010). 『행정철학』. 서울: 대영문화사.
김형엽(2001). 『인간과 언어: 언어학을 통해 본 서양철학』. 서울: 한울 아카데미.
김형효(2008). 『구조주의: 사유체계와 사상』. 서울: 인간사랑.
김희숙(2011). 「21세기 한국어정책과 국가경쟁력」. 서울: 소통.
김희연・유영성・고재경(2014). 복지공동체, 공공복지의 한계를 넘는다. 『이슈&진단』, 157: 1-26.
남기민(2013). 『사회복지학개론』. 서울: 양서원.
남영신(2010). 공공언어의 오늘과 내일. 『세상과 어울리는 한국어와 한글』. 서울: 외솔회.
노화준(2004). 『정책평가론』. 서울: 법문사.
램프레히트, 스터얼링(Lamprecht, Sterling)(1981). 『서양철학사』(김태길 외 옮김). 서울: 을유문화사.
로티, 리차드.(Rorty, Richard)(1996). 『실용주의의 결과』(김동식 옮김). 서울: 민음사.
모로아(1982). 『미국사』(신용석 옮김). 서울: 홍성사.
문장수(2004). 『의미와 진리』. 대구: 경북대 출판부.
미우라 도시히코(三浦俊彦)(1997). 『可能世界の 哲學』. NHK publishing. 박철은(옮김)(2011). 『가능세계의 철학』. 서울: 그린비.
민재성 외(1986). 『국민연금의 기본 아이디어와 사회경제적 파급효과』. 서울: KDI.
민현식 외(2010). 『공공언어 요건정립 및 진단기준 개발연구』. 서울: 국립국어원.
박경일(2008). 『사회복지정책론』. 서울: 공동체.
박경일 외(2000). 『사회복지학강의』. 서울: 양서원.

박광덕(1998). 『현대사회복지정책론』. 서울: 박영사.
박근갑(1991). 독일 철강산업과 비스마르크의 사회보험. 『비교사회복지』, 1.
박동서(2005). 『한국행정론』. 서울: 박영사.
______(2005). 『한국행정론』. 서울: 법문사.
박순영(2011a). 질적연구의 철학적 배경. 행정언어와 질적연구학회 월례발표 원고.
______(2011b). 질적연구의 철학적 배경: 현상학 방법의 간호학적 적용에 대한 반성을 중심으로. 행정언어와 질적연구학회 월례발표 원고.
______(2012). 사회과학방법론의 철학적 근거: 사회과학적 연구대상에 대한 새로운 인식, 『행정언어와 질적 연구』, 3(1): 1-20.
박순우(1999). 영국의 사회복지. 한국사회과학연구소 편. 『세계의 사회복지』. 서울: 인간과 복지.
박승배(2002). 이론-적재론? 이론-중립론?. 『과학철학』, (9): 53-73.
박승희(2005). 『한국사회복지정책론: 아름다운 세상 가꾸기』, 서울: 성균관대 출판부.
박영식 엮음(1995a). 『언어철학 연구: 비트겐슈타인과 언어』. 서울: 현암사.
______(1995b). 『언어철학 연구: 현대언어철학』. 서울: 현암사.
박이문(2007). 『현상학과 분석철학』. 서울: 知와 사랑.
______(2009). 『현상학과 분석철학』. 서울: 知와 사랑.
박찬용(편저)(1998). 『사회보장발전 목표설정과 정책과제』. 서울: 한국보건사회연구원.
백승균(1980). 『삶의 철학』(역자 서문). 서울: 경문사.
보건복지가족부(2008). 『일자리, 기회, 배려를 위한 능동적 복지 2008년 실천계획』. 보건복지가족부 내부자료.
보건복지부(2007). 복지전달체계 개편 시안(보건복지부 내부 문건).
______(2008). 사회복지 전달체계 관련 조직 및 인력 개선(보건복지부 내부 문건).
______(2009). 복지행정체계 효율화 추진전략(보건복지부 내부 문건).
복거일(1990). 『현실과 지향: 한 자유주의자의 시각』. 서울: 문학과 지성사.
사회경제학회(1999). 『신자유주의와 국가의 재도전』. 서울: 풀빛.
사회복지교육연구센터(편저)(2010). 『인간행동과 사회환경』. 서울: 나눔의 집.
서남규(2013). 의료자원 할당과 행정정의. 이광석 · 이성우(외). 『질적 평가를 위한 행정정의』. 서울: 조명문화사.
서울행정학회(2008). 『실용 · 창의 행정의 실행방안 및 측정방법의 탐색적 개발 연구』. 조직진단센터 중간보고서.
선준영(2011). 세계화 시대와 언어. 『LPQR』, 2(2). 행정언어와 질적연구학회.
성낙인(2001). 『憲法學』. 서울: 법문사.
소에지마(2001). 『누가 미국을 움직이는가』(신동기 옮김). 서울: 들녘.
소흥렬(1982). 『논리와 사고』. 서울: 이화여대 출판부.
______(1983). 실증주의와 사회과학. 『사회과학방법론』. 서울: 박영사.

손광락(2012). 언어학의 과학성, 그 탐구대상과 수단. 『언어』, 37(4).
송다영(2005). 가족복지 서비스 전달체계 수립을 위한 방향과 원칙에 관한 탐색적 연구. 『한국사회복지학』, 57(4). 한국사회복지학회.
송석랑(2003). 『언어와 합리성의 새 차원』. 대전: 충남대 출판부.
송호근(1992). 『시장과 이데올로기』. 서울: 문학과 지성사.
송호근 편(2001). 『세계화와 복지국가: 사회정책의 대전환』. 서울: 나남출판.
송호근 · 홍경준(2006). 『복지국가의 태동: 민주화, 세계화 그리고 한국의 복지정치』. 서울: 나남출판.
시오노 나나미(2004). 『로마인 이야기』(제11권). 서울: 한길사.
신경림 외(2005). 『질적연구방법론』, 서울: 이화여자대학교 출판부.
신광영 (1993) 서구복지체제의 유형화, 한림대(편). 『복지국가의 현재와 미래』. 서울: 나남.
신오현(편)(1996). 『인간의 본질』. 서울: 형설출판사.
심성재(2015). 행복, 그리고 사회적 관계의 양면성: 사회적 자본의 야누스적 얼굴. 한국사회학회 사회학대회 논문집.
심연수(1998). 『복지국가와 정의』. 서울: 인간사랑.
심윤종(1983). 프랑크푸르트 학파와 비판이론, 신인철(편). 『프랑크푸르트 학파』, 서울: 청람.
심의보(2008). 한국형 노인장기요양보험제도 연구: 효율적인재가노인서비스 전달체계를 중심으로. 한국노인복지학회 춘계학술대회 발표논문.
안병영(1992). 신보수주의와 복지국가. 『사회과학논집』(제23권).
안병영 · 임혁백(편)(2000). 『세계화와 신자유주의: 이념, 현실, 대응』. 서울: 나남.
안병직(2004). 픽션으로서의 역사: Hayden White의 역사론, 『인문논총』(제51집). 서울: 서광사.
안홍순(2007). 『사회복지정책:실천 이론과 제도』. 서울: 서현사.
알멘딩거(Allmendinger, P.)(2006). 『계획이론』(안태환 역). 경산: 대구대 출판부.
엄정식(1995). 언어철학: 그 과제와 쟁점, 박영식(편저). 『언어철학연구(Ⅰ): 비트겐슈타인과 언어』. 서울: 현암사.
엄정식 편역(1983). 「비트겐슈타인과 분석철학』, 서울: 서광사.
염수균(2006). 『자유주의적 평등』 해제(解題). 서울: 한길사.
오강남(2010). 『예수는 없다』. 서울: 김영사.
오용득(2013). 과학주의자와 인문학주의자의 통약 불가능한 대화의 실질적 의미. 『서강인문논총』, 36: 31-63.
유길상(2006). 고용서비스 전달체계의 발전추세와 시사점: 호주, 미국, 영국의 사례를 중심으로. 『사회보장연구』, 22(4). 한국사회보장학회.
유민봉(1994). 정책분석 틀로서의 정책논변모형. 『한국행정학보』, 28(4).
______(2010). 『한국행정학』. 서울: 박영사.
윤소영(1999). 『신자유주의적 금융세계화와 워싱턴 콘센서스』. 서울: 공감.

______(2001). 『이윤율의 경제학과 신자유주의 비판』. 서울: 공감.
윤평중(2008). 담론에서 융합으로. 『철학과 현실』, 76. 서울: 철학문화연구소.
이광석(2004). 연금의 두 패러다임과 한국연금에의 시사점. 『정책분석평가학회보』, 14(1), 서울: 정책분석평가학회.
______(2006a). 행정언어에 관한 연구: 도로명 부여사업에서의 도로명을 중심으로. 『한국행정연구』, 15(4). 서울: 한국행정연구원.
______(2006b). 행정언어 연구의 범위와 대상: 행정학의 언어와 함께 행정의 언어로, 『KAPA 포럼』. 2006년 겨울(통권116). 서울: 한국행정학회.
______(2008). 사회복지 분야에서의 용어 혼용에 관한 연구: 영국의 신보수주의와 신자유주의를 중심으로. 『한국행정연구』, 16(4). 서울: 한국행정연구원.
______(2009). 양적방법론의 기초로서의 언어적 구성에 관한 비판: 언어적 방법론에 관한 연구. 한국거버넌스학회 추계학술대회 발표논문.
______(2010). 한국어의 유엔 공용어 가능성에 관한 연구. 『한글』(287호). 한글학회.
______(2011). 질적 행정학에 관한 연구, 행정언어와 질적 연구 동계학술대회 발표 논문.
______(2012). 해석적 방법론의 의의와 적용가능성 연구: 시장에서의 의사소통 비교를 중심으로. 『한국공공관리학보』, 26(3). 한국공공관리학회.
______(2013). 해석현상학적 분석(Interpretative Phenomenological Analysis)의 의의와 적용가능성에 관한 연구. 『질적연구』, 14(2): 132-144.
______(2014). 현상학과 사회복지. 강석주(외), 「사회복지정책론』. 서울: 퍼시픽북스.
______(2014b). 행정과 생활세계의 충돌과 조화에 관한 연구. 『한국행정학보』, 48(3): 147-174. 한국행정학회.
______(2016). 『정책으로서의 행정언어: 국어정책론』. 서울: 역락.
이광석 · 문유석(2013). 설문지와 인터뷰의 언어 구성에 관한 연구: 『한국행정학보』와 『지방정부연구』에 수록된 논문을 중심으로. 『지방정부연구』, 17(4).
이광석 · 원종학 · 김동룡(2015). 『복지모순론』. 서울: 퍼시픽출판사.
이광석 · 오수길 · 김연수(2011). 메타행정학의 도입에 관한 연구. 행정언어와 질적연구학회 국제학술대회 발표논문.
이광석 · 최정열 · 오수길 · 신충식(2009). 정부성 연구의 필요성과 방향성. 강원복지학회 · 한국복지학회 공동춘계학술대회 발표논문.
이광석 · 김동룡(2012b). 운용의 관점에서의 복지모순에 관한 연구. 『한국행정논집』, 24(1). 한국정부학회.
이광석 · 김주미 · 김준희(2010). 한국행정학보에 쓰인 문장의 코드화 양상. 『한국사회와 행정연구』, 20(4). 서울행정학회.
이광수(1991). 英國에 있어서의 行政哲學. 『地方과行政硏究』, 3(1). 부산대학교 지방행정연구소.
이구슬(1996). 『해석학과 비판적 사회과학』. 서울: 서광사.

이규호(1980). 사회과학을 위한 언어학적 접근. 이규호(편저). 『사회과학의 방법론』. 서울: 현암사.
______(1989). 『말의 힘: 언어철학』. 서울: 제일출판사.
______(2003). 『거짓말 참말 그리고 침묵』. 서울: 말과창조사.
______(2005a). 『철학적 인간학』. 서울: 연세대 출판부.
______(2005b). 『현대철학』. 서울: 연세대 출판부.
______(2007). 『언어철학』. 서울: 연세대 출판부.
이기상(1991). 『하이데거의 실존과 언어』. 서울: 문예출판사.
이기용(1998a). 『시제와 양상: 가능세계의미론』. 서울: 태학사.
______(1998b). 『상황과 정보: 상황의미론』. 서울: 태학사.
이남원 · 이윤복(2004). 『언어와 논리』. 서울: 정림사.
이덕복(1993). 『공공정책의 정당화 논리에 관한 연구: 논리실증주의적 정당화 논리의 한계』. 서울대학교 박사학위 논문.
이명현(1982). 『이성과 언어』. 서울: 문학과 지성사.
______(1994). 언어와 철학, 이정민 외. 『언어과학이란 무엇인가』. 서울: 문학과 지성사.
______(1995). 언어와 사고 그리고 존재 세계, 박영식(편저). 『언어철학연구(Ⅰ): 비트겐슈타인과 언어』. 서울: 현암사.
이삭(1985). 『철학사전』. 서울: 이삭.
이상원(2008). 인식적 확실성, 원초문장, 실험의 비단일성. 『철학탐구』, 23: 199-226.
이상일(2004). 영국 공공복지서비스 전달체계의 재조직화: 배경 및 시사점. 『사회복지정책』(통권 18호).
이상현(2007). 유럽 고용지원조직 메머드급. 『내일신문』. 2007.10.23.
이석호(2001). 『인간의 이해: 철학적 인간학 입문』. 서울: 철학과 현실사.
이수인 · 이수윤(2000). 『西洋知性史: 社會思想의 綜合的 體系』. 서울: 법문사.
이승권(2000). 언어에 관한 언어철학의 한 시각, 『불어불문학연구』, 43: 393-415. 서울: 한국불어불문학회.
이승종(2002). 「비트겐슈타인이 살아있다면: 논리철학적 탐구」. 서울: 문학과 지성사.
이영찬(2000). 『영국의 복지정책: 구민법 개혁부터 제3의 길까지』. 서울: 나남.
이원희(2008). 복지관련 중앙정부와 지방정부의 관계 재형성에 관한 연구. 서울행정학회 동계학술대회 발표 논문.
이유선(2003). 『리처드 로티』. 서울: 이룸.
이재원(2008). 수요자 중심의 사회서비스 공급과 품질관리. 『한국 사회복지의 선진화를 위한 사회서비스 정책의 성과와 과제』. 사회서비스 토론회 자료집.
이재정(2015). 행복의 공공성: 한나 아렌트의 관점에서. 『철학연구』, 133: 263-282.
이정민(1989). 『언어이론과 현대과학사상』. 서울: 서울대 출판부.
이정민 · 배영남(1990). 『언어학 사전』. 서울: 박영사.

이정민 · 이병근 · 이명현(1977). 『언어과학이란 무엇인가』. 서울: 문학과지성사.
이좌용(2002). 유물론, 언어, 그리고 실천, 한국철학회(편저). 『현대철학과 언어』. 서울: 철학과 현실사, 51-75.
이준구(2000). 『재정학』(제2판). 서울: 다산출판사.
이진순(1995). 한국경제와 질서자유주의. 한국경제정책연구회(엮음). 『한국경제의 새 패러다임 모색』. 서울: 한울 아카데미.
이태한(2009). 공공사회복지전달체계 현황. 『계간 감사』(제102호). 서울: 감사원.
이한구(2008). 창조적 실용주의를 어떻게 이해할 것인가. 『철학과 현실』, 77. 서울: 철학문화연구소.
이형순(1980). 『경제학원론』. 서울: 박영사.
인경석(1998). 『한국 복지국가의 이상과 현실』. 서울: 나남.
임기대(2012). 『시대의 지성 노암 촘스키』. 서울: 살림.
임병우(2004). 영국의 주요 노인복지정책: 한국 노인복지정책 개발에 주는 시사점. 『노인복지연구』(통권 25호). 한국노인복지학회.
임지룡(1992). 『국어의미론』. 서울: 탑출판사.
임태경(2009). 사회복지전달체계의 네트워크 거버넌스 시스템 분석. 한국정책학회 춘계학술대회 발표논문.
임혁백(1998). 『시장, 국가, 민주주의』. 서울: 나남.
장세룡(2001). 언어와 문화로의 전환과 역사학 연구의 방향. 『계명사학』. 계명사학회.
장하준(2006). 『국가의 역할(Globalization, economic Development, and the Role of the State)』(이종태 · 황해선 옮김). 서울: 부키.
전영준 외(1997). 『국민연금의 개혁 방향』. 서울: 조세연구원.
정대연(1997). 『사회과학방법론사전』. 서울: 백의출판사.
정수복(2007). 『한국인의 문화적 문법』. 서울: 생각의 나무.
정시호(1994). 『어휘장 이론 연구』. 대구: 경북대 출판부.
정용덕(2001). 『현대국가의 행정학』. 서울: 법문사.
정은(2010). 장애인 언어복지정책의 과제와 전망. 『새국어생활』. 서울: 국립국어원.
정주택 외(2007). 『정책평가론』. 서울: 법문사.
정현태 · 오윤수(2011). 『사회복지법제론』. 서울: 파워북.
정호근(1996). 의사소통적 규범정초 기획의 한계. 『사회비평』, 15: 46-93. 서울: 나남출판.
정홍원(1998). 『국민연금 개혁을 위한 정책 대안의 설계』. 행정학 박사학위논문. 연세대학교.
______(1999). 개정 국민연금법에 대한 분석과 평가. 『한국사회정책』, 5: 189-219.
조광제(2008). 『의식의 85가지 얼굴』. 파주: (주)문학동네.
조수진(2001). 미국의 언어정책. 인터넷 자료.
조영훈(2002). 유교주의, 보수주의, 혹은 자유주의: 한국의 복지유형 검토. 『한국복지국가 성격 논쟁Ⅰ』. 서울: 인간과 복지.

조용환(1999). 『질적연구: 방법과 사례』. 서울: 교육과학사.
______(2010). ethnography. 행정언어연구회 강의 자료.
조중걸(2009). 『플라톤에서 비트겐슈타인까지』. 서울: 베아르피.
조형(1980). 『과학혁명의 구조』(옮긴이 서문). 서울: 이화여자대학교 출판부.
주낙영(2015). 임파워먼트가 인식차원의 원조효과성에 미치는 영향: 경상북도 아프리카 새마을운동 시범마을 조성사업을 중심으로. 경북대학교 박사학위 논문.
주은선(2001). 영국 보수당정부와 노동당정부의 공적연금개혁의 성격에 관한 연구, 『사회복지연구』, 17: 219-244.
주일섭(2008). 『사회민주주의길: 서구 좌·우파의 실용주의』. 서울: 사회와 연대.
채서일(2004). 『사회과학조사방법론』. 서울: 학현사.
최무열(2008). 『사회복지의 뿌리를 찾아서: 기독교 사회복지의 역사』. 서울: 나눔의 집.
최병호(2000). 공적연금의 장기적 재정 안정화에 관한 연구. 『보건복지포럼』(vol. 45).
최성재·남기민(1999). 『사회복지행정론』. 서울: 나남출판.
최영준(2007). 영국의 연금민영화와 최근 개혁. 『서울대 연구보고서』.
최영출(2000). 영국공무원의 정치화. 『정부학 연구』, 6(2).
최원탁(2003). 신자유주의적 재편과 연금체제의 변화. 『사회복지와 노동』, 3: 36-93.
최정규(2009). 『이타적 인간의 출현』. 서울: 뿌리와 이파리.
______(2011). Homo Economicus의 변천. 경북대 학술잔치 발표 논문.
콘포스, 모리스(1985). 『철학의 옹호: 실증주의와 실용주의에 대항하여』(민해철 옮김). 서울: 거름.
탁석산(2008). 『한국인은 무엇으로 사는가』. 서울: 창비.
피어슨(Pierson, C.)(2006). 『전환기의 복지국가(Beyond the Welfare State?)』(현외성·강욱모 옮김), 서울: 학현사.
하연섭(2006). 정책 아이디어와 제도변화: 우리나라에서 신자유주의의 해석과 적용을 중심으로. 『행정논총』, 44(4).
하치근(2010). 언어능력과 인지능력의 상관관계. 『한글』(287호). 서울: 한글학회.
한국보건사회연구원(2007). 『주민생활지원서비스 업무수행체계 분석 및 개선방안』. 서울: 한국보건사회연구원.
한국사회경제학회(1999). 『신자유주의와 국가의 재도전』. 서울: 풀빛.
한상진(1981). 미셸 후꼬의 정치철학과 사회이론: 후기 구조주의의 한 흐름, 『현상과 인식』, 5(2): 178-204.
______(1983). 구조주의적 방법론. 김동일 외. 『사회과학 방법론 비판』. 서울: 청람.
______(편)(1988). 『국가이론과 위기분석』. 서울: 전예원.
______(1996). 언술검증과 비판이론. 『사회비평』, 15: 16-45. 서울: 나남출판.
행정자치부(2005). 공공부문 전달체계 구축 기본계획(행정자치부 내부 문건).
허만형(2004). 『사회복지행정론』. 서울: 법문사.

허발(1985). 『낱말밭의이론』. 서울: 고려대학교 출판부.
______(2013). 『언어와 정신』. 서울: 열린책들.
허영(2013). 『헌법이론과 헌법』. 서울: 박영사.
허웅(1986). 『언어학: 그 대상과 방법』. 서울: 샘문화사.
현외성(2008). 『사회복지정책강론』. 서울: 양서원.
현외성 외(1992). 『복지국가의 위기와 신보수주의적 재편: 영국 · 미국 · 일본의 사회복지 개혁』. 서울: 대학출판사.
______(1998). 『사회복지학의 이해』. 서울: 유풍출판사.
______(2010). 『복지국가의 공적연금정책과 개혁』. 서울: 공동체.
홍경준(2000). 『한국의 사회복지체제 연구』. 서울: 나남출판.
홍성욱(2005). 토마스 쿤의 역사학, 철학, 그리고 과학. 『서양사연구』, 33: 139-175.
황신준(1995). 사회적 시장경제의 경쟁질서. 한국경제정책연구회(엮음). 『한국경제의 새 패러다임 모색』. 서울: 한울 아카데미.

국외 문헌

三浦 信孝 & 糟谷 啓介(2000). 『언어제국주의란 무엇인가』. 이연숙 외(옮김)(2005). 서울: 돌베개.
關世杰(1995). 『이문화교류학』. 北京: 北京大 出版部. 한인희(옮김)(2004). 서울: 건국대 출판부.
塩野 谷祐一(2002). 『경제와 윤리』. 동경대학 출판부. 박영일(옮김)(2006). 서울: 필맥.
嶋田 啓一郎(2000). 『사회복지체계론』. 송정부 외(옮김). 서울: 나눔의 집.
稲垣 久和(2010). 『공공복지: 공공철학에서 복지사회를 전망하다』. 성현창(옮김)(2013). 서울: 예영커뮤니케이션.
中埜 肇(1973). 『변증법 발달사』, 우리기획(옮김). 서울: 거름.
高橋允昭(1985). 데리다에서 사르트르까지. 김용구(편저). 『현대 사상사의 쟁점』. 서울: 전예원.

Abel-Smith, B.(1995). The Beveridge Report: its Origins and Outcomes. in Glennerster, H. & J. Hills, J. Ditch & H. Glennerster(eds.). *Beveridge and Social Security: 50 years On*, Oxford: Clarendon Press.
Abercrombie, N, S. Hill & B. Turner(1988). *Dictionary of Sociology*. London: Penguin Books.
Abercrombie, N. & A. Warde(2006). *Contemporary British Society*(3rd). Cambridge: Polity Press.

Adorno, Theodor W. et al.(1976). *The Positivist Dispute in German Sociology*. New York: Harper & Row. 김종호(옮김)(1986). 『사회과학의 논리: 실증주의 논쟁』. 서울: 이문출판사.

Alcock, C., S. Payne, & M. Sullivan(2000). *Introducing Social Policy*. London: Prentice Hall.

Alcock, P.(1996). *Social Policy in Britain: Themes and Issues*. London: Macmillan Press.

Alcock, P. et al.(eds.)(2003). *The Student's Companion to Social Policy*, Oxford: Blackwell.

Allen, M. & B. Thompson(2005). *Cases & Materials on Constitutional & Administrative Law*. Oxford: Oxford University Press.

Alston, William P.(1992). *Philosophy of Language*. 곽강제(옮김). 『언어철학』. 서울: 민음사.

Amsterdamska, Olga(1987). *Schools of Thought: The Development of Linguistics from Bopp to Saussure*. Kluwer Academic Publishers. 임혜순(옮김)(1999). 『언어학파의 형성과 발달』, 서울: 아르케.

Atkinson, A. P. & R. R. Savage(eds.)(1994). *Public Policy in Britain*. New York: St. Martin's Press.

______(eds.)(2001). *Public Policy under Blair*. Hampshire: Palgrave.

Audit Commission(1997). *The Coming of Age: Improving Care Services for Older People*. London: Audit Commission.

______(2000). *Forget Me Not: Mental Health Services for Older People*. London: HMSO.

Austin, John L.(1964). Truth, George Pitcher(ed.). *Truth*. Englewood Cliffs: Prentice-Hall, Inc.

Baldock, J.(2005). The Personal Social Services and Community Care. in P. Alcock(et al.)(eds.). *Social Policy*. Oxford: Blackwell.

Baldock, J., N. Manning, & S. Vickerstaff(2003). *Social Policy*. Oxford: Oxford University Press.

Baldwin, S. & J. Falkingham(eds.)(1994). *Social Security & Social Change: New Challenges to the Beveridge Model*. London: HarvesterWheatshef.

Barr, N.(1998). *The Economics of the Welfare State*. Oxford: Oxford University Press.

Beland D. & A. Waddan(2000). From Thatcher (and Pinochet) to Clinton? Conservative Think Tanks. Foreign Models and US Pensions Reform, in *Political Quarterly*, 71(2).

Bendick, M.(1989). Privatizing the Delivery of Social Welfare Services: an Idea to be taken seriously, in S. B. Kamerman & A. J. Kahn(eds). *Privatization and the Welfare State*. Princeton: Princeton University Press.

Benton, Ted(1977). *Philosophical Foundations of the Three Sociologies*. London: Routledge & Kegan Paul.

Bergmann, Gustav(1992). Logical Positivism, Language, and the Reconstruction of Metaphysics in Richard M Rorty(ed.). *The Linguistic Turn: Essays in Philosophical Method*

with two Retrospective Essays. Chicago: The University of Chicago Press.
Bernstein, R. J.(1992a). The Resurgence of Pragmatism, *Social Research*, 59(4): 814−840.
Bhaskar, Roy(1978). On the Possibility of Social Scientific Knowledge and the Limits of Naturalism. *Journal for the Theory of Social behaviour*, 8(1).
______(1987). *Scientific Realism and Human Emancipation*, London: Verso.
Blackburn, R.(2002). *Banking on Death or Investing in Life*, London: Verso.
Blair, T.(2004). Doctrine of the International Community: Kosovo in Stelzer, I.(ed.). *Neo−Conservatism*. London: Atlantic Books.
Bobbio, N.(1996). *Left and Right: The Significance of a Political Distinction*. Cambridge: Polity Press.
Bonoli, G.(1997). Classifying Welfare States: a two−dimension Approach. *Journal of Social Policy*, 26(3): 351−372.
Braudel, Fernand(1996). Civilisation materielle, economie et capitalisme: XVe−XVIIIe siecle. Paris: Armand Colin Editeur. 주경철(옮김)(1997). 『물질문명과 자본주의』. 서울: 까치.
______(2008). *La dynamique du capitalisme, Flammarion*. 김홍식(옮김)(2012). 『물질문명과 자본주의 읽기』. 서울: 갈라파고스.
Brockman, John(ed.)(2011). *The Mind: Leading Scientists Explore the Brain, Memory, Personality, and Happiness*. New York: HarperCollins Publisher. 이한음(옮김)(2012). 『마음의 과학』. 서울: 미래엔.
Brown, D. J.(1972). *An American Philosophy of Social Security: Evolution and Issues*. Princeton: Princeton University Press.
Brown, James Robert(1989). *The Rational and the Social*. London: Routledge.
Brown, Harold I.(1977). *Perception, Theory and Commitment: The New Philosophy of Science*. Chicago: The University of Chicago Press. 신중섭(옮김)(1987). 『논리실증주의의 과학철학과 새로운 과학철학』. 서울: 서광사.
Brown, M.(1977). *Introduction to Social Administration in Britain*. London: Hutchinson.
Bruce, M.(1967). *The Coming of the Welfare State*. London: B. T. Batsford, Ltd.
Bruner, Jerome S., Jacqueline J. Goodnow, & George A. Austin(1956). *A Study of Thinking*. London: John Wiley & Sons, Inc.
Bryman, Alan(1988). *Quantity and Quality in Social Research*. London: Unwin Hyman.
Buber, Martin(1974). *Ich und Du*. Heidelberg: Verlag Lambert Schneider. 표재명(옮김)(1994). 『나와 너』. 서울: 문예출판사.
Buchholz, T. G.(1999). *New Ideas from Dead Economists: An Introduction to Modern Economic Thought*. London: Penguin Books. 이승환(옮김)(1994). 『죽은 경제학자의 살아있는 아이디어』. 서울: 김영사.
Carnap, Rudolf(1995). *An Introduction to the Philosophy of Science*(ed.). Martin Gardner.

New York: Dover.
Carr, David(1970). *The Crisis of European Transcendental Phenomenology: an Introduction to Phenomenological Philosophy*. Evanston: Northwestern University Press.
Cesaratto, Sergio(2005). *Pension Reform and Economic Theory: A Non-Orthodox Analysis*. Cheltenham: Edward Elgar.
Chalmers, Alan Francis(1982). *What is the thing called Science?: An assessment of the Nature and Status of Science and its Method*. St. Lucia: University of Queensland Press. 신일철 · 신중섭(옮김)(1985). 『현대의 과학철학』. 서울: 서광사.
Chandler, Daniel(1995). *The Act of Writing: A Media Theory Approach*. Cardiff: Prifysgol Cymru.
Channell, J.(1994). *Vague Language*, Oxford: Oxford University Press.
Chell, Elizabeth(1993). *The Psychology of Behaviour in Organizations*(2nd.). Basingstoke: Macmillan.
Chomsky, Noam(1966). *Cartesian Linguistics: A Chapter in the History of Rationalist Thought*. London: harper & Row. 이환묵(옮김). 『변형문법의 이론적 배경』(1971). 광주: 전남대 출판부.
______(2006). *Language and Mind*. Cambridge: Cambridge University Press.
______(1957). *Syntactic Structure*. Hague: Mouton.
______(1990). *Knowledge of Language: Its Nature, Origin, and Use*. 이선우(옮김). 『언어에 대한 지식: 그 본질, 근원 및 사용』. 서울: 민음사.
Clarke. J.(2005). Managing and Delivering Welfare in P. Alcock(et al.)(eds). *Social Policy*. Oxford: Blackwell.
Clarke, John & Janet Newman(1997). The Managerial State: Power, Politics and Ideology in the Remaking of Social Welfare. London: SAGE.
Cochrane, A. & J. Clarke(eds.)(1993). *Comparing Welfare State: Britain in International Context*. London: SAGE.
Cohen, Jack & Ian Stewart(1994). *The Collapse of Chaos: Discovering Simplicity in a Complex World*. London: Viking.
Colclough, C. & J. Manor(eds.)(1991). *States or Markets: Neo-liberalism and the Development Policy Debate*. Oxford: Clarendon Press.
Cook, Vivian J.(1993). *Chomsky's Universal Grammar: An Introduction*. Oxford: Blackwell Publishers Ltd. 김상기(옮김). 『Chomsky의 보편문법: 입문서』. 서울: 한신문화사.
Coser, Lewis A.(1977). *Masters of Sociological Thoughts: Ideas in Historical and Social Context*. New York: Harcourt Brace Jovanovich, Inc. 신용하 · 박명규(옮김). 『사회사상사』(1982). 서울: 일지사.
Council and Care(2007). *Caring for loved ones in old age*. London: Lawpack Publishing

Limited.

Cummins, Linda K., Katharine V. Byers & Laura Pedrick(2011). *Policy Practice for Social Workers: New Strategies for a New Era*. Boston: Pearson.

Cutler, T., Williams, K. & Williams, J.(1986). *Keynes, Beveridge and Beyond*. London: Routledge & Kegan Paul.

Czarniawska, B.(2004). *Narratives in Social Science Research: Introducing Qualitative Methods*. London: Sage Publications.

Dean, H.(2006). *Social Policy: Short Introduction*. Cambridge: Polity Press.

Department of Health(1996a). *Carers(Recognition and Services) Act 1995: Practical Guidance*. London: DH.

______(1996b). *Carers(Recognition and Services) Act 1995: Policy Guidance*. London: DH.

______(1998). *Modernising Social Services*. London: DH.

______(1999). *Caring about Carers: A National Strategy for Carers*. London: DH.

______(2000a). *The NHS Plan: A Plan for Investment, a Plan for Reform*. London: DH.

______(2000b). *Department of Health Report*. London: DH.

______(2001). *National Service Framework for Older People*. London: DH.

______(2002). *Improving Older People's Services: Policy into Practice Inspection of Social Care Services for Older People*. London: DH/Social Services Inspectorate.

______(2004). *National Service Framework for children*. Young People and Maternity Services. London: DH.

______(2005). *Departmental Report 2005*. London: DH.

Department of Environment, Transport and the Regions and Department of Health(2001). *Quality and Choice for Older People's Housing—Strategic Framework*. London: DETR and DH.

Department of Trade and Industry(2003). *Balancing Work and Family Life: Enhancing Choice and Support for Parents*. London: DTI.

Department for Work and Pensions, Work and Pension(2002a). *Statistics 2002*. London: DWP.

Department for Work and Pensions(2002b). *Simplicity, Security and Choice: Working and Saving for Retirement*. London: DWP.

______(2004). *State Pension Credit*. Decision Makers Guide Series(Volume 14), London: DWP.

______(2005). *Opportunity Age: Meeting the Challenges of Ageing in the 21stCentury*. London: DWP.

______(2006) *Security in Retirement: towards a new pension system*. London: DWP(Department for Work and Pensions).

DiNitto, D. M.(1995). *Social Welfare: Politics and Public Policy*. Englewood Cliffs. N.J.: Prentice-Hall.

Donnison, David, Valerie Chapman, Michael Meacher, Angela Sears & Kenneth Unwin (1975). *Social Policy and Administration Revisited*. London: George Allen and Unwin.

Dornan, P.(2006). *Delivering Benefits in Old Age: the Take up of the Minimum Income Guarantee*. Aldershot: Ashgate.

Dworkin, Ronald(2000). *Sovereign virtue: the theory and practice of equality*. London: Harvard University Press. 염수균(옮김)(2005). 『자유주의적 평등』. 서울: 한길사.

Dynes, M. & D. Walker(1995). *Guide to the New British State: the Government Machine in the 1990s*. London: Times Book.

Eagleton, Terry(1986). *Literary Theory: In Introduction*. 김명환 외(옮김). 『문학이론 입문』 (1990). 서울: 창작과비평사.

Eco, Umberto(1973). *Il Segno*, Milano: R.C.S. Libri S.p.A. 김광현(옮김)(2000). 『기호: 개념과 역사』. 서울: 열린책들.

Edmonds, David & John Eidinow(2001). *Wittgenstein's Poker*. Munchen: Verlags-Anstalt, 김태환(옮김)(2012). 『비트겐슈타인과 포퍼의 기막힌 10분』. 서울: 옥당.

Ellison, Nick & Chris Pierson(2003). *Developments in British Social Policy 2*. Basingstoke: Palgrave Macmillan.

Esping-Andersen, G.(1990). *The Three Worlds of Welfare Capitalism*. New Jersey: Princeton University Press.

______(1996). *Welfare States in Transition*. London: SAGE.

______(1999). *Social Foundations of Postindustrial Economics*. Oxford: Oxford University Press. 박시종(옮김)(2006). 『복지체제의 위기와 대응』, 서울: 성균관대학교 출판부.

Fann, K. T.(1969). *Wittgenstein's Conception of Philosophy*. Berleley: University of California Press. 황경식 · 이운형(옮김)(1989). 『비트겐슈타인의 철학이란 무엇인가?』. 서울: 서광사.

Farmer, David(1999). *The Language of Public Administration: Bureaucracy, Modernity, and Postmodernity*. Tuscaloosa: University of Alabama Press. 강신택(옮김)(1999). 『행정학의 언어』. 서울: 박영사.

Foucault, Michel(1977). *Language, Counter-memory, Practice*. Ithaca: Cornell University Press.

______(1971). *L' Ordre du discours, Gallimard*. 이정우(옮김)(1997). 『담론의 질서』. 서울: 새길.

Feigl, Herbert(1969). The Origin and Spirit of Logical Positivism. in Peter Achinstein & Stephen F. Barker(eds.). *The Legacy of Logical Positivism*. Baltimore: The Johns Hopkins Press.

Feyerabend, Paul K.(1975). *Against Method: Outline of an Anachistic Theory of Knowledge*. London: NLB.

______(1981). *Realism, Rationalism, and Scientific Method*. Cambridge: Cambridge University Press.

Fillmore, Charles(1968). The Case for Case in E. Bach & R Harms(eds.). *Universals in Linguistic Theory*. N.Y.: Holt, Rinehart & Winston. 남용우 외(옮김). 격을 알아본다. 『격문법이란 무엇인가: 격문법 이론 연구』. 서울: 을유문화사.

Fitzpatrick, Tony(2011). *Welfare Theory: An Introduction to the theoretical debates in Social Policy*. Basingstoke: Palgrave Macmillan.

Fodor, J. A., & Z. W. Pylyshyn(1988). *Connectionism and Cognitive Architecture: A Critical Analysis*. Cognition, 28: 3-71.

Fodor, Jerry(1975). *The Language of Thought*. New York: Thomas Y. Crowell.

______(1981). *Representations*. New York: Bradford Books.

Fox, Charles J. & Hugh T. Miller(2007). *Postmoderen Public Administration*. London: M.E. Sharpe.

Fraser, D.(1973). *The Evolution of the British Welfare State: A History of Social Policy since the Industrial Revolution*. London: Macmillan.

Friedman, Milton(1962). *Capitalism and Freedom*. London: University of Chicago Press.

Fukuyama, Francis(1992). *The End of History and the Last Man*. London: Penguin Books.

Furniss, N. & T. Tilton(1979). *The Case for the Welfare State: from Social Security to Social Equality*. London: Indiana University Press.

Gardiner, Robert K. & Helen O. Judd(1954). *The Development of Social Administration*. London: Oxford University press.

Gazzaniga, Michael S.(2011). *Who's in Charge?: Free Will and the Science of the Brain*. New York: Harpercollins Books. 박인균(옮김)(2012). 『뇌로부터의 자유』. 서울: 추수밭.

Gentner, Dedre & Susan Goldin-Meadow(2003). Whither Whorf, Dedre Gentner & Susan Goldin-Meadow(eds.). *Language in Mind: Advances in the Study of Language and Thought*. London: The MIT Press.

George, V. & P. Wilding(1994). *Welfare and Ideology*. London: Harvester Wheatsheaf.

______(1976). *Ideology and Social Welfare*. London: Routledge & Kegan Paul.

Gerschenkron, A.(1962). *Economic Backwardness in Historical Perspective: A Book of Essay*. Cambridge, Massachusetts: Harvard University Press.

Giddens, Anthony(1994). *Beyond Left and Right*. Cambridge: Polity Press.

______(1998). *The Third Way: The Renewal of Social Democracy*. Cambridge: Polity Press.

______(2000). *The Third Way and its Critics*. Cambridge: Polity press.

______(2006). *The Constitution of Society: outline of the theory of structuration*, Cambridge:

Polity Press. 황명주 · 정희태 · 권진현(옮김). 『사회구성론』, 서울: 간디서원.

Gilbert, B. B.(1973). *The Evolution of National Insurance in Great Britain: The Origins of the Welfare State*. London: Michael Joseph.

Gilbert, N. & H. Sprecht(1974). *Dimensions of Social Welfare Policy*. Eaglewood Cliffs: Prentice Hall.

Gilbert N. & P. Terrell(1998). Dimensions of Social Welfare Policy(Fourth ed.). Boston: Allyn and Bacon.

Glucksman, Miriam(1974). *Structuralist Analysis in Contemporary Social Thought: A Comparison of Theories of Claude Levi-Strauss and Louis Althusser*. London: KRP. 정수복(옮김). 『구조주의와 현대 마르크시즘』(1983). 서울: 한울.

Goldberg, Elkhonon(2001). *The Executive Brain: Frontal Lobes and the Civilized Mind*. Oxford: Oxford University Press. 김인명(옮김)(2008). 『내 안의 CEO, 전두엽: 인격, ADHD, 그리고 치매』. 서울: 시그마프레스.

Golembiewski, R. T.(1974). Public Administration as a Field: Four Developmental Phases. in *Georgia Political Science Association Journal*, vol. 2(Spring).

Graham, Keith(1977). *J. L. Austin: A Critique of Ordinary Language Philosophy*. London: harvester Press.

Greenfield, Susan(2000). *Brain Story*. Bristol: BBC Worldwide Limited. 정병선(옮김)(2004). 『브레인 스토리』. 서울: 지호.

Gupta, A. D.(1996). *The Second Linguistic Turn: Chomsky and the Philosophy of Language*. New York: Peter Lang.

Habermas, Jürgen(1987). *Theories des kommunikativen Handelns: Handlungsrationalität und gesellschsftliche Rationalisierung*, Frankfurt: Suhrkampf Verlag. 장춘익(옮김)(2011). 『의사소통행위이론』. 서울: 나남.

______(1987). *Toward a rational Society: Student Protest, Science and Politics*(tr. by Jeremy J. Shapiro). London: Heinemann. 장일조(옮김)(1982). 『이성적인 사회를 향하여』. 서울: 종로서적.

Hall, P.(ed.)(1989). *The Political Power of Economic Ideas*. Princeton: Princeton University Press.

Ham, Y. J.(2010). *Understanding Performance Measurement in the Social Housing Sector: the Case of Housing Associations*. Ph.D. thesis. The University of Birmingham.

Harre, Rom(1960). *An Introduction to the Logic of the Sciences*. London: Macmillan and Co. Ltd.

Harris, John & Vicky White(2013). *Oxford Dictionary of Social Work and Social care*. Oxford University Press.

Harris, Roy(1988). *Language, Saussure and Wittgenstein: How to play games with words*.

London: Routledge. 고석주(옮김). 『소쉬르와 비트겐슈타인의 언어』(1999). 서울: 보고사.

Hasenfeld, Y.(1983). *Human Service Organizations*. Englewood Cliffs: Prentice－Hall.

Hay, J. R.(1975). *The Origins of the Liberal Welfare Reforms 1906－1914*. London: Macmillan.

Hayek, F.(1967). *Studies in Philosophy, Politics, and Economics*. London: Routledge & Kegan Paul.

Hayes, M.(1994). *The New Right in Britain: An Introduction to Theory and Practice*. London: Pluto Press.

Heclo, H.(1981). Toward a New Welfare State? in Peter Flora & A. J. Heidenheimer(eds.). *The Development of Welfare States in Europe and America*, London: Transaction Books.

Heidegger, Martin(1979). *Sein und Zeit*. Tübingen: Max Niemeyer Verlag. 이기상(옮김)(2003). 『존재와 시간』, 서울: 까치.

Hempel, Carl G.(1965). *Aspect of Scientific Explanation and other essays in the philosophy of science*. New York: The Free press.

______(1966). *Philosophy of Natural Science*. Englewood Cliffs: Prentice Hall, Inc. 곽강제(옮김)(1981). 『자연과학의 철학』. 서울: 양영각.

Henessy, P.(1989). *Whitehall*. London: Secker & Warburg.

Henry, Nicholas(1980). *Public Administration and Public Affairs*. Englewood Cliffs: Prentice Hall.

Henwood, Karen L. & Nick F. Pidgeon(1993). Qualitative Research and Psychological Theorizing, in Martyn Hammersley(ed.). *Social Research: Phylosophy, Politics and Practice*. London: Sage Publications.

Heywood, A.(1998). *Political Ideologies: an Introduction*(2nd). London: Macmillan.

______(2004). *Political Theory: An Introduction*. London: Palgrave Macmillan.

Hill, M.(1993). *The Welfare State in Britain: A Political History since 1945*. Aldershot: Edward Elgar.

______(1994). *Understanding Social Policy*. Oxford: Blackwell.

______(2000). Organization within local authorities. in M. Hill(ed.). *Local Authority Social Services*. Oxford: Blackwell.

______(2002). Social Insurance in the United Kingdom: The Fall of the Beveridge Model. in M. C. Kuo, H. F. Zacher & H. S. Chan(eds.). *Reform and Perspectives on Social Insurance*. Hague: Kluwer.

Hill, M. & G. Bramley(1986). *Analysing Social Policy*. Oxford: Basil Blackwell.

Hills, J., Ditch, J. & Glennerster, H.(eds.)(1994). *Beveridge and Social Security*. Clarendon

Press

Hobson, D.(1999). *The National Wealth: Who gets what in Britain*. London: HarperCollins Publishers.

Horton, Tim & James Gregory(2009). *The Solidarity Society: Why we can afford to end poverty, and how to do it with public support*. London: Fabian Society.

Hummel, Ralph P.(1994). *The Bureaucratic Experience: A Critique of Life the Modern Organization*. New York: St. Martin's Press.

Hung, Edwin H.(2006). *Beyond Kuhn: Scientific Explanation, Theory Structure, Incom-mensurability and Physical Necessity*. Aldelshot: Ashgate.

Husserl, Edmund(1970). *The Crisis of European Sciences and Transcendental Phenom-enology*. Translated, with an Introduction by David Carr. Evanston: Northwestern University Press.

Iggers, Georg G.(2005). *Historiography in the Twentieth Century: From Scientific Objectivity to the Postmodern Challenge*. Middletown: Wesleyan University Press.

Itokonen, Esa(1975). Transformational Grammar and the Philosophy of Science. in E. F. K. Koerner(ed.) *The Transformational-Generative Paradigm and Modern Linguistic Theory*. Amsterdam: John Benjamins B. V.

James, William(1990). *The Principles of Psychology*. The University of Chicago.

Jary, D. & J. Jary(1991). *Dictionary of Sociology*. Glasgow. HarperCollins Publishers.

Jenks, Chris(ed.)(1998). *Core Sociological Dichotomies*. London: Sage.

Jennings, I.(1961). *Cabinet Government*. Cambridge: Cambridge University Press.

Jessop, B., K. Bonnett, S. Bromley & T. Ling(1988). *Thatcherism: a Tale of Two Nations*. Oxford: Basil Blackwell Inc.

Johnson, A. B.(1836). A Treatise on Language, Fann, K. T.(2005). *Wittgenstein's Conception of Philosophy*. Oxford: Basil Blackwell. 황경식 · 이운형(옮김). 『비트겐슈타인의 철학이란 무엇인가』. 서울: 서광사.

Johnson, N.(1987). *The Welfare State in Transition*. Brighton: Wheatsheaf Books.

______(2005). State Welfare in Alcock, P.(et al). *The Student's Companion to Social Policy*. Malden: Blackwell.

Jones, K.(1994). *The Making of Social Policy in Britain 1830-1990*. London: Athlone Press.

Kahn, A.(1979). *Social Policy and Social Services*. New York: Random House.

Kavanagh, D.(1987). *Thatcherism and British Politics: The End of Consensus?* Oxford: Oxford University Press.

Kelly, S.(2002). *The Myth of Mr. Butskell: The Politics of British Economic Policy: 1950-55*. London: Ashgate.

Kim, Hiheon(2008). Peter Winch's Idea on the Nature of Human Understanding. 『철학탐구』

(제24집), 중앙대 철학과.

Knox, C. & P. Carmichael(2005). Improving Public Services: Public Administration Reform in Northern Ireland. *Journal of Social Policy*, 35(1): 97–120.

Kolakowski, Leszek(1972). *Positivist Philosophy: from Hume to the Vienna Circle*. Harmondsworth: Penguin Books.

Korman, Abraham K.(1974). *The Psychology of Motivation*. Englewood Cliffs: Prentice–Hall.

Kripke, Saul A.(2003). *Wittgenstein on Rules and Private Language: an elementary exposition*. Oxford: Blackwell. 남기창(옮김)(2008). 『비트겐슈타인 규칙과 사적 언어』. 서울: 철학과 현실사.

Kuhn, Thomas(1970). *The Structure of Scientific Revolutions*(2nd ed.). London: Chicago University Press.

Kwon, H. J.(1995). *The Welfare State in Korea: The Politics of Legitimation*. Ph. D. Thesis. University of Oxford.

Lafont, Cristina(1999). *The Linguistic Turn in Hermeneutic Philosophy*. (tr. by Jose Medina). Cambridge(Massachusetts): MIT Press.

Lakoff, George(2006). *Thinking Points: Communicating our American Values and Vision*. Berkeley, California: Rockridge Institute. 나익주(옮김)(2007). 『프레임 전쟁』. 서울: 창비.

______(2008). *The Political Mind: A Cognitive Scientist's guide to your Brain and its politics*. New York: Viking.

Lasswell, H. D. & A. Kaplan(1977). *Power and Society*. New Haven: Yale University Press.

Lavalette, M. & A. Pratt(eds.)(2006). *Social Policy: Theories, Concepts and Issues*. London: SAGE Publications.

Lee, K. S.(2004). *The Development of Korean National Pension Policy*. Ph. D. Thesis. University of Newcastle Upon Tyne.

Lee, N. C.(2002). *Experiences of Pension Reform in Korea and Five Other Countries*. Master of Philosophy Thesis. University of York.

Lidz, Charles W.(1989). Objectivity and Rapport. Barry Glassner & Jonathan D. Moreno (eds.). *The Qualitative–Quantitative Distinction in the Social Sciences*. Dordrecht: Kluwer Academic Publishers.

Lloyd–Sherlock, P.(1996). The Roles of Public and Private Sectors in Providing Economic Support for the Elderly. in P. Johnson & P. Lloyd–Sherlock. *Ageing and Social Policy: Global Comparisons*. London: Suntory and Toyato International Centres for Economics and related Disciplines.

Lowe, R.(1993). *The Welfare State in Britain since 1945*. London: Macmillan.

Lund, B.(2002). *Understanding State Welfare*. London: SAGE.

Lynch, Thomas, D. & Peter, L. Cruise(eds.)(2006). *Handbook of Organization Theory and management: The Philosophical Approach*. London: Taylor & Francis.

Lyons, John(1984). *Language, Meaning and Context*, London: Fontana. 현대언어학연구회(옮김). 『언어, 의미와 상황맥락』. 서울: 한신문화사.

______(1999). *Noam Chomsky*. HarperCollins Publisher. 서창렬(옮김). 『촘스키』. 서울: 시공사.

Macnicol, J.(1994). Beveridger and Old Age, in J. Hills, J. Ditch & H. Glennerster(eds.). *Beveridge and Social Security*. Oxford: Clarendon Press.

Malcolm, Norman(1964). Moore and Ordinary Language, V. C. Chappell(ed.). *Ordinary Language: Essays in Philosophical Method*. Englewood Cliffs: Prentice-Hall, Inc.

Manning, N. & R. Page(eds.)(1992). *Social Policy Review*. London: SPA.

Marcuse, Herbert(1960). *Reason and Revolution: Hegel and the Rise of Social Theory*. Boston: Beacon Press.

Mariampolsky, Hy(2001). *Qualitative Market Research: A Comprehensive Guide*. London, Sage.

Marini, Frank(1971). *Toward a New Public Administration: The Minnowbrook Perspective*. New York: Chandler Publishing Company.

Marshall, Thomas. H.(1950). *Citizenship and social class, and other essays*. London: Cambridge Univ. Press.

Marston, G.(2004). *Social Policy and Discourse Analysis: Policy Change in Public Housing*. Aldershot: Ashgate.

Maslow, Abraham H.(1970). *Motivation and Personality*(3rd ed.). New York: Harper & Row.

McCrum, Robert(2010). *Globish: How the English language became the world's Language*. London: W. W. Norton & Company, Ltd. 이수경(옮김)(2011). 『글로비시: 영어는 어떻게 세계언어가 되었는가』. 서울: 좋은책들.

McDonald, A.(2006). *Understanding Community Care: A Guide for Social workers*. Basingstoke: Palgrave Macmillan.

McGregor, Douglas(1960). *The Human Side of Enterprise*. London: McGraw-Hill Book Company.

McKay, Stephen & Karen Rowlinson(1999). *Social Security in Britain*. London: Macmillan Press Ltd.

Mendieta, E.(ed.)(2006). *Take Care of Freedom and Truth will take care of itself: Interviews with Richard Rorty*. Stanford: Stanford University Press.

Michio Kaku(2005). *Parall Worlds: The Science of Alternative Universes and our future in the Cosmos*. London: Penguin Books, Ltd. 박병철(옮김)(2006). 『평행우주론』. 서울: 김영사.

Midwinter, E.(1994). *The Development of Social Welfare in Britain*, Buckingham: Open University Press.

Miller, L.(1976). The Structural Determinants of the Welfare Effort: A Critique and Contribution. *Social Service Review*, 50: 57−79.

Mills, C. R.(1966). *Sociology and Pragmatism*. Oxford: Oxford University Press.

Millward, R. & J. Singleton(1969). *The political Economy of Nationalisation in Britain*. Cambridge: Cambridge University Press.

Mishra, Ramesh(1984). *The Welfare State in Crisis*. Brighton, Sussex: Wheatsheaf Books Ltd.

Moravcsik, Julius M.(1990). *Thought and Language*. London: Routledge.

Nagel, Ernest(1961). *The Structure of Science: Problems in the Logic of Scientific Explanation*. London: Routledge & Kegan Paul.

Newman, Janet & Nicola Yeats(eds.)(2008). *Social Justice: Welfare, Crime and Society*. Maidenhead: Open University Press.

Nolan, Mike & Gorden Grant(1994). Mid−range theory building and the nursing theory−practice gap: a respite care case study, James P. Smith(ed.). *Models, Theories and Concepts*. London: Blackwell Scientific Publications.

O'Connor, Daniel J.(1975). *The Correspondence Theory of Truth*. London: Hutchinson & Co.

O'Connor, James(1987). *The Meaning of Crisis*. New York: Basil Blackwell.

Offe, C.(1984). Contractions of the Welfare State, in J. Keane(ed.). *Contractions of the Welfare State*. London: Hutchinson Co. Ltd.

Ogden, Charles K. & Ivor A. Richards(1923). *The Meaning of Meaning*. London: A harvest HBJ Book. 김봉주(옮김)(1990). 『의미의 의미』. 서울: 한신문화사.

Ogus, A. I.(1982). Great Britain, in P. A. Koehler, H. F. Zacher & M. Partington(eds.). *The Evolution of Social Insurance 1881−1981: Studies of Germany, France, Great Britain, Austria and Switzerland*. London: Frances Pinter.

Okun, Arthur(1975). *Equality and Efficiency: The Big Tradeoff*, Washington, D.C.: Brookings Institution. 정용덕(옮김)(1988). 『평등과 효율』. 서울: 성균관대학교 출판부.

Orszag, P. R. & Stiglitz, J. E.(2001). *New Ideas About Old Age Security*. Washington D.C.: World Bank.

Osborne, Grant R.(1991). *The Hermeneutical Spiral: A Comprehensive Introduction to Biblical Interpretation*. Downers Grove: Intervarsity Press.

Oser, J.(1990). *The Evolution of Economic Thought*. New York: Harcourt, Brace & World.

Palmer, Donald(1991). *Does the center hold? An introduction to Western philosophy*. Mountain View, Calf.: Mayfield publish company.

Palme, J.(1990). *Pension Rights in Welfare Capitalism: The Development of Old−Age Pensions in 18 OECD Countries 1930 to 1985*. Swedish Institute for Social Research.

Palmer, Richard(1988). *Hermeneutics; interpretation theory in Schleiermacher, Dilthey, Heidegger, and Gadamer*. Evanston. Northwestern University Press. 이한우(옮김). 『해석학이란 무엇인가』. 서울: 문예출판사.

Parry, R.(2005). Social Policy within the United Kingdom. in P. Alcock(et al). *The Student's Companion to Social Policy*. Malden: Blackwell.

Patton, M. Q.(2002). *Qualitative Research and Evaluation Methods*. London: Sage Publications.

Pawar, Badrinarayan Shankar(2009). *Theory Building for Hypothesis Specification in Organizational Studies*. London: Response.

Pensions Commission(2005). *A New Pension Settlement for the Twenty–First Century: The Second Report of the Pensions Commission*. London: The Stationery Office.

Phillips, Derek L.(1977). *Wittgenstein and Scientific Knowledge: A Sociological Perspective*. London: Macmillan.

Phillips, R.(et al)(2006). Neoliberalism and Economic Governance in Hungary. *Journal of Social Policy*. Cambridge: Cambridge University Press.

Phillipson, Robert(1992). *Linguish Imperialism*. Oxford: Oxford University press.

Pickvance, C. (2003). Housing and Housing Policy, in J. Baldock(et al.)(eds.). *Social Policy*. Oxford: Oxford University Press.

Pierson, J. & M. Thomas(eds.)(2002). *Dictionary of Social Work*. Glasgow: Collins.

Pierson, John & Martin Thomas(2002). *Collins Dictionary of Social Work*. Glasgow: Collins.

Pinker, Steven(1989). *Learnability and Cognition: The Acquisition of Argument structure*. Cambridge. MA: MIT Press.

______(1995). *Language Instinct: How the Mind Works*. London: Penguin Science. 김한영 · 문미성 · 신효식(옮김)(2004). 『언어본능』. 서울: 도서출판 소소.

______(1997). *How the Mind Works*. New York: W. W. Norton. 김한영(옮김)(2007). 『마음은 어떻게 작동하는가』. 서울: 동녘사이언스.

Polkinghorne, Donald(1983). *Methodology for the Human Sciences: Systems of Inquiry*. Albany: State University of New York Press.

Popper, Karl Raimund(1963). *The Open Society and its Enemies*(vol. I & II). London: Routledge. 이한구(옮김)(1997). 『열린 사회와 그 적들 (I), (II)』. 서울: 민음사.

______(1972). *The Logic of Scientific Discovery*. London: Hutchinson.

______(1983). *Realism and the Aim of Science: from the Postscript to the Logic of Scientific Discovery*(edited by W. W. Bartley III). London: Hutchinson.

Powell, Frederick(2007). *The Politics of Civil Society: Neoliberalism or Social Left?*. Bristol: The Polity Press.

Powell, M.(2005). The Third Way in P. Alcock(et al.)(eds.). *The Student's Companion to*

Social Policy. Oxford: Blackwell Publishing.

Pressman, J. & A. Wildavasky(1984). *Implementation*(3rd ed). Berkeley: University of California Press.

Putnam, Hilary(1988). *Representation and Reality*. Cambridge: The MIT Press. 김영정(옮김)(1992). 『표상과 실재』. 서울: 이화여자대학교 출판부.

______(1992). *Mind, Language, and Reality*. Cambridge: Cambridge University Press.

Quine, W. V.(1961). *From a Logical Point of View, Cambridge*. MA: Harvard University Press. 허라금(옮김)(1993). 『논리적 관점에서』. 서울: 서광사.

Ramsey, Frank P.(1964). Facts and Proposition, George Pitcher(ed.). *Truth*. Englewood Cliffs: Prentice-Hall, Inc.

Random House(2006). *The Random House Unabridged Dictionary*. London: Random House, Inc.

Reese-Schäfer, Walter(1990). Karl-Otto Apel: Zur Einfuhrung, Hamberg. 권용혁(옮김)(1992). 『칼-오토 아펠과 현대철학』. 울산: 울산대학교 출판부.

Rein, M & W. Schmaehl(eds.)(2004). *Rethinking the Welfare State: the Political Economy of Pension Reform*. Cheltenham: Edward Elgar Publishing Limited.

Reisch, George A.(1991). Did Kuhn Kill Logical Empiricism?. *Philosophy of Science*, 58: 264-277.

Reynolds, Frances(2003). Exploring the Meanings of Artistic Occupation for Women Living with Chronic Illness: a Comparison of Template and Interpretative Phenomenological Approaches to analysis. *British Journal of Occupational Therapy*, 66(12): 551-558.

Ricoeur, Paul(1976). *Interpretation Theory: Discourse and the Surplus of Meaning*. Texas: Texas Christian Univ. Press. 김윤성 · 조현성(옮김)(2006). 『해석이론』. 서울: 서광사.

Riddell, P.(1983). *The Thatcher Government*. Oxford: Oxford University Press.

Riggs, F. W.(1964). *Administration in Developing Countries: The Theory of Prismatic Society*. Boston: Houghton Mifflin Company.

Rimlinger, G. V.(1971). *Welfare Policy and Industrialization in Europe, America and Russia*. New York: John Wiley & Sons.

Ritter, G.(1983). *Social Welfare in Germany and Britain: Origins and Development*. Leamington: BERG.

Rogers, Carl R.(1995). *A Way of Being*, Boston: Houghton Mifflin Company.

Rorty, Richard(1989). *Contingency, Irony, and Solidarity*. Cambridge University Press. 김동식 · 이유선(옮김). 『우연성 아이러니 연대성』(1996). 서울: 민음사.

Rostow, W. W.(1971). *The Stages of Economic Growth: A Non-Communist Manifesto*(2nd ed.). London: Cambridge University Press.

Ryan, Alan(2010). Happiness and Political Theory. *Social Research*, 77(2): 421-440.

Ryle, Gilbert(1964). Ordinary Language. V. C. Chappell(ed.). *Ordinary Language: Essays in Philosophical Method*. Englewood Cliffs: Prentice−Hall, Inc.

Sahakian, W.(1968). *History of Philosophy: from the Earliest Times to the Present*. London: Barnes & Noble Books.

Salmon, Wesley C.(1990). *Four Decades of Scientific Explanation*. Minneapolis: University of Minnesota Press.

Samuelson, Paul(1958). An Exact Consumption−Loan Model of Interest with or without the Social Contrivance of Money. *The Journal of political economy*, 66(6): 467−482.

Sandel Michael J.(2012). *What Money Can't Buy: The Moral Limits of Markets*. Penguin. 안기순(옮김). 『돈으로 살 수 없는 것들』(2012). 서울: 와이즈베리.

Sapir, Edward(1958). *Culture, Language and Personality*(ed. by D. G. Mandelbaum). Berkeley, CA: University of California Press.

Sauber, S. R.(et al.)(1983). *The Human Services Delivery System: Mental Health, Criminal Justice, Social Welfare, Health Service*. New York: Columbia University Press.

Saussure, Ferdinand de(1916). *Cours de Linguistique Generale*. Charles Bally & Albert Sechehaye(eds.). 최승언(옮김)(1990). 『일반언어학 강의』. 서울: 민음사.

Savage, S. & Atkinson, R.(eds.)(2001). *Public Policy under Blair*. Basingstoke: Palgrave.

Savage, S. P. & L. Robins(eds.)(1990). *Public Policy under Thatcher*. London: Macmillan.

Scheler, Max(1927). *Die Stellung des Menschen im Kosmos*. Munchen: Leuchterband. 신상호(옮김). 『철학적 인간학』(1975). 서울: 정음사.

Schriffrin, D.(1994). *Approaches to Discourse*. Cambridge, Mass: Blackwell.

Searle, John R.(1983). *Intentionality: An essay in the Philosophy of Mind*. Cambridge University Press. 심철호(옮김)(2009). 『지향성』. 서울: 나남.

Shar, A.(2005). Overview, in A. Shar(ed.). *Public Services Delivery*. Washington, D.C.: The World Bank.

Shaw, Ian(1998). *Qualitative Evaluation*. London: Sage Publications.

Shusterman, R.(1997). *Practicing Philosophy: pragmatism and the philosophical life*. London: Routledge.

Simon, Herbert A.(1957). *Administrative Behavior: a study of decision−making processes in administrative organizations*. New York: Free Press.

Sinclair, I. & J. Williams(1990a). Domiciliary services. in I. Sinclair(et al.). *The Kaleidoscope for Care: A Review of Research for Welfare Provision for Elderly People*. London: HMSO.

______(2004). Setting−based services. in I. Sinclair(et al.). *The Kaleidoscope for Care: A Review of Research for Welfare Provision for Elderly People*. London: HMSO.

Smith, Jonathan, Paul Flowers, & Michael Larkin(2009). *Interpretative Phenomenological*

Analysis. London: Sage. 김미영 · 이광석(옮김). 『해석 현상학적 분석』. 서울: 한겨레.
Song, T. K.(1984). A Study of Peter Winch. 『사회과학논집』(4집). 이화여자대학교 법정대학.
Spicker, P.(1988). Principles of Social Welfare: an Introduction to Thinking about the Welfare State. London: Routledge.
______(1995). *Social Policy: Themes and Approaches*. Hemel Hempstead: Prentice Hall.
Stelzer, I.(ed.)(2004). *Neo-Conservatism*. London: Atlantic Books.
Sterling P. Lamprecht(1955). *Our Philosophical Traditions: A Brief History Of Philosophy In Western Civilization*. Appleton: Century-Crofts.
Stevenson, Leslie(1974). *Seven Theories of Human Nature*. Oxford: Oxford University Press. 임철규(옮김). 『인간의 본질에 관한 일곱가지 이론』(1982). 서울: 종로서적.
Stockman, Norman(1983). *Antipositivist Theories of Sciences: Critical Rationalism, Critical Theory and Scientific Realism*. Dordricht: Reidel Publishing Company.
Strawson, Peter F.(1964). Truth, George Pitcher(ed.). *Truth*. Englewood Cliffs: Prentice-Hall, Inc.
______(1971). *Logico-Linguistic Papers*. London: Methuen & Co Ltd.
Sullivan, M.(1996). *The Development of the British Welfare State*. London: Prentice Hall.
Swann, A. de(1988). *In Care of the State: Health Care, Education, and Welfare in Europe and the USA in the Modern Era*. Cambridge: Polity Press.
Tarski, Alfred(1995). *Introduction to Logic and to the Methodology of Deductive sciences* (translated by Olaf Helmer). New York: Dover Publications.
Thane, P.(2000). *Old Age in English History*. Oxford: Oxford University Press.
The Stationery Office(2003). *2001 General Household Survey : People Aged 65 and Over*. London, HMSO.
______(2004a). *General Household Survey 2002*. London: HMSO.
______(2004b). *Focus on Older People*. London: HMSO.
Timmins, N.(1995). *The Five Giants: A Biography of the Welfare State*. London: Fontana Press.
Titmuss, R. M.(1970). *The Gift Relationship: From Human Blood to Social Policy*. London: Allen & Unwin.
Trigg, Roger(1988). *Ideas of Human Nature: A Historical Introduction*. Wiley-Blackwell. 최용철(옮김). 『인간의 본성에 관한 10가지 철학적 성찰』(1996). 서울: 자작나무.
Twigg, J.(1999). Social care, in J. Baldock(et al.)(eds.). *Social Policy*. Oxford: Oxford University Press.
Twigg, J. & K. Atkin(1994). *Carers Perceived : Policy and Practice in Informal Care*. Buckingham: Open University Press.
Uchida, Tatsuru(2002). 이경덕(옮김). 『푸코, 바르트, 레비 스트로스, 라캉 쉽게 읽기: 교양인을 위한 구조주의 강의』. 서울: 갈라파고스.

Ungerson, C.(2005). Informal Welfare in Alcock, P.(et al). *The Student's Companion to Social Policy*. Malden: Blackwell.

Victor, C. R.(1997). *Community Care and Older People*. Chelterham: Stanley Thornes Publishers.

Vierick, P.(1950). *Conservatism Revisited: the Revolt against Revolt*. London: Lehmann.

Wagner, A.(1891). *Uber ozial Fianz and Steuerpolitik, Archiv Fur Soziale Gesetzgebung and Statistik*. Bd. IV.

Waldo, D.(1984). *The Administrative State: A Study of the Political Theory of American Public Administration*. New York: Holms and Meier Publishers.

Walker, R.(2005). *Social Security and Welfare: Concepts and Comparisons*. Berkshire: Open University Press.

Waller, Bruce(1977). Chomsky, Wittgenstein, and the Behaviorist perspective on Language. *Behaviorism*, 5(1): 43−59.

Watson, R. P.(2006). On the Language of Bureaucracy: Postmodernism, Plain English, and Wittgenstein in Lynch, T. D. & P. L. Cruise(eds.). *Handbook of Organization Theory and Management: The Philosophical Approach*. New York: Taylor & Francis.

Watson, T.(2002). *Organising and Managing work*. Harlow: Prentice Hall.

Watson, Tony J.(2001). *In Search of Management: Culture, chaos and control in managerial work*. London: Tompson Learning.

Weisgerber, Leo J.(1929). *Muttersprache und Geistesbildung*, Gottingen: Vandenhoeck & Ruprecht. 허발(옮김)(1993). 『모국어와 정신형성』. 서울: 문예출판사.

White, J.(1999). *Taking Language Seriously: The Narrative Foundations of Public Administration Research*. Washington D.C.: Georgetown University Press.

White, Stuart(2010). Ethics, Castles, Francis G.(et al.)(eds.). *The Oxford Handbook of the Welfare State*. London: Oxford University Press.

Whittaker, E.(1960). *Schools and Streams of Economic Thought*. Chicago: Rand McNally.

Whorf, Benjamin L.(1956). *Language, Thought and Reality*(ed. by J. B. Carroll). Cambridge, MA: MIT Press. 신현정(옮김)(2010). 『언어, 사고 그리고 실재』. 서울: 나남.

Wilding, Paul(1992). The Public Sector in the 1990s. in N. Manning & R. Page(eds.). *Social Policy Review*. SPA.

Wilson, D. & C. Game(2002). *Local Government in the United Kingdom*. Basingstoke: OPalgrave Macmillan.

Winch, Peter(1958). *The Idea of Social Science and its Relation to Philosophy*. London: Routledge and Kegan Paul. 권기돈(옮김)(1997). 『사회과학의 이념』. 서울: 현대미학사.

Wittgenstein L.(2006). *Philosophical Investigations*. Oxford: Basil Blackwell. 이영철(옮김).

『철학적 탐구』. 서울: 책세상.
______(1921). *Tractatus Logico-Philosophicus*. London: Routledge & Kegan Paul. 이영철(옮김)(2006). 『논리철학 논고』. 서울: 책세상.
Wolfson, A.(2004). Conservatives and Neoconservatives in Stelzer, I.(ed.). *Neo-Conservatism*. London: Atlantic Books.
Yergin, D. & J. Staislaw(1998). *The Commanding Heights*. New York: Simon and Schuster.
Zöllner, D.(1982). Germany, in P. A. Koehler & H. F. Zacher(eds.). *The Evolution of Social Insurance*. London: Frances Pinter.
Zutavern, Jan & Martin Kohli(2010). Needs and Risks in the Welfare State, Castles, Francis G.(et al.)(eds.). *The Oxford Handbook of the Welfare State*. London: Oxford University Press.

- 구글 검색엔진(http://www.google.com)
- 네이버 검색엔진(http://www.naver.com)
- 엔하위키 미러(http://mirror.enha.kr)
- 위키백과(http://ko.wikipedia.org)

http://www.dwp.gov.uk/lifeevent/benefits/statutory_maternity_pay.asp
http://www.direct.gov.uk
http://www.thepensionservice.gov.uk

찾아보기

ㄱ

ㅅ

ㅇ

ㅈ

ㅊ

ㅋ

ㅌ

ㅍ

이광석(李光錫, Kwang-seok Lee)

영국 University of Newcastle upon Tyne에서 사회정책학 박사학위를 받고 현재 경북대학교 행정학부 교수로 재직하고 있다. 주요 관심분야는 복지정책, 국제행정, 다문화행정 등이며, 최근 논문으로는 "행정과 생활세계의 충돌과 조화에 관한 연구: 의식의 흐름방법을 적용한 밀양 송전탑 사태의 분석"(2014), "치매특별등급 제도운영에서 지방정부의 역할에 관한 연구"(2016), "행정학에서 과학주의와 인문학주의의 대립과 대립 넘어서기에 관한 연구"(2016), "행정학에서 주관주의에 관한 연구: 행정학의 풍요로움은 방법론 논쟁으로부터"(2016) 등이 있고, 최근 저서로는 『복지모순론』(2015), 『해석 현상학적 분석(*Interpretative Phenomenological Analysis*)』(2015: 김미영 교수와 함께 번역), 『정책으로서의 행정언어: 국어정책론』(2016), 『소통학: 학문, 문화, 응용』(공저: 2016), 『발전행정 시대의 정부와 사회: 새마을운동을 중심으로』(공저: 2016) 등이 있다. (lightstone@knu.ac.kr)

복지언어론

복지정책학의 과학철학과 인문학주의의 융합

펴낸날 제1판 제1쇄 2017년 3월 6일
지은이 이광석
펴낸이 임춘환
펴낸곳 도서출판 대영문화사
주소 서울특별시 용산구 청파로 61길 5(청파동 1가) 제일빌딩 2층
등록 1975년 12월 26일 제3-16호
전화 (02)716-3883, (02)714-3062
팩스 (02)703-3839
홈페이지 http://www.dymbook.co.kr

ISBN 978-89-7644-557-5
값 20,000원